정선문화원 연구총서 01

정선의 무형문화유산

정선문화원 연구총서 01

정선의
무형문화유산

　　정선하면 대부분 아리랑을 떠올릴 것이다. 그만큼 아리랑은 정선을 대표하는 지역적 표상이자 아이콘으로 자리매김하고 있다. 아리랑이 부각되어서 그렇지 정선에는 다양한 유형의 향토무형문화가 존재한다. 이러한 문화들은 아리랑의 기세에 눌려 사람들의 뇌리에서 점점 잊혀져가고 있는 것이 작금의 현실이다.

　　대표적인 사례가 바로 맷돌이다. 과거에는 곡식을 갈기 위한 도구인 맷돌을 가정에서 쉽게 볼 수 있었다. 이런 맷돌의 대부분은 정선에서 만들어진 것이었다. 그것은 맷돌 만들기에 적합한 질 좋은 돌이 정선에 많았기 때문이다. 특히 정선군 북면 고양리 앞실 마을에서 만든 '앞실 맷돌'이 인기가 많았다. 옥수수나 콩, 녹두 같은 것이 어찌나 잘 갈리던지 이 지방에서는 음식을 빨리 먹어치우는 사람을 보고 "마파람에 게 눈 감추듯 한다."는 뜻으로, 흔히 "앞실 맷돌 콩 먹듯 한다."고 표현한다. 질 좋은 맷돌돌이 나는 곳을 중심으로 주변 마을에 사는 사람들은 적게는 5~6명에서 많게는 20~30명 정도가 맷돌 만드는 일에 종사하였다. 그러던 것이 도시화·산업화되면서 맷돌을 만들지 않게 되었다. 정선이 맷돌의 고장이었다는 사실을 기억하는 사람들이 점점 줄어들고 있다. 현재 생존하고 계신 맷돌장인들이 모두 돌아가시면 정선에서 맷돌을 만들었다는 사실 자체를 기억하지 못할 수도 있다.

　　비록 늦은 감은 있지만 정선문화원에서는 잘 알려지지 않은 정선 향토무형문화 발굴 및 전승의 토대를 마련할 필요성을 인식하고 2015년 8월 15일부터 2015월 10월 30일까지 실태조사를 실시하였다. 이번에 조사한 항목은 '청석장, 맷돌장, 도선장, 짚·풀 공예, 자연다리, 삼굿, 산촌 음식, 낙동농악, 상여소리와 회다지소리, 무속신앙' 등 10개 분야이다. 이들 중에는 청석장, 맷돌장과 같이 전승의 명맥이 끊어진 것이 있는가 하면 짚·풀 공예, 삼굿과 같이 전통문화의 관광자원화에 힘입

어 새롭게 지역의 무형문화로 부상하는 것도 있다.

특정 지역의 문화적 특성을 엿볼 수 있는 요소는 많다. 그럼에도 불구하고 지역민들의 일상적인 삶을 제대로 이해하기 위해서는 단연 무형문화를 잘 살펴보아야 한다. 과거엔 그리 주목받지 못했지만 앞으로의 가치 또한 무궁무진하다. 그런 점에서 금번 향토무형문화유산 학술조사는 여러 가지 면에서 의미를 지니고 있는 셈이다. 무더운 여름날 시작된 조사로 힘든 점도 많았으나 이번 작업을 통해 정선의 다양한 향토무형문화를 여러 사람들이 주목했으면 한다. 특히 인문·사회 과학의 여러 분야에 걸쳐 강원도 정선을 연구하는 학자들과 정선지역에 관심을 갖고 있는 일반 독자들에게 이 책이 기초 자료로 조금이나마 도움이 되었으면 하는 바람이다.

끝으로 정선문화의 보존과 발전, 그리고 지역문화의 진흥에 힘쓰고 계신 윤형중 정선문화원장님, 조사 과정에서 물심양면 지원을 아끼지 않으신 최원희 사무국장님, 그밖에 정선문화원 관계자와 수많은 협조자 여러분, 본 서의 발간을 기획하고 지원하신 전정환 정선군수님을 비롯한 정선군청 관계자 여러분께 진심으로 감사의 말씀을 전한다.

2015년 12월
공동연구위원 이영수

| 차례 |

머리말 · 4

1부

정신이 낳은 장인들

1 / 청석장

1) 정선지역 청석집의 형성 배경과 특징

    청석장은 기와나 너와 대신 청석靑石을 지붕에 얹은 청석집을 짓는 일을 업으로 하는 사람을 통칭하는 용어이다. '표준어 규정' 제9항 붙임2에서는 기술자에게는 '-장이', 그 외에는 '-쟁이'가 붙는 형태를 표준어로 삼도록 규정하고 있다. '청석장'이라고 한 것은 장인적인 요소를 부각시키고자 하는 의미에서 사용한 것이다.

(1) 청석의 역사와 특징

    청석은 점판암粘板岩을 일컫는다.[1] 점판암은 이질 또는 점토질의 퇴적암, 또는 세립의 응회암 등이 잘 발달한 편리片理를 나타내고, 편리를 따라 박판薄板 상으로 쪼개지는 성질을 가진 암석을 말하며, 슬레이트라고도 한다.[2] 납작하게 쪼개지는 성질을 이용하여 기와나 석반石盤 등의 재료로 쓰였고, 2차 가공을 거쳐 석탑이나 벼루, 비석 등의 부재로 이용됐다. 점판암을 청석이라 지칭하게 된 연유는 정확히 알 수 없으나, 청석을 한자로 표기할 때 푸를 청靑자를 사용하는 것으로 미루어 볼

---

1   청석(靑石)의 학명은 점판암으로 통용되고 있으나, 조사지역인 정선에서는 청석이라 일반적으로 통용되고 있기 때문에 본고에서는 청석이란 명칭을 사용하겠다.

2   「점판암」, 두산백과사전 두피디아, 2015.10.16(www.doopedia.co.kr).

때, 돌구덩이에서 채취한 점판암에 푸른빛이 감돌아 청석이라 지칭하는 것으로 추정된다.

청석의 단면은 마치 시루떡의 단면과 같이 잘 발달된 편리를 이루고 있다. 편리를 따라 쪼개어 들어 올리면, 마치 시루떡을 들어 올리듯 박판형태로 쪼개진다.

청석이라고 그 편마암인데, 이게 시루떡같이 쪽 찢어지는 거야, 이 청석은 말야 전부 금이 착착 이 시루떡같이 금이 있었어, 요렇게. (심: 돌이 정면으로 봤을 때 이렇게 층이 이렇게 돼 있어요?) 그래. 이 청석은 층이 자연적으로 꼭 시루떡 같이 말이야, 이 자연적으로 금이 나 있어. (심: 아, 시루떡 옆에서 본 것처럼 산에서 딱 봤을 때 이렇게 금이 나 있어요?) 거거 금이 나 있어 희한하게. (심: 산에서요? 처음에?) 이렇게 난 게 아니고 전부 이렇게 나있어. 묘하지 그거. (심: 신기하네요) 그렇지. 아주 뭐 자연현상이 희한하지. 거 금이 다 나 있어. 그러니까 그게 옛날부터 말야. 그게 크기가 말야, 신문 짝 전지만 해가지고, 책상 테이블만큼 씩 나와. 그걸 가지고 지붕을 잇는데, 그 물길을 보고 이게 돌이라면 돌이 줄이 쭉쭉쭉 가 있는데, 그걸 보고 물이 어디로 흐른다는 물길을 알아. (심: 두께는 얼마나 돼요?) 두께가 보통 1~2cm야. 보통 넓이는 돌이 뜯기는 대로 자연석이 생긴 대로 하는데 큰 건 말이야, 크기는 테이블 그저 식탁정도 이렇게 하고, 작은 것은 말야, 소형은 말야 신문 반쪽서부터 온장정도, 요렇게 가지고 돌이 어떻게 생겼냐 말야, 요래 물길이 자연 세월에 금이 실금이 있어요, 머리카락 같은 금이 있어, 여게 물길이야.[3]

쪼개진 청석의 두께는 보통 1~2cm정도이며, 크기는 신문 반쪽정도의 크기에서부터 테이블(식탁)만한 크기까지 다양한 크기로 쪼개진다. 또 쪼개진 청석의 평면

---

3   배선기 씨 구술 자료, 2015년 8월 19일.

에는 자연 세월에 의해 마치 머리카락과 같은 실금들이 있다. 이 실금들은 청석집을 지을 때 물길이 되어, 비가 오면 빗물이 집 안으로 새지 않고 지붕을 타고 잘 흘러내릴 수 있도록 하는 역할을 해준다.

청석은 재질이 물러 섬세한 조각이 가능한 이점을 갖고 있어 지붕의 재료로 사용되기 이전부터 탑의 재료로 사용됐다. 청석을 재료로 하여 만든 석탑인 청석탑靑石塔은 신라말기부터 고려시대까지 유행하였다. 남한지역에서는 현재 13기가 확인되고 있으며 해인사海印寺 원당암다층석탑願堂庵多層石塔[4]이 가장 앞서는 것으로 알려져 있다.[5]

청석이 문헌상에 처음 등장하는 것은 『산해경山海經』의 기록이다.

> 서쪽으로 물길 따라 400리를 가면 유사라는 곳이고 다시 200리를 가면 나모산에 이른다. 신장승이 이곳을 맡고 있는데 그는 하늘의 아홉 가지 德의 化身이다. 그 신의 형상은 사람과 같으나 아롱무늬의 꼬리가 있다. 이 산위에서는 옥이 많이 나고 기슭에는 靑石이 많이 나나 물이 없다.
>
> 山經, 西次三經, 西水行四百里, 曰流沙, 二百里至于口母之山, 神長乘司之, 是天之九德也. 其神狀如人而口尾. 其上多玉, 其下多靑石而無水.[6]

중국 최고最古의 지리서地理書인 『산해경山海經』에 청석이라는 용어가 기록되어 있는 것으로 미루어 볼 때, 청석은 아주 오래 전부터 인류가 사용해 온 석재임을 알 수가 있다.

---

4   경상남도 합천군 가야면 치인리 해인사(海印寺)의 원당암에 있는 통일신라시대의 청석제 석탑으로 1970년 6월 24일 보물 제518호로 지정되었다. 석탑의 높이는 2.38m, 석등의 높이는 1.86m이다. 한국에는 신라 말에서 고려 때 유행한 청석으로 조성된 소규모의 다층탑이 몇 기 남아있으나, 이 탑은 그 중에서도 연대가 가장 오래되고 우수한 작품으로 평가된다. (해인사 원당암 다층석탑 및 석등, 두산백과사전 두피디아, 2015.10.16(www.doopedia.co.kr).

5   홍대한, 「高麗時代 靑石製 多層石塔 考察」, 『문화사학』 제32권, 한국문화사학회, 2009, 110쪽.

6   鄭在書역, 『山海經』, 民音社, 1993, 93쪽(홍대한, 위 논문, 113쪽에서 재인용).

청석과 관련하여 한국에서는 고려시대 석탑건립에 대한 기록이 처음 등장한 이래, 조선시대에는 청석을 이용한 지석誌石제작과 산출지에 대한 기록이 대부분을 차지하고 있다. 그중 정선과 관련된 기록은 다음과 같다.

자료 ①

남쪽 가까운 땅에 (石床의 북쪽) 땅을 파고 지석 두쪽(靑石이니, 강원도 정선군에서 나는 것이다)을 묻는데

又於陵南近地【卽石床之北】堀地用誌石二片【靑石出江原道旌善郡】[7]

자료 ②

효제향 고려의 함승경 시에 '자고로 사람들이 효제향이라 하더라' 하였다. 다만 읍내 장만 서는데 4일과 9일이다. 토산물은 石鐵, 능전산에서 난다. 靑石 벽파산에서 난다. 石鐘乳, 漆, 梅, 松子, 黃楊木, 弓幹木, 紫草, 松簟, 石簟, 地黃, 羚羊角, 白花蛇, 訥魚, 錦鱗魚, 生梨 등속이다.[8]

자료 ③

푸른 돌「靑石」이 군郡 서쪽 20리쯤 되는 벽파산골「碧波山洞」에서 나며, 【벼루를 만든다】

靑石産郡西二十里許碧波山洞 作硯[9]

자료 ①~③은 강원도 정선군에 관한 기록으로 조선시대에 벽파산碧波山[10]에서

---

7 『世宗實錄』 9卷, 2年(1420) 庚子 / 永樂18年9月16日(辛巳) 山陵制度條. (홍대한, 위 논문, 113쪽에서 재인용).

8 정선문화원, 『국역 정선총쇄록』, 경인문화사, 2002, 69쪽.

9 『世宗實錄』 地理志, 江原道 江陵 大都護府 旌善郡. (홍대한, 앞 논문, 113쪽에서 재인용).

10 강원도 정선군의 서쪽에 위치하여 평창군과 경계를 이룬 산이다(고도 : 1,182m). 『정선읍지』에는 "군의

나는 청석으로 지석과 벼루를 만들었음을 알 수 있다.[11]

청석은 박판으로 쪼개지는 형태적 특징과 재질이 물러 가공하기 용이한 특성으로 인해 한국에서는 과거 신라시대부터 현대에 이르기까지 오랜 기간 다양한 용도로 사용되어 왔다. 특히 벽파산이 위치하고 있는 정선지역은 조선시대 문헌에도 기록되어 있을 만큼 양질의 청석이 채굴되는 곳이었다.

(2) 청석집의 역사와 특징

집은 바닥, 벽, 지붕의 세 요소로 이루어지지만, 우리네 집에서는 지붕이 차지하는 비중이 가장 높다. 우리가 지붕의 형태에 따라 맞배집, 우진각집, 팔작집 등으로 나누고, 또 그것을 덮은 재료에 따라 초가집, 기와집, 너와집 등으로 나누는 것은 이 때문이다.[12]

전통가옥의 건축 재료는 그 지역의 자연지리적 환경과 밀접하게 관련되어 있다. 우리나라의 경우 태백산맥과 소백산맥 같은 산악지대에서는 지붕의 재료로 나무를 이용하는 나무 너와집과 돌너와집이 과거의 화전민火田民 지역에서 집단적으로 분포하고 있었다. 현재에도 강원도와 충청북도 북동부 산악지방의 과거 화전민 분포지역에는 그 수는 적으나 지붕재료로 돌너와를 이은 집이 잔존하고 있다.[13] 돌너와집은 청석너와를 지붕에 얹은 집과 판돌너와를 지붕에 얹은 집으로 구분되는데, 그 중 청석너와를 지붕에 얹은 집이 바로 청석집이다.

서쪽 30리에 있다.”고 나온다. 『정선군지』에 “가리왕산에서 뻗어 나와 군 서쪽 36리에 위치하고 있다.”고 쓰고 있다. 아울러 벽파령은 “군의 서북 35리에 있으며 강릉과 경계를 이룬다.”고 쓰고 있다. 『여지도서』에도 “가리왕산에서 뻗어 나와 군 서쪽 36리에 있다.”고 쓰고 있다. 『조선지지자료』에는 벽파령이 서면 회동에 있는 것으로 나온다. 벽파령은 가리왕산과 중앙산 사이로 평창군 진부와 대화로 연결되는 옛날 큰 길이다. 『지승』과 『해동지도』에는 벽파령이, 『신증동국여지승람』, 『조선팔도지도』에는 벽파산이 표시되어 있다. (벽파산, 네이버 지식백과, 한국지명유래집 중부편, 2015.10.16(terms.naver.com).

11 홍대한, 앞의 논문, 113~114쪽.

12 김광언, 『우리문화가 온 길』, 민속원, 1998, 177쪽.

13 강영복, 「충청북도 보은지방 옥천누층군 지역의 돌너와집」, 『문화역사지리』 제19권 2호, 한국문화역사지리학회, 2007, 16쪽.

청석집은 청석이 많이 나는 지역에서는 흔히 볼 수 있었으나, 다른 지역에서는 재료 구입과 운반 등의 어려움으로 일부 계층에서만 청석으로 지붕을 올렸다. 지금은 경기도 남양주시 진접읍榛接邑·조안면鳥安面과 강원도 일부 지역 등에서만 볼 수 있다.[14]

따라서 청석집의 역사는 화전[15]의 역사와 함께 했다고 볼 수 있다. 청석이 많이 나는 지역의 화전민들은 청석이 많이 나기에 그 청석을 이용해 집을 짓고 살기 시작했겠지만, 화전민들이 청석집을 짓고 살기 시작하기 이전에는 일반 타 지역민들이 굳이 무거운 돌을 산에서 운반해 와 집을 지었을 가능성이 적기 때문이다.

청석은 흔히 '천년기와'라 불리는 재료이다.

> 돌집이 위생적으로 최고야, 그건 공해가 없단 말야, 지금 슬레이트는 말야, 거서 석면이 나와 사람한테 굉장히 나쁘다고, 그 바람에 돌집이 다 없어 졌어 (이: 슬레이트 나와 가지고 바뀌었네요?) 어, 그래 고담에 이제 초가집이 우리 아버지 돌 때문에 초가집이 다 없어졌지, 불나면 끄지 못하지 썩지 말야, 해마다 용마루 해야지 말야, 그러니까 돌 하면 천년기완데, 돌집을 천년기와집이라 그래 (이: 천년까지 간다고요?) 그렇지, 무한정이거든 무한정. 햇볕을 볼수록 강해져. (심: 돌집을 천년기와집이라고 해요? 천년?) 어, 천년기와 라고 해 천년. 그냥 기와는 오래가면 부식해 그저 뭐 청때도 않고 풀도 나고 이러잖아. 이거는 그게 없어. 그냥 새파란 게 반짝반짝한 게 햇볕에 받

---

14 「청석집」, 두산백과사전 두피디아, 2015.10.16(www.doopedia.co.kr).

15 한국의 화전은 신라 진흥황 시대의 문헌에 기재되어 있으며, 크게 증가한 것은 조선시대에 이르러서부터 이며, 일제의 식민정책 결과 농촌의 계급분화로 이농자(離農者)가 많아져 화전도 늘어났다. 한국은 구릉 지와 구릉성 저산지, 고원성 산지가 많아 그런 곳에서 화전을 많이 일구었다. 화전은 처음 1년 동안은 부 덕이라 하였고, 2년 후부터 화전이라고 하여, 부락 부근의 숙전화(熟田化)한 것은 산전(山田)이라 불렀 다. 당초에는 산골짜기의 궁핍한 주민들이 주인 없는 산을 불질러서 밭으로 사용한 데서 유래되었다. 한 국의 화전은 일제강점기인 1930년대에는 18만 정보(町步)였던 것이 39년에는 43만 7930정보로 늘어 났다. 남한의 화전면적은 5만 1400정보에 이르기도 하였는데, 8·15광복 이후부터는 화전민의 이주 정 착사업을 벌려 안전농가로 육성하는 한편, 20°이상의 경사지는 산림으로 복구하고 그 이하의 화전은 경 지로 취급하기로 하였으므로 점차 정리되어 현재 화전영농은 거의 자취를 감추었다. 「화전」, 두산백과사 전 두피디아, 2015.10.16(www.doopedia.co.kr).

을수록 강하지, 짱짱하고. 그리고 오물찌대고 드러운 게 하나도 없어 (심: 어떤 게 없다구요?) 풀이 나고 청때 앉고 뭐 이런 게 하나도 없다고 (심: 청때 앉는 거요?) 왜 물이끼 있잖아. 물이끼. 기와집에 기와 보면 뭐 시퍼렇게 있잖아 (심: 그걸 청때라고 불러요?) 응, 청때.[16]

청석은 기와나 너와 같은 다른 지붕 재료들과는 달리 부식이 되지 않으며, 햇볕을 쬐면 쬘수록 더욱 단단해지고 강해진다. 또 청석 지붕에는 오물이 생기지 않고, 청때(물이끼)가 끼거나 풀이 자라지 않아 위생적이고 공해가 없다. 이러한 연유로 청석을 '천년기와'라 부르게 된 것이다. 그래서 천년기와집인 청석집은 한번 지으면 오랜 세월을 견딜 수 있어 경제적이고 또 위생적이다.

지붕의 형태와 기능은 자연환경이나 문화적 특성에 따라 차이가 큰데, 중동지역처럼 비가 적고 햇볕이 뜨거운 곳에서는 단지 그늘을 드리우는 데에, 한대 지방에서는 벽과 함께 추위를 막는 구실을, 그리고 우리네 지붕은 비나 눈을 가리고 추위와 더위를 막는 기능을 첫 손에 꼽는다.

(심: 그럼 계절적으로는 어땠어요? 돌집이?) 여름철에 시원하고, 돌집이. 어? 겨울엔 뜨세.[17]

배선기 씨에 의하면 청석집은 여름철에는 시원하고, 겨울철에는 따뜻하다고 한다. 따라서 청석집은 우리네 지붕의 주요 기능인 추위와 더위를 막는 기능까지 알맞게 갖춘 장점이 많은 집이다.

그렇다면 청석집은 단점이 없는 집일까? 그렇지는 않다. 나무 기둥 위에 돌로 지붕을 얹은 집이기 때문에 아무래도 시간이 지날수록 돌의 무게로 인해 집이 쏠리

16　배선기 씨 구술 자료, 2015년 8월 19일.

17　위와 같음.

는 현상이 생길 수밖에 없었다.

> 근데 돌집은 왜 문제점이 있냐면 무거우니까 집이 쏠린다 이거야, 밑에 기둥 같은 거. 촌에 가보면 이니까, 초가집 같은 거 하고 이럴 땐 암 것도 아니란 말야. 근데 돌은 무게가 있거든. 하여튼 깨끗한 데는 기와보다도 좋고, 그담에 슬레이트보다도 좋고 함석보다도 좋고 위생적으로 아주 제일 좋은 게 돌집이야.[18]

지붕의 무게로 오랜 시간이 지나면 집이 쏠리는 단점을 갖고 있음에도 불구하고, 경제적이고 위생적이며 추위와 더위를 잘 막아주는 등의 여러 가지 장점들로 인해 청석이 많이 나는 지역에서는 청석집을 지었다.

(3) 정선지역의 청석집

기와나 너와 대신 청석을 지붕에 얹은 까닭에 정선지역에서는 청석집을 돌집이라고 불렀다.

> 그걸 정선에 돌기와집, 보통 서울사람들이 돌기와집이라 그러는데, 그건 말이 잘못되고 돌집이야, 돌집.[19]

정선지역에서 청석집을 짓게 된 이유는 크게 두 가지로 나누어 볼 수 있는데, 첫째로 정선지역에서는 오래전부터 양질의 청석이 많이 났기 때문이다. 청석집은 여러 가지 장점을 갖춘 집이기에 집짓기의 재료로 사용될 수 있을 만큼의 좋은 청석이 많이 나오는 지역이라면 짓지 않을 이유가 없었다. 정선지역은 조선시대 문헌에

---

18   위와 같음.

19   위와 같음.

도 청석산지로 기록되어 있을 정도로 양질의 청석이 나오는 청석산지다. 그중에서
도 특히 정선군 정선읍 광하리 비행기재[20]에서 청석이 많이 났다.

정선에는 이 부전자원이 말야, 이 청석이 굉장히 많아 석회암지대기 때문
에, 여기는. 아주 특히 많은 게 정선읍 광하리라는 데가 제일 매장량이 많
아. 광하리라고 비행기재, 비행기재는 그 터널 들어오는 비행기재 (심: 비행
기재요?) 정선 터널 저 미탄서 들어오는데 거 비행기재야 그게 큰 재를 터
널을 파는 바람에 이제 비행기재란 얘기가 없어. (심: 그 비행기재에 청석이 많
이 났어요? 좋은 청석이요?) 그럼. (심: 그게 광하리에 있어요?) 광하리, 그 능산이
전부 그거라. 그래 지금도 가보면, 우리 아버지가 돌 뜨던 구덩이가 이런
게 말이야[21] 한 열 개도 더 돼. 이게 이만큼의 청석을 떴다 그러면, 집 한
20호 이상, 20호가 뭐야, 한 50호 짓지. 요렇게 뜨거든. 이만한 덩어리 있
다 그러면, 집을 한 30평짜리를 말야, 한 50채를 짓지.[22]

　　배선기 씨에 의하면 비행기재에는 과거 청석집을 짓기 위해 돌을 캐던 자리가
현재 열군데도 넘게 남아있으며, 한 구덩이에서 돌을 캐면 약 30평짜리 가옥을 어
림잡아 50채 정도 지을 수 있었다고 한다. 한 구덩이에서 캐낸 청석으로 약 50채
가량 집을 지을 수 있는데, 배선기 씨의 아버지가 돌을 뜨던 구덩이가 열 개도 더
된다하니, 비행기재에서 채굴한 청석만으로도 당시 어림잡아 약 500채 가량의 청
석집이 지어졌다고 할 수 있다.

20　강원도 평창군 미탄면과 정선군 정선읍을 연결하는 고개이다. 다른 이름으로 마전령(麻田嶺) 또는 마전
　　치(麻田峙)라고도 한다. 비행기재라는 이름은 고개가 높고 꼬불꼬불하여 마치 비행기를 탄 것 같아 붙여
　　진 이름이다. 높이는 해발 503m이다. 국도 제42호선이 이곳을 지나며, 1998년에 비행기재터널이 개통
　　되었다. 「비행기재」, 위키백과, 2015.10.16(ko.wikipedia.org).

21　당시 배선기 씨와 인터뷰하던 장소만한 크기로 약 50㎡정도 된다.

22　배선기 씨 구술 자료, 2015년 8월 19일.

공사를 맡으면 말야, 몇 채를 맡으면 돌구덩이를 본단 말야. 거기서 떠가지고 쌓아놓으면 현지로. (이: 현지로 그냥 바로 가는 거예요? 산에 거기서 비행기재에서 그냥 바로 가는 거예요? 그럼 시간이 많이 걸리겠네요?) 근데 돌구덩이가 비행기재가 제일 많지, 각 리마다 조금 조금씩 다 있어. (이: 있긴 있어서 현지에서 조달하는 거예요?) 어어, 제일 많은 데가 비행기재야, 광하리 비행기재야.[23]

그 외에도 정선지역에는 각 리마다 조금씩 청석산지가 있어서 청석집 공사를 맡으면 그 지역 청석산지에 가서 돌을 캐다 집을 지었다. 청석은 돌이기에 운반이 용이하지 않아서 비행기재에서만 청석이 났다면 청석집은 광하리 근처에만 있었겠지만, 각 리마다 조금씩 청석이 나기에 정선지역 전역에서 청석집을 지을 수 있었다. 이처럼 많은 집을 지을 수 있을 만큼의 양과 질을 모두 갖춘 청석이 고루 나는 청석산지인 정선지역은 청석집을 짓기에 가장 알맞은 지역이었다.

둘째로 정선지역은 물이 부족한 지역이었기 때문이다. 과거 정선지역에는 우물이 없었다. 땅을 파서 지하수를 괴게 하여 사용하는 것이 우물인데, 정선지역은 해발고도가 높은 산간지방이기 때문에 땅을 파서 지하수를 쓸 수가 없었다. 그래서 강물을 길어다 식수를 비롯한 생활용수로 사용하였다.

옛날에는 강물을 먹었어 전부, 우물이 없었어. 난 국민학교 다닐 때도 우물을 못보고 갔어. 조양강, 남한강 상류, 지금도 여 있지만 이게 태백서부터 내려오고, 저 수암 월정사부터 내려온 물인데, 참 한강 상류 길다. 한강 상류 긴데, 그 물 먹었어. 그 하루에 내가 어렸을 적 16살부터 고등학교 다닐 때까지 말야, 제대하고 와서 또 물통을 졌어. 하루 몇 짐을 지냐면 우린 그때 식구가 대식구였거든, 한 열둘, 열셋 되니까. 내가 아침저녁으로 물을 긷는데 하루 여섯 번을 지는 거야. 우리 집에서 강까지 거리가

---

23   위와 같음.

경사가 졌는데 거리라하면 지금으로 한 500m야. 하여튼 물지는 게 얼마나 호된지 근데 여 물장사가 있어, 남의 집에 물대주는 사람이 있어. 그럼 한 달에 얼마, 매일 몇 통씩 대주는데. 나도 학교 다닐 적에 남의 물도 겨주고 학비를 거 조달해봤는데 뭐. 정선에 물장수가 있었어, 물장수가.[24]

배선기 씨의 제보내용에서도 알 수 있듯이 과거 정선지역은 물장수가 따로 있을 만큼 생활용수의 조달이 힘들고 부족한 곳이었다. 그래서 비가 오는 날이면 빗물을 받아 생활용수로 사용했다. 산간지방에서는 강물이나 계곡물을 제외하면 빗물 밖에는 따로 구할 수 없었기 때문이다.

깨끗한 거는 기와보다도 좋고, 그담에 슬레이트보다도 좋고, 함석보다도 좋고, 위생적으로 아주 제일 좋은 게 돌집이야. 빗물 받아먹어도 그 빗물 천연수로 받아먹어, 돌집은. 여런 거는 못 받아먹어, 초가집에 빗물 받아 먹나? 기와집? 안 된다. 함석집에? 돌집은, 천연기와 돌집은 빗물도 받아 먹고, 빗물 받아가지고 다 밥해먹고 뭐 이랬지. (심: 예전엔 실제로 빗물을 그렇게 받아가지고?) 아 밥해먹고 그랬어, 물이 없으니까. 그리고 그게 위생적으로 제일 깨끗한 게 돌집이야, 잡균이 없거든 그거는. 햇볕을 쫙 받다가 풀도 안 나고, 이끼도 안 나고 뭐 못 댐비니까. 그래서 돌집은 그땐 뭐 수도도 아니고 샘도 없잖아? 강물 아니면 뭐 우물 같은 거 없으니까. 어머니들이 돌집에는 동이 같은 거 갖다놓고 물을 받아가지고 그거 가지고 설거지 하고 세수하고 그랬지 뭐.[25]

비가 오는 날이면 마당에 동이를 내놓고 빗물을 받았지만, 그렇게 해서 받아진

---

24   위와 같음.

25   위와 같음.

빗물의 양은 적었다. 비가 수도꼭지를 틀어놓은 것처럼 한 줄로만 내리는 것이 아니기 때문이다. 지붕 처마 끝 밑에 동이를 두어 지붕을 따라 흘러내리는 빗물을 받으면 빗물을 많이 받을 수는 있었지만, 초가집이나 기와집에서 그렇게 받은 빗물은 깨끗하지가 않았다. 그런데 청석집은 달랐다. 청석집은 햇볕을 받으면 청석이 더 단단해지고, 잡균들이 번식하지 않으며, 풀도 안 나고, 이끼도 안 나기 때문에, 청석집의 지붕을 타고 흘러내리는 빗물은 바로 받아서 마셔도 될 만큼 깨끗했다. 배선기 씨가 그렇게 받은 빗물을 천연수라고 표현 할 정도이니 말이다. 그래서 청석집은 지붕 밑에서 받은 빗물을 생활용수 뿐 만 아니라 식수로도 사용했다. 그러한 집은 청석집이 유일했다. 그렇기에 물이 부족한 정선지역에서 청석집을 많이 짓게 되었다.

2) 정선지역 청석집의 제작기술과 전승 실태

(1) 입문 계기 및 시기

정선에서 제일가는 청석장은 배달원 씨이다. 배달원 씨는 제보자인 배선기 씨의 아버지다.

> (심: 혹시 청석장이라고 아세요?) 청석장? (심: 청석으로 이제) 집을 잇는 거? (심: 예 예) 그건 우리 아버지가 대한민국에 1인자야, 우리 아버지 별명이 돌쟁이야, 우리 아버지 배달원이야. 몇 살서부터 했나하면, 16살부터 65년도까지 계속 했어. 영월, 평창, 정선 돌집은 전부 우리 아버지가 손이 안 거친 데가 없어. 정선군에, 영월, 평창, 정선돌쟁이 배달원 하면 다 알아.[26]

배달원 씨는 1908년생으로 강원도 정선군 정선읍 봉양6리 생평지 태생이며,

---

26   위와 같음.

현재 작고하신 상태이다. 배달원 씨의 유년시절에는 장난감 같은 것도 잘 없던 시절이었다. 가지고 놀 것은 마땅치 않은데, 주변에는 돌이 많아서 배달원 씨는 자연스레 돌을 가지고 놀게 되었다.

> (심: 아버님은 처음에는 이 기술을 어떻게 알게 되신 거세요?) 산에 오래 있다 보니 봉양리 생탄이라는데, 원래는 정선에 민둥산 생평지라고 있어, 생평지. (심: 성평재요?) 생평지. 민둥산이 남면 민둥산도 있고, 봉양리 민둥산도 있는데, 민둥산이 천고진데 거 생평지라고 산에 평평한데 있어, 생평지라고 있어. (심: 봉양리에 있는 민둥산이요?) 어. 거기서 그냥 산에서 하다보니까 도삽으로 놀이감으로 거기서 배운 거라. 뭐 납작한 돌 있으니까 깨보고 집짓는다 하고 말야. 놀이, 놀이라 한 거야. (심: 처음에 놀잇감으로 하셨는데) 그래. 놀이감이 거 생평지에서 돌 덩어리에서 척척 이거하다, '야, 이거 쓸모가 있겠구나' 그 아이디어 거기서 나온 거야, 그 양반이. 아주 어려서부터 생평지에 놀이감이 없으니까 우리 아버지가 그러더라, '나는 노리개가 없어 가지고 돌 있으면 거기다가 칡을 끊어다 매가지고 소하고 이러~ 하고 놀았'는데 뭐. 그러니까 나중에 그거 하다가 그거 납작한 거 있어서 툭툭 때려보니 쪼개지고 하니까 아이디어가 생긴 거다. 장난으로 놀이삼아 하시다가 그게 이제 발전했어. 아이디어가 나왔지.[27]

돌이 있으면 칡을 끊어다 매가지고 들고 다니며 놀기도 하고, 돌을 깨기도 하면서 놀았다. 그러다 납작한 돌이 있어서 툭툭 때려보니 신기하게도 돌이 단면으로 쪼개지는 것이 아니라 평면으로 쪼개지는 것이었다. 그 돌이 바로 청석이었는데, 배달원 씨는 그 돌을 보고, '야, 이거 쓸모가 있겠구나'라고 생각했다. 즉, 청석이 여러 모로 활용 가능하겠다는 아이디어를 얻은 것이다. 배달원 씨가 청석장이 되기까지

27　위와 같음.

의 첫 걸음은 그렇게 시작되었다.

(이: 처음엔 놀이로 시작을 했다가?) 놀이로써 시작을 해가지고 나이가 먹으니까. 한 20대 되니까 막 기능공이, 그때 막 돌 떴어. 그때는 남의 집 화장실 같은 거 막 조그만 거 해주고 이랬는데, 나중에 '야 이거 뭐 돌쟁인데, 야가 뭐 연구를 많이 했다.' 이래가지고. 근데 책에 뭐 있나 있어? 우리 아버지 연구해서 한 거라. 어렸을 때 장난하다가 놀이로 하다가 (이: 그럼 장난으로 하실 때 연세가 어떻게 되셨어요?) 거 한 우리 아버지가 그런 장난을 15살에서 20살까지 했어, (심: 20대 돼서 본격적으로 돌 뜨기 시작하신 거네요? 장가가기 전에요?) 그때부터 남의 집 말이야, 정낭[28] 같은 것도 해주고, 축사도 해주고, 그러다가 집을 이제 막. (이: 아, 처음에는 작은 거부터?) 그렇지. "야가 뭐 돌맹이 떠다가 뭘 정낭도 짓고, 마구간도 짓는다." 이러다 나중에 집을 벗기고 해댄 거라, 돌집이 뭐 있었나? (심: 돌집이 원래 없었죠?) 없었어. 우리 아버지가 연구해서 만든 거. 배달원이 작품이지 뭐 선배가 있나 뭐? 우리 아버지 작품이지.[29]

배달원 씨가 청석을 활용하기 시작한건 20대에 들어서면서 부터이다. 청석을 가지고 처음부터 청석집을 지은 것은 아니었다. 당시 정선지역에는 청석장이 없어서 청석집을 짓는 기술을 배울 수가 없었기 때문이다. 그래서 처음에는 청석을 가지고 남의 집 정낭도 만들어주고, 축사도 만들어주며 기술을 갈고 닦다가 마침내 청석집을 짓는 기술을 터득하게 되었다. 오로지 스스로 연구해서 기술을 터득한 것이다.

---

28 변소의 강원도 방언.
29 배선기 씨 구술 자료, 2015년 8월 19일.

(2) 청석집 제작 과정

청석집을 만드는 과정은 돌을 캐는 데서부터 시작된다.

> (심: 그럼 비행기재에서 돌을 깨실 때요, 어느 정도 사이즈를 가늠해서 깨시는 건가요? 아니면 깨지는 대로 사이즈를) 우리 아버지는 돌매를 봐요. 거 이 돌 기계는 없지만 말야, 산세를 보고 말야, 돌 흩어져있는 잔선을 보고선, 흙이 덮였잖아? 흙을 싹 벗겨. 벗기고 원석이 나오면 어디서부터 정진하고 깬다하는 게 나와. 근데 다섯 명이 그거 박사지. "야 어디부터 어떻게 해", 그럼 착착착착 깨가지고 쌓으면 지고. (심: 머릿속으로 큰 그림을 그리시고?) 그렇지. (심: 맞춰가지고 저거는 깨서 밑에다 하면 되겠다, 이쪽은 깨가지고 그 위에다 올리면 되겠다, 이쪽 깨면 사이즈가 어느 정도 나오겠다 다 머릿속에 있으신 거예요?) 우리 아버지는 딱 보면, "아 이망은 집 몇 채 감이야", 거 집이 누구 집 이러면, "아 여기 몇 짐만 가면 돼" 하고 알아요. (예를 들어 "한 백 짐 가면 돼" 그러면 집 한 채 짓는 거예요?) 뭐 그렇지.[30]

청석집을 지어달라고 의뢰가 들어오면, 배달원 씨는 본인의 보조원인 숙련된 청석장 다섯 사람과 함께 직접 산에 가서 돌매를 보고 돌을 캤다.

> 근데 이 청석은 산에서 캐가지고 떠. 이런 돌덩이는 말야, 돌덩이 쪼는 정이 있어 정. 여 칼날같이 말야, 이렇게 정이라 그래. 여 망치 때리고 이런 것이 말이야. 이게 보통 얼마나 하면 한 30cm짜리가 있고 1m짜리가 있어. (심: 정이요? 돌 쪼개는 정이요?) 어. 요래 돌파이면 말이야 요래 놓고. 이 청석은 말야, 전부 금이 착착 이 떡시루같이 금이 있었어. 그래 아 그 집이 큰 집이다 하면 아 돌이 어느 정도 들어가는가 대강 알거든. 그러면 여길

---

30   위와 같음.

보고 돌 금을 보고 망치로 때린단 말야, 타타타타타타 때려. 그래 긴 걸 1m짜리를 넣고 들면 착착 신문지 같은 게 온지 같은 게, 어떤 걸 보면 테이블 같은 게 척척 나와. 저런 게 많어, 저런 게 많다고 저런 게. (심: 저렇게 얇게 떠져요?) 아유, 한 1cm에서 2cm니까 너무 얇으면 밟으면 말야, 비 올 적에 지붕에 올라가면 어디 새는지 올라가 밟으면 깨지거든. 그러니까 1cm에서 2cm, 집이 큰 집일수록 두꺼워, 조그만 초가삼간 같은 건 말야, 1cm짜리 가지고 하는데, (이: 30cm짜리 가지고 톡톡톡 쳐서 벌어지면 1m짜리 가져와가지고 그냥) 그럼. (심: 뜨는 거네요?) 그렇지.[31]

돌을 캐는 도구는 정과 망치였다. 정은 대략 30cm 정도 되는 것과 1m 정도 되는 것, 두 가지를 사용했다. 돌을 캐는 방법은 간단했다. 청석은 산에서 캘 때부터 단면이 시루떡처럼 층이 져 있어서 처음에는 30cm짜리 정을 단면 돌 층 사이에 대고 망치로 살짝 씩 때려서 틈새를 벌려 놓은 다음, 1m짜리 정을 그 틈새로 쑥 집 어넣어서 들어 올리면 신문지나 테이블 같은 넓이의 돌을 캘 수 있었다. 돌을 캐는 모양새가 마치 신문지나 테이블을 들어 올리는 것과 비슷하여, 청석을 캘 때는 '돌을 뜬다'라는 표현을 사용했다.

그니까 그 돌을 전부 산에서 지게로 져내려. 그때 차가 없잖아. 그래 전부 등짐으로. 그래서 우리 아버지가 "야 내가 누구 집에 도급을 땄는데, 어느 집을 하는데 너 돌 좀 질래? 그럼 내가 말야, 니 용돈 좀 줄게" 이러면 토 요일 날이고 일요일 날이고 가서 열심히 하지, 그러면 용돈 주셔.[32]

그렇게 해서 캔 돌은 당시 차가 없었기에 직접 지게로 져서 운반했다. 배선기 씨

---

31   위와 같음.

32   위와 같음.

도 주말이면 용돈을 벌기 위해 지게를 지고 배달원 씨를 도왔다. 보통 집을 새로 짓기보다 원래 있던 집을 청석집으로 개조하는 사례가 많아서, 청석지붕을 올리는 집에 돌을 다 가지고 오면, 먼저 지붕을 벗겼다.

> (심: 그러면 처음에 지붕을 나무로 기틀을 만들잖아요?) 집을 옛날 집이 초가집 했던 거. 초가 다 벗기고 그래가지고, 이래 봐서 썩은 게 있으면 서까래 같은 거 갈아, 돌이 무거우니까 갈고.[33]

청석지붕은 무겁기 때문에, 지붕을 벗기고 나서 서까래 같은 기본 지붕틀 중 썩은 것이 있으면 새로 갈아주며 단단하게 보수했다.

> (심: 그러면 처음에 지붕에 얹을 때요. 나무를 통나무를 안에다가) 서까래 난걸 이 몸푸 이런 걸 이정도 되는 거 기럭지 말이야. 한 3미터? 긴 거는 3미터 정도는 돼 서까래가. (심: 그럼 나무가 안에 이렇게 들어가 있는 거죠?) 어, 그 안에 거리는 얼마냔 말야, 한 40cm. (심: 이 나무를 서까래라고 하는 거예요?) 어, 서까래. (심: 그담에 이 사이가 한 40cm정도 돼요?) 어, 서까래. 이게 서까래야 이게 서까래. 동글동글한 거. 이게 쭉쭉 이래 놓여 이렇게 이렇게 이렇게, 그담에 위에다 청석 얹는 거야. 그래 요다음 철사를 구멍을 뚫고 밀리지 않을라고. (심: 그럼 그냥 나무 위에 바로 얹으시는 거예요? 흙같은 거 안 깔구요?) 그담에 이제 여 장작하고 이런 잡목있잖아, 싸리 같은거 깔아. (심: 싸리요?) 잡목, 잡목 이런 거, 이런 걸 사이가 한40cm니까 쭉 깔아 이렇게. (심: 이렇게 깐단 말씀이세요?) 어어, 저렇게 깔면 그리고 그 위에 척척 얹어 (심: 여기에 이렇게 얇은 잡목들을) 그래그래. 쭉 깔고, 그리고 공사로 말하면 그 산작이라 그러지. (심: 그 나무를 산작이라 그래요?) 어, 산작이라 그래. (심: 그러면 그 나무

---

33   위와 같음.

길이는 한 40cm 되는 거예요?) 아니, 요 사이사이가 여 한 3미터짜리 이리 왔으면 이 서까래 요렇게 놓고 요렇고 놓고 요렇게 놨잖아 40cm정도 놓고, 거 산작을 이래 올리지. (심: 나무들은 무슨 나무 써요?) 여기 잡목이야. (심: 다 잡목이에요? 서까래 이런 것도 다 잡목이에요?) 다 잡목이지. (심: 무슨 소나무 쓰신다거나 그런 건 없어요?) 소나무, 낙엽송 뭐 이런 거 잡아가지고. (심: 나무는 가리지 않고 쓰시는구나?) 근데 참나무고 뭐이고, 하여튼 매끈하고 안굽은거, 반듯한 거. (이: 반듯한 거면 아무상관 없이 그냥) 그래.[34]

(심: 돌지붕을 올릴 때 서까래를 세우고, 거기에 이제 잡목들을 깔고, 거기에 흙 바른 다음에 돌을 붙이는 거예요?) 그런데, 그걸 어떻게 하는 가면요. 서까래가 이렇게 있잖습니까? 장작을, 불 때는 장작 있잖아요? 장작을 패가지고 엮어요. 또, 여 서까래에 대고 엮어요. (심: 그럼 그 장작을 엮을 때는 뭘로 엮으셨어요?) 칡내끈, 칡내끈. 저기 새끼 이런 거 가지고 했어요. 그래가지고 그거를 하시면은 이제 이게 서까래지 않습니까? 이렇게 대고서는 엮어버려요.[35]

청석을 얹기 전 지붕틀을 보수 할 때, 대략 3m정도 길이의 서까래를 40cm 간격으로 깔고 그 위에 가로 방향으로 산작을 얹었다. 산작은 기울어진 지붕에 가로로 올리기 때문에 떨어지지 않도록 칡끈이나 새끼를 가지고서 서까래에 대고 엮어서 고정시켰다. 서까래나 용마루, 추녀, 산작의 제작에 특별히 사용하는 나무가 있는 것은 아니었고, 매끈하고 반듯하면 아무 잡목이나 다 사용했다. 이해를 돕기 위해 앞선 구술 내용을 인터뷰할 당시 배선기 씨와 함께 그린 그림[36]을 첨부한다.

아래의 그림처럼 지붕의 틀을 잡고나면 그 위에 청석을 얹었다.

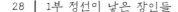

34 위와 같음.
35 안우삼 씨 구술 자료, 2015년 8월 19일.
36 배선기 씨와 인터뷰하며 함께 그린 그림, 2015년 8월 19일.

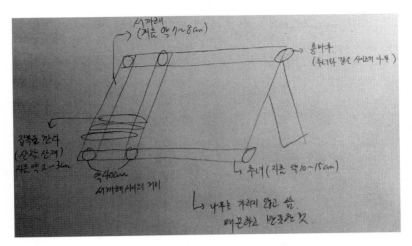

지붕 틀

근데 여기 끝에는 여기 추녀 끝에는 말이야, 강철을 이래 짤라가지고 돌을 구멍을 이래 파, 쇠꼬쟁이 뚜드려가지고 파고는 이 밑에는 밀릴까봐 (이: 못을 박아요?) 어 고정을 해줘, 밀릴까봐 (이: 못가지고요?) 철사를 강철을 그때는 못이 없으니까, 철사를 철사 이런 걸 끊어가지고 탁탁탁. (심: 그러면 책상만한 거는 기와로 얹을 라면은 또 사이즈를) 아니야, 그대로. (심: 그대로 올려요?) 생긴 대로. 산에서 뜬 대로. 그걸 뜬다 그래, 뜬대로 그걸 갖다 착착 놔. 근데 그걸 보면 제일 집이 이러면 큰 거부터 놔. 요 큰 거부터 이렇게 올라가. 위로 갈수록 작은걸 놔. 묘하지? 다루기가 나쁘니까. 추녀 끝에 큰 거부터 올라간단 말야.[37]

장작을 패가지고 엮어요 또, 여 서까래에 대고 엮어요. 엮어가지고 흙치고 그 위에다 돌멩이를 올려요. (심: 그럼 돌을 붙이는 거네요?) 그렇죠 (심: 요즘으로 치면 시멘트로 해서 굳히듯이요?) 예예, 그리고 이 위에다가 흙을 치면서, 맨 흙으로 하실라면 볏짚을 썰어 넣어서, 볏짚이 있잖습니까? 길게 쓸지 말고,

---

37   배선기 씨 구술 자료, 2015년 8월 19일.

소여물 먹이는 것처럼 그렇게 쓸어가지고 흙하고 섞어서 이겨서 발라 눌러 돌멩이를 놔야 돼요. 그래야 이 흙에 돌이 붙어야 되지 않습니까.[38]

청석을 지붕에 얹을 때는 따로 돌을 가공하지 않고, 산에서 떠 온 그대로 얹었다. 대신 가장 큰 돌을 제일 아래인 추녀에서부터 얹기 시작하여 점점 작은 돌순으로 쌓아 올렸다. 청석을 얹을 때 가장 크고 무거운 돌을 시작으로 추녀에서부터 용마루까지 차곡차곡 쌓아 올렸기 때문에, 가장 아래에 있는 돌은 무게를 지지하기 위해 강철을 못처럼 잘라서 돌에 구멍을 뚫어 추녀에 박아 고정시켰다. 가장 아래 강철로 고정시킨 돌 바로 윗돌부터는 볏짚을 썰어 넣어 이긴 진흙을 발라서 눌러가며 돌을 얹었다. 또 청석의 평면에는 실금이 나 있기 때문에 청석을 얹을 때 그 실금들이 세로방향이 되도록 하여 얹었다. 그렇게 하면 비가 올 때 빗물이 집안으로 새지 않고 지붕을 따라 흘러내려서 그 빗물을 생활용수로 사용할 수 있었다. 이해를 돕기 위해 앞선 구술 내용을 인터뷰할 당시 배선기 씨와 함께 그린 그림[39]을 첨부한다.

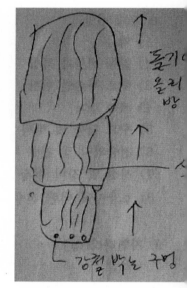

청석을 쌓아 올리는 모양

그림처럼 청석을 쌓아서 다 올린 다음에는 마지막으로 용마루 위에 넓고 납작한 물돌들을 가져다 올려놨다.

> (심: 그러면은 이렇게 돌을 이렇게 쌓아 올리시고 용마루 있는 데서는) 이게 용마루란 말야. 진흙 이렇게 발라가지고. (심: 나무에다가요?) 짚을 썰어 넣고 밟아가지고 발라놓으면, 그리고 납작한 돌멩이는 물돌을 주워 다가 동글동글 한 거 말야. 용마루 바람에 날아가지 말라고 말야, 한 50cm 사이로 탁탁탁

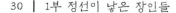

38 안우삼 씨 구술 자료, 2015년 8월 19일.

39 배선기 씨와 인터뷰하며 함께 그린 그림, 2015년 8월 19일.

탁 놔. 요러면 납작해서 바람에 날아가지 않아. 또 눌러. (이: 눌러 놓는다고
요?) 어어. (이: 그 무게는 조그맣고) 요만한 납작해 물돌이.[40]

배달원 씨가 직접 지은 청석집 전면(좌)과 후면(우)[41]

물돌은 용마루 위에 50cm 간격으로 올려놓았는데, 볏짚을 썰어 넣어 이긴 진
흙을 바른 후 그 위에 올려 꾹꾹 눌러 고정시켰다. 이 물돌은 용마루가 바람에 날
아가지 못하도록 하는 용도로 올려놓는 것이다. 산 속에서 돌을 뜨는 것으로 시작
하여, 용마루 위에 물돌을 올리기까지의 과정을 거치면 청석집이 완성되었다.

(3) 전승 실태

배선기 씨에 의하면 배달원 씨는 숙련된 청석장 다섯 사람을 밑에 두고 청석집
을 지으러 다녔다. 그 다섯 사람은 배달원 씨가 부리는 일종의 보조원이었으며, 구

---

40   배선기 씨 구술 자료, 2015년 8월 19일.

41   2015년 8월 18일 촬영. 배달원 씨가 직접 지은 청석집으로 강원도 정선군 정선읍 월통길에 위치하고 있
     다. 정면 3칸, 측면 3칸의 겹집 형태로써 돌기와 지붕(석집)가옥이다. 현 가옥주 최태규(崔泰圭 74세)
     씨의 증조부가 정선으로 이주 후 건립한 주택으로 20평 규모이다. ㄱ자형의 가옥으로 측면에 화장실 2동
     과 마구간이 있고 정면에 서향의 마루를 응접실로 개조 사용하고 있다. 서까래의 굵기는 10~20cm, 간
     격은 30cm로 배열되었으며 돌은 처마 끝에서 20cm정도 돌출하여 있다. 전체적으로 우진각 지붕 형태
     이나 추녀 내림 마루와 용마름 부분은 평기와로 얹어 팔작 지붕 형태로 하고 그 외에는 돌기와를 얹었다.
     자연석 초석에 25cm가량의 사각 기둥을 세웠다. 주위의 담장은 목조 기둥에 스레트로 정비하였다. 「정
     선여행」, 2015.10.16(ariaritour.com).

성원의 교체 없이 늘 배달원 씨와 함께 했다.

근데 우리 아버지 밑에 보조원이 힘 좋고 빠리빠리한 사람들 몇 사람을 데리고 다녔냐면 다섯 사람을 데리고 댕겨. 꼭 따라 댕겨. (심: 그러면 아버님이 인부 5명을 같이 데리고 다니셨던 거예요?) 어. 그건 아주 고도로 훈련된 우리 아버지 아주 심복이고, 말 한 마디하면 착착 알아먹는단 말야. (심: 그럼 그분들이 멤버가 바뀌지 않고 그대로?) 아니, 그대로 그대로였어. (심: 혹시 그분들 존함을) 지금 살아있는 양반이 지금 말야 다 죽고, 살아있는 우리 아버지 밑에 일하던 사람이, 하…… 가만있어, 이젠 거의 없겠다야. 다 죽었어. 그 패들이 말야, 80살 거의 됐는데 뭐 다 죽었어. 근데, 우리 아버지 밑에 일하던 사람이. (심: 혹시 존함을 기억하시나요?) 가만있어보자. 다 시내 내려왔는데 여개. 우리아버지 돌짐 진 사람이……. 야, 다 죽었다. 돌짐 진 사람이 80 넘었으니까. (이: 성함만이라도) 김상기란 사람이 근래 죽었는데, 봉양리에. 그담에 김성근이란 사람도 봉양 생탄이라는데 있는데 그 사람도 죽고, 그 담에 김준수란 사람도 나이 제일 많은데 그 사람도 죽고, 그 따라 댕겼던 사람 얘기하는거라 그 전문가들, 그담에 이종업이라는 사람이, 그 사람도 죽고, 한분은 황윤억.[42]

배달원 씨의 보조원 다섯 사람의 성함은 김상기, 김성근, 김준수, 이종업, 황윤억이다. 이들은 현재 모두 작고하신 상태이며 살아계셨다면 모두 80대의 고령이시다. 이들 다섯 사람은 배달원 씨의 수족과도 같은 보조원이었으며, 모두 숙련된 청석장이었다.

(심: 8살 때 하동으로 내려오시고, 거기 사시면서 본격적으로 하신 거잖아요?) 읍에 내

---

42   배선기 씨 구술 자료, 2015년 8월 19일.

려와서 우리 아버지 본격적으로 아주 정선 와가지고 이제 큰 사업 한 기업이야. (심: 그러면은 아버님이 영월, 정선, 평창까지 가서 돌집을 지으셨네요?) 그럼, 영서 다 졌어. (심: 그럼 아버님이 평창, 영월, 정선에 있는 돌집은) 우리 아버지 다했어. (심: 전부다 하신 거네요?) 그럼. (심: 그럼 밑에 부리는 사람도 많았겠네요?) 그럼. 근데 그게 지금 말하면 하나의 기업이여. 우리 아버지가 왕초고 기능공이고 왕촌데, 거기에 또 기술자들이 말이야 종사하는 사람들이, 다섯 사람 있는데, 다섯 사람 밑에 각기 또 잡부들이 있어 거기에.[43]

배선기 씨가 8살이 되어 국민학교에 입학했을 때, 배달원 씨는 배선기 씨의 통학을 위해 강원도 정선군 정선읍 봉양6리 생평지에서 배선기 씨의 학교에서 가까운 강원도 정선읍 봉양4리 하동으로 이사를 했다. 그 즈음 배달원 씨는 정선지역뿐만 아니라 인근의 평창과 영월에서도 도급을 받아 청석집을 지으러 갔을 정도로 유명세를 떨치던 청석장이었다. 물이 귀한 산간지방에서는 청석집의 수요가 많았기 때문이다. 그래서 배달원 씨가 30대 중반이 되었을 땐, 배달원 씨의 보조원인 다섯 사람의 청석장들이 따로 본인들 밑에 보조원들을 둘 만큼 사업이 번창하였다. 지금으로 치면 작은 기업이 될 만큼의 규모로 성장한 것이다. 그렇게 쉬지 않고 청석집을 짓던 유능한 청석장인 배달원 씨는 1965년 은퇴하였다.

배달원 씨가 은퇴한 후, 정선지역에서는 1970년부터 시작된 새마을운동을 기점으로 청석집 대신 슬레이트집을 지었다.

(심: 제가 알기론 새마을 운동 하면서 집들이 슬레이트 지붕으로 바뀐 걸로 알고 있는데요?) 그때 초가집이 있었는데 초가집은 벗기고 슬레이트가 올라갔어. (심: 그럼 돌집도 이제 슬레이트집 같은 거 생기면서 돌집이 없어진 거죠?) 그럼. 새마을사업 할 적에 슬레이트집을 전부 말이야. 그게 경제적이고 쉽단 말이여. 인

---

43   위와 같음.

건비도 덜 들어가고. 그때까진 돌집을 했어. 슬레이트보다 돈이 많이 들어가거든 돌집이.[44]

슬레이트집을 짓는 것은 청석집을 짓는 것보다 상대적으로 비용이 저렴하기 때문에 새마을운동 이후 청석집을 짓는 경우가 거의 없었다. 1930년대에 배달원 씨에 의해 시작되어 30여 년간 정선지역을 비롯한 평창, 영월 등지의 인근지역까지 지어졌던 청석집은 새마을운동을 기점으로 수요가 줄어들었고, 나아가 더 이상 지어지지 않게 되었다.

3) 전승 계획과 방안

정선지역의 자연지리적 환경과 밀접하게 관련된 전통가옥인 청석집은 새마을운동 이후 더 이상 짓지 않게 되었고, 남아있던 청석집마저도 슬레이트집이나 현대적 가옥으로 개조를 하는 바람에 현재 정선지역에는 청석집이 몇 채 남아있지 않다. 그리고 한창 청석집이 호황을 이룰 때, 배달원 씨와 함께 청석집을 짓던 청석장들도 고령으로 인해 현재 모두 작고하신 상태이다. 청석집에 대한 수요가 없어졌기 때문에 작고하신 청석장들은 그 기술을 후대에 전수하지 못했다. 따라서 청석장은 사실상 전승이 끊긴 상황이라고 볼 수 있다.

그래서 정선군에서는 정선아라리촌에 청석집을 재현해 놓았다. 비록 재현해 놓은 집이지만 그로인해 정선을 찾은 관광객들이 정선지역의 전통가옥을 직접 관람할 수 있게 되었다. 또, 정선군은 관광 홈페이지를 통해, 오리지널 청석집을 보고 싶은 사람들이 직접 찾아가서 볼 수 있도록, 현재 정선지역에 남아있는 청석집 두 채를 비지정문화재로 소개하고 있다. 정선지역의 특색 있는 전통가옥인 청석집을

---

44   위와 같음.

알리기 위한 이러한 정선군의 노력은 참으로 미쁘다. 하지만 조금 더 분발해야 한다. 청석집을 알리는 것 뿐 만 아니라 현재 남아 있는 청석집의 보존에도 힘을 써야 하기 때문이다. 조사자가 정선군 관광 홈페이지에 소개된 가옥에 직접 가봤는데, 사실 너무 낡아서 사람이 살지 않는 집인 줄 알았다. 이는 정선군이 분명 인지해야 할 부분이다.

강원도 삼척시의 경우, 대이리에 있는 너와집과 굴피집을 국가지정문화재로 지정하여 보존하고 보호하고 있을 뿐만 아니라 자연생태학습형 생활과 레저용 관광단지로 개발하여 각광을 받고 있다.[45] 따라서 정선군도 삼척시를 본보기로 삼아 현재 정선관광 홈페이지에 소개되어 있는 청석집인 전계봉全桂奉씨 가옥과 최태규崔泰圭씨 가옥 뿐 만 아니라, 정선지역에 현존하는 청석집이 잘 보존될 수 있도록 보호하여야 할 것이다. 아라리촌에 재현해 놓은 청석집도 좋은 자연생태학습 자료이지만, 과거 청석장들이 직접 지었고, 현재까지도 사람이 살고 있는 청석집만은 못할 것이기 때문이다.

더불어 삼척의 너와집이나 굴피집처럼, 정선의 청석집도 국가문화재로 지정될 수 있도록 힘써야 할 것이다. 청석집은 과거 정선지역민들이 어떻게 자연지리적 환경에 적응하며 살아갔는지를 가장 잘 보여주는 아주 중요한 유형자산이자 민속자료이기 때문이다. 따라서 현존하는 청석집의 국가문화재 지정과 보존은 꼭 이루어져야 할 사항이자 앞으로 정선군이 풀어야 할 과제이다.

---

45 강영복, 앞의 책, 16쪽.

2 / 맷돌장

1) 입문 현황

(1) 정선 맷돌의 특징

맷돌장은 맷돌 만드는 일을 업으로 하는 사람을 통칭하는 용어이다. '표준어 규정' 제9항 붙임2에서는 기술자에게는 '-장이', 그 외에는 '-쟁이'가 붙는 형태를 표준어로 삼도록 규정하고 있다. '맷돌장'이라고 한 것은 장인적인 요소를 부각시키고자 하는 의미에서 사용한 것이다.

맷돌은 곡식을 가루로 만드는 도구로 B.C.3000~B.C.2000경 신석시시대가 시작된 이후 석기인들에 의해 개발된 것으로 추정된다. 우리나라에서 맷돌에 관한 기록은 고려시대 최승로(崔承老, 926~989)가 성종에게 올린 상소문(982년)에 처음으로 등장한다. 최승로는 신라 6두품 집안에서 태어나 고려의 재상까지 오른 인물이다. 고려 제6대 왕인 성종의 즉위와 함께 그의 신임을 받아 유교적 통치 이념에 따른 제도 정비에 이바지하였다.

가만히 듣자오니 성스러우신 상감께옵서 공덕재功德齋를 위하여 친히 차를 맷돌질하시거나 보리를 가신다 하더이다. 신은 깊이 성체聖體의 근로를 애석하게 여기나이다. 이러한 폐단은 광종(재위 950~975)때부터 비

롯된 것이옵니다.[1]

위의 인용문은 광종 때 궁중에서 제례용으로 사용할 차를 왕이 직접 맷돌을 사용하여 갈았음을 보여준다. 그런데 맷돌질을 하는 것은 쉬운 일이 아니었다. 최승로는 맷돌을 빨리 돌리면 차가 변질되므로 장시간 인내를 갖고 천천히 돌려야 했던 성체聖體의 노고勞苦를 애석하게 생각하여 상소문을 올렸던 것이다. 맷돌질이 얼마나 힘든 일이었는지 알 수 있다.

고려에서 차맷돌은 본래 마음을 차분하게 가라앉히고 정신을 고르게 하는 정심조신靜心調神으로 수양성修養性의 도구이기도 하여 문인들의 시詩에도 자주 등장한다. 이인로李仁老의 시詩 〈승원다마僧院茶磨〉를 보면

風輪不管蟻行遲　바람이 바퀴를 돌리지 아니하니 바퀴는 개미걸음 되어
　　　　　　　　　느리고
月斧初揮玉屑飛　옥토끼 비로소 휘두르니 옥가루가 휘날리네
法戲從來眞自在　불가의 놀이는 자기 맘대로 이며
晴天雷吼雪霏霏　맑은 하늘에 우레 소리, 눈발도 휘날리네

〈승원다마〉는 어느 한가롭고 평화로운 산사에서 스님이 맷돌을 돌리면서 차를 갈고 있는 모습을 형상화한 것이다. 이 시에서 "바람이 바퀴를 돌리지 아니하니 바퀴는 개미걸음 되어 느리고"는 맷돌을 빨리 돌리면 마찰열로 인하여 차 가루의 맛이 변하기 때문에 맷돌을 느릿느릿 돌렸다는 것을 의미한다. "맑은 하늘에 우레 소리, 눈발도 휘날리네"는 맷돌이 돌아가자 돌과 돌이 부딪치며 나는 소리가 우렛소리와 같았다는 것이다.

최자는 『보한집』에 "차 맷돌 천천히 돌아/ 달이 막 돋을 때야 옥가루 날리네/

1　한애란, 「고려시대 동북아시아의 말차(末茶) 문화에 관한 비교 연구」, 성균관대 생활과학대학원 석사학위논문, 2008, 117쪽.

법 놀이는 본디 자재에 있는 법/ 맑은 하늘에 우레 치고 눈이 펄펄 날리네."라는 시를 남겼다. 이밖에 이규보를 비롯한 많은 문인들이 차와 관련된 시를 남겼는데, 이들 시에서 맷돌의 모습을 찾을 수 있다.

우리나라의 신화적 민담의 하나인 〈남매혼 설화〉에도 맷돌이 등장한다.

옛날 어느 해 석 달 열흘 동안 비가 내려 큰 장마가 들었다. 마치 하늘의 큰 물동이를 내리붓듯이 비가 쏟아지는 통에 이 세상은 온통 홍수가 져서 물바다가 되었다. 평야는 물론 높은 산들도 물속에 파묻혔으며 또한 인가도 하나 남김이 없이 떠내려가고 말았다. 사람도 다 죽고 단 남매가 살아남게 되었다.

두 남매는 다행히 홍수를 피하여 높은 산으로 일찍 피난하였기 때문에 겨우 살아남았다. 몇 달이 지난 뒤에 물이 모두 빠져서 남매는 마을로 내려왔으나 산야는 모두가 황폐해지고 살아남은 사람은 한 사람도 없으니 적막하기 짝이 없었다. 남매는 살 길을 찾기 위해서 열심히 일을 했다. 집도 새로 짓고, 농사도 시작했다.

그러나 남매는 난처한 문제에 봉착했다. 남매인 까닭에 결혼을 할 수도 없고 자식이 없으니 적적할 뿐 아니라 일손도 모자라며, 이렇게 살다가는 인종이 끊어질 염려가 겹쳤다.

남매는 맷돌을 가지고 높은 산으로 올라갔다. 산꼭대기에서 두 손을 모아 하느님께 빌었다. "우리는 남매이니 서로 혼인할 수도 없고 그렇다고 인종을 끊어지게 할 수 없으니 어찌하면 좋습니까?" 하면서 오라버니는 수맷돌을 동쪽으로 굴리고, 누이동생은 암맷돌을 서쪽으로 굴려 내려 보내고 두 사람은 산을 내려왔다.

산을 내려와 보니 이상하게도 동서의 정반대쪽으로 굴렸던 맷돌이 공교롭게도 포개어 있었다. 남매는 '이것은 분명 두 사람이 결혼을 해도 좋다는 하늘의 뜻'이라고 해석하고 혼인을 했다. 두 사람의 혼인으로 인류는 멸종

을 면했으며, 오늘날의 사람들은 모두 그 남매의 후예들이라고 한다.[2]

　설화를 정리하면, "옛날에 큰물이 나서 모두 죽고 남매만이 살아남았다. 남매는 절손絕孫을 염려해서 맷돌로 신의 뜻을 묻는다. 산의 정상에서 각각 정반대쪽으로 맷돌을 산 아래로 굴렸는데, 맷돌이 산 아래서 포개져 신이 결혼을 허락한 것으로 알고 남매가 혼인하였다. 그래서 남매는 인류의 시조가 되었다."는 것이다. 이 설화에서 맷돌은 인간이 신의 뜻을 묻는 도구이자 신의 뜻을 인간에게 전달하는 매개체인 것이다.

　맷돌은 옥수수나 콩 같은 곡물을 가루로 만들기 위한 농기구의 하나이다. 『임원경제지』에는 맷돌을 동마東磨라고 하여 우리 연장임을 밝히고 있으나 실제로 맷돌은 중국을 비롯해 세계 여러 나라에서도 쉽게 볼 수 있는 연장이다. 예전에는 '매'(『훈몽자회』·『역어류해』), '매돌'(『재물보』), '맷돌'(『농가월령가』·『물명고』)라 했고, 한자음을 빌어 마석磨石(『산림경제』), 마아磨兒(『역어류해』), 마磨(『훈몽자회』·『북학의』)라고 썼다. 그리고 한문으로는 석마石磨(『해동농서』), 롱礱(『재물보』), 애磑(『훈몽자회』·『물명고』·『재물보』·『물보』·『농가월령가』)로 썼다.[3]

여량면 옥산장에 있는 맷돌모습

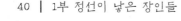

2　　임동권, 「40. 남매의 혼인」, 『한국의 민담』, 서문당, 1996, 71~72쪽.

3　　박호석 외, 『한국의 농기구』, 어문각, 2001.

정선에서 맷돌을 많이 만들게 된 이유는 맷돌 만들기에 적합한 질 좋은 돌이 많이 났기 때문이다. 이 지방에서 나는 쑥돌은 성질이 단단해서 맷돌을 만들기에 안성맞춤이었던 것이다. 요즘에는 농촌에서도 제 집에 맷돌을 두고 쓰는 이가 드물지만 예전에는 이곳에서 만든 맷돌이 전국 곳곳으로 팔려나갔다. 특히 정선군 북면 고양리 앞실 마을에서 만든 '앞실 맷돌'이 인기가 많았다. 옥수수나 콩, 녹두 같은 것이 어찌나 잘 갈리던지 이 지방에서는 음식을 빨리 먹어치우는 사람을 보고 "마파람에 게 눈 감추듯 한다."는 뜻으로, 흔히 "앞실 맷돌 콩 먹듯 한다."는 말을 한다.[4]

　맷돌은 곰보처럼 얽은 둥글넓적한 2개의 돌을 아래위로 겹쳐놓고, 아랫돌의 중심에 중쇠를 박고 그 위에 윗돌의 중심부에 있는 구멍을 맞춘다. 그리고 윗돌에 짜인 구멍에 갈 것을 넣고, 윗돌 옆에 수직으로 달려 있는 탑손을 잡고 돌리면서 곡식을 가는 것이다. 맷돌의 크기는 매우 다양하여 작은 것은 지름이 20cm에서 큰 것은 지름이 1m가 넘는 것도 있다. 과거 맷돌은 우리 조상들에게 있어 식문화에서 없어서는 안 될 중요한 도구의 하나로, 부엌이나 마루 한쪽에 항상 자리하고 있었다.

　맷돌은 쓰임새나 지역에 따라 다른 모습을 띠고 있다. 쓰임새에 따른 맷돌은 크게 곡식의 탈곡만을 해내던 나무로 만든 맷돌, 안쪽 면을 다소 얽게 만들었던 돌로 다듬어진 제분용 맷돌, 안쪽 양면을 곱게 다듬은 것으로 풀을 먹이기 위한 용도로 사용된 풀매의 3가지로 구분할 수 있다. 그리고 지역에 따라 중부와 남부 두 지방의 맷돌은 큰 차이가 있다. 중부의 맷돌은 위 아래쪽의 크기가 같고 매함지나 매판을 깔고 쓰도록 되어 있다. 이에 비해 남부의 맷돌은 밑짝이 위짝보다 넓고 크며 한 옆에 주둥이까지 길게 달려 있어 흔히 매함지나 매판이 사용되지 않는다. 또 맷손도 위짝 표면 안쪽을 파고 박아 놓아 조형적이며 섬세한 느낌을 준다.[5]

　맷돌은 물맷돌과 구멍맷돌의 두 종류로 나눌 수 있다. 물맷돌에 관한 가장 오래

4　『한국의 발견 강원도』, 뿌리깊은나무, 1992, 354쪽.
5　한국민속사전 편찬위원회, 『한국민속대사전 1』, 민족문화사, 1991, 499쪽.

된 문헌은 『고려사』로서, 충렬왕 3년(1276년) 9월 기축조에 "왕과 공주가 물맷돌을 구경하였다王與公主觀水磑"는 단 한 줄 뿐이다. 물맷돌은 물의 힘을 빌려서 곡식을 찧거나 빻는 기구이다. 물이 높은 데에서 떨어지거나 도랑으로 빨리 흐르면서 수레 바퀴 모양의 틀을 돌리면 틀 가운데에 박힌 굴대가 따라 돌면서 맷돌 위짝을 회전 시킨다. 그리고 맷돌 위에 걸린 깔대기 모양의 통에서 위짝의 아가리로 조금씩 흘 러간 곡식은 가루가 되거나 겉껍질이 벗겨져 나오는 것이다. 『고려사』의 기록으로 미루어 보아, 물맷돌은 13세기에 첫 선을 보인 것으로 생각된다. 그 뒤로 이것이 얼 마나 퍼지고, 언제까지 쓰였는지는 알 수 없다. 조선시대의 농서나 그 밖의 기록에 나타나지 않는 것으로 보아 우리나라에서는 널리 쓰이지 않은 것으로 보인다.[6]

구멍맷돌에는 한구멍 맷돌·두구멍 맷돌·네구멍 맷돌 등이 있다. 구멍맷돌은 주 로 절에서 사용하였는데, 그것은 절의 식솔이 보통은 수십 명에서 수백 명, 많은 곳은 수천 명이나 되었기 때문이다. 절에서는 단백질의 공급을 두부에 의존하기 때 문에 콩을 한꺼번에 많이 갈 수 있는 매우 큰 맷돌이 필요하였던 것이다. 두구멍맷 돌은 긴 작대기를 잡아매고 집짐승이 끌어서 돌리며, 네구멍맷돌은 ㅁ자꼴의 틀 을 얹고 이를 네구멍에 잡아매고 두 마리의 집짐승이 돌린다. 고구려 승려 담징이 만들었다고 전하는 네구멍 맷돌은 일본 후쿠오카현[福岡縣] 다자이후시[大宰府市] 간제온사[觀世音寺]에 지금도 남아 있다.[7] 구멍맷돌은 밀 재배가 가장 일찍 시작된 서남아시아에서 생겨나서 한 줄기는 아프리카로, 다른 한 줄기는 중국을 거쳐 우리 나라로 들어왔다.[8]

과거 정선에서는 맷돌을 주로 옥수수와 콩을 갈 때 사용하였다. 정선맷돌의 부 분 명칭은 다음과 같다.

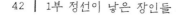

6   김광언, 「물맷돌(水磑) 考」, 『고문화』 39집, 한국대학박물관협회, 1991, 39쪽.

7   「맷돌」, 네이버 지식백과, e뮤지엄(terms.naver.com).

8   김광언, 『우리문화가 온 길』, 민속원, 1998, 288쪽.

- 맷돌중쇠: 맷돌의 위 아래짝 한 가운데 박는 쇠이다.

- 매 암쇠(수쇠): 위짝의 것은 암쇠라 하여 구멍이 뚫리고 아래짝의 것은 수쇠라 하여 뾰족한데 두 짝을 포개어 맞춘다.

- 맷손: 맷돌을 돌리는 손잡이인 맷손을 정선에서는 탑손이라고 부른다. 주로 물푸레나무로 만들며, 손잡이에 끼우고 한두 사람이 돌린다.

(2) 입문 계기 및 시기

이번 조사 과정에서 만난 장일주, 장명환, 위연석 씨의 경우 맷돌장에 입문하게 된 계기를 묻는 질문에 먹고 살기 힘들었기 때문이라고 대답하였다. 농사를 지었지만 그것만으로는 생활하기가 곤란했다는 것이다. 정선군은 태백산지의 가운데에 자리한 곳으로, 강원도에서도 외딴 오지에 속하는 지역이다. 평균 고도는 300~700m로 해발고도가 높은 산간에 위치해 있어, 농사짓기에 적정한 넓은 농경지가 많지 않다. 정선군은 임야가 전체의 85.7%를 차지하고, 농경지 비율은 10%에도 미치지 못한다. 그 중에서도 밭 비율이 90%를 웃돈다.[9] 전체적으로 농사만 지어서는 생활하기가 곤란한 형편이었음을 알 수 있다. 장일주 씨는 군대 갔다 와서 옥수수 한 말을 가져다 먹으면 품을 다섯 개 해줘야 했다고 한다. 즉, 5일치 일을 해주어야 만이 옥수수 한 말을 얻을 수 있었다는 것이다. 같이 동석한 장명환 씨는 하루 일하면 옥수수 한 줄을 받았다고 한다. 다섯줄이 옥수수 한 말이며, 한 줄은 대략 2리터였다고 한다. 장일주 씨는 그 당시 상황을 "정말 못 살겠더라구."라고 표현하였다. 그래서 할 수 없이 맷돌 만드는 일을 하게 되었다는 것이다.

장일주 씨가 맷돌장에 처음 입문한 시기는 37살이었다. 1931년생이니까 1968년도가 된다. 37살에 입문해서 60세까지 맷돌을 만들었다고 하니, 20여 년 이상을 맷돌 만드는 일에 종사한 셈이다. 장일주 씨를 인터뷰할 때 동석한 장명환 씨는 40세에 맷돌을 만들기 시작하였다. 맷돌장에 입문한 계기는 윗집에 사는 장일주 씨

---

9   『정선군지』(상), 정선군, 2004, 267~268쪽.

가 맷돌을 팔아 돈을 많이 벌자 이 일을 시작하게 된 것이다. 장명환 씨가 맷돌장이 된 것은 40세 때이다. 장명환 씨는 1935년생이니, 1975년도에 맷돌장이 된 것이다. 장명환 씨는 장일주 씨가 맷돌 일을 접으면서 같이 그만두었다고 한다. 대략 15~6년 정도 맷돌 만드는 일에 종사한 것으로 보인다.

위연석 씨는 고양리에 살았던 때인 40세 때 처음으로 맷돌을 만들기 시작하였다. 1933년생이니까 대략 1973년도부터 맷돌을 만들기 시작한 것으로 보인다. 5~6년 정도 맷돌을 만들다가 장열리로 이사하면서 맷돌을 만들지 않았다고 한다. 맷돌을 만들게 된 계기를 묻는 질문에 "그- 맷돌은, 그전에는 옛날에는 살기 어려우니까. 맷돌을 쪼아서 파는거라구"라고 대답하였다. 그는 농사를 지으면서 가외 수입을 올리기 위해 맷돌을 만들기 시작하였다는 것으로 보아, 맷돌장이 된 것은 생활이 곤란했기 때문임을 알 수 있다. 전순택 씨는 석질이 좋을 뿐만 아니라 맷돌을 잘 만들었다고 한다. 그러면서 "맷돌 쪼는기 그기 기능공이야. 면허는 없지만 말이여. 돌을 보고…. 그러니까 결을 살려내면서 횟가루는 떼내. 맷돌 쪼는 놈이 아주 기술자예요. 돈 많이 벌어."[10]라고 한다. 맷돌 쪼는 것만으로도 생활에 상당한 보탬이 되었음을 알 수 있다. 이곳에서는 맷돌 만드는 것을 "맷돌을 쫀다."라고 표현한다.

2) 주요 전승활동 실적

(1) 전수 내용

이번에 조사하면서 만난 장일주 씨와 위연석 씨는 맷돌을 배우게 된 내력에 차이가 있었다. 장일주 씨가 처음 맷돌을 배운 것은 1968년도인데, 이때 유천2리에는 맷돌을 만드는 사람이 20여 명이 있었다고 하였다. 그분들 중에서 당시 67세였던 변원근 씨에게 맷돌 만드는 일을 배웠다. 이렇게 맷돌 만드는 기술을 배우게 된

10　『정선군향토사연구집 仍買』, 정선문화원 부설 정선군향토사연구소, 2013, 77쪽.

장일주 씨는 일 년에 20~30켤레의 맷돌을 만들어 팔았다. 조사자에게 맷돌을 팔아서 돈을 많이 벌었다며 은근히 자랑하였다.

> (이: 혹시 제자가 있으셨나요.) 예? (이: 변원근 선생님한테 선생님이 배우셨듯이, 선생님한테 배운 사람이 있었어요.) (곁에 앉아 있는 장명환 씨를 가리키면) 이 사람이 나 한테 배웠어요. 이 사람두 맷돌쟁이야. (이: 성함이 어떻게 되세요.) 장-명환. (이: 연세가 어떻게 되세요.) 팔십 하나예요. (이: 35년생이세요.) 예. (이: 어떻게 하다가 배우셨어요.) (장명환: 돈벌라구 배웠지.) (이: 몇 세 때 배우신 거예요.) (장명환: 그때 난, 한- 40됐을끼요.) 내가 돈 버니까 이 사람이, 돈 벌라구 했지. 잘 팔리거든 맷돌 잘 팔렸어. 여기 내가 먼저 배웠는데, 이 사람이 내한테 배웠어. 뭘 먹구 살길이 없으니까니.[11]

장일주 씨가 맷돌을 만들어 돈을 많이 벌자, 아랫집에 살던 장명환 씨가 장일주 씨에게 부탁하여 맷돌 만드는 일을 배우게 되었다는 것이다. '변원근-장일주-장명환' 식으로 일종의 맷돌을 쪼는 계보가 이어졌다. 장일주 씨에게 선생님이셨던 변원근 씨는 다른 분에게 배운 것이냐는 질문을 했더니, 그분들이 원조라고 하면서 변원근 씨가 다른 누군가에게 배웠는지 여부는 알지 못한다고 하였다. 따라서 변원근 씨가 어떻게 맷돌 만드는 일을 시작하였는지에 대해서는 알 수가 없었다.

장일주와 장명환, 두 분이 맷돌을 만들어 팔 적에는 보릿고개를 넘기기 위해서 옥수수를 갈아 먹던 시기였기 때문에 맷돌이 잘 팔렸다고 한다. 특히 새마을 사업할 때에는 잘 팔려서 맷돌을 쪼느라고 바빴다고 하였다. 그렇다고 두 사람이 전적으로 맷돌 만드는 것에 전념한 것은 아니었다. "소두 멕이구 농사짓구 맷돌쪼구" 하여 농사짓는 일과 맷돌 만드는 일을 병행하였던 것이다.

---

11 장일주·장명환 씨 구술 자료, 2015년 8월 18일.

(이: 맷돌을 여기서 그냥 사람들이 와서 사가지구 간 거예요 아니면 직접 팔러 다니신 거예요.) 사갔지. 저 대화 평창 저기서 지금 평창 사람이. 그때 뭐 차가 있나. 뻐스에 싣고 뻐스 뒷바퀴가 납짝했었어. (심: 평창이나 이런데 와서 사가지구 갔어요. 지구 가서 파신 게 아니구요.) 아니야. (심: 그때는 돈 받구 파셨어요 아니면.) 돈 받았지. (심: 돈 받으셨어요.) 돈 받았지. (이: 돈은 언제 그전에 옥수수나 이런 거하구 바꾸구 그런 거 아니구요.) 돈으루 바꿨어. (이: 그 당시 돈으로 얼마나 받으셨어요.) 그때 한 켤레 보통 3,500원 4천 원 받았어. 강냉이 한 가마니 정도 받으면 잘 받았어. (이: 그 당시 옥수수 한 가마가 얼마 정도였어요.) 그때 옥수수 한 가마니가 3,500원 그리했지.[12]

두 사람이 만든 맷돌은 대화와 평창에 있는 사람들이 직접 와서 돈을 주고 사갔다고 한다. 당시에는 맷돌을 사러 오는 사람들도 차가 없었기 때문에 버스를 이용했는데, 버스에 몇 십 켤레를 실으면 그 무게로 인해 버스 뒷바퀴가 납작해졌다는 것이다. 이렇게 다른 지역 사람들이 와서 맷돌을 사갔던 것은 "지경이 맷돌의 고장"이기 때문이라고 하였다. 두 사람은 인터뷰를 하는 내내 맷돌은 지경에서 나온 돌로 만든 맷돌이 최고라고 하면서 '지경맷돌'에 대한 자부심을 드러냈다. 당시 맷돌 한 켤레의 가격으로 3,500원에서 4,000원을 받았다고 한다. 그 당시 옥수수 한 가마니의 가격이 3,500원이었던 것으로 기억하고 있었다.

위연석 씨의 경우는 직접 누군가에게 배운 적은 없고, 동네 어르신들이 맷돌 만드는 것을 옆에서 보고 배웠다. 위연석 씨가 고향인 고양리에 살 적에는 임억선, 방철순 씨 등 네댓 분이 맷돌을 만들었다. 그분들이 맷돌 만드는 것을 어깨 너머로 보고 맷돌을 만들게 되었다는 것이다. 위연석 씨가 맷돌 만드는 것을 보고 배웠다는 임억선과 방철순 씨는 지금 살아계셨다면 100여 세 정도 될 것이라고 한다. 위연석 씨에게는 아버지뻘 되는 분들인 셈이다.

---

12 위와 같음.

위연석 씨는 일 년에 10세트 정도의 맷돌을 만들었다고 한다. 위에서 살펴본 장일주와 장명환 씨보다 맷돌을 적게 만들었던 것은 주로 농한기를 이용해서 만들었기 때문이다. 위연석 씨는 여름에는 농사를 지느라고 바빠서 맷돌 만들 시간이 없었다고 한다. 이렇게 해서 만든 맷돌은 평창 장에 가서 팔았다.

(이: 여기서 한 세트 만들어 가지구, 평창 갈 때 몇 세트 가지구 가셨어요?) 예? (이: 평창 팔러갈 때.) 팔러갈째 저- 가자면 하룻밤 자구 가야거든, 중간에. 가다가 하룻밤 자구 가야 해요, 멀어가지구. (이: 몇 세트 가지구 갔는데요.) 한 세트. (이: 너무 무거워서요.) 그럼. 한 세트밖에 못가지구 가요. (이: 평창에 갈 때 중간에 한 번 주무시구.) 야. 주무시구 이튿날, 잘 팔리면 그렇지만, 못 팔리면 또. (심: 그대루 그냥 짊어지구 오시는 경우도 있었어요?) 짊어지구 안 오고, 그- 싸게 팔아야지 고럼. (이: 일반적으로 옥수수 한 가만데, 저- 그럴 땐 더 싸게 팔구.) 야. (이: 반가마니.) 그-럼 그럼. 살 사람이 없으며는 싸게 팔구. 도로 와야지. 지구 오지는 못하니까.[13]

평창 장까지 맷돌을 팔러간 이유는 정선에는 맷돌을 만드는 사람이 많아서, 여기서는 맷돌을 살 만한 사람이 없었다는 것이다. 그래서 힘들지만 평창 장까지 맷돌을 지고 가서 팔아야 했던 것이다. 평창 장까지는 거리가 멀었기 때문에 중간에 하룻밤을 자야만 했다. 이렇게 평창 장까지 간다고 하여 모든 것이 끝나는 것은 아니다. 재수가 좋아 주인을 만나면 그날로 팔고 올 수 있었지만, 그렇지 못하면 평창에서 하루 이틀 더 머물러야 했다. 그래서 평소에 옥수수 한 가마니를 받고 팔아야 되는 맷돌을 반가마니에도 팔고 왔다고 한다.

1989년에 김광언[14]이 조사한 여량 4리에 사는 김석순 씨의 경우도 위연석 씨처

---

13   위연석 씨 구술 자료. 2015년 8월 18일.

14   김광언, 「맷돌 만들기」, 『생활용구』 제1권 제1호, 민속원, 1999, 8~19쪽.

럼 동네 노인들이 만드는 것을 옆에서 보고 재주를 익혔다고 한다. 김석순 씨가 처음 맷돌을 만들기 시작한 것은 22세부터로 이후 40년 가까이 맷돌 만드는 일에 종사하였다. 1960년대 초까지만 해도 이 마을에는 맷돌을 만들어 생계를 이어갔던 사람이 2~30명 정도 되었다고 한다. 하지만 품삯이 다락처럼 높아져서 아무도 거들떠보지 않아서 조사 당시인 1989년에는 김석순 씨만이 맷돌을 만들고 있었다. 김석순 씨는 한 해 50 켤레정도는 기본으로 했고, 많이 만들 때는 60~70켤레의 맷돌을 만들었다고 한다. 김 씨는 일곱 마지기(이 곳의 한 마지기는 120평이다)와 하루갈이의 밭(800평)을 가지고 있으나, 농사는 사람을 사서 짓고 본인은 맷돌 만드는 일에만 전념하였다.

김석순 씨가 만든 맷돌은 마을 사람들이 죽(열 켤레가 한 죽임)으로 떼어다가 지게에 두 켤레씩 지고 평창군의 대화나 진부 등으로 팔러 다녔다. 그리고 김석순 씨 자신도 버스에 3~40켤레를 싣고 평창이나 영월, 미탄 등지로 팔러 다녔다고 한다. 맷돌을 주문하는 사람도 있었는데, 주소를 모르는 사람들은 학교나 경찰서를 통해 요청하기도 하였다. 주문 맷돌은 소비자가 와서 가져가는 것이 보통이지만, 먼 데 있는 사람에게는 철도 우편으로 부쳐 주기도 하였다. 이밖에 맷돌 장사들이 자동차를 갖고 와서 실어가는 경우도 드물지 않았다. 김석순 씨의 경우는 맷돌 일과 농사일의 수입은 반반 정도였다고 한다.

현지 조사와 기존의 조사 내용을 종합하면, 장일주 씨의 경우처럼 맷돌장으로부터 직접 맷돌 만드는 일을 사사받는 경우도 있었으나, 대개는 위연석 씨와 김석순 씨처럼 동네 어른들이 맷돌 만드는 것을 어깨 너머로 보고 기술을 습득하여 맷돌장이 되는 것이 일반적이었던 것으로 보인다.

맷돌 한 켤레를 만드는데 적게는 3일에서 많게는 5일 정도 걸린다. 한 켤레의 맷돌을 만들기 위해서는 여러 날이 소요되는 것을 감안하면 일 년에 맷돌을 만든 개수는 이 일에 종사한 사람들을 분류하는 나름의 기준이 될 수 있다. 정선군에서 맷돌을 제작한 사람들은 크게 3가지 부류로 나눌 수 있다.

첫째, 김석순 씨처럼 한해 평균 60켤레 정도의 맷돌을 쪼았다면 이는 맷돌 만드

는 일을 전문적으로 한 경우로, 직업적인 맷돌장으로 볼 수 있다. 눈이나 비가 오면 일손을 놓아야 했던 것을 고려하면 한해에 60켤레의 맷돌을 만들었다는 것은 대단한 숫자인 것이다. 요즘 쓰는 말로 하면 프로맷돌장이라고 할 수 있다. 둘째, 장일주 씨처럼 농사를 지으면서 한해 20~30켤레 만드는 경우는 맷돌을 전문적으로 만들었다고 보기는 어렵다. 준프로맷돌장이라고 할 수 있다. 셋째, 위연석 씨처럼 농한기인 겨울철을 이용해서 한해 10켤레 정도의 맷돌을 만들었다면 아마추어맷돌장이라고 할 수 있다.

요즘엔 믹서기가 있으니까 그렇지 옛날에는 여기다가 다 갈아서 해먹고 그랬지. (서: 그러면 맷돌장이 다 마모가 되잖아요, 어머니 그러면 그 사람들한테 이걸 부탁을 해야 될 거 아닙니까?) 이걸 만드는 사람들이 있었어요. (서: 아 그렇죠.) 산에 가서 산에 또 이 맷돌돌이 나오는 데가 있데요. (서: 네, 알아요, 알아요.) 거기 가서 이 맷돌을 돌멩이를 떠다가 손으로 쪼아서 이렇게 만들잖아요, 그러면 이게 집집이 다 있었다고 보지요, 요즘엔 믹서기가 있지만 예전엔 믹서기가 없으니까. (서: 제가 궁금한게 어머니 이게 마모가 다 되잖아, 그러면 그 사람들이 와서 또 다시 손봐줘야 돼잖아.) 이게 이제 계속 다 쓰다보면 다 닳고. (서: 네 네 네.) 그러면 거기 가서 다시 또 이렇게 이렇게. (서: 아 가지고 가서 어머니 또 가서, 그러면 갈 때 지게 지고 갑니까?) 지게 지고 가던지 뭐. (서: 손으로 들고 가던지 해서?) 그럼. (서: 아 그럼 어머니 얼마나 쓰면 마모가 다됩니까?) 그건 쓰기 나름이지, 많이 쓰면. (서: 빨리 닳고?) 닳아지고 안 쓰고 나비두면. (서: 네 알겠습니다, 어머니 오늘 이렇게 좋은 이야기 많이 해주셔서 공부 많이 했습니다.)[15]

맷돌은 오래 쓰면 가운데가 솥뚜껑처럼 우묵하게 패여서 '절 먹지 않으므로', 양 끝을 5mm 쯤 깎아서 맞물리도록 해주어야 한다. 집에서 쓰던 맷돌이 마모되

15   전옥매 씨 구술 자료, 2015년 8월 19일.

면 지게에 지고 맷돌장이를 찾아가거나 아니면 맷돌장이 가정집을 방문하여 쪼아 주기도 하였다. 김석순 씨의 경우엔 한번에 5~6천 원을 받고 맷돌을 쪼아주었으며 하루에 대여섯 켤레 정도를 수리해 주었다고 한다.

> 이규만(구술자): 고추 방아를 찧을라니 올라왔다 내려가야지. 그것도 애기를 업고…. 이래 가지고 밥을 해 먹고. 그리고 또 옥수수를 맷돌에 갈아야지 밤에는 코굴 앞에 앉아가지고는 베를 자고…. 그리고 살았는데 요새 젊은 며느리들 그렇게 사는 사람 없어.[16]

위의 인용문은 이규만 씨가 맷돌과 관련된 이야기가 나오자, 우리 어머니하고 우리 집사람하고는 맷돌 때문에 고생이 이만저만이 아니었다고 하면서 구술한 내용이다. 정선군에 거주했던 사람들에게 있어 맷돌은 생활의 어려움을 해결해 주는 물건이면서 동시에 고단함을 상징하는 물건이었던 셈이다.

(2) 맷돌 만들기 과정[17]

맷돌 만드는데 있어 가장 중요한 것이 돌이다. 정선군에는 맷돌을 만들기에 좋은 돌이 많이 난다. 조사자가 맷돌 만드는 돌의 이름을 묻자, 제보자들은 한결같이 '맷돌돌'이라고 답했다. 맷돌돌이라고 하면 모두들 알아듣는 듯하였다. 이곳 돌로 맷돌을 만드는 이유는 돌에 날카로운 쇠를 받은 듯한 '음'이 돋아 있기 때문이다. 이러한 음은 자연히 생긴 것이므로 오래도록 살아남는다. 그래서 옥수수의 경우 많이 갈아도 십 년 쯤은 끄떡없이 사용할 수 있다고 한다.

맷돌을 만들기 위해서는 우선 좋은 맷돌돌을 확보해야 한다. 장일주 씨는 지경리, 위연석 씨는 절골과 사실골, 그리고 지경리 등에 있는 산에서 맷돌돌을 가져왔

---

16 『정선군향토사연구집 仍買』, 78쪽.

17 기존에 김광언이 조사한 내용과 현지 조사를 통해 얻은 자료를 종합하여 제작 과정을 정리하였다.

다. 1950년대까지만 해도 돌을 캘 때에는 먼저 산신을 위해 고사를 지냈다. 과일이나 과자부스러기 또는 북어 따위와 술을 장만하고 "탈 없도록 도와 줍소서."하고 축원을 하였다. 그리고 좋은 돌을 만났을 때는 서로 나눠가졌다.

맷돌감은 산 여기저기에 나뒹굴고 있는 돌덩이 가운데 음이 많이 날 것을 고르기도 하지만, 장일주 씨와 위연석 씨의 경우는 뼝대(벼랑)에서 '겐노(켄노)'를 이용하여 맷돌돌을 캤다. 겐노는 돌 틈 사이에 끼워 넣어서 쪼개는 쇠몽둥이(철장)로 잘못된 일본말이다. 뼝대에서 돌을 캐면 메(맷돌 큰 망치)로 돌의 가장자리를 때려서 군더더기를 쳐낸다. 이때 돌의 생김새나 결을 보아가며 강약을 조절하며 쳐야 한다. 이어서 맷돌감을 옆으로 세우고 정을 써서 알맞은 두께로 마른다. 앞뒤 양쪽의 우툴두툴한 부분의 살을 떼어서 평평하게 고르면 맷돌감이 나온다.

이렇게 만든 맷돌감은 지게에 얹어서 집으로 가져온다. 장일주 씨의 경우는 대략 1km, 위연석 씨의 경우는 4~5km정도 되는 거리에서 맷돌돌을 지게로 지어 날랐다. 맷돌돌의 무게가 대략 50~60kg 정도 되었다고 한다. 맷돌돌을 운반하는 데 소요된 시간은 장일주 씨의 경우는 2시간 정도, 위연석 씨는 대여섯 시간 정도가 소요되었다. 그래서 맷돌돌을 가져온 날에는 너무 힘들어 작업을 할 수 없었다고 한다.

집으로 가져온 맷돌돌은 정으로 쪼아가며 맷돌의 형태를 만들어간다. 정으로 돌을 쪼개거나 팔 때 철사를 감아서 잡으면 얼마 못가서 흔들거린다. 그러나 두 해쯤 자란 물푸레나무를 불에 구워가며 둥글게 만 것으로 손잡이를 삼으면 이런 폐단이 없다. 정으로 돌을 쪼는 것은 힘이 드는 일이 아니지만 시간이 오래 걸리는 까닭에 참을성을 가지고 계속해야 한다. 이때 돌조각이 튀어서 눈을 다치는 일이 잦으므로 조심해야 한다.

> 내가 현장에서 깨가주구, 요만큼하게 만들어가주구 옭아 메가주구. 콤파스라구 있지 콤파스. (이: 예.) 동그랗게 만들어 가주구 쪼아 맨들지.

먼저 돌에 동그라미를 그려서 맷돌의 꼴을 떴던 것이다. 중심점을 잡은 다음 두세 번 물감을 덧칠해가며 두툼한 원을 만든다. 그리고 살살 정으로 쪼아가면서 맷돌을 만드는 것이다. 정선에서는 손잡이를 '탑손(탑송이)', 곡물을 흘려 넣는 구멍을 '바통', 이것이 갈려 나오는 위 아래짝의 가장자리를 '여우추리'라고 부른다.

맷돌의 크기는 쓰임새에 따라 다르다. 두부콩 따위를 가는 가정용 맷돌은 지름 한 자(30.3cm)에 두께는 '손가락 네 마디'를 기준으로 잡는다. 하지만 두부 공장에서 맷손을 걸어서 돌리는 맷돌은 지름 두 자 가웃에 두께는 일곱 치를 잡는다. 그리고 옥수수를 가는 맷돌은 지름이 한 자 두 치이고, 풀매는 지름 여덟 치에 두께는 '손가락 세 마디'가 알맞다고 한다.

다음은 맷돌에 끼울 중쇠를 벼르는 과정이다. 조사자가 만난 위연석 씨의 경우는 중쇠를 물푸레나무로 만들었다고 한다. "옛날에는 나무로 했는데 지금 저 일정시대에 와가지고는 쇠로 했어요. 그게 딱 맞아야 돼거든. 단단해야 오래가잖아요."[18]고 한다. 이렇게 볼 때, 위연석 씨는 전통 방식을 고수했던 것으로 보인다.

중쇠를 만들기 위해서는 철근의 한 끝을 화덕에 묻고 벌겋게 달아오르면 도끼날 위에 놓아 알맞은 크기로 잘라낸다. 이것을 다시 화덕에 넣어 익으면 꺼내어 두드려 편다. 그리고 한쪽을 구부린 다음 가운데가 길이로 뚫어진 쇳덩이에 놓고 망치로 쳐서 유U자꼴로 굽는다. 그리고 쇠몽둥이에 대고 두드려서 동그랗게 만다. 중쇠 구멍 길이는 8.5mm, 중쇠가 들어가 박히는 부분은 6.4mm 그리고 중쇠 지름은 5.5mm이다. 본디 중쇠를 박아주면 맷돌장이 해를 입는다고 해서 사 가는 사람이 스스로 박았다. 맷돌장이 받았던 것도 일부러 빼고 건네는 것이 관례였다. 그러나 이러한 관행은 1980년대 이후 없어졌다고 한다.

다른 곳에서는 곡물이 흩어지는 것을 막기 위해 아가리 주위를 우묵하게 파 놓았으나, 이곳에서는 평면으로 마감하는 것이 특징이라면 특징이다. 예부터 맷돌은 위아래 짝을 맞추어 두지 않는다. '빈 매를 돌리는 것이 가난해진다.'고 믿었기 때문

---

18   『정선군향토사연구집 仍買』, 76쪽.

이다.

(3) 전승 활동

이번 조사에서 만난 장일주 씨와 장명환, 그리고 위연석 씨의 경우는 맷돌과 관련해서 특별한 전승활동을 벌이지는 않았다. 다만 맷돌을 만들어 대화나 평창, 영월 등지를 비롯해 전국적으로 맷돌을 판매하므로 정선맷돌의 우수성을 널리 알렸다는 점에서는 나름 의미를 갖는다고 하겠다.

오늘날 집에서 맷돌을 이용해서 음식을 하는 경우는 거의 드물다. 따라서 일상생활에서 맷돌을 만나기란 쉽지 않다. 이제는 체험활동의 일환으로 맷돌을 만나거나 아니면 텔레비전 프로그램에서 맷돌이 등장하는 것을 보는 것이 전부인 세상이 되었다.

"오늘 하루 광부가 되어 가족과 함께 맑은 하천에서 사금을 채취해 봐요."
정선 2대 금광 중 하나였으나 폐광된 북동금광 하천변에서 직접 사금을 캐고 다채로운 농촌체험과 민속체험을 즐길 수 있는 사금채취체험마을이 시범운영 될 예정이어서 관심을 모으고 있다.
정선군 화암면 북동리 주민들은 북동금광 아래 하천변에서 사금채취 체험행사를 시범운영한 후 내년부터는 본격적인 체험행사를 실시할 예정이다.
북동금광의 경우 1922년 금광맥이 발견되면서 금광 허가를 받고 1928년 일본인 광산업자에게 소유권이 넘어가면서 본격적인 금광이 개발되며 천포광산과 함께 정선의 대표적인 금광으로 손꼽혀왔다.
1950년대 후반 금광이 폐광되긴 했지만 여전히 전국의 아마추어 사금채취 동호회 등이 북동리를 찾아 사금을 채취하고 체험 및 연구를 할 정도로 사금 분포량이 상당하다는 평을 받고 있다.
오는 5월 중순께부터 시범운영될 사금채취 체험행사는 하천의 오염을 방지하기 위해 신청자들을 4~5명씩 한 조로 묶어 일정간격을 유지한 채

사금을 채취토록 할 예정이다.

또 모래와 흙 속에 섞인 사금을 골라낼 수 있는 장비들은 마을에서 준비해 준다. 사금채취 참여 관광객들은 마을회관과 리모델링 중인 구 마을회관을 이용해 숙박을 해결할 수 있고, 마을부녀회가 제공하는 식사도 저렴한 가격에 이용할 수 있다.

이와 함께 북동리 폐교인 구 북동분교에 자리 잡은 G갤러리에서 진흙 만들기, 그림그리기 등 다채로운 미술체험과 감자 캐기, 더덕 캐기 등 농사체험, 디딜방아 찧기, 맷돌 갈기 등 다채로운 민속체험도 가능하다.

사금채취마을 관계자는 "매년 농촌체험을 위한 방문객이 늘고 있는 만큼 마을 내 자원인 금광을 활용한 다채로운 체험행사를 마련할 것"이라며 "연차적으로 마을도 정비해 전국 제1의 체험마을로 거듭나겠다."고 말했다.[19]

2012년 12월 북동리에서는, 마을총회를 거치고, 세 번 가량의 마을회의를 소집해 북동리를 사랑하며 북동리의 발전을 위해 함께 애쓰고자하는 분들이 모여 "북동리사랑"이라는 영농조합법인이 설립되었습니다. 다행스레 군과 면에서 신경을 많이 써준 덕분에 2013년에는 행정안전부지정 마을기업에 선정되어 사금채취 체험마을을 조성하기 위한 기반시설을 갖출 수 있었고 2014년도에 재선정이 되었다.[20] 박물관이나 민속촌에서나 볼 수 있던 맷돌을 직접 돌려 보며 믹서기에 익숙해져 있는 아이들에게 맷돌은 재미있는 도구로 여겨진다.

콩 직접 맷돌로 갈아 만든 유기농 음식
배우 김하늘과 '삼시세끼' 멤버들이 콩국수 쿡방에 성공했다. 김하늘과

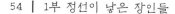

19 「[정선]버려진 폐광 노다지 땅으로 부활」, 『강원일보』, 2012년 4월 9일.
20 정선군청(jsagri.go.kr).

멤버들은 10일 오후 방송된 tvN '삼시세끼-정선 편'에서 콩국수를 만들어 먹었다. 네 사람은 맷돌로 콩을 갈고 면을 끓여 콩국수를 만들기 시작했고, 어렵게 콩국수를 맛봤다.

콩국수를 맛 본 이서진은 "지금까지 먹어 본 음식 중 톱 5에 들어간다."고 말하며 맛을 극찬했다. 김하늘은 "뿌듯하다. 기대 이상이다. 훨씬 맛있다"고 말했고 김광규와 옥택연도 맛에 감탄했다. 김하늘이 출연한 지난 방송분(8회)은 평균 시청률 11.9%(이하 닐슨코리아 전국 유료플랫폼 기준), 최고 시청률 13.9%를 기록했다.[21]

tvN의 '삼시세끼 정선편'은 강원도 정선을 배경으로 이서진, 옥택연, 김광규가 하루 세끼를 해결하기 위해 고군분투하는 모습을 담은 프로그램이다. 이 프로그램의 캐스트로 출연한 김하늘이 점심 미션으로 받은 콩국수 요리를 위해 맷돌을 이용했다는 것이다. 이날 방송에서는 가벼운 마음으로 시작한 맷돌 작업이 난항에 부딪힌다. 아무리 맷돌을 돌려도 갈리지 않는 콩 때문에 세 남자와 김하늘이 멘붕에 빠진다.

최근에는 학생들의 체험활동과 텔레비전과 같은 대중 매체가 맷돌 전승에 있어 커다란 역할을 담당하고 있다. 이런 것들을 적절하게 활용하는 것이 맷돌 전승에 유리할 것이라는 생각을 하게 된다.

3) 공개 행사 참여 실적

정선군에서 맷돌 만드는 일은 소규모의 가내수공업을 통해 유지·계승되었다. 수공업Handcraft은 기계를 사용하지 않고 공구나 도구 등을 이용하거나 혹은 맨손

---

21 「'삼시세끼', 콩국수 쿡방 성공 "기대 이상"」, 『더팩트』, 2015년 7월 10일.

으로 생활에 필요한 제품을 만드는 것으로, 천연 동굴이나 움집에 살던 선사 시대부터 인간과는 뗄 수 없는 관계였다. 즉, 인간이 지구상에 존재하면서부터 나타난 공업 형태라고 해도 무방하다. 주로 농촌에 사는 사람이 부업으로 가내수공업을 하곤 했다. 아직도 바느질 같은 수공예품의 경우는 가내수공업으로 이루어지는 경우가 흔하다.

맷돌은 돌을 깨면서 만들기 때문에 잔돌들이 많이 튄다. 따라서 사람들이 많은 곳에서 작업하기가 쉽지 않다.

> 난- 아우라지축제, 내 맷돌 쪼임은 면에서 와서 사진 찍어간 게 있어. 사진 찍어간 게 아우라지축제에 내놓잖아. 면사무소가면 맷돌 그 한 켤레 있어.[22]

이번 조사에서 만난 장명환 씨는 아우라지축제 때 면사무소에서 맷돌 쪼는 장면을 촬영해 갔다고 한다. 아우라지는 정선아리랑의 대표적인 발상지로서 평창의 발왕산에서 발원되어 흐르는 송천과 태백의 검룡소에서 발원되는 골지천이 합류되어 흐른다고 하여 붙여진 이름이다.

아우라지축제는 1993년부터 매년 조상들의 삶의 모습을 그대로 재현하기 위해 아우라지 뗏목제, 아리랑 시연 등의 행사를 펼쳐 정선군을 찾는 관광객들에게 볼거리를 제공하고 있다. 축제 첫날은 개회식과 함께 정선아리랑공연, 노래자랑, 불꽃놀이 등을 시작으로 행사가 진행되고, 둘째 날에는 뗏목제작시연 및 뗏목제례, 감자 많이 긁어갈기, 감자송편 예쁘게 빚기, 찰옥수수 빨리 먹기, 보쌈 놓기, 돌탑 쌓기, 아우라지 처녀 선발대회 등의 프로그램이 진행된다. 그리고 상설 체험행사로는 맨손 메기 잡기와 뗏목타기를 비롯해 수상자전거타기, 나룻배체험, 가족 감자전 만들기, 떡메치기 체험, 풍선아트, 머리핀 만들기 체험, 돌다리체험, 여량 옛 사진 전시

---

22   장일주·장명환 씨 구술 자료 가운데 장명환 씨 구술 내용. 2015년 8월 18일.

회 등의 다양한 행사가 열린다.

　조사자가 여량면사무소에 가서 확인한 바에 의하면, 장명환 씨가 면사무소에서 맷돌 쪼는 것을 촬영해 갔다는 것은 아우라지축제의 상설행사 중 하나인 여량 옛 사진 전시회에 사용할 사진을 찍기 위한 것이었다. 여량면사무소에서 제공한 사진은 모두 8장이었다. 당시 맷돌 쪼는 과정을 시연한 사진들을 정리하면 다음과 같다.

이렇게 맷돌 쪼는 과정을 담은 여러 장의 사진 중에서 한 장이 〈정성을 다해 맷돌을 만드는 장인〉이라는 제목으로 여량 옛 사진 전시회를 통해서 일반인들에게 공개되었다.

4) 관련분야 입상 실적

이번에 조사한 맷돌장인들의 경우, 맷돌 쪼는 기술을 보유하고 있었지만 맷돌을 어떤 전시회에 출품하여 입상한 경력은 없었다. 이것은 맷돌 쪼는 일을 생업으로 삼았기 때문이다. 기존에 발표된 석사학위논문 중에서 맷돌을 현대적 시각으

로 도자화하여, 그 안에 내재된 정과 연민, 그리움 등의 심충적인 부분을 맷돌의
외형적 특성을 가지고 기하학적인 관념도자조형으로 제작한 것이 있어 소개하고
자 한다.[23]

맷돌을 이용한 조형작업은 과거에 사용하였던 농기구에서 형태의 연장을 얻어
나타낸 것이지만 관념을 통해 조형화 된 것을 강조하기 위해 대상의 비재현적 요소
를 내재하고 있는 추상형태로, 정확하고 차가운 단순함을 기본으로 표현하였다. 그
리고 일정한 틀이 아닌 자연스러움이 살아 있는 형태표현으로 맷돌이라는 대상의
의미를 함축성 있게 전달하고자 하였다. 이를 위해 기하학적 형태를 선택하여 여러
형상뿐만 아니라 그 속에 내재된 이미지를 구체화하여 형상화하였다. 일상에 지친
도시인에게 마음의 여유와 따뜻함을 전달하려는데 주력하였다.

(1) 윗돌과 아랫돌(420×420×220mm)

윗돌과 아랫돌 작업은 맷돌의 구조
및 원리를 구체화시켜 상징한 것으로, 과
거의 향수를 전달하려 하였다. 입체감과
조형성의 재미가 떨어져 질박한 맛을 살
리기 위해 표현 장식 쪽에 신경을 썼으
며, 면치기와 돌을 이용한 장식을 여러
번 반복하여 인위적이지 않은 자연스러
운 마모 현상을 나타내려고 하였다.

윗돌과 아랫돌

(2) 마음(360×370×360mm)

일체의 장식성을 제거하고 단순한 기하학적 요소로 환원시킨 형태로 단순·명쾌
한 느낌을 주려한 것이다. 대상을 설명하는 객관성은 부족하지만 간결함 속에 함

---

23 강문정, 「맷돌의 이미지에 내재된 관념도자 표현연구」, 경희대학교 대학원 석사학위논문, 2002. 이하 내
    용은 이 논문에서 요약 정리한 것이다.

축된 의미를 담아보고자 한 것이다. 둥근 지구 안에 세부적인 공간들은 사각으로 만들어져 있고 인위적인 사각의 공간 안에서 울고 웃으면서 생활한다. 우리들의 마음에 보이지 않는 사각이 만들어져 스스로 그 안에 갇혀 있는지도 모른다. 사각이라는 틀을 고정관념에 갇혀 흐르지 않고 멈춰있는 생각과 마음을 표현한 것이다.

마음

(3) 자연에서의 맷돌 I (700×500×330mm)

'자연에서의 맷돌 I'은 자연 그대로의 돌을 이용하여 맷돌로 사용하는 것을 보고 구상화한 것이다. 돌로 만들어진 수없이 많은 종류의 물건들과 미술품을 보고 착안한 것이다. 돌의 쓰임은 솥, 탑, 장승으로부터 시작해 농업용, 민속신앙용 등 다양한 용도로 사용된다. 그중 관찰을 통해 몇몇 지방의 마을에서 공동으로 사용되던 맷돌의 아랫돌은

자연에서의 맷돌 I

바위 그대로를 가져다 놓은 듯 자연 그대로인 것이 있었다. 친근함과 자연 그대로의 느낌을 전달하기 위해 코일링, 판 성형을 이용하였으며, 바위의 느낌을 주기 위해 표면에 면치기를 하였다. 윗면은 모래슬립으로 장식하였고, 윗면에 선을 내주어 액체가 흐르는 느낌을 살려주려고 있다.

(4) 흔적(510×350×220mm)

흔적은 스스럼없이 바라보았을 때, 맷돌의 자연 그대로의 느낌을 바탕으로 한 것이다. 돌은 풍화작용에 의해서 거칠고 모난 부분이 자연스럽게 부드럽게 마모된다. 이러한 돌의 특성을 표면에 살려 주었다. 맷돌이 지닌 스스럼없는 촉감과 소박한 재질감을 보이는 그대로 표현하기 위해 거친 표면연출을 나타내기 위해 성형과 동시에 돌을 이용해서 표면을 장식하였다. 부분적으로 면치기 기법을 이용하였다.

흔적

(5) 자연에서의 맷돌 II(750×200×360mm)

과거 일상생활에서 편리를 위해 사용하였던 맷돌이미지의 편안함에 바탕을 두고 작업한 것이다. 액체가 흐르는 것을 강조하기 위해 아랫돌의 형태를 길게 뽑았으며, 수평으로 직선을 사용하여 평온하고 조용한 느낌을 살렸다. 접근하기 쉽고 형식을 차리지 않는 특징을 살려 전원의 느낌을 담아보고자 한 것이다. 아랫부분의 돌 질감을 자연스럽게 살리기 위해 굴곡이 심한 돌을 사용했으며, 윗돌을 올릴 때는 주저앉는 것을 방지하기 위해 아랫부분에 지지대를 대주었다.

자연에서의 맷돌 II

(6) 맷돌질(350×230×360mm)

맷돌은 인간의 주린 배를 채우고 또한 생활의 편리와 윤택을 가져다주기 위해 오랜 세월동안 하루도 쉬는 날 없이 돌아야만 했다. 또한 시집살이 여인네들의 삶을 분쇄한 것이며, 동양에서는 음양의 결합으로 풍요와 생산을 상징한다. 맷돌의 형태미는 윗돌과 아랫돌의 원, 그리고 윗돌의 부분에 있는 맷손의 선이 있기에 더욱 돋보인다. 이를 곡선으로 강조해 현재적으로 표현해 본 것이다. 판작업을 이용해 윗돌과 아랫돌을 성형하였고 맷손과 흐름을 단순화 시켜

맷돌질

원과 연결해 주었다. 성형이 완성된 후 윗돌의 표면에 모래슬립을 이용한 장식으로 돌 질감을 강조하였다.

맷돌의 조형성과 그 안에 숨겨져 있는 한국적 정서를 현대적 시각으로 재해석하고 그것을 점토를 매개체로 한 조형언어로 표현하고자 한 것이다. 또 그 안에 존재하는 서정적 의미에서 특히 원과 선 그리고 기하학적 형태를 바탕으로 단순화 및 상징화하여 추상적 표현으로 나타내고 있다. 이상의 작업은 맷돌이라는 사라져 가는 명물을 현대적인 시각에서 재조명하여 형태와 질감에 따른 다양한 면을 보여주고 있다는 점에서 나름대로 의미를 부여할 수 있다.

5) 전승 의지 및 전승 계획

(1) 전승 의지

맷돌은 대부분의 전통문화가 그러하듯이 조상들의 지혜와 삶이 고스란히 반영된 식문화에서 없어서는 안 될 중요한 도구이다. 이러한 맷돌을 만드는 장인들이 대부분 세상을 떠났거나 연세가 많으신 관계로 맷돌장이로서의 역할을 하지 못하는 실정이었다. 오래지 않아 맷돌 쪼는 기술은 단절될 뿐만 아니라 맷돌을 손으로 만들어 썼다는 사실 자체를 기억하지 못할 것이다.

> (이: 장일주 선생님이 생각하셨을 때 이런 맷돌 만드는 게 이 계속 전승이 됐으면 좋겠다 하는 그런 생각을 해보신적은 없으세요.) 지금 배울 사람들이 없어. 안 할려해. 지금 젊은 사람들이 안 해. 안 해. (이: 힘들어서 사실상.) 고럼. 배울려 안 해.[24]

장일주 씨는 맷돌장으로서의 자부심을 갖고 있으나, 맷돌 쪼는 기술은 더 이상 전승이 되지 않을 것이라는 생각을 갖고 있는 듯이 보였다. 맷돌 쪼는 일이 힘들기 때문에 젊은 사람들이 배우려 하지 않는다는 것이다. 맷돌 쪼는 일은 이른바 '3D 업종'에 해당한다. 우리나라는 경제성장률 둔화와 함께 높은 수준의 실업률을 유지하고 있음에도 불구하고 하고 1차 금속산업 및 염료, 도금과 금형, 열처리 등 이른바 대표적 '3D 업종'으로 분류되는 중소 제조업체에서는 필요한 노동인력을 구하지 못해 인력난으로 많은 어려움을 겪고 있다. 열악한 근무 조건과 저임금, 낙후된 작업환경은 구직자들의 기피사유가 된다.

맷돌을 만들기 위해서는 좋은 맷돌돌을 구하는 것이 가장 중요한데, 이런 돌들은 집에서 수 킬로미터 떨어진 산에서 캐서 지게로 지고 가져와야 했다. 보통 돌 무게가 50킬로가 넘는데, 현재 우리나라 정서상 이러한 일을 할 젊은 사람이 없다는

---

24 장일주·장명환 씨 구술 자료. 2015년 8월 18일.

것이다.

> 부흥석재는 철원에서 36년간 현무암만을 전문 취급하는 업체로서 다양한
> 형태의 현무암 판재, 경계석, 조경석 등과 현무암을 이용한 수동 맷돌, 자
> 동 맷돌, 절구, 절구공이, 김치누름돌, 기타 공예품 등을 제작하고 있다.[25]

    부흥석재는 성능이 좋기로 유명했던 철원 현무암 맷돌의 명맥을 이어가면서 맷돌이나 절구 등을 개량하고 발전시키고 친환경성과 실용성을 겸비한 생활용품을 제작하고 있다. 이 회사는 자동 맷돌 특허를 시작으로 다수의 특허를 보유하고 있다. 이 회사에서 맷돌 자동화에 심혈을 기울인 이유는 석공들은 나이가 들어 그 지식이나 기술을 보전하기 어렵고, 누구 하나 그 기술을 배우려는 사람도 없기 때문이다. 믹서에 밀려 빛을 보지 못하는 맷돌을 다시 부흥시키기 위해 현대인들의 눈높이에 맞춰 커피콩을 가는 맷돌, 자동화 기계, 소형 맷돌 등을 개발했던 것이다. 맷돌 관련 제품도 양산체제를 구축해 공급능력을 향상한다면 충분히 경쟁력 있는 상품이 될 것이다.[26]

    제품들은 부흥석재에서 제작한 맷돌의 모습이다. 현무암 맷돌은 주로 콩이나 녹두 등을 갈아서 음식을 할 수 있는 것으로, 가정뿐만 아니라 체험장 등에서도 사용하기 좋은 제품이라고 소개하고 있다. 신형 맷돌은 암쇠의 크기가 24cm인 새로운 형태의 맷돌이다. 맷손이 회전해서 쉽게 돌릴 수 있으며, 갈려진 곡물이 모여서 바로 아래쪽으로 떨어지게 되어있는 형태이다. 주로 고급형 체험장들에 납품된다고 한다. 커피맷돌은 암쇠의 크기가 18cm로, 커피를 갈 수 있는 맷돌이다. 컬링 모양 커피 맷돌은 동계올림픽 종목인 컬링의 컬링스톤모양을 따서 만든 커피를 갈 수 있는 맷돌이다. 아랫부분에 서랍식으로 커피를 꺼낼 수 있다. 이밖에 자동투입맷

---

25   부흥석재(www.hyangmaek.co.kr).

26   「맷돌의 명맥을 잇는 고집스러운 장인 '부흥석제' 백성기 대표」, 『문화관광저널』(blog.naver.com/jun9
39a/30179017170).

돌 35cm, 자동투입맷돌 30cm, 자동맷돌 30cm 등의 제품을 판매하고 있다.

우리의 전통적인 맷돌은 모난 곳이 없어 마음을 차분하게 가라앉혀 주며 포근함과 따뜻함을 주는데, 기계화 과정을 거친 위의 맷돌은 마음의 여유와 쉼을 주고, 흙내 나는 전원의 느낌은 다소 부족해 보인다.

정선에 맷돌장이 존재하기 위해서는 최소한의 기계화 설비를 갖추고, 다양한 종류의 맷돌을 생산해야 한다. 가내수공업으로 생산되던 과거의 행태로는 최첨단 정보화 사회로 접어들고 있는 현실에서 살아남기가 힘들다. 그리고 맷돌을 이용해서 만들 수 있는 제품도 다양화 할 필요가 있다. 오늘날 맷돌 만드는 일은 장일주 씨나 장명환, 그리고 위연석 씨 등 맷돌장들의 전승 의지보다는 기업이나 지자체의 입장에서 접근하는 것이 바람직할 것으로 보인다.

(2) 전승 계획

오늘날 개인 혼자서 맷돌을 만들고, 전승시키는 시대는 지났다고 생각한다. 노동에 비해 그 대가가 크지 않기 때문이다.

> 간판이랄 것도 없이 '전곡맷돌'이라고 합판에 페인트칠이 되어 있는데 … (중략)… 전곡맷돌은 그럴싸하게 꾸며진 가게가 아니라 장인의 작업장. … (중략)…아주머니들이 "TV에서 봤어요? 많이들 찾아오더라고~" 우리는 전혀 몰랐기에 "TV에도 나왔어요" 했더니 "많이 나왔어~" 하시더라. 어쨌든 우린 이런 저런 이야기를 하면서 큰 맷돌을 18만 원에 사왔다. 처음에 가격을 듣고 놀랐지만 한탄강에서 현무암을 가져와(현무암은 우리나라에선 제주도와 한탄강 유역, 울릉도에만 있단다) 정으로 찍고 망치로 내려치고, 손수 작업을 하기 때문에 당연한 금액이란 생각이 들었다. 계속 작업해도 하루에 한개도 못 만든다.[27]

---

27   네이버 블로그(blog.naver.com/booya20/150149436802).

인용문은 경기도 연천군 전곡읍에서 50여 년 동안 전통 맷돌 만들기의 외길을 걸어온 안병환 씨에 관한 글이다. 돌 조각이 마구 튀는데다가 끊임없이 반복되는 망치질을 맷돌 형태가 나올 때까지 지루할 정도로 계속해야 하는 단순 작업의 연속이다. 그럼에도 불구하고 수입은 그렇게 크지 않고, 맷돌을 사가는 사람이 많은 편도 아니다.

『서울TV』의 「[기록 36.5℃―장인의 손] 맷돌장인 안병환」[28]에 나온 안병환 씨는 앞으로의 포부를 묻는 제작진의 질문에, "포부라는 포부는 없구. 이제 그만둘 생각두 하구 이런저런 생각이 많으니까 어떻게 해야 할지 본인도 생각중이여."라고 한다. 어떻게 하면 좋을지 모르겠다고 하면서 많은 생각이 머리를 스친다고 한다. 맷돌을 배우겠다고 하는 사람이 없고, 본인은 나이를 먹어가기 때문이 아닌가 한다.

이번 조사 과정에서 만난 정선 맷돌장들은 맷돌 만드는 일을 그만둔 지가 20년이 넘었다. 따라서 이 분들에게 맷돌의 전승 계획을 질문하는 것은 무의미한 일이다. 그렇다고 맷돌 전승 계획이 전혀 없는 것은 아니다.

강원도 내 춘천 전통붓, 철원 현무암 석공예품, 영월 숯공예에 대한 향토명품화 사업이 추진된다. 19일 춘천시·철원군·영월군에 따르면 행정자치부가 주관한 '지역 향토명품 육성 2단계 사업'에 선정됨에 따라 특별교부세 2억 원, 도비 4000만 원, 시·군비 1억6000만 원 등 총 4억 원을 들여 시행한다.

춘천시는 전통붓에 대한 전시관 구축, 디자인 개발, 체험장 운영 등 활성화 사업을 내년까지 벌일 계획이다. 강원도 재료를 사용해 지역 특성을 살린 전통붓을 생산하고, 춘천을 찾는 한류 관광객을 상대로 판매하는 등 판로를 확대해 나가기로 했다. 특히 강원도무형문화재 제24호로 지정된 춘천 필장(붓 장인) 기능보유자가 확보돼 지역학교와 연계해 방과후 학

---

28 「[기록 36.5℃―장인의 손] 맷돌장인 안병환」, 『서울신문』, 2013년 5월 20일.

습 프로그램을 진행하고, 애니메이션 박물관과 시티투어와 연계해 연간 2배 이상의 관광객을 유치하겠다는 방침이다.

현무암이 풍부한 철원군은 현무암 석공예품에 대한 전시·판매장 건립, 가공장비 설치 등 명품화 사업을 계획하고 있다. 군은 1978년부터 현무암 석공예품을 생산해 온 만큼 전략적 사업화 가능성이 높다고 보고 있다. 이에 따라 군은 내년까지 전국 순회 맷돌 수리, 현무암 맷돌 교환, 도내 시·군 전통시장 등과 연계해 판로를 개척하고, 맷돌과 절구 등 제작과정 견학 프로그램을 개발해 관광상품으로 추진하기로 했다. 이와 함께 지역 전문가 등 산학연 협력체계를 구축해 현무암의 특성을 살리고 현대적인 기능과 멋을 낼 수 있는 다양한 제품을 개발할 예정이다.

국내 대표적 폐광촌인 영월군은 2017년까지 지역 특성을 살려 숯을 활용한 공예품을 개발해 브랜드화를 시도한다. 군은 상동 숯가마와 연계한 관광상품 개발, 건축자재와 침구류 등의 사업화 가능성을 긍정적으로 검토하고 있다.

철원군 관계자는 "철원을 비롯해 향토명품화 사업을 추진하는 각 지자체는 지역 핵심자원을 활용함에 따라 지역 경제를 활성화 시키고 일자리 창출효과를 기대할 수 있다"고 설명했다. 이날 행정자치부는 철원군에서 향토명품 육성 2단계 사업에 선정된 전국 전통기술자와 담당 공무원 등이 참석한 가운데 연찬회를 열고 사업 추진에 대한 발전방안에 대해 토론했다.[29]

철원군에서는 철원 지역에 화산으로 인해 산재하고 있는 현무암을 전통 석공예로 보존하고, 전승하며 예술작품으로 승화하여 각종 행사에 전시·판매하고 청소년 및 철원을 찾는 관광객에게 체험 할 수 있는 자리를 만들어 어르신들의 사회 참여와 일거리를 창출하여 소득증대의 기회를 부여하고, 현무암 석공예의 계승 발전

---

29 「춘천·철원·영월서 향토 명품화사업 추진…4억 원 투입」, 『뉴스1』, 2015년 6월 19일.

과 지역 특화 상품으로 개발하고자 하는 노력을 기울여 왔다.[30] 이러한 노력의 일환으로 행정자치부가 주관한 '지역 향토명품 육성 2단계 사업'에서 강원도에서는 춘천 전통붓과 영월 숯공예, 그리고 철원군의 석공예품이 선정되었다. 철원군은 전국 순회 맷돌 수리, 현무암 맷돌 교환, 도내 시·군 전통시장 등과 연계해 판로를 개척하고, 맷돌과 절구 등 제작과정 견학 프로그램을 개발해 관광상품으로 추진하려고 한다.

전국적으로 맷돌하면 정선의 '앞실 맷돌'을 첫손가락으로 꼽는다. 이런 맷돌의 본고장에서 맷돌에 대해 신경을 쓰지 못하는 사이에 다른 지역에서 맷돌사업을 선점하고 말았다. 지금부터라도 맷돌의 전승 계획을 수립하여 과거 정선맷돌의 명성을 되찾아야 할 것이다.

6) 공방 시설 및 장비 현황

이번 조사에 참여했던 장일주 씨와 장명환, 위연석 씨의 경우 맷돌을 만드는 특별한 공방 시설을 갖추고 있지 않았다. 집 마당의 한 구석이 공방 역할을 하였으며, 겨울철에는 '구들방'에서 맷돌을 만들었다. 맷돌을 만들면 둘 자리가 마땅치 않아서 퇴 한쪽에 쌓아 두었다고 한다.

> (이: 지금 뭐 옛날에 했던 그런 장비 같은 거는 가주 계시나요?) 집에 있지, 있는데. 풍구두 있구 다 있지. (심: 그거쯤 혹시 보여주실 수 있으세요.) 광에 있지.[31]

맷돌을 쪼던 당시의 장비를 보유하고 있는지 여부를 묻는 조사자의 질문에, 장

---

30   철원군청(www.cwg.go.kr).
31   장일주·장명환 씨 구술 자료, 2015년 8월 18일.

일주 씨는 광에 장비가 있다고 하면서 여러 기구들을 꺼내서 보여주었다. '화덕과 정'은 장일주 씨 광에 있던 것으로, 맷돌을 쪼개면서 나온 돌들이 함께 있었다.

화덕과 정

장일주 씨는 풍구를 '후앙'이라고 하였다. 풍구는 풀무라고도 하며, 불을 피울 때에 바람을 일으키는 기구이다. 본래 화덕과 연결하여 사용하던 풍구는 손풍구였으나 고장이 나서 전기풍구를 구입해서 사용하였다. 장일주 씨는 화덕에 전기풍구를 연결한 다음에 전선을 전기콘센트에 연결하였다. 전기풍구는 윙하는 소리를 내며 돌아갔다.

화덕과 풍구

맷돌 쪼는 일을 그만두신 지 20여 년이 넘었는데도 불구하고 장일주 씨가 보유한 화덕과 풍구의 상태는 양호한 편이었다.

장일주 씨는 뼝대에서 돌을 떼거나 그 돌로 맷돌을 만들 때 쓰는 정을

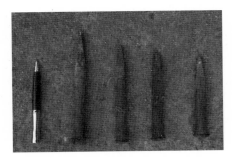
정 모습

모두 4개를 가지고 있었다. 본래 정의 길이는 18cm쯤 된다. '정 모습'에서 길이가 짧은 것일수록 오래 사용한 것이다. 맷돌을 쪼는 과정에서 부리가 쉽게 무뎌지기 때문에 자주 벼려야 한다. 맷돌 한 켤레를 만들기 위해서는 두 번 정도는 부리를 세워야 한다고 하였다.

여량 일대에서는 맷돌을 만드는 데에 쓰는 연모들을 '맷돌쟁기'라 부른다. 이것

은 고대에 '쟁기'가 연모 구실도 했던 사실을 알려주는 귀중한 보기이다. 맷돌 만드는 "쟁기를 부인네가 타고 넘으면 석수에게 해로운 일이 생기고", "모루에 다리를 올려놓으면 대장장이에게 뺨을 맞는다."는 맷돌과 관련된 금기가 있다. 이 두 가지는 모두 연장을 성스럽고 귀하게 여기는 관습에서 나온 것이다.[32]

7) 보유자에 대한 전수활동 기여도

(1) 장일주
성별 및 나이
남, 1931년생
입거 시기
할아버지 때부터 살았다고 하며 정확한 입거 시기는 알지 못한다고 함.
주소
강원도 정선군 여량면 유천2리(윗지경길 12)
연락처
010-8737-4498
맷돌장 입문 시기
37살 때(1968년)
맷돌장 입문 계기
군대에서 다쳐서 먹고 살길이 없어 배웠다고 함.(조사 당시 왼팔 팔죽지에 다친 흔적을 보여주었음)
전수 활동 내역 및 전수 기간
같은 마을에 사는 변원근 선생님(당시 67세쯤 되었음)한테 배워 60세까지 맷돌장

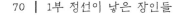

32   김광언, 「맷돌 만들기」, 『생활용구』 제1권 제1호, 민속원, 1999, 12쪽.

으로 활동하였다. 당시 지경리에는 20~30명의 맷돌장이 활동하였다는 것으로 보아 맷돌 쪼는 일에 관여하였던 사람들이 많았음을 알 수 있다. 이렇게 맷돌 만드는 일에 종사했던 사람이 많았던 것은 마을에서 가까운 곳에 좋은 맷돌돌이 있었기 때문이다. 마을에서 대략 1km 정도 되는 거리에서 맷돌돌을 가져와서 집에서 맷돌을 쪼았다고 한다. 맷돌돌을 가져와서 1켤레를 만드는 데에 3일 정도 소요되었다고 하며, 1년에 20~30 켤레의 맷돌을 만들었다고 한다. 이렇게 만든 맷돌은 다른 지역에 사는 맷돌 장사들이 사갔으며, 당시 3,500~4,000원을 받고 팔았다. 장일주 씨는 아랫집에 사는 장명환 씨에게 맷돌 쪼는 일을 전수하였다. 대략 23년 정도 맷돌 만드는 일에 종사한 것으로 보인다. 왜 맷돌 쪼는 일을 그만두었느냐는 조사자의 질문에, 자식들을 다 공부시키고 농사를 지어줄 사람이 없었기 때문이라고 하였다.

(2) 장명환

성별 및 나이
남, 1935년생

입거 시기
할아버지 때부터 거주하였다고 하면서 100년 이상 이곳에서 살았다고 함.

주소
강원도 정선군 여량면 유천2리(윗지경길 9)

연락처
010-9441-4086

맷돌장 입문 시기
40살 때(1975년)

맷돌장 입문 계기
윗집에 사는 장일주 씨가 맷돌을 팔아서 돈을 많이 버는 것을 보고 맷돌장에 입문하게 되었다고 함.

전수 활동 내역 및 전수 기간

같은 마을에 사는 장일주 씨한테 배워 56세까지 맷돌장으로 활동하였다. 당시 지경리에는 20~30명의 맷돌장이 활동하였다는 것으로 보아 맷돌 쪼는 일에 관여하였던 사람들이 많았음을 알 수 있다. 보통 3일에 1 켤레 정도를 만들었으며, 1년에 20~30 켤레를 만들었다고 한다. 대략 17년 정도 맷돌 만드는 일에 종사하였으며, 장일주 씨가 맷돌 쪼는 일을 그만두자 함께 일을 그만두게 되었다고 하였다.

(3) 위연석

성별 및 나이

남, 1933년생

입거 시기

증조할아버지 때부터 4대째 정선에 거주한다고 함. 위연석 씨는 고향인 고양리에서 살다가 40대쯤 장열리로 이주하였다가 현재는 정선읍에 살고 있음.

주소

강원도 정선군 정선읍 북실리 미소빌아파트 1312호.

연락처

010-3042-3477

맷돌장 입문 시기

40살 때(1973년)

맷돌장 입문 계기

농사를 지으면서 가외로 맷돌을 만들었다고 함. 생계에 보탬이 되고자 맷돌장에 입문한 것임.

전수 활동 내역 및 전수 기간

위연석 씨가 맷돌을 쫀 것은 고향인 고양리에 살 때이다. 당시 고양리에는 맷돌을 만드는 사람이 4~5명 정도 있었던 것으로 기억하였으며, 임억선, 방철순 씨의 이름을 기억하였다. 이분들이 맷돌을 쪼는 것을 어깨 너머로 보고서는 맷돌 만드

는 기술을 배웠다고 한다. 지경리보다는 맷돌 쪼는 일을 하는 사람이 적었음을 알수 있다. 이것은 맷돌을 만들기 위한 돌을 구하기가 상대적으로 지경리보다 힘들었기 때문이다. 위연석 씨는 맷돌돌을 절골이나 지경리에서 가져왔는데, 거리가 어림잡아 4~6km 정도 되었다고 한다. 돌을 집으로 가져오기 위해서는 하루 품이 필요했던 것이다. 위연석 씨는 맷돌돌을 구하기가 힘들었기 때문에 장열리로 이사 와서는 맷돌을 만들지 않았다. 위연석 씨는 1년에 10세트 정도의 맷돌을 만들었는데, 위의 장일주 씨나 장명환 씨보다 맷돌을 적게 만든 것은 농한기를 이용해서 맷돌을 쪼았기 때문이다. 맷돌 한 세트를 만들기 위해서는 5일 정도가 소요되었으며, 이렇게 만든 맷돌은 지게에 지고 평창 장으로 팔러 다녔다고 한다. 45살, 46살 때 장열리로 이사 와서는 맷돌을 만들지 않았다고 함으로 5~6년 정도 맷돌 만드는 일에 종사한 것으로 보인다.

3 / 도선장導船匠

1) 정선 지역 배와 도선장의 역사

도선장은 배를 만드는 전문 장인을 일컫는다. 따라서 도선장이라는 직업을 가진 사람들을 정리하기 위해서는 우선 정선 지역의 지역적 배경을 유심히 살펴볼 필요가 있다. 이러한 과정을 잘 정리하다보면 분명 배를 만드는 사람들의 역사, 다시 말하면 도선장의 역사를 가늠해 볼 수 있을 것이라 생각된다.

아득한 옛날 인류의 조상들은 강이나 바닷가에서 물고기와 조개 등 어패류를 잡아먹으며 생활했다. 그리고 고대 문명은 나일강 하류의 이집트, 티그리스·유프라테스 강변의 메소포타미아, 인더스 강을 낀 인도, 황하 유역의 중국 등 주운舟運이 편리한 고장에서 발생했다. 그 후에도 인류의 문명은 물과 바다를 끼고 있는 고장에서 더욱 자라고, 세계의 역사는 바다나 배와 깊은 관련을 가지고 진전되어 왔다. 이처럼 인류의 역사는 물과 바다와 밀접한 관계를 가지고 전개되어 왔다. 그리고 그 매체는 두말할 것 없이 선박이었다. 인류의 역사가 유구한(11쪽) 것처럼 배의 역사는 길고, 어채魚採, 무역, 해전 등에 사용된 배의 종류는 다양하기 이를 데 없다. 그리고 배는 추진방법이나 선체의 재료에 따라 동력선과 무동력선, 목선과 철·강선

등으로 분류할 수 있다.[1]

그렇다면 인류는 언제부터 어떤 형태의 배를 활용하기 시작했을까? 2만 5천년 이나 3만 년 전에 이미 어엿한 배가 존재했다는 학설이 있지만 그것을 뒷받침할만 한 근거가 전혀 없다. 아마도 사람은 먼 옛날 선사시대에 나무토막 등이 물에 뜨는 것을 보고 그것에 매달려 헤엄쳐 물을 건너는 데 성공하고, 그것이 계기가 되어 배 를 고안했으리라는 것은 틀림없지만 그 확실한 연대는 알 수 없다. 그 형태에 대해 서도 마찬가지다. 배 구실을 할 수 있는 형태로는 나무토막, 발사(남미에서 산출되는 가 벼운 나무의 일종)〈갈대, 대나무 같은 것을 묶어서 만든 뗏목, 통나무를 파내서 만든 통나무배, 수피나 목피를 이용한 가죽배 등을 생각할 수 있는데, 그 중 어떤 것이 먼저 이용되었을지는 알 수 없다.[2]

일반적으로 배가 필요한 지역은 크게 두 지역으로 나눠 살펴볼 수 있다. 바다를 터전으로 생활하는 지역과 강을 터전으로 생활하는 지역이 그것이다. 바다와 강이 라는 지역적 환경의 차이가 있긴 하나 배는 사람이나 물건을 옮기는 이동수단의 기 능과 함께 물고기를 잡는데 사용하는 어선漁船의 기능을 지니고 있다. 오랜 역사를 지닌 배는 아마도 이러한 기능을 중심으로 전승되고 있음을 알 수 있는데, 이런 양 상은 조선시대의 이전이나 이후에도 크게 다르진 않았을 것으로 사료된다. 혹자는 이러한 기능 이외에 전선戰船으로서의 역할 등도 배의 역사에서 중요한 역할을 담 당했음을 주장하기도 할 것이다. 무시할 수 없는 부분이지만 서민 생활에서 접근 하면 앞서 언급한 두 가지가 배의 주요 기능이 아닐까 한다.

강원도 정선을 비롯해 인근의 영월 지역에서의 운영하던 배들은 강이라는 자연 환경을 결코 무시할 수 없다. 산으로 둘러싼 지역이다 보니 자연스레 그럴 수밖에 없었을 것이다. 따라서 정선 지역의 배의 역사 혹은 도선장의 역사는 이런 환경에 서 출발했을 가능성을 반드시 열어두어야 한다. 실제로 평야 지대와 저지대와 달리

---

1   김재근, 『배의 역사』, 서울대학교 공과대학 조선공학과 동창회, 1980, 11~12쪽.

2   위의 책, 18쪽.

강원도에서의 강은 특별한 의미를 지닌다. 이창식은 이 부분을 한 학술세미나에서 다음과 같이 언급한 바 있다.

강은 강원도 산간 내륙의 나무를 옮기는 길이며 동시에 상품화폐의 항목이 만들어지는 통로였다. 뗏목을 포함한 운송수단은 산간에서 구하기 힘든 소금 등을 상류로 옮겨주고 상대적으로 서울 등지에서 요구하는 물산은 한류로 옮겨주는 것이다. 강원도 문화의 상징인 뗏목은 이런 점에서 강원도 자연 물산의 중심품목임을 확인시켜주는 것이고 강원도적 정체성을 보여주는 것이다. 수로를 낀 삶의 터전을 바탕으로 한 모둠살이에서 독특한 문화양상을 드러내는 것이다. 특히 동강 유역의 뗏목은 일찍부터 '골안떼'라고 하였다. 정선에서 영월로 내려가던 떼꾼들은 정선 아우라지에서 영월 합수머리까지 물길을 합쳐서 골안이라고 하였다. 떼는 동강의 수로민속에서 핵심적인 전승물이다. 그 자체가 생업활동이면서 다른 문화를 접할 수 있는 통로였다. 떼꾼들은 행위전승과 구비전승의 주체자들이다. 그들은 떼 주인인 목상을 포함하여 전문전업자이면서 동시에 독자적인 민속관습을 가지고 있었다. 골안떼꾼들은 동강을 중심으로 떼를 운반

하며 영위하였으나 때로는 한강 마포 나루까지 가기도 하였다.[3]

조선시대 이전에도 정선 지역에서 배가 운영되고 이를 제작하는 도선장들이 있었을 가능성은 농후하나, 관련 자료가 부족한 탓에 확정할 수가 없는 실정이다. 다양한 규모의 시냇물이 지역을 흐르고, 정선 주민들의 삶의 터전에서 시냇물과 강을 빼놓을 수 없다는 점 등을 고려하면 분명하게 그러한 역사가 있었을 것이다. 비록 조선시대의 자료이긴 하나 이중환의 『택리지』에 기록된 강원도 지역의 자연환경을 통해 그런 실상을 엿볼 수 있지 않을까 싶다.

산중에는 평평한 들이 조금 열렸고 논도 있다. 또 시냇가 바위가 아주 훌륭하다. 농사짓기과 고기잡기에 모두 알맞으니 이것이 하나의 특별한 동천이다. 시냇물은 영월, 상동上東을 지나, 고을 앞으로 들어오며, 임계臨溪 서쪽에 있는 산기슭 남쪽이 정선, 여량촌인데, 우통于筒물이 북쪽에서 여량촌을 둘러 남쪽으로 흘러간다. 양쪽 언덕이 제법 넓고, 언덕 위에는 긴 소나무와 흰 모래가 맑은 물결을 가리고 비치는 바, 참으로 은자隱者가 살 곳이다. 다만 전지田地가 없는 것이 한스러우나 마을 백성은 모두 자급자족한다. 시냇물은 영월 동촌에 와서 상동 물과 합치며, 또 조금 서쪽에서 주천강과 합친다. 대체로 북쪽은 회양淮陽에서 남쪽은 정선까지 모두 험한 산과 깊은 골짜기이며 물은 모두 서쪽으로 흘러 한강에 들어간다. 화전을 많이 경작하고 논은 매우 적다. 기후가 차고 땅이 메마르며 백성은 어리석다. 두메 마을에 비록 시내와 산의 기이한 경치가 있어 한때 난리를 피하기에 좋은 곳이지만 여러 대를 살기에는 합당하지 못하다.[4]

---

3   이창식, 「영월의 축제와 활성화 방안」, 동강뗏목 민속학술 심포지엄, 2000.7.3, 52~53쪽.

4   이중환, 이익성 역, 『택리지』, 을유문화사, 1993, 54쪽.

여러 강원도 지역 가운데에서도 특히 정선은 지형적으로 높은 산 깊은 계곡으로 형성돼 있어 교통과 운송 수단은 자연히 하천을 통해야만 했다. 강폭이 좁고 수량이 많지 않은 주로 지천 상류에는 돌다리를 놓거나 수심이 얕은 곳에 돌을 깔고 나무 널빤지로 연결 다리를 만들어 강을 건널 수 있으나, 하류로 내려오면서 강폭이 넓어지고 수심이 깊어지면 그 역할은 뗏목과 목선들이 대신하였다.[5]

정선 지역의 배의 역사를 알 수 있는 조선시대의 기록은 『정선총쇄록』에 많이 보인다. 이 책은 당시의 정선 군수였던 오횡묵吳宖默과 관련된 일기자료이다. 오횡묵은 1887년 3월부터 자인현감으로 이임하는 1888년 8월까지 1년 5개월 간 정선에서 머물렀다. 그가 남긴 이 일기는 19세기말 정선의 사회·경제 전반을 살펴볼 수 있는 귀한 자료이다. 이 자료에서 주목해 봐야 하는 점은 각 면리의 고을을 돌아보며 있는 그대로의 모습을 기록한 부분이다. 권농과 민심 파악이 주된 목적이었는데, 당시 정선의 사회상과 생활상이 고스란히 드러나 있다. 바로 이 자료에 정선 지역의 배와 도선장의 역사를 알 수 있는 자료가 상당수 실려 있다. 아래의 내용은 그 중에서 몇 개의 자료를 선별한 것이다.

자료 ①

그렇다면 오늘이라도 할 수 있겠는가.

하니 그렇다고 하였다. 즉시 영을 내리니 모든 장리가 천렵차비를 갖춘 뒤에 나에게 보고하기에 내가 말하기를

"너희들이 먼저 가서 시작하면 곧 뒤따라 갈 것이다."

하였다.

이에 학선과 윤태영이 모든 사람을 데리고 사미강四美江으로 나가고 나는 조금 후에 배를 타고 남강에서 거슬러 올라가면서 바라보니 아전과 노령 상당수가 줄을 지어 물로 들어가서 나무막대기로 물살을 내리면서 내

---

5   최원희, 「정선의 나루(津) 운영에 대한 연구」, 『정선문화』 2013 제16, 2013, 65~66쪽.

려오고 또 몇 사람은 그물로 강을 가로질러 치고 있었다. 위에서 내려오는 자가 고기를 몰고 점차 가까이 와서 여울이 엷은 대목에 이르자 그물 치고 있던 자들의 그물의 두 끝을 잡고 거슬러 올리면서 점차로 압축하니 한 마리도 빠져 나가지 못하고 잡혔다.(정선문화원, 『국역 정선총쇄록』, 경인문화사, 2002, 90쪽)

자료 ②

저는 유천에 사는 허엽이라 하옵니다. 지난달 초승에 날씨가 가물어 기우 祈雨하려고 천렵을 하였을 때 제가 마침 강변에 이르렀으나 배가 없어 건너지 못하였습니다. 그때 하늘이 흐리고 비가 오려고 하여 진퇴양난이었는데 명부께서 자신이 타고 계신 배를 언덕으로 되돌려 저더러 타라 하시고 또 주식까지 주셨습니다.(중간 생략) 나루란 배 하나를 가지고 겨우 왔다 갔다 건네주고 있는데 내가 탄 것은 한가해서이고 그대가 타려는 것은 바빠서이니 그래서 건네준 것이고 마침 술이 있기에 함께 마시자고 한 것뿐이다.(정선문화원, 『국역 정선총쇄록』, 경인문화사, 2002, 149-150쪽)

자료 ③

해가 막 솟아오르자 관아에서 출발하여 배로 사미강을 건넜다. 겨우 활 몇 바탕의 거리에 이르니 또 합금천이 있어 데리고 간 관노들이 옷을 걷어 올리고 건넜다. 도두에 한 언덕이 있어 높이는 열길 정도 되는데 이름이 탄현灰峴이라 하였다. 한 가닥은 남으로 달려 구불구불 돌아서 강에 다달 아 애산정이 되었으나 정자는 지금 폐해져서 없는데 이곳이 방향촌의 안산이다.(정선문화원, 『국역 정선총쇄록』, 경인문화사, 2002, 272쪽)

지금도 그렇지만 조선시대에도 정선 지역은 강을 건너야만 왕래 할 수 있었던 지역이 많았음을 알 수 있다. 당시 운영되던 배는 나룻배일 가능성이 높다. 나룻배

의 경우는 나루(진)를 통하여 운행되었고 처음에는 삿대를 이용하여 건너다녔으나 나중에는 뱃줄을 가로 질러 놓아 줄을 당겨 운행하여 인적 물적 교류의 중심이 되었다. 어선은 고기잡이배로 강폭이 넓고 깊은 곳의 그물을 놓거나 낚시를 하기위해 소형으로 제작되었으며, 농선은 주로 강 건너 농토를 오가며 농사를 지을 목적으로 제작되었다. 짐배는 다른 목선과 달리 물품 운송을 위해 제작되어 강의 상·하류를 이동하여야 하고 여울을 쉽게 끌고 올라 갈수 있도록 제작되어 나룻배와는 상이한 형태이다.[6]

조선시대의 이러한 양상은 일제강점기에도 크게 다르진 않았다. 사람이 거주한 곳이며 굽이쳐 흐르는 풍부한 수량을 가진 강에는 마을 사람들의 왕래를 위해, 짐을 나르기 위해 반드시 필요한 교통수단으로 자연스럽게 나룻배가 운영되었다. 최원희의 연구에 따르면 1970년도까지 정선에는 곳곳에서 나룻배를 흔히 볼 수 있었다고 한다. 하지만 도로망이 확충되고 교량의 건설, 농촌인구의 감소 등으로 지금은 모두 사라지고 아우라지 나룻배만이 실질적인 역할을 하고 있다.

개별 배에 따라 차이가 있긴 하나 장만기 씨의 구술 자료에 따르면 뗏목은 아래와 같은 시기에 소멸된 것으로 보인다.

> (어르신 연락처는 어떻게 되시죠? 아 여기 있지, 그러면 어르신이 다리 말고 하셨던 게 그거죠 뗏목) 뗏목은 안 했어요 내가. (아 그래요? 도선장이라는 게 뭡니까 어르신) 도선장은 배를 대는 게 도선장이래요, 나루터가 도선장이지요. (그렇죠 그러면 뗏목은 이 근처에 누가 지었어요?) 뗏목은 내가 여기서도 옛날에 내가 봤는데 내가 스무 살, 오십년 전이지 그때가 그때 당시에 아우라지에 떼를 맷거든 여기도, 여기서 떼를 맷거든 내가 그때 한두번 본 게 있거든 그 후로는 안 했어요.[7]

---

6   위의 책, 66쪽.
7   장만기 씨 구술 자료, 2015년 8월 17일.

2) 정선에서 운영되던 배의 종류

역사적으로 볼 때 정선에서 운영되던 배가 오늘날의 모습을 지니고 있는지는 단정할 수 없지만 여타의 자료 등을 통해 보면 지금의 모습과 크게 다르지 않은 것으로 보인다. 다만 배의 종류가 다양했었는지에 대해 확인할 바가 없어 아쉬움으로 남는다.

여러 자료를 검토하면서 정선 지역에서 제작되거나 혹은 운영되었던 배는 크게 뗏목, 나룻배, 그리고 비교적 후대에 나왔을 찻배가 있었다는 사실을 확인할 수 있었다. 찻배의 경우는 기능성을 강조한 배이긴 하나 몇 십 년 전까지만 하더라도 정선에서 볼 수 있었던 배이다. 기능성을 고려한 짐배도 이러한 성격과 유사한 배로 볼 수 있다. 다만 이들 배가 정선에서만 볼 수 있었던 배가 아니었다는 점은 인식할 필요가 있다.

여기에서는 다양한 자료를 통해 정선에서 운영되었던 배들의 종류와 함께 간략한 역사를 정리하고자 한다.

(1) 뗏목

뗏목이란 떼에서 파생되어 나타난 말인데 떼는 일반적인 나무나 대나무 토막·풀 따위를 엮어 물 위에 띄우는 구조물의 명칭이며 뗏목은 나무를 이용하여 만든 떼를 말한다. 이 뗏목은 과거 도로가 발달하지 못하고 운송기관이 형편없을 때, 육상보다는 수상 운반 수단이 훨씬 유용한 것으로 취급되던 시기에 사용되었다. 이 뗏목은 동·서양의 많은 나라의 종족들이 오래 전부터 사용하였던 것으로 주로 무거운 물건이나 목재를 수송하는 수단으로 이용하거나 그것을 타고 물고기를 잡았으며 어떤 경우에는 돛을 달아 교통수단으로도 이용하였다. 남아메리카 서해안 지역에서는 갈대 다발을 묶는 풀 뗏목이 있었으며 이집트는 파피루수로 만든 것, 중국에서는 쇠가죽 통째로 주머니 같이 만들어 나무틀을 엮어 밑에 매달은 가죽 뗏목이 있었다. 특히 중국 양자강에서는 뗏목 위에 발을 만들어 경작하고 닭, 돼지를

사육하는 큰 것들도 있었다고 한다.[8]

우리나라 제주도에서 사용되고 있는 티우(테우)도 그 중의 하나이다. 5~7편의 나무(한라산 중턱에서 자라는 내수성이 강한 나무) 토막으로 꾸며진 티우는 서귀포로부터 동쪽에 이르는 해변에서 지금도 어채魚採에 쓰이고 있어 쉽게 찾아볼 수 있고, 경복궁 안의 민속박물관에도 전시되어 있다. 유명한 것으로는 태평양을 건넌 〈콘티키호의 모험〉에 등장하는 뗏목배이다. 노르웨이의 인류학자이고 해양 탐험가인 하이엘달 박사 등이 고대 민족 이동의 가능성을 증명하기 위해서 나선 용감한 모험이었다. 오슬로대학을 나온 하이엘달은 초기 문명과 해양을 통한 민족 이동에 관심을 가지고 1937년에 태평양 하와이 군도 동남쪽 마키사스 군도로 건너갔다. 그는 그곳에서 폴리네시아군도의 문명은 일찍이 남미 대륙에서 건너온 곳이라는 확신을 갖게 되었다.[9]

정선에서의 뗏목은 오래된 수상 교통 운송 수단으로 강을 건너고 목재의 운반 물류의 교역을 위해 사용되었다. 그렇지만 강의 상류에서 소나무 목재 자체를 운반하기 위하여 만든 것은 '뗏목'이라 하고 물건을 운반하거나 사람을 실어 나르는 것은 뗏목 배라 불렸다. 뗏목 배는 너비가 넓어 비교적 안전했으며 사용 목적과 필요에 따라 크기가 다양하며 삿대를 이용하여 움직였으며 만들기 쉽고 의외로 부양성이 뛰어나 쉬이 사용되었다. 뗏목 위에 널빤지를 깔아 평상을 설치하여 만들었다. 특히 정선의 뗏목은 조선시대에서부터 1960년대 후반까지 목재를 운송하는 방법으로 사용되었으며 풍부한 산림자원을 가진 정선의 경제활동에도 큰 기여를 하였다. 뗏목의 유형으로는 목재의 크기, 사용 목적, 종류에 다라 궁궐토막뗴, 연목뗴(서까레), 화목뗴(땔감), 각재뗴(사각목재), 굴피뗴(참나무껍질) 5종류로 분류된다.[10]

정선 지역 주민들이 뗏목을 만들었던 것은 사람이나 거마의 운반이 주된 목적

8   인제문화원, 『인제 뗏목(증보판)』, 2002, 17~18쪽.

9   김재근, 앞의 책, 22~23쪽.

10   최원희, 앞의 책, 66쪽.

이 아니었다. 이 지역에서 벤 목재를 서울까지 가져가 판매를 하기 위해 뗏목을 만들었다.

(그러면 어르신 그 당시에 뗏목을 만든 이유는 저기 한강 다리로 팔기 위해서 그런 거 아닌가요?) 아니죠, 그때 뗏목을 만든 원인은 뭔가 하면 교통이 그때 서울까지 차가 저기 뭐 트럭이나 싣고 갈수도 없고 열차도 없고 그러니까 여기 뗏목을 매가지고 나무를 서울까지 수송을 해 주는 거, 서울까지 운반 과정이 그게 뗏목이래요.(벌목을 해서 용산까지 한강까지 서울까지 팔러 가는 거죠?) 팔러 가는 거죠 그것도 목상이 일부러 삼판허가를 내 가지고 베가지고 이래[11]

(2) 나룻배

정선 지역은 예로부터 수로를 이용한 교통수단이 발달되어 왔는데, 그 중에서도 사람들의 왕래와 밀접하게 관련된 것이 바로 나룻배이다. 나룻배는 나루와 나

---

11   장만기 씨 구술 자료, 2015년 8월 17일.

루를 운행하던 선박으로 사람 이외에 짐이나 가축 등을 운반하는 도구로 이용되었다.

정확하게 정리한 자료가 많지 않은 현실에서 사전에 실려 있는 나룻배에 대한 간략한 정의를 살펴볼 필요가 있다. 사전에 나룻배를 "나루터에서 사람이나 짐 등을 건네줄 때 사용되는 배. 진선津船이라 명시하고 있다. 과거에는 관선官船과 사선私船의 구별이 있었는데, 전국의 하천 중에서도 특히 경강京江에는 각처에 나루터[津渡]와 나룻배를 두고 그것을 적절히 관리하였다. 조선시대 한강의 경우를 보면 상류에서부터 하류로 내려오면서 도미진渡迷津·광나루廣津, 또는 廣壯津·삼전도三田渡·중량포(中梁浦, 또는 涑溪)·서빙고西氷庫·흑석진黑石津·동작도銅雀渡·한강도漢江渡·노량진鷺梁津·두모주(豆毛洲, 또는 두뭇개)·용산강龍山江·마포麻浦·서강西江·율도(栗島, 또는 밤섬)·양화도楊花渡·사천(沙川, 또는 모래내)·공총진(孔叢津, 또는 孔巖津)·조강도祖江渡 등 도성에 통하는 나루터가 있었다. 이들 경강의 각 진도에는 책임관원인 도승渡丞을 비롯한 각급 진리津吏와 진선을 배치하였다. 한강도에는 도승 1인을 배치하여 도성 출입을 살피며 강물의 깊이도 측량하고, 나룻배가 많을 때에는 관선 15척과 사선을 두었다. 양화도에는 도승 1인과 관선 9척과 사선을 두고 15척의 참선站船을 배치한 일도 있었다.[12]

같은 사전에 기록된 내용을 보면 나룻배의 구조는 여느 강선과 같이 평탄한 저판底板을 중심으로 하여 전후좌우에 외판外板과 선수재·선미재를 서로 고착한 평저선平底船이고, 건조 후 5년에 수리를 하고 10년에 다시 신조를 하는 것이다. 그리고 나루터와 나룻배 경비의 염출은 뱃사공에게는 관둔전官屯田·마전馬田·빙부전氷夫田·수릉군전守陵軍田 등과 같은 조건으로 진부전津夫田을 급여하여, 자신이 직접 경작하거나 예속된 노동력을 사용하여 경작하게 하고, 나룻배를 신조하는 경우의 선재船材는 군선 아니면 조운선 등 관유선의 퇴재退材를 물려받아 사용하도록 하는 것이었다. 사선의 경우에는 일정한 선임을 받아 경비에 충당하였음은 물

12 「나룻배」, 한국민족문화대백과사전(encykorea.aks.ac.kr).

론이다.[13]

정선 지역에서는 비교적 여러 곳에서 나룻배의 흔적을 엿볼 수 있다. 여량 지역은 물론이거니와 정선 읍내와 인접해 있는 덕송리, 임계면 반천리와 고양리 등에서 나룻배가 운영되었다. 오늘날에는 아우라지에서 나룻배가 관광 목적으로 운영되고 있으나 과거엔 나룻배가 주민들의 유일한 발 역할을 담당했다. 나룻배가 운영되던 때에는 전문 뱃사공이 있을 정도이니 당시 많은 이들이 나룻배를 이용했음을 짐작해 볼 수 있을 것이다.

(3) 찻배

찻배는 대중교통수단인 버스, 개인차량인 짚차, 트럭 등의 증가로 국도 47호선이 지나가는 도로를 연결하는 강을 건너기 위해 만들어졌다. 통행구간에 교량을 놓기 전까지 운행된 찻배는 제작비용이 많이 들어 군비로 제작 입찰을 통하여 운영권을 주었으며 그 수입 또한 만만치 않았다. 정선의 30개의 나루 중에서 4곳에서 찻배가 운영되었다.[14] 뗏목과 나룻배에 비해 역사는 오래되지 않지만 새로운 교통수단이 등장하면서 생겨났음을 알 수 있다. 정선 지역에서 만난 제보자는 비교적 차배에 대한 개념과 역사를 다음과 같이 설명해주었다. 설명 과정에서 기대하지 않았던 찻배를 제작하는 기술에 대해서도 들을 수 있었다.

> (제가 아까 어떤 분한테 물어 봤더니, 배가 두 종류더라구요 못배 또 하나가) 찻배(찻배는 정확하게 뭔가요 선생님) 용도가 뭐냐면 옛날에 강원도에서도 가끔 관공서 도라꾸 차가 오거나 집차 같은 거 오잖아요, 버스 오잖아요, 시외버스 그게 오면 강을 건너 줘야 되는데, 그거를 이제 이중으로 해서 차가 올라타면 뱃사공이 그걸 밀어서 절로 하면 거기서 버스가 내려서 가고 (그러면 뗏배하

---

13   위와 같음.

14   최원희, 앞의 책, 66~67쪽.

고는 다르네) 네 일반 나룻배하고는 다르죠, 만드는 요령도 다르고[15]

(혹시 그건 어떻게 만드는지 아십니까?) 그거는 이제 아직까지 한 번도 저는 못 만들어 봤어요, 사용을 중지해서 그래서 설명만 듣고(그 설명 아는 것 만 잠깐 좀 이야기) 일반 배하고 똑같이 하는데 위에 뚜껑을 덮어버리죠 일반 배 위에(나룻배 위에 뚜껑을 덮어버린단 거예요?) 네 한 겹을 더 씌우죠(아 그런 개념으로) 그래가지고 이게 경사가 졌으면 뱃머리를 싹 대고 있으면 차가 여기서 한 번에 잘 타야 된다고 잘못 타면 뒤집어 지니까 운전기사는 그게 숙달이 돼야 해, 탁 타면 탁해서 배가 순간적으로 여기서 이제 잡고 있고 물에 잠겨서 사람들은(아 그게 찻배군요) 차를 물 건너 주는 배(이해가 좀 됩니다)[16]

그런데 최원희는 현지 조사를 바탕으로 찻배는 일제강점기부터 생겨난 것으로 보고 있다. 그가 남평나루를 조사하는 과정에서 만난 제보자의 구술 자료를 토대로 그렇게 이야기한 것이다. 남평 나루가 있던 남평리에서 오랫동안 거주했던 전순택(78세 - 현 정선읍 봉양리 거주)씨의 구술 자료를 그대로 옮겨놓으면 아래와 같다.

찻배는 일본 놈들이 오기 전에는 전혀 없었습니다. 일본 놈들이 오면서 교량도 없는 그런 시대에 차 운행을 위해 신작로 개설과 하천을 건너기 위해 배가 필요했는데. 규모도 크고 해서 관리를 군에서 했습니다. 배의 운행은 일 년에 한 번씩 입찰을 봤습니다. 차가 배에 첫 번에 들어올 때는 어느 정도 배에 들어가면 뱃사공이 손짓을 딱하면 딱 멈쳐요. 안 그러면 그냥 배는 배대로 가고 차는 차대로 가서 큰 사고 납니다. 사전에 교육을 해요. 사공이 하라는 대로, 운전수가 운전을 잘 해야만 사고가 없어

15   김한종 씨 구술 자료, 2015년 8월 19일.
16   위와 같음.

요. 배가 반대편에 도착하면 정반대 방향으로 치대가 천천히 땅에 밀착이 돼가지고 차바퀴가 육지에 나가면 배는 그냥 있고 차가 나간 동시에 배가 떠 올라가지고 원위치로 가죠. 잘못해서 차가 강물에 빠지는 사고도 몇 번 봤어요."라고 구술하였다. 찻배의 운행은 숙달된 네명의 사공이 능수능란하게 호흡을 맞추어 운행하지 않으면 사고의 위험이 커 군에서 입찰을 받아 사공을 선발하였다. 여량 나루 찻배의 마지막 선주 조경재(75세)씨(현재 인천에 거주)에 의하면 그 당시 버스의 찻배 이용요금은 5,000원, 승용차는 3,500원씩 하였다고 하며 당시 여량면에서 자기보다 돈을 많이 버는 사람은 거의 없었으며 남부럽지 않은 생활을 하였다고 한다.[17]

과거에는 짐배도 운영된 적이 있다. 다른 배들과 달리 짐배는 오로지 짐을 운반하던 배이다. 이 배는 자유롭게 강을 오르내려야 하기 때문에 그런 조건에 맞게 제작되었다. 그래서 나룻배와는 차이를 보인다. 적은 힘으로 쉽게 움직일 수 있도록 만든 것도 특징이다.

---

17   최원희, 앞의 책, 69쪽.

3) 뗏목 제작기술의 전승 실태

뗏목의 제작 과정은 허가를 받는 과정에서부터 제작한 뗏목을 한강까지 운반하는 과정으로 나눠 정리할 수 있다. 앞서 살펴본 바와 같이 나룻배처럼 사람을 이동하기 위한 목적이 아니라, 목재 판매가 목적인 관계로 투박한 것이 특징이다. 1900년 경만해도 모든 떼는 다래넝쿨, 느릅나무껍질, 피나무껍질을 벗겨 틀어 꼬아서 굵은 밧줄을 만들어 나무토막을 군두처서 토마 토막 모아서 당태를 대로 묶어서 떼를 맺으나 1930년경 이후부터 '떼못'을 사용해 떼를 맺다고 한다.[18]

지금의 제작 모습은 예전과 큰 차이가 있는 것은 아니지만 사용되는 도구들이 보다 현대화되었다는 특징을 지닌다. 그리고 떼를 제작하는 이에 따라 차이를 보이겠지만 뗏목을 만드는 순서는 허가 받기 – 목재 베기(삼판) – 운반(목도) – 뗏목 만들기 – 강에 띄우기로 구분할 수 있다.

(1) 허가 받기

나무를 베어 판매하는 일 대부분은 목상木商의 주도 하에 진행된다. 목상은 막대한 자본을 바탕으로 관에서 허가를 받아 나무를 베어 낸 다음 그걸 판매하는 총책임자이기도 하다. 이들은 허가받은 장소에서 합법적으로 나무를 베어 판매하여 적지 않은 수익을 올렸다. 이러한 모습이 남아 있던 시절만 하더라도 정선 지역에는 목상으로 활동하던 이들이 많았는데, 대다수가 외지에서 온 이들이었다.

> (목상이 이 근처에 있었습니까?) 있었는데 지금은 다 없어졌어요 지금은 하는
> 사람이 저기에 산에 토장이라고 그게 바로 목상이에요(옛날에 목상의 흔적이
> 구나, 목상이 그러면 돈을 대는 거네요? 이 사람이 돈도 대고 판권도 다 갖고 있는 거고)
> 그렇죠 나무를 비는 작업 과정부터 돈을 다줘야 돼 난중 팔아가지고 돈이

---

18   배선기, 「남한강 따라 천리길—떼 타고 서울구경」, 『정선문화』 4호, 2001, 60쪽.

얼마 있든 간에 팔아가지고 밑지면 밑지고 돈이 남으면 남고 (완전히 도박이나 다름 없네 이 사람이 선자금을 대야 되니까) 그렇죠 그런데 옛날에 목상 돈 못 번 사람 아무도 없어요.(그러면 외지사람들도 있고 삼판은 여량사람도 있고 읍내 사람도 있을 거 아닙니까?) 그런데 거의 지방에서 다 했죠.[19]

목상은 뗏목을 제작하여 한강에 가져가 판매하는 일련의 과정을 책임지는 인물이기도 한데, 이들은 본격적으로 나무를 베어내기 전에 허가를 받아 일을 시작한다. 사유림의 경우는 직접 사기도 한다. 허가를 낸 다음에는 나무를 벨 목도꾼을 모은다.

(먼저 허가를 맡아야 되는 구나 벌목을) 그렇죠 관에다가 허가를 맡아야죠 그때도,(그러면 허가를 맡으면 자기 맘이네요?) 허가를 맡으면 목상이 이제 나무 목자 장사 상자 나무장사죠 말하자면 그 사람이 관에 들어가서 허가를 내서 그래가지고 몇 정보를 벤다고 허가를 내야죠.[20] 목상하는 분이 그것도 따로 목상이 국립허가를 내고 이래가지고 사유림이나 국유림을 사잖아요, 그래가지고 삼판 한다 하면 동네에 톱질 잘 하는 사람이 가죠 모여서 가죠 (주로 남자들이 많이 하겠구나, 삼판을 해서 한 달 정도 나무를 베어놔야 될 거 아닙니까[21]

(2) 목재 베기
허가가 나면 일정한 시기를 정해 삼판 장소로 가서 나무를 베어야 한다. 나무를 베는 시기는 대략 추석 지나고 단풍이 드는 때이다. 그 이유는 나무가 여물어야 베

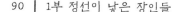

---

19   장만기 씨 구술 자료, 2015년 8월 17일.

20   위와 같음.

21   위와 같음.

기도 쉽고 좋은 나무를 얻을 수 있기 때문이다.

> (삼판은 주로 그럼 시기가 언젠가요? 몇 월입니까) 추석 지나고 단풍이 들어야 돼
> 요 단풍이 들어야지만 삼판을 하지 요즘 그렇게 막 베어 쓰면 안 돼요 원
> 래는, 나무가 여물어야 돼요 여물어야지만 단풍이 들어야지만 삼판을 해
> 요 원래는(단풍이 들어야 삼판을 하는구나)[22]

　　본격적으로 나무를 베기 전에 고사를 지내는 경우도 있다. 산신님께 아무런 사고 없이 일을 마무리 할 수 있기를 기원하는 것이다. 일부는 고사라 부르기도 하지만 산치성이라 칭하기도 한다. 고사는 목상의 주도하에 진행된다. 벌목에 참여하는 모든 인원이 참여를 해야 좋다고 생각하여 대부분 참여를 한다.

　　고사 날이 정해지면 어디에서 지낼 것인지를 정한다. 그리고 고사 상에 올라갈 음식이 준비되면 그 곳으로 가서 고사를 지낸다. 산과 관련된 연유로 고사의 대상은 산을 관여하는 산신이다. 상에 올라가는 제물에는 돼지머리, 삼색실과, 포, 떡과 밥이다. 차려지면 목상이 먼저 헌작을 하고 바라는 바를 기원한다. 축원문이 있는 게 아니기에 그 때 생각나는 즉흥적인 내용을 기원하면서 축을 한다. 나머지 인원들은 목상의 헌작이 끝난 뒤에 자유롭게 살을 따르고 절을 한다.

　　벌목을 하는 과정에서 중요한 것은 용도에 맞는 나무를 찾는 것이다. 그렇다고 용도만 생각할 순 없다. 강으로 가져가기 위해서는 운반하기 편리한 곳도 고려해야 한다. 운반이 불가능하면 노동력도 많이 필요하고 비용도 적지 않게 들기 때문에 베는 것을 재고해야 한다. 그런 연유로 나무를 베기 전에 여러 차례 사전 조사를 해서 좋은 나무를 골라야 한다.

　　허가가 끝나고 삼판을 할 장소가 정해지면 고려해야 하는 내용이 또 있다. 전체 나무를 베어낼 것인지, 아니면 산발적으로 나무를 벨 것인가가 그것이다. 그런 일련

22　위와 같음.

의 내용이 결정되면 일정한 크기로 나무를 베어야 한다. 이때는 수령은 그리 중요하지 않다. 수령을 떠나서 용도에 맞는 크기가 되면 베어 낼 수 있다. 나무를 베는 이들은 오랜 경험을 토대로 좋은 나무를 잘 선별한다. 그리고 본격적으로 톱을 이용해 나무를 벤다. 베어낼 목재가 결정되면 산록에서 시작하여 위쪽으로 올라가며 벌목을 한다.

떼목 제작에 필요한 목재, 다시 말하자면 떼목을 만들어 서울까지 운반해 가는 목재 대부분은 소나무가 차지한다. 정선 지역의 소나무는 강원도 여러 나무가 그러하듯 재질이 좋다. 다만 소나무가 벌목이긴 하나 잡목 속에 한두 그루씩 산재하여 있는 경우에는 벌목에서 제외된다. 베어낼 수 있는 나무 가운데에서 참나무가 아닌 소나무를 베는 이유는 부력 문제와 관련이 있다. 참나무는 무거워 가라앉지만 소나무는 일정한 정도로 물에 뜬다.

> 삼판을 하나 하자면 사람들이 몇 십 명이 매달려도 한 달도 가고 두 달도 가고 이래가지고는 (한달이요? 삼판이라고 하죠?) 삼판이라 하죠 소나무 삼판 잡목 삼판 (주로 베었던 게 소나무 하고) 소나무 하고 여기 잡목 다했죠.(참나무 이런 것도 있습니까?) 근데 참나무 떼목을 안 만들어요(그러면 소나무만, 그 이유가 뭡니까?) 참나무 무게 무거워가지고 물에 가라앉아서 안 돼요, 소나무 그 일정하지만 참나무삼판은 이래 큰 이리 있고 때를 못 매요 그거 갔다가[23]

앞서도 언급했지만 나무를 베어 낼 때는 일정한 크기로 잘라내는 게 중요하다. 베는 사람에 따라 차이가 있긴 하나 대개 열 두자(3m 60cm) 이상을 자르면 안 된다고 한다.

> (그러면 어르신 대충 얼마나 잘라놔요? 길이가) 열두 자 삼 미터 육십 그이상은 안

---

23   위와 같음.

잘랐어요(두께는요 어르신). 굵기가 그건 나무 생긴 대로죠, 뭐 아무거나 다 하죠, 이게 벌초를 하죠 싹비우는거 밑에까지 싹 비우고 그 후에 가서는 감별이라고 좋은 건 베고 나쁜 건 돌려놨는데 지금도 그래요 싹 비고 똑같이 키우는 거지[24]

그리고 나무를 벨 때는 요령이 있다. 위치에 따라 다르겠지만 넘어갈 쪽을 톱으로 살짝 그어 놓은 다음 반대쪽에서 베기 시작한다. 아무나 벨 수 없는 것은 나무가 넘어가는 쪽에 있다 사고가 나는 경우가 있기 때문이다. 그리고 나무를 베는 일은 절대 야간에 하지 않는다.

(베는 게 순서가 있지 않습니까? 위치가 어디다가 베야지 예를 들어 나무가 비탈이 졌잖아요 어디다 베어야 넘어가고 그런 게 있던데) 그거는 삼판 하는 사람들 다 요령이 있어요 어디로 넘어가겠다 하면은 넘어갈 쪽을 살짝 그어 놓고 이쪽을 비거든, 그거 잘못 베가 사람 죽잖아요 잘못베가 치여 주는 사람 드문드문 있었어요. (혹시 그 당시에 삼판할 때 지금은 말하면 딸딸이죠, 목도가 아니고 어르신 목도가 직접 내리는 경우도 있지만 평지 같은 경우는 차가 있잖습니까) 아이 없었어요, 그때는, 딸딸이 나온 지 이제 몇 년, 딸딸이는 내가 봤을 때 저기 철탑공사 할 때 저기 고압선 철탑공사 그때 딸딸이 차를 썼다고요 그때 딸딸딸 해서 힘이 좋아서 잘 굴러 갔다고, 그때는 딸딸이가 없어 메가도 없었어요. (많이 아시네요, 작업은 주로 낮에 이뤄지는 거) 그렇죠 낮에 하죠, 밤에는 안 해요 어두운 데는 못하니까,[25]

벌목이 끝난 뒤에는 벌목한 나무에 표시를 해야 한다. 한꺼번에 여러 사람들이

---

24   위와 같음.
25   위와 같음.

참여하다 보면 분실의 이유가 크기 때문이다. 그리고 누구의 것이라고 표시를 해야 혼란스럽지가 않다.

나무를 베는 데 참여하는 인원, 즉 삼판에 필요한 인원은 규모에 따라 차이가 있긴 하나 대개 20~30명 정도이다. 외지에서 오는 경우도 있지만 대부분 정선 지역에서 살고 있는 이들이 삼판꾼 역할을 하였다. 삼판꾼들은 나무를 베는 일 이외에 베어낸 나무를 운반하는 목도 역할도 담당하였다.

> (아 그러면 대충 삼판이 벌어지면 몇 명이나 달라붙습니까?) 그거는 이 십 명이 붙기도 하고 삼 십 명도 붙고 대중없어요. (아 규모에 따라서 그러면 주로 하는 사람들이 아까 말한 것처럼 목상이 있고 또 누가 있습니까) 목상하고 전부 작업꾼이죠, 베는 사람 뭐 다 목상 외에는 전부 똑같아요, 한 계급이래요.(아 그 사람들은 베기도 하고 운반도 하고 협동으로 하는구나) 그러면 목상으로부터 받던지 누가 또 거서 나무 베는 거 그거 해주는 사람 돈을 별도로 받고 그 사람들 나눠줘야 되고.[26]

(3) 운반(목도)

벌목이 끝나면 나무를 강가로 옮겨야 한다. 옮기는 방법은 지세와 벌목한 나무의 양 등에 따라 다양하다. 교통수단이 발달한 뒤에는 트럭 등을 이용해 도로 등으로 운반할 수 있으나 떼로 대개는 베어낸 목재를 강가까지 가져 와야 한다. 일부 제보자는 이를 하산으로 표현하기도 하였다.

목재를 강으로 운반할 경우에는 대부분 '통길'을 이용한다. 통길이란 나무가 잘 굴러 내려갈 수 있는 길을 말한다. 주로 산의 계곡에 설치하는데, 목재를 이용해 둥근 관을 반을 자른 모양으로 통길을 만든다. 통길의 폭은 나무가 흘러 내려갈 정도여야 돼고 길이는 상황에 따라 달라진다.

---

26 위와 같음.

과거에는 소를 이용하여 목재를 운반하는 경우도 있었다. 자동차나 동력차가 나오기 전에는 소를 이용하였다. 이 경우에는 무엇보다 소가 원목을 끌 수 있도록 길을 내는 게 중요하다. 길이 반듯해야 소가 무난히 옮길 수 있기 때문이다. 원목에 구멍을 뚫고 밧줄을 끼우는데, 칡줄기나 혹은 새끼줄을 사용하였다. 피나무 껍질을 사용하는 이들도 있었다.

그렇지만 사람의 힘으로 목재를 운반하는 경우가 대부분이다. 사람에 의해 운반하는 것을 '목도'라고 한다. 목도를 할 때는 목도채가 필요하다. 길이는 2~2.5m 정도이고, 두께는 대략 20cm정도이다. 본래 생긴 걸 그대로 목도채로 사용하기도 하지만 양쪽에 줄을 연결하기 위해 양쪽 끝은 깎아 사용할 때도 있다.

목도질은 두 명이 할 때도 있지만 나무의 크기와 무게에 따라 4명, 6명, 8명이 함께 하기도 한다. 두 사람이 하는 2목도는 나무의 끝은 땅에 닿게 하고 앞에서 두 사람이 목도질을 하면 뒤 부분이 땅에 질질 끌리면서 운반하는 것이다. 4명이 하는 건 4목도이고 6명이 하는 것 6목도이다. 목도질은 키가 비슷한 사람끼리 해야 한다. 이 일은 호흡이 중요하다. 혼자만의 힘으로 할 수 없기에 참여하는 사람의 호흡이 잘 맞아야 쉽게 운반을 할 수 있다. 그래서 목도질을 할 때는 호흡을 맞추기 위해 소리를 한다. 이걸 목도 소리라 한다. 앞에서 선창을 하면 뒤에 따라오는 사람이 후창을 하는 식이다. 무엇보다 발을 맞추기 위해 하는 측면도 무시할 수 없다. 정선 지역의 목도 소리는 다음과 같은 것들이 있었다. 내용은 직원2리에서 전해오는 소리다.

4명이 하는 목도소리: 놋다리
에- 에이야 - 허이 허야
헤에야 헤에야 빨리
헤야 헤야 빨리 댕겨라
허어야 지야

12명이 하는 목도소리: 장목으로서 서른 한 댓자 되는 거

어이여 헤야차 어이여 에야(숨차네)

에야 가자 어이야 어이야 에야차 – 어야

헤야 헤야

(발을 맞춰야만 제대로 가지)

(이 목도를 한 번 해보세요)

(홋다리가 이 목도인데 이것은 자주 해야해)

2명이 하는 목도소리: 후다리

어허야 – 어야 어야 어여차

여차 어여차 가자

어여차 영차

(산에서 나무해 가지고 작두를 썰지 않습니까? 작두질 할 때 부르는 노래 좀 해보세요)[27]

여량지역에서는 베어낸 나무를 아우라지까지 운반해야 한다. 지금도 흔적을 엿볼 수 있지만 과거에는 아우라지 근처에 목재를 쌓아놓는 곳이 있었다. 이곳에 적재한 나무를 엮어 뗏목으로 만들었다. 따라서 나무를 강 가까이로 운반하여 아우라지까지 가져와야 한다. 대개 2명 혹은 4명이 한 조가 되어 나무를 운반한다. 무거운 나무를 운반하기 위해서는 호흡을 맞추는 일이 중요하다. 앞서 소개한 목도소리는 하는 이유이기도 하다. 베어난 나무 양쪽에서 줄을 묶어서 어깨에 메고 운반한다. 과거에는 목도를 전문적으로 하는 사람들이 있었다.

(어르신 운반을 목도라고 그러는 거죠? 목도라는 게 두 사람이 하는 겁니까?) 사명 네 명이 보통 네 명이죠.(통나무를 놓고 이렇게 양쪽에서 줄을 묶어서 어깨를 매는 거

---

27   강릉대학교 국어국문학과, 『제5차 학술답사 보고서—강원도 정선군 임계면, 북면 일대』, 1986, 169쪽.

죠? 그게 이제 목도 소리죠 노래 부르고 힘드니까 호흡이 잘 맞아야 돼겠네요) 그게 하나에 하나둘 발을 맞추는 게 목도 소리라 저리 비틀비틀 하면 안 돼고, 발을 맞추기 위해서(혹시 아는 소리가 있습니까?) 아이 몰라요 나는 그거 따라 해봤는데 하도 오래 되서 다 잊어버렸어 (어르신도 그러면 목도를 해보셨어요?) 해봤지요 나도 (아 그러면 일당이 미안하지만 얼맙니까 어르신) 목도꾼들 많아요. 일당이, 딴사람보다 많이 줘요. 보통 이 농사 일 년 하는 거 보다 임금보다 거의 배 받아요.(그러면 전문적으로 목도만 하는 사람도 있겠네요?) 있죠. 목도 따로 있었죠, 그때(그렇게 돈을 많이 줬어요? 그러면 여량 사람들 부자가 많겠네요) 그 해가지고 돈 못 벌어요 먹고 살기가 그 참 어려운 세상이니까 목도꾼이나 떼꾼이나 돈 벌었지[28]

강으로 운반해온 목재는 다시 아우라지까지 운반해야 한다. 이때는 강에 목재를 띄워 아우라지에서 걸침목과 줄을 설치하여 나무를 건져야 한다. 유속이 빨라 걸치지 않고 흘러가는 경우도 있었지만 대개 이런 식으로 아우라지까지 운반을 하였다.

(삼 십 명이나 있다고 엄청 크구나. 그러면 나무를 베서 운반을 하는데 이 동네는 여량은 어디까지 나무를 끌고 와야 됩니까?) 여 아우라지 아우라지까지 아우라지 전에 저위에 내려올 때 물위에 저 놔둬버려요 물에다가 아우라지에 떠내려 오면 꺼내버리죠(어떻게 꺼냅니까? 얼마나 쎌 거 아니에요) 그거 다 방식이 있어요, 줄을 써야 돼요 줄을 (아 줄을 미리) 줄을 쳐 놓으면 거기에 다 걸려요. 나무가 새끼줄이죠. 새끼줄 틀어가지고 (그러면 어떻게 막습니까?) 줄을 딱 이래 근데 물이 유속이 쎈 곳은 안 되죠, 흔흔하게 흐르는데 갔다가 줄을 쳐놓고 (걸리게끔) 거기다 나무토막 없이 이만큼 한다고 줄을 가지고 매달아 버

28   장만기 씨 구술 자료, 2015년 8월 17일.

려요. 그거 다 걸리게 되어 있어요. 내려오다가 (나무통 기둥을 박아서) 줄이 이렇게 딱 떠있지(이렇게 하시는 거 같아 줄이 있고 줄에다가 나무를 달아서) 그렇게 다는 게 아니고 이게 강통이라면 유속이 이래 슬슬 흐르는데 줄을 치고 나무통을 가지고 이렇게 매 달아요 (부딪치게 만드는구나) 또 하나 달면 유속이 빨라지기 때문에 나무통이 내려오다가 넘어 오들 못하고 다 걸린다고요 그러면 드가서 자꾸 밀어내리면 목두리 해서 쌓는 거죠.[29]

(4) 뗏목 제작

목도 일이 마무리 되면 뗏목을 제작해서 강에 띄어 보낸다. 대개 뗏목을 만들기 전인 이듬해 가을에 나무를 베어 놓은 다음 적재소에서 겨울을 난 나무를 뗏목으로 엮어 물이 불어난 시기인 여름철에 뗏목을 제작한다. 물의 높이가 1m 정도 될 때가 적합하다고 한다.

(그게 이제 뗏목을 끌고 해서 바로 묶어요?) 아니요 쌓아 났다가 한군데 한군데 쌓아 모아 났다가 뗏목을 만드는 거죠 (벌목이 다 끝나면 뗏목을 만드는구나) 그 기간이요 산에서 베가지고 뗏목을 만들어 내는 기간이 늦으면 일 년 걸려요 일 년, 한 달이 뭐야 몇 달 걸려요 몇 달(그러면 언제 운반해요? 이듬해 운반해요? 가을에 베요 그러면 바로 묶어서 갈수가 있어요?) 못가요 가을에 베게되면 겨울에 눈 오고 하잖아요. 그러면 눈 오고 자갈하고 다 끌어내리고 이래서 봄에 쌓아났다가 이듬해 여름에 가야 출하해요(서: 여름이 돼야죠. 물이 홍수 가나고 비가 많이) 물이 적으면 뗏목을 딱 매놓고 비가 와서 물을 뿜을 때 까지 기다리고 있어요. 물이 뗏목이 뜨기 맞춤하겠다 할 때 그때 띄워 버리는 거죠.(아무튼 출발은 장마 때 하는 거잖아요 6,7월에) 6,7월까지 안가요 3,4월에 물이 맞춤 하면 딱 물이 맞을 적에(물이 맞는다는 거 어르신 뗏목이 뜨려면 어

---

29   위와 같음.

느 정도 깊이가 돼야 됩니까?) 아무리 낮아도 1메다 돼야 해요, 그래야 띄워 가다가 돌에도 안 걸리고 잘 넘어가지.[30]

떼목은 12개의 나무를 엮어 만든다. 길이 360cm의 나무를 나란히 놓고 얽어매는데, 얽어매는 줄은 새끼줄을 주로 사용한다. 간혹 두께가 얇을 경우에는 15개로 떼목을 제작하기도 한다. 떼목 만드는 과정에서 엮는 일은 중요하다. 어설프게 엮으면 운반 과정에서 해체될 수 있기에 특별히 신경을 쓴다.

(들으신 이야기네, 통나무가 몇 개나 됩니까? 하나가) 그게 열두 개짜리고 삼 미터 육십 짜리 가지고 열두 개를 한 대빡 만하게 상당히 길이가 길잖아요. 열두 개를 하고 옆으로 내어 토막서는 열두 개 내지 열 다섯 개, 크면 열두 개 이래요. 그때도 다 메다가 있었거든 얼매 얼매 하는 방법이 (어르신 미안한데 나무하고 나무사이를 엮는 방법은 줄을 어떻게 넣습니까?) 이게 또 하는 거보면

---

30   위와 같음.

희한하지, (말씀으로도 해주셔도 좋고 그게 재밌더라구요) 나무토막을 이래 쭉 놓잖아요 두 토막 세 토막 네 토막 다섯 토막 이래 쭉 놓았다 그러면 열다섯 개 덜될기라 마 물에다 띄워놓고 다.[31]

새끼줄로 나무와 나무를 촘촘하게 연결하고 나서 고정 못을 박는다. 그렇게 역고 나면 통나무를 버팀대 역할을 할 수 있도록 뗏목 끝에 놓고 못 등을 박아 고정한다. 이를 '당태'라 하는데 새끼줄로 엮은 통나무가 흔들리지 않을 뿐만 아니라 힘을 버틸 수 있도록 추가로 나무를 대는 것이다. 당태의 역할을 하는 목재는 참나무를 사용한다. 이 당태 덕분에 뗏목이 분리되지 않고 무사히 영월을 거쳐 서울 광나루까지 갈 수 있었다.

> 당태라는 걸 걸어가지 요렇게 당태 산에 가서 참나무, 껍질째로 있는 거 단단한 거 크기가 끝이 얼마나 하냐면 우리 팔뚝 만해야 돼요 밑에는 더 굵겠죠. 그때 우리가 발로 잘라온다고 우리가 두발 반이지 그래요 지금 메다가 아니고 한발 두발 그다음에 새끼줄로 엮는 거야(아 어르신 이거 먼저 치고) 새끼줄을 이렇게 하는데 이건 또 뭘로 하냐면 못이 이렇게 생겼어 못이 있다고 (브이 자 못이 있다는 거죠) 못을 갖다가 새끼줄을 엮어놓고 때려 박아 다 때려박아요 (양쪽 두 군 데만 하면 되는 거예요?) 그렇죠 이쪽에 두 군데 그래가선 이쪽 뗏목 하고 저쪽 뗏목 하고 건너 매버리지(어떻게 매요 건너 맸다는 게?) 그건 새끼줄 갖다가 이쪽에 연결만 하면 되니까 쪼매면되 왔다갔다 끼워가지고 전부 새끼줄로 했어요.(충분히 버팁니까? 새끼줄은 지그재그 식으로 꼬는 건 아는데 당태라는 게 두꺼운 나무에요?) 통목(이정도 두께가 되겠네 그러면, 그래서 이걸 위에다가 놓는다는 거죠? 위에만 놓고 밑에는 안 놔요?) 밑에는 안 놔요

---

31 위와 같음.

위에만 딱 놔요.[32]

(5) 강에 띄우기

제작한 뗏목은 물의 양을 보고 강으로 운반한다. 그런 다음 강에 띄우는데, 띄우기 전에 간단히 진수식을 올리는 경우도 있었다. 정선 지역에서는 '강침제'라 부른다. 목상이 제주가 되고 앞사공 중에서 원로 사공이 무사하기를 기원한다. 제물은 주·과·포·돼지머리·닭고기며, 제사가 끝나면 목상이 별도로 상을 차려 뗏꾼에게 대접한다.[33] 여기에서 말하는 뗏꾼은 뗏목을 전문적으로 운반하는 사람이다. 보통 한 뗏목에 두 명의 뗏꾼이 필요하다.

진수식이 끝나면 강물의 양을 살펴 뗏목을 띄운다. 정선에서 출발한 뗏목은 삼사일 혹은 일주일 정도가 되면 영월에 도착한다. 정선에서 출발할 때는 뗏목 두 채를 만들어 간다. 정선 지역의 강폭이 좁아 두 개를 따로 나눠 가져간다. 하지만 영월에 도착하면 두 개의 뗏목을 하나로 합친다. 자연스레 뗏목 운반에 참여한 나머지 두 사람은 영월에서 정선으로 돌아온다. 그리고 나머지 두 사람이 탄 뗏목은 영월에서 여주를 거쳐 한강까지 운반된다.

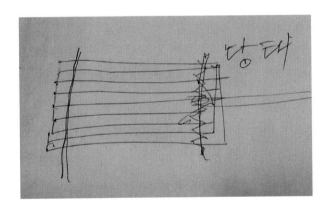

---

32   위와 같음.

33   배선기, 앞의 책, 61쪽.

(뗏꾼은 뭐에요?) 뗏꾼은 전문 뗏목타고 댕기는 사람(아 그 사람들이 타고 서울까지 가는거죠) 서울까지 안가요 여기서 타면(잠깐만요 여기서 여량에서 타면) 영월까지 갑니다 영월 (먼저 영월 동강 까지 가네, 며칠 걸려요?) 영월 까지 한 물이 좋으면 삼사일 그렇지 않으면 일주일은 걸린다.)거기 가서 어떻게 하냐면 거기서 뗏를 두 채를 가따 한 채를 만들어요 (거기서? 처음에 여기서 출발 할 때는 한 채씩 가다가) 왜그러냐면 여기선 강들이 좁고 하니까는 가기 나쁘니까 여기서는 하나씩 앞쌍 두 쌍 해서 가잖아요 근데 영월에 가서는 두 채를 가지고 한 채를 만들어 버린다고(어르신 그러면 한 뗏에는 두 명이 탑니까 한명이 탑니까?) 한뗏 두 명, 앞쌍 뒷쌍(그리고 영월에 가서는) 영월 가서는 두 대씩 모아 버려요(그러면 사람이 네 명 타는 건 아닐 거 아냐) 그땐 두 명 두 명이 거기서 떨어져 오는거야 (여기서 삼박 사일 정도 여기서 동강에서 어디까지 가나요? 여주까지 가나요?) 여기서 부터는 서울로 곧바로 가지(바로, 그러면 어디어디 거칩니까?) 그건 나도 몰라 안 가봐서 몰라(어르신은 동강 까지는 가보셨어요?) 동강이요 아니 난 뗏 타고는 안 가봤어요.**34**

뗏꾼들은 서울에 도착할 때까지 뗏목에서 생활을 한다. 뗏목을 운반하는 도중 주막에 들러 술도 마시기도 하지만 대부분 뗏목에서 밥도 지어먹고 몸도 씻는다. 예전에는 입을 옷도 많이 없어 넉넉하게 여벌옷을 준비하지 못하였다. 그렇게 고생을 하면서도 이 일을 하는 연유는 뗏꾼들의 수입이 좋았기 때문이다. 물론 힘이 드는 일이기에 아무나 할 수 있는 일이 아니었다. 그렇다고 뗏꾼 모두가 부자가 되지는 못하였다. 번 돈을 주막에 다 퍼주고 빈털터리가 된 사람들도 적지 않았다.

(힘이 진짜, 그러면 뗏 장사보다 이거 움직이는 사람들 돈을 많이 벌겠네) 뗏사공 하면 돈 잘 벌어요(그러면 여기가 이물이고 고물이네요? 간혹 가다가 뗏목에 다가 나무를 몇

---

34   장만기 씨 구술 자료, 2015년 8월 17일.

개씩 더 달고 가기도 하죠? 여분을 달고 가기도 하죠, 이 사람들은 그럼 목상이 다 돈을 지

불 하겠네요?) 그렇죠 이 사람들은 이제 여기서 떠나 영월에서 서울 어디까

지 가따 대면 그 사람들 거까지 갔다주는 거, 며칠 되던 얼마 받으면 끝이

래요 넉넉한 거죠 지금 같으면(그러면 이 사람들 올 때는?) 올 때는 걸어와요 걸

어와 버스도 없고 걸어왔다니까 서울 같은데 갔다 오면 한 달씩 걸리잖아

(재밌는 문화야 이거 재밌는 문화야) 그때는 며칠 걸어야 돼거든 버스가 있어 뭐

차가 있어 어데 그때는 주막에 오다 또 자며 술 먹고 오며 자고 (또 뺏기기도

하고) 돈 받으면 다 쓰고 이래 뭐 빈털터리로 올 수 있고[35]

(6) 제작도구

뗏목 제작 과정에서 필요한 도구는 생각보다 많지 않다. 특별한 도구가 있었던

게 아닌 탓도 있지만 험준한 산에서 작업을 하는 관계로 개인의 노동력이 중요했기

때문이다. 대표적인 제작 도구로는 벌목에 사용되는 톱과 도끼이다. 개별 도구만

을 사용하기도 하나 톱과 도끼를 함께 사용하여 벌목을 하는 경우가 많다. 두 개의

도구를 이용하면 효과적으로 벌목을 할 수 있기 때문이다. 톱을 날을 세우기 위해

'줄'을 가지고 다니는 사람들도 있었다. 톱은 나무를 베는데 사용한다. 그리고 가지

치기를 할 땐 톱이나 도끼를 쓴다. 대표적인 도구를 소개하면 다음과 같다.

① 붕어톱

붕어톱은 붕어 모양을 닮은 톱을 말한다. 주로 나무나 쇠붙이를 자르거나 켜는

데 쓰는 도구로 톱날 부분을 볼록하게 만든 양면톱날 톱이다. 나무를 베는 붕어톱

은 길이가 길다.

(그 당시 톱은 지금 톱하고는 다르죠?) 톱질은 지금 제지소에서 하지만 산에서

---

35 위와 같음.

나무 베고 켜는 게 있었어요, 나도 많이 해 봤어요 (톱이 종류가 다양 하겠네요?) 아니 한 가지 밖에 없어요 혼자하죠 (혼자 그거 붕어톱이라고 그러죠? 이렇게 큰 붕어톱 제가 옛날에 박물관에 있어봐서 아는데 이렇게 해가지고 손잡이가 좀 작고 이렇게 이렇게 된 거) 그거 내가 은근히 해봤다고, 네 맞아요. 켜면 이렇게 숭숭 하게 (내가 아는 건 좀 있어 박물관에 있다가 이거 보니까 붕어톱이라고 그러더라고, 주로 이런 걸로) 전부 그거 밖에 없어요. 그때 (어르신 그러면 이정도 되는데 이걸로 혼자 얼마나 걸립니까?) 다 켈 수 있어요 아무거나 다 켜요 (아니 시간이) 시간이 많이 가죠 클수록 많이 못케고 요런 거는 금방 내려가요.[36]

② 떼못

뗏목 제작 과정에서 연결 줄을 고정시키고 나무가 분리되는 걸 방지하기 위해 박는 못이 바로 떼못이다. 떼못은 우리가 사용하는 일반 못과 달리 강철로 제작된다. 구입을 하는 경우도 있지만 과거에는 직접 재료를 사다 용도에 맞게 제작하여 사용하였다.

아유 이게 단단해요(못을 박아버리니까) 그게 뭔못인지 모르죠? 뭔못인가 하면은 옛날 그이 뭐냐 광선 할저나 케이블카 선이 그게 망가지면 끝내 놓거든요 그게 전부 떼못으로 나와요 그게 아주 강철이거든 그게 굵기가 한 삼미리될 걸 그걸 풀면 꼬불꼬불 하게 그거 싹 짤라가 휘흔다고 그거 휘는 공장이 있었어 브이자로 이거보다 더 급하지 아주 총길이로 봐서는 내가 봐서는 한 이 정돕니다(이게 한 10센치 되는구나) 새끼줄을 딱 넣고서 딱 때려 박아요. 그러면 들어가면 탁 하면 안 빠져요(아무튼 이게 못이 이름이 그냥 못인데 브이자 못이라고 해요?) 떼못(아 뗏목 만드는데 쓰는 떼못이라 그러는구나) 떼못이래요 원래, 아주 강철이에요 이게 그게 나무를 가지고 서울 가도 다 쓸라

---

36   위와 같음.

하니까 험하게 하면 안 되잖아요 이게 굵지 않거든요 직경 한 삼 미리 되는 거 때려 박아도 빼면 별로 그거 없거든 흠집이 안 생긴단 말이야.[37]

4) 나룻배 제작기술의 전승 실태

나룻배를 제작하는 경우는 크게 두 가지 형태로 구분된다. 사용하던 배가 수명을 다해 만드는 경우와 새롭게 필요에 의해 만드는 경우가 그것이다. 우선 어떤 식으로 의뢰가 오면 본격적으로 나룻배를 제작한다. 그리고 정선 지역에서 운영되던 나룻배는 크게 두 종류로 나뉜다. 산적배와 못배가 그것인데, 배를 제작 과정에서 연결되는 부분에 못을 사용하느냐 그렇지 않느냐에 따라 구분한 것이다. 못배는 명칭에서도 알 수 있듯이 못을 사용하는 배이고 산적배는 못을 사용하지 않는 배를 말한다.

배를 만드는 과정이 두 가지가 있어요(네 한 가지는). 산적배 라는 게 있고(산적배는 뭐에요?) 산적배라는 게 있고 또 못배라는 게 있어요(아 못으로 만드는 배?). 그거는 못으로 만드는 것은 나무 두께가 그저 이거밖에 안 돼요, 한

---

37   위와 같음.

두 친가 그렇게 해가지고(못을 박는 거고) 새 트지 않도록 배질하던지 해서 이래 붙이고 못을 옆으로 박고, 그리고 산적배 라는 건 두께가 너치래요, 되게 두꺼워요 그것도 옆을 배질 해가지고 딱 맞으면은 이걸 구녕을 뚫어요. 이렇게 나무가 이렇게 돼 있으면 구녕을 뚫어요(아 맞추는 거예요?). 고기 끼우듯이 끼워가지고 딱 맞춰놓고는(이쪽은 암 이쪽은 수컷의 식으로) 그게 이 장다지 광이 아마 이러면 그게 장다지로 나가면 구녕을 뚫어가지고 껴 맞추는.[38]

못을 사용하고 안 쓰고의 차이는 배의 수명에 지대한 영향을 미친다. 못을 사용할 경우에는 부식 때문에 오래 사용할 수가 없다. 이에 비해 산적배는 못배에 비해 수명이 길다. 그러다보니 자연스레 가격도 훨씬 비싸다. 비싼 이유는 품이 많이 들고 제작 기간이 긴 거와 관련이 있다.

(그러면 어떤 배가 좋습니까? 못배가 좋습니까 산적배가 좋습니까?) 못배는 전혀 다시 못쓰고 다시 만들어야 돼고 이 산적배 라는 거는 쓰다가 이 후리 하고 부자제가 얇으니까 거기가 상하잖아요? 썩고 이러면 띄내고 판은 놔두고 부자제를 다시 만들어서 또 붙여가지고 두 번은 해서 써요(두 번, 그런데 못배는 썩어버리니까) 당연하지 그거는 한번밖에 못써(그러면 가격은 산적배가 더 비싸 겠네요?) 그렇죠 더 비싸죠. 품이 더 들어가고[39]

산적배는 대략 보름 정도의 제작 기간이 필요하다. 제작 기간이 차이가 나는 것은 못을 사용하는 연유도 있지만 산적배가 못배에 비해 두꺼운 판을 사용하기 때문이다. 판이 얇다보니 자연스레 못배의 수명 기간은 짧다.

---

38 위와 같음.

39 위와 같음.

(품이 들어가고 그러면 시간은 며칠이나 차이가 나나요. 이배는 며칠 이배는 며칠?)시간은 산적배를 만들자면은 그 나무를 케 가지고 하는 시간까지는 한 십오일(산적배가 십오일이구나 그러면). 못배는 한 십일(십일 아 그러면 어르신 나무도 차이가 많겠네요?). 나무는 다 똑같지(들어가는 양은 비슷하고). 그런데 못배는 두께가 얇고 산적배는 두껍거든(그러면 어르신 이물하고 고물하고 특징이 있습니까?)배 만들 때) 근데 그 못배를 좋아라 안하더라고요 노인들이(왜요?) 못배는 고생만하고 이삼년 타면 또 만들어야 되니까.[40]

나룻배를 제작하는 일은 마을 주민들에게 중요한 일이었다. 주민들의 발이나 다름이 없어 누구든지 관심을 가져야 했다. 당시 주민들에게 강을 건너 농사도 지어야 하고 장도 봐야 하기에 나룻배의 가치는 이루 말할 수 없을 정도로 중요하였다. 겨울에야 섶다리를 만들어 다닐 수 있었지만 강의 물이 많아지면 다리를 건너 다닐 수 없어 자연스레 나룻배가 필요하였다. 삿대로 나룻배를 움직였으며 양쪽에 줄을 쳐 다니기도 했다. 농사를 지을 때면 소를 운반할 때도 주민들은 나룻배를 이용했다.

(그 당시에는 주민들에게 배는 뭐였습니까? 나룻배는, 아까 사시던 마을에서의 배는) 동에서 만들어가지고 동에서 서로 인자 강 건너 건너가기도 하고 농사 지으러 가기도 하고 장에도 오자면 타야 되니까 동에서 단합으로 그래 해서(그러면 배질이 계속 있었습니까? 겨울에는 못하지 않습니까?)겨울에는 못하죠, 겨울에는 강이 어니까 꺼내놓고 다리를 또 섶다리를 놓고(아 여기다가 섶다리를 놓으셨구나. 그러면 어르신 배가 운영 할 때는 다 노를 저어서?) 아니 그때는 처음에는 삿대(삿대) 삿대로 지르고 삿대가 힘이 들고 하니까 그때(줄을) 철사, 철사줄을 치고(양쪽에 놓고 그냥 끌고 다니는 지금 아가리처럼 비슷하게 이렇게 여량처럼,

---

40   위와 같음.

근데 어르신 그 배에는 몇 명이나 탈수 있어요?)그 큰 거는 뭐 한 20명(어른?) 우리
도 그 우리 문 앞에 그 만들어가 탈 때는 농사 질 때였는데, 큰 소 두 마리
실고 큰 소 두 마리 태우고 사람 한 대여섯(오 그래도 끄떡없어요?) 그래도 끄
떡없었어(엄청난거네 그러면). 네.**41**

　일반적으로 나룻배의 수명은 6~7년이다. 상태에 따라 차이가 있긴 하나 대략
이 기간이 지나면 다시 나룻배를 제작해야 한다. 당연히 마을 주민들을 모아 의견
을 듣고 결정한다. 제작에 필요한 기금도 마련해야 하고 필요한 일손도 함께 품앗
이를 해야 하기에 회의가 필요하였다. 일부 지역에서는 소규모 형태의 계를 조직하
여 이러한 일을 처리하였다. 무엇보다 누구에게 제작 의뢰를 할 것인가를 결정한다.
이런 일련의 과정이 정해지면 본격적으로 날을 잡아 나룻배를 제작하기 시작한다.
제작 기간은 세 명서 열흘이면 된다. 예전엔 제작도구가 좋지 않아 열흘이 소요됐
지만 지금은 열흘도 안 걸린다고 한다.

41　위와 같음.

(1) 목재 준비

의뢰를 받은 대목수는 본격적으로 나룻배를 제작한다. 다른 일련의 과정도 중요하지만 우선 좋은 목재를 선별해야 한다. 국유림의 경우는 허가를 받아 벌목을 해야 한다. 그렇지만 좋은 것이 없을 땐 개인 임야의 주인을 찾아가 기증을 받거나 구입을 해야 한다. 오랫동안 나룻배를 제작한 이들은 좋은 나무를 선별하는 능력을 갖추고 있어 금방 보면 잘 알 수 있다고 한다. 다만 좋은 목재를 발견하는 일이 쉽지 않다고 한다. 배 제작에 좋은 소나무는 조금 휘어 있는 게 좋다. 그래야 배를 만드는데 수월하다.

(그러면 들어가는 게 톱하고 그런건 연장 가지고 계시니까) 그건 우리가 다 일일이 케 가지고 했지 부분톱으로 케가지고 만들었다고 옛날에 (대충 눈 짐작으로) 눈 짐작으로 그게 만드는데 잡아 가지고 나무도 그전에 그거 한 다리씩 베야 돼 그래가지고 잡아놓고 케는데 그거 하나 케는데 이틀씩 케야 돼요 만드는데 서서 십일 걸려야 돼요 십일 지금처럼 기계 좋은 게 있어 지금은 다 기계지 그때는 자구 밖에 없거든 자구 도끼 손대패 그러니까 얼마나 더뎌요 지금은 얼매나 빨라[42]

그게 이제 배가 만드는데 자료도 목수들이 가서 보고 그 배에 선재라는 나무를 골라요 아무 나무나 베 덜 안하고(산에 가서?) 네, 창 만드는데 아주 옛날에 휘헌하는 거를 골랐데요(나무를? 좀 약간 휜거를 골랐단)네 휜걸 골라 가지고 베가지고 고렇게로 케요(아 자른다는 거죠?) 네 그걸 가지고 케 가지고 하는데(주로 무슨 나무죠 그게?) 그거 소나무래요(왜 소나무 인가요?) 소나무처럼 그렇게 굵은 나무가 없거든 지레기도 질고.[43]

---

42   장만기 씨 구술 자료, 2015년 8월 17일.

43   안상찬 씨 구술 자료, 2015년 8월 20일.

벨 나무가 결정되면 표시를 해둔다. 그러고 나서 대목수와 마을의 남자들, 혹은 몇 사람이 나무를 베러 산에 올라간다. 예전에는 마을의 남자들이 모두 참여하였다. 베는 일도 중요하지만 배를 만드는 곳까지 운반해야 하기에 그렇게 하였다. 나무에 줄을 연결하여 힘을 합쳐 끌고 와야 한다.

(네네 그러면 베 왔어요. 어르신, 그러면 나무 하러 갈 때는 몇 명이나 가십니까?) 그 이제 목수가 볼 때는 두서너 분들이 가서(지게 지고?) 네 산에 가서 골라놔요 골라서 표시를 해 놓으면 이제 가서 베가지고 올 때는 동네사람들이 거의 다 나서죠. 베가지고 끌고 오자면(아 그러면 끌 때 묶어요? 어떻게 내려와요?) 그거 저저 발로 메가지고(묶어서?) 잡아당기던지 등양질을 해서 민다던지(등양질을 해서 민다는 거죠? 그래서 마을 사람들이 가져와서 어디서 만드는 거예요?) 그 동네에서 만들죠.(동네 어디?) 우리 강가니까 강가에서(강가로 끌고 와서 거기서) 묶어서 케 가지고.[44]

나룻배를 만드는 데 사용하는 나무는 소나무이다. 보통 소나무 세 대 정도가 있으면 나룻배 한 척을 만들 수 있다고 한다. 그리고 가져온 나무는 말리는 과정을 거치지 않는다. 말린 목재가 물에 들어가면 썩을 수 있어 곧바로 배를 제작한다.

(그러면 어르신 그게 베어온 나무는 며칠이나 말립니까? 바로 만들진 않을 거 아닙니까) 베어온 나무는 둘레 말구르로 계산하면은 그게 장다지 나무가 그렇게 없으니까 짤라가 쓰니까 나무에 따라서 자르니까 보통 이제 한 열자 정도는 되요(아니요 베어온 나무를 말려야 될 거 바로 씁니까?)아니 말짱한 거 쌩걸로 그냥해요(아 왜 쌩걸로 그냥 합니까?) 생걸로 해야 물에 드가면 오래 간다는 거

---

44 위와 같음.

(아 맞네요, 말려버리면 썩을 수가 있겠네요) 말렸다 드가면.[45]

    과거에는 정선 지역의 소나무를 사용했지만 지금은 가격 문제로 국내산 소나무를 쓸 수가 없다. 그래서 대부분 수입산 소나무로 나룻배를 제작한다. 가격 차이가 큰 이유도 있지만 수입산 소나무의 재질이 썩 나쁘지 않은 연유도 무시할 수 없다고 한다.

    (그 차이군요! 알겠습니다. 선생님 그게 궁금해가지고 그러면 지금 나무 하고 옛날에 쓰는 방식은 똑같습니까? 옛날엔 나무를 다 산에서 베었잖아요) 옛날에는 소나무를 썼습니다, 여기서 소나무를 썼는데 강원도 배는 소나무를 썼는데 배 한척 만들려면 나무 한 동가리에 적어도 700정도 되는 나무를 사야 돼요 한 동가리 그렇게 비싸요 배가 이제(장다지니까) 장다지가 한 장이상 나와야 되니까(그래서 800정도가 드는데 지금은 뭘로 쓰십니까?) 지금은 이제 수입송을 써야 돼요 왜냐면 국송은 없어요. 배만들 부제가 지금 대한민국에 없다고, 신응수처럼 산속 그런데 그거를(단가를 어떻게 맞춰요?) 못 맞추죠(수입송은 선생님 얼마나 가격이)수입송은 제당 한 2천 원에서 한 4천 원대(그게 뭔 말인지를 몰라서) 그러니까 3센치 3센치 각에 길이기 3600을 한제라고 하지 보통 그렇게 해서 계산을 하는데 2천 원에서 비싼 건 3천 원(싸긴 싸네요?) 그런데 이제 우리나라 보다 우리나라 소나무 보다 재질도 좋아요(그래요?)왜 그러냐면 우리나라 소나무는 나이가 차가지고 여물어야 되는데 여문나무가 별로 없잖아요 여물지 않은 나무는 변화무쌍 하다는 거죠 그래서 문제점이 많죠.(아 그 이야기 시구나) 나무가 자라면 밑에서부터 거멓게 피죽이 올라가고 위엔 뻘겋잖아요, 저희 같은 경우는 거멓게 피죽이 붙은 부분을 여문나무라고 그래요 그 위에는 아직 여물지 않은 나무다 그런데 이제 육송

---

45   위와 같음.

이 비싸다 보니까 그 뻘건 부분도 써서 집을 짓죠, 나무가 없으니까(확실히 전문가 분이어서 그런 이야기를 들을 수 있어서 좋았습니다.⁴⁶

한편, 나룻배를 만드는 사람들은 배를 만들기 전이나 작업 과정 중에 개고기를 절대 먹지 않는다. 그래야 아무런 탈 없이 무사히 배를 만들 수 있고 사고가 나지 않는다고 한다.

(혹시 뭐 배 짓기 전에 금기하는 게 있습니까? 예를 들면 나룻배를 짓는데 절대 사모님 옆에 안 간다던지) 그렇게 있죠. 개고기 안 먹는다고(개고기요? 배 만드실 때만 안 드시는 거예요? 배 만들 때만 안드시는 거예요? 만들기 시작하면요?) 해도 상관없겠지만 그냥 다 (금기, 혹시 어르신 아우라지 나룻배 만들면 뱃사공이 처녀가 잡아간다 그런) 아이 없어요. 아무 근거 없는 전설이에요.⁴⁷

---

46   김한종 씨 구술 자료, 2015년 8월 19일.
47   장만기 씨 구술 자료, 2015년 8월 17일.

(2) 밑판 제작

나룻배를 제작하는 과정에서 가장 많은 시간이 할애되는 부분이 바로 밑판이다. 물과 맞닿는 부분이기도 하지만 길이와 두께를 맞춰 밑판을 제작해야 좋은 나룻배가 될 수 있어 각별히 신경을 써야 한다.

준비한 목재를 잘 다듬어 밑판을 제작할 때는 가급적 처음 준비한 목재의 상태 그대로 작업을 한다. 그래서 처음 목재를 준비해 올 때가 중요하다. 가급적 배를 만들기 좋은 조금 휘어진 나무를 준비하면 그렇지 않았을 때보다 훨씬 수월하게 작업을 할 수 있다. 만드는 이에 따라 차이가 있겠지만 대략 두께 13cm, 길이 2m정도로 재단을 한다.

> (나룻배는 순서가 어떻게 됩니까? 나무는 어떤 나무를 씁니까?) 소나무 젤 좋죠 소나무(그러면 한배 만드는데 몇 개 나무가 들어갑니까 소나무) 아주 큰 거는 이만큼 든 거는 세 대 면 나룻배 한 대 만들어요 그러지 않으면 네 대 잡아야데 네 대, 남자들은 산에서 직접 나무를 톱으로 잘라 필요 수치 만큼 켜서 운반한다. 본체는 소나무나 낙엽송을 주로 사용하였다. 배 제작에 사용되는 나무는 앞머리는 휘어진 나무를 모양대로 켜고 보통 두께는 4치(13cm)로 켠다. 길이는 6~7자(약2m)로 하여 연결하여 쓰지만 반드시 바닥에서 옆으로 올라오는 후리는 장다지 30자(10m) 이상이어야 한다.[48]

그렇지만 조사 과정에서 만난 제보자마다 길이와 두께는 차이를 보였다. 다만 밑판 제작에는 모두 6개의 판이 필요하다는 사실은 동일했다. 그리고 준비한 목재를 톱질 등으로 마감을 해서 잘 붙이는 게 중요하다.

> (그런 다음에 가지고온 걸 판을 몇 개를 만듭니까?)나무가 그러자면 한 대여섯 대

---

48   위와 같음.

들어가요, 굵은 나무가(아 굵은 나무가 소나무가 여섯 개, 길이는요?)길이는 배에 따라서(대충) 길게를 하려면 길게 하고 짧게 하려면 짧게 하는데(그러면 어르신 길게는 몇 미터나 된다는 거예요?) 그때는 자 수로 하는데(자 수로)한 서른 다섯 자(서른 다섯 자면 지금 몇 미터예요? 한자가 삼십센치 아니에요?) 네(알겠습니다. 그럼 12미터 정도 되네요) 한 12미터(그러면 작은건?) 작은건 한 10미터(그러면 열자 아 아니 삼십자) 네(그러면 그렇게 해서 판을 여섯 개로 각자 또 톱질을 해요?) 톱질을 해서 이렇게 붙여요(붙일 때는 어떻게 붙인다는 겁니까?) 네 [49]

물론 배의 크기에 따라 이들 길이나 판의 개수는 차이를 보인다. 그리고 본래 준비해 온 나무의 상태에 따라 6개가 아닌 8개의 판을 쓰기도 한다. 오랜 기간 동안 나룻배를 만든 대목수는 눈짐작으로 대충 그런 걸 판단할 수 있다고 한다.

(확실히 그러면 지금도 확실히 널빤지는 여덟 개를 쓰는 겁니까? 나룻배 만들 때) 배 바닥은 이제 나무를 켰을 때 폭이 크냐 작으냐에 따라서 그것도 눈자로 폭을 잡죠(그러면 어떨 때는 네 개가 될 수도 있고) 아니요 배 바닥은 이제 여섯 개가 될 수도 있고 다섯 개가 될 수도 있고 네 개가 될 수도 있고(네 네 네) 또 탑승인원 승선 인원에 따라서 또 좀 크게(더 크게, 두께는 지금은요?) 두께는 두 치로 잡습니다, 두치면(8센치?) 6센치(아 알겠습니다. 이런 이야기가 좀 궁금해 가지고 감사합니다 선생님 바쁘신데) 아이 이게 직업인데 뭐.[50]

(3) 배의 측면 부분 올리기(뱃전 올림)

나룻배의 제작은 먼저 배 바닥을 놓고 배판을 붙이는데 배에 물이 새지 않도록 양옆에 홈을 파 나무와 나무를 붙이는 방법을 사용한다. 그리고 칸막이 작업과 후

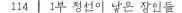

49 안상찬 씨 구술 자료, 2015년 8월 20일.
50 김한종 씨 구술 자료, 2015년 8월 19일.

리(배 옆 면)를 돌리고 외형 작업을 한다. 밑판 제작이 마무리되면 배의 양쪽 측면 작업을 해야 한다. 이 과정에서는 밑판에서부터 위쪽으로 목재를 마감하는 것이 중요하다. 무엇보다 배의 전체적인 모양에 맞게 마감을 해야 하는 일에 신경을 많이 써야 한다. 못을 박아 고정하는 것이 아니라 목재와 목재 사이에 틈을 내어 끼워야 하기에 재단을 잘 해야 한다. 정선에서는 옆 부분 작업을 부자지를 붙인다고 칭하기도 한다.

(여섯 쪽을 맞추는 거예요 어르신? 바닥이에요 그게?) 네네 바닥이에요(아 바닥을 먼저 만드시는구나 어르신) 바닥을 먼저 만들어 놓고(여섯쪽으로, 그 다음에 이 두께가 네치 짜리가 있고)예 너치짜리 있고 두치(두치는 아까 말한 그거 못배고 산적배는 네치짜리, 여섯 개를 일단 밑을 만들고, 밑을 만든 다음에) 밑을 만든 다음에는 부자지를 붙여요(옆에 부자지라고 그래요?) 아까 내가 얘기하던 부자지를 창이 이렇게 휘언하니까 휜걸 이거 뭐야 창옆을 요정도 이렇게 먹돌 쳐가지고 반정도 내려가게 깎어요(틈을 만드는 군요?) 네 이거 반 정도 내려가게 깍아요(한 이삼센치?) 네 거기다 홈을 파가지고 거기다가 이제 부자지 난걸 끼워

대고 못을 박고(이렇게 맞추는 식으로 박는 거구나)[51]

    옆 부분이 마무리되면 배의 상단부에 후릿대를 쳐야 한다. 후릿대라는 것은 후리를 붙이는 것인데 나무를 덧대어 마감하는 것이다. 결국 이것은 나룻배의 상단에 나무판을 얹는 것이다. 후릿대는 배 안으로 물이 들어오지 못하도록 하는 역할을 한다. 그 작업이 마무리되면 양쪽 몰매기에 판을 얹는다.

    네 그리고 그 옆에 후리라고 돌려요 싸가지고(후리가 뭐에요 어르신)후리라는 건 위에 올라오는 거 배를 타면 물이 넘치지 않게 후릿대 물이 못 들어오게 세워서(후릿대를 친다는 거예요?) 후리를 붙여요(아 후리를 붙여요 후리도 나무네요)그 나무지요(아 먼저 만든 다음에 후리를 또 덧대는군요. 덧대) 네(그러면 그게 다 만들어 진건가요?) 그게 만들어지고 하면 배가 뽀지지 않게 위에다가 그 저 후리에다가(판을 또 언치는 거예요?) 양쪽 몰매기에는 판을 언고(아 앞뒤를 이물 고물을) 네 판을 얹고 부판에는 가세라고 하는데(가세 판을 이렇게) 판을 대던지 옛날에는 후리에다 구녕을 뚫고 난걸 끼워가지고 쐐기 박아 가지고 후려 빠지지 못하도록(아 구멍을 뚫어서 나무를 끼워버리는 식으로 아 맞물려야 되는데 제대로) 맞물려야 네(그러면 나룻배 보면 이거 뭐죠? 키?) 뭐죠 (이물하고 고물이 있잖습니까? 어르신 앞부분 하고 나룻배)아 앞뒤(그러니까 그걸 이물 고물이라고 해요? 여기서는) 그러는 배 앞대구리 뒷대구리(앞대구리 아 여기는 뒷대구리 특징이 있습니까? 앞뒤가 차이가?) 있지요 앞은 더 좁고(뭐가요?) 앞은 이 배 모양이 좀 좁게 가고 보판이 통통하고 뒤에가 약간(넓게 아 물살에 걸쳐야 되니까) 뒤는 그대로 이 그대로 하고(뒤는 그대로 하고 앞은 약간 오무린다는 거죠? 여기를 휘흔다는 거죠 어르신?)좁게(좁게 라는 거 이거를 자르는 게 아니라 휘어지게 하는?) 아니 여기를(잘

51   안상찬 씨 구술 자료, 2015년 8월 20일.

라요)시원하게 따죠. 그래서 덮어 놓죠.[52]

(4) 방수처리(뱃밥 넣기)

기본적으로 배가 만들어지면 강에 띄운다. 목선인 관계로 물이 배의 안으로 들어올 수 있기에 미리 띄워보고 나중에 물이 새는 곳을 보완하기 위해서이다. 이 때 사용하는 것이 뱃밥이다. 주로 정을 이용해 목재의 틈새 사이에 천으로 만든 뱃밥을 끼워 넣는다. 예전에는 녹보천을 뱃밥으로 사용하였다. 일부 제보자는 누릅나무 껍질 말린 것을 사용하기도 하였다.

(선생님 옛날에 배만들 때 제가 좀 조사를 좀 해보니까 틈새에다가 박히는 게 나무껍질도 들어가고 선생님 뭐죠 맨 처음에 지금은요?) 뱃밥이라고 그래가지고(뱃밥은 지금도 들어가는 거예요?) 지금도 뱃밥은 넣어주죠, 뱃밥은 언제 넣어 주냐면 띄워가지고 이제 이삼일 묵혀요 묵히면 나무가 물이 불어나니까 불어나서 다 쪼여지거든요 그래도 찔끔찔끔 나오는 데는 뱃밥을 주죠(아 그때 주는구나) 네

---

52 위와 같음.

미리 줄 수는 없고(그렇죠 그렇게 줘버리면 미리 줘버리면 틈이 잘 안 매꿔 질 수 있다는 생각을 했는데 지금 오늘 선생님 말씀을 들으니까 그게 해결이 좀 됐네요, 그러면 지금 다소 좀 만드는 과정에서의 그것들을 앞으로 선생님 어떤 식으로 좀 더 배우시고)지금은 맨들자면 실리콘 싹 넣으면 물이 안세요 옛날엔 그게 없었단 말야 그래서 이제 우리가 맨들라면은 뱃사람들이 뱃빡[뱃밥] 받으러 와요. 그게 재료가 뭔가 하면 녹보천이라고 녹보천 그거 썩도 안 해요. 그걸 가져다가 때려 박는다고.[53]

시대가 변화하면서 뱃밥은 근래 사용하지 않는다. 그걸 대신해서 실리콘이 등장하였다. 실리콘은 사용하기도 편하고 간편하기에 뱃밥을 사용할 필요가 없게 되었다.

(그러면 물이 들어올 수가 있지 않습니까? 나룻배에 나무니까 그러면 다 일일이 펴야 돼요?) 근데 이제 산적배라는 게 옛날에는 이런 통으로 물이 올라오잖아요? 그러면 여다가 뱃밥이라고(뱃밥? 천 면?) 천 뭐 썩지 않는 거 그걸 가지고 여기다 박아요. 그러지 않으면 산에 나무껍질 느릅나물 껍질이라는 거(누릅?) 네 그걸 뱃겨다가 박아요(많이 넣어야 됩니까 어르신) 그냥 요 틈이 있는데 여다 대고 나무 칼 깍아지고(정 같은 거 툭툭툭) 그걸로 쳐서 박아 그렇게 물이 안 오르게 하지(그러면 그렇게 안 할 수도 있네요? 물이 들어오는 경우는) 그때는 그 수밖에 없었어, 요즘에는 뭐 여기 만드는데 나가보니까 실리콘을(실리콘을 쏴버리니까) 실리콘을 대면 붙일 때 쏴가지고 딱 붙여놓고(어르신 못만 박고 특별히 방수하는 처리는 안합니까?) 방수처리 해야죠. 실리콘 때워야 돼(옛날엔 아닐 건데) 옛날엔 없었지요. 요즘 실리콘 넣으면 그만이래요.(옛날에는 뭐였습니까?) 옛날에는 뱃빡[뱃밥]이라고 그걸 때려 박았지(때려 박아서 정으로 딱딱

53   김한종 씨 구술 자료, 2015년 8월 19일.

딱 넣어야지 그걸 때빡이라고 그럽니까?) **뱃빡[뱃밥]**(제가 왜냐면 아버지가 어부셔가지
고 배 만드는 걸 몇 번 봤습니다)[54]

(5) 진수 고사

배가 다 만들어지면 배를 강에 띄운다. 띄우는 방법은 간단하다. 배를 만들 때
밑에 받쳐두었던 통나무를 옮겨가는 방법이 있다. 이 통나무를 '괴목'이라 하는데,
보통 세 개의 괴목을 먼저 놓고 배 만들기를 한다.

> (아 그러시구나, 그러면 어르신 마지막인데 하나가 배를 만들 때 밑에다가 뭐를 놔야죠?)
> 예 놔야죠(그걸 뭐라고 그럽니까) 그거는 이제 뭐 괴목이라고 괴목이라고(그게
> 어르신 통나무 같은 거를)통나무 같은 걸로(몇 개를 놉니까 여기는) 그게 세 개는
> 놔요, 배가 다 만들어지면 이걸 옮겨가며 배를 운반하기도 하죠. 가끔은.[55]

이것보다 많이 사용하는 것이 바로 여러 사람이 힘을 합쳐 배를 밀어 강에 띄우
는 방법이다. 무겁지 않기 때문에 힘을 쓰면 배가 들리기도 한다. 배를 제작하는 곳
이 대부분 자갈밭이기 때문에 힘을 주고 밀면 잘 움직이기에 그렇게 한다. 배를 강
으로 이동할 땐 노래를 부르며 힘을 쓴다. 소리 좋은 사람이 선창을 하면 나머지가
후창을 하는 방식대로 노래를 부른다.

> (앞 중간 뒤에 아 그리고 배 만들고 그걸로 밀고 오는 거죠? 진수할 때는)밀어 놓고는
> 밑에 괴목 같은 건 못쓰니까(그러니까 어르신 바다에 강물에 배를 띄울 때 어르신
> 사람들이 드는 건 아닐거 아닙니까) 그냥 밀어서 드가죠(그냥가요?) 네 가요 밀어
> 도 (아 자갈이니까)자갈이니까 그냥 밀어서 드가죠(아 주민들이 모여서 힘쓰면 들

---

54   장만기 씨 구술 자료, 2015년 8월 17일.

55   안상찬 씨 구술 자료, 2015년 8월 20일.

어간다는 거죠 아 알겠습니다, 그러면 뭐라고 합니까? 밀 때?) 그 이제 좀 잘 안 나가고 이러면은 소리매기는 사람이(어떻게요?) 나는 그 소리를 잘 모르는데 무슨 문서가 있더라구요. 그래 가지고 매기면서(선 소리꾼이 매기는구나 '야 밀어라' 그러면 밀고, 그러면 음복을 하고 노래도 부르고 춤도 추시고 그러십니까 마을사람들이) 네.[56]

제작한 배를 처음 강에 띄우는 걸 진수라 한다. 이 행사를 일러 진수식이라 부르며, 이 때 지내는 고사가 바로 진수고사이다. 배를 처음 띄우는 과정에서 고사를 지내는 연유는 무엇보다 배의 무사사고를 기원하기 위한 측면이 강하다.

(아아 이제 알겠습니다, 이렇게 해서 후리로 하는구나, 진수 고사식인데요 어르신 마지막으로 고사를 그러면 어떤 식으로 지냈습니까? 배짓기 전에도 고사지내고)짓기 전에 안 해요.(나무 베일 때도 안합니까?) 아유 안 해요.(배 다지어놓고)배 다 만들어 저서 놓고 밀어서 물에 띄워놓고, 띄워놓고 그때 진수식을 하죠(고사라 그럽니까?) 네 고사죠[57]

고사를 지낼 때는 고사상을 차린다. 그리고 마을 주민들 대다수가 한 자리에 모여 고사를 지켜본다. 상에 올리는 것으로는 포, 과일, 창호지, 북어 등이다. 창호지를 올리는 이유는 성주라는 의미와 관련이 있다고 한다.

(어떻게 합니까?) 그거는 뭐 이제(마을 사람들이 다 모여서)모여서 제물을 해서 놓고(제물은 뭐였습니까?)제물은 뭐 그때 촌에서 보니까 과일 뭐 포 이런 걸 갖다간 놓고 뒤에다는 성주라고 창종이 하고 실 하고, 이걸 매가지고 놓고

---

56   위와 같음.
57   위와 같음.

56   위와 같음.

57   위와 같음.

120 | 1부 정선이 낳은 장인들

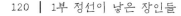

는(뭐요? 실? 또) 창종이(아 문종이 창호지) 그걸 매가지고 놓고는 제를(북어는 안 놨어요?) 아 북어도 그게 포니까(아 북어포를 놓으셨구나) 해 놓고는[58]

고사 지낼 준비가 모두 끝나면 마을에서 나이가 제일 많은 분이 나와 술을 따르고 절을 한다. 그리고 나면 배를 만든 대목수가 절을 한다. 대목수의 절이 끝나면 마을 주민들이 동일하게 고사를 지낸다. 풍물은 없었으며, 절을 한 뒤에는 서로 술을 마시며 음복을 한다. 그리고 일부 주민들은 술을 배와 강에 뿌렸다.

(절은 누가 제일 먼저 해요? 고사를 절) 고사는 그 마을에 이제 최고령자 아니면은 그 최고령자로 먼저 제사를 지내고(그 마지막 배 만든 사람은 맨 마지막에 인사합니까?) 그렇죠 마지막(맨 마지막에 주민들 다하고)아니 주민들은 안 돼요 최고령자가 하고 그다음으로 배 만든 분들이 절을 하고 마지막으로 동네분들이 절을 하고(동네분이 돌아가면서 절을 하는 거구나 그 당시에 고사지내면 돈을 냅니까?) 그때는 돈이 없었어요(그러면 풍물이 있습니까?) 풍물도 그것도 없어요(간단하게) 거서 제주 가져간 거 술을 음복 한잔하고(음복 한잔 하고 바다에 뿌리기도 하고 배에다가도 뿌리고) 그건 이제(고시레 고시레?) 처음에 뿌리고 이제 마지막에 음복을 하고 그 이제 제물을.[59]

일부 지역에서는 고사에 필요한 술을 직접 담그기도 하였다. 이를 '동주'라고 하는데, 맛이 참 좋았다고 한다. 준비한 술과 음식을 다 먹고 나면 배 제작에 총 책임을 맡은 대목수가 주민들 앞에 나와 결산을 해준다. 배 제작비며 목수들의 인건비 등을 말한다. 넉넉하게 마을 기금이 있는 경우는 상관없지만 부족한 지역에서는 주민들에게 돈을 걷어 지불해야 한다.

---

58   위와 같음.

59   위와 같음.

(출항을 처음으로 진수날)처음 해가지고 집에 들어 가가지고 동주라고(농주?) 동주(동주가 뭐에요?) 동네에서 동네에서 씨게 가지고 해가지고 먹는 음식 (아) 그걸 먹으면서 그 배 만드는 과정 얼마 얼마 들어가고(예산) 목수 품이 얼마 들어가고 다(결산을 해줘야 되는구나) 결산, 결산 결산보고를 하지 동네 에 돈이 있으면 동네 돈으로 목수 품값을 지불해주지.[60]

(6) 도구

① 망치와 끌, 자귀

(그러면 배를 만들며 쓰는 도구가 뭐 뭐 있습니까? 자기, 톱)그 뭐 자구 톱 망치(망치 아까 끌?)끌 그렇죠(이거는요 먹물 뭐라 그래요) 먹통, 그것도 뭐 이 여러 개 들 어가요, 자구라고 또 있어요(자귀) 자귀 깍는 거(깍 는거 이렇게 턱턱턱턱) 그게 인제 작은 자구가 있고 큰 자구가 있고(아 맞아요. 큰 자구가 있고, 그 다음에 못 도 들어가고)예 못이 들어가고[61]

---

60   위와 같음.

61   위와 같음.

② 장광돌

(혹시 연장은 특별히 어떻게 다른 게 있나요 나룻배에 쓰시는 연장은) 뭐 별거 있어요? 망치질 잘하고(자기) 자기는 그렇게 필요가 없어요. 거기서는(톱) 톱질이 다 (주로 톱이 중심이 돼서)톱하고 망치 두 가지죠 뭐 지금 연장이 필요하다면 장광돌 한 2톤 이 필요하고(그게 왜 필요 합니까?) 배 곡을 잡는데(아 배 휘어지게, 선생님 그걸 장광돌 이라고 그래요?) 장광이라고 그러지 여기 강원도 말로 장광 돌이 쫙 깔려있는 냇가 옆을 장광(아 거기 가서 나무를 어떻게 휩니까?) 못탕을 딱 놓고 돌멩이 저기다 계속 여기저기 놓는 거야(아 모아서) 아니 계속 이제 며다가 놓는 거야 그러면 이게 휠 것이 아니야 휘면 만약에 이쪽을 더 해야겠다 하면 이쪽에 몇 개 더 가져다 놓고(아 판을 놓고) 완전 원시적인 방법이야 그래가지고 눈자 눈으로 딱 봐서 이정도면 곡이 맞고 무게 균형이 맞겠다 싶으면 거기에 짜 맞춰 나가기 시작하지(아 옛날에 불을 지폈다는 이야기는 뭔가요?) 그건 빨리 휘어 먹기 위해서 하는데 불을 지피면 이제 뭐가 좋으냐면 다시 원상복귀 하는 거를 덜 막아주죠 (그 이유가 뭡니까) 강한 열로써 가열한 다음에 휘어졌으니까 그게 다시 탄성처럼 돌아가는 데를 저항을 받죠.

5) 주요 전수자

(1) 장만기

성별 및 나이

남, 75세

고향

정선군 여량면

거주지

정선군 여량면

최종 학년

초등학교 졸

입문 시기

20대

입문 계기

여량 지역에 운영되던 나룻배를 보고 취미로 나룻배를 만들어 보기 시작함.

특징

대목장을 하다 취미로 나룻배 제작에 참여

주요 전승 활동

뗏목축제를 비롯해 여러 차례 나룻배 제작 경험을 가지고 있음. 근래에는 같은
동네 제자인 김한종 씨와 함께 나룻배 만드는 일을 하고 있음.

고향인 현재 집에서 살고 있는지는 30년이 넘었고, 원래는 아우라지 나
루배 있잖아요. 거 건너편에 살았어, 아우라지 건너 산 밑에 그 마을에 산
밑에 살았거든요, 내가.(그럼 본관이 어떻게 되신가요?) 본관은 우리 집이 울
진 장씨입니다.(아-. 울진 장씨구나. 그럼 어르신까지 몇 대가 여랑에서 거주하신 거예
요?) 여랑에 산지는 우리 아버지부터 3대 4대 벌써 5대가 살고 있지. 손자
들을 낳았으니까.(손자들을 낳으셨으니, 그럼 어르신은 지금까지 어떤 일을 주로 하셨
습니까?) 주로 농사일을 하다가 그다음에 저게 건축 일을 많이 했어요.(아
하-) 건축을 전공했어. (그러면 건축이라면?) 저게. (집짓는 거) 한옥 건축. 아
하-) 사찰이나 뭐 문화재나 뭐 또 아니면 정자각이나 이런 거를 주로 많이
했지.(아-. 그래서 나무와 다듬는 것을 잘 아시는구나.) 여기서 옛날 대모죠.(아 대목
장이셨구나.) 대목장이었지(근데 대목장이라는 게. 얼마나 되셨어요, 하신지는?) 오래
되죠. 내가 20대부터 했으니까.(그때 그 당시 20살 때부터 하신 이유가 뭐예요?)
그땐 뭔 농사-. 취미가 되죠. 뭘 하다하면 내가 봤을 땐 아무것도 아니다.

자신 있게 또 했는데(했는데에-) 자꾸만 하다보니까 또 돈벌어주고 또 취미 생활 되고 뭐 이래가지고 평생을 그짓했어요.

(2) 안상찬

성별 및 나이

남, 76세

고향

정선군 정선읍 덕송리

거주지

정선군 정선읍

최종 학년

초등학교 졸

입문 계기

본래 목재를 만드는 기술을 가지고 있지 않았으나 사촌 형님이 나룻배 만드는 걸 보고 취미로 시작하게 됨. 10년 정도의 경험을 가지고 있음.

(그러면 어르신이 나룻배 하신지는 한 10년 하신 거예요?) 그 건딜고 하는 거요?(네) 여 들어온지도(문화원에서도 하셨고) 아마 내가 2010년 들어왔으니까(아 그 때도 여기 참여 하셨구나, 그때는 뭐 팔려고 하는 게 아니라 전시해 놓으려고 만드신 건가요?) 어디요 문화원에서요?(문화원에서)아니지(축제?) 체험장 하느라고요 체험 하느라고 그때(아 그러면 지금은 무슨 일 하십니까? 어르신은)뭐 여기 하면서 농촌에 밭이 조금씩 그거 뭐 농사 좀[62]

주요 전승 활동

정선 지역에서 행하는 축제와 체험장에서 사용할 나룻배를 만들었음. 2차례 나룻배를 만든 경험이 있음.

(그 배는 언제쯤부터 만드셨어요?)이 그러니까 한 사십? 서른 다섯 고때(왜 그걸 만드시게 된 계기가 뭘가요?)아 우리 앞에 내가 원래 촌에 살았거든요(어디서요?)저 덕송리(덕송리 네)네 거기 있을 때 마을에 배가 있어야 저기 건너가서 농사도 짓고 통행도 해주고 그래 내가 그 배를 만들었거든(덕송리가 그

러면 어디서 어디로 가야됩니까? 배를 타고)거기서는 우리는 이 시내를 내려오자 면 배를 건너야 돼고(아 어르신도 덕송리에 사시는데 시내에 나오려면 배를 타야 되 는데 그래서 그 배를 만들어 가지고 이제 동네에서 운행을 하니 밭도 전지가 있으니까 농 사도 지으러 댕기고(아 어르신 뱃사공을 하신 건 아니지요?)   니에요(근데 왜 어르신 갑 자기 그렇게 배에 관심이 있으셔)이기 내려와서 심심하니까 문화원에서 그걸 운 영 한다고 그래서 심심하니까 그거나 한번 해 보겠다 해서(그럼 그 배 이름 은 뭔가요? 그냥 나룻뱁니까?) 그냥 나룻배죠(그럼 어르신이 만든 건 몇 개나 됩니까? 지금까지?)이 맨든게 우리 어른들이 이제 맨들고 구경을 하고 내가 만든 건 두 개를 맨들었어.

(3) 김한종

성별 및 나이

남, 55세

고향

충청남도 직산

거주지

정선군 여량면

최종 학년

고등학교 졸

입문 계기

현재 살고 있는 여량으로 이사를 온 이후 같은 동네 살고 있는 장만기 씨의 권 유로 시작하게 됨.

특징

본래 소목장으로 활동하고 있던 연유로 자연스레 나룻배 제작 기술에 많은 관 심을 가지고 있음. 무엇보다 현대적으로 나룻배를 어떻게 만들 것인가에 대해 늘 고민하고 있음.

주요 전승 활동

스승인 장만기 씨와 함께 정선 지역에서 행하는 축제와 체험장에 필요한 나룻배를 만들었음. 6차례 나룻배를 만든 경험이 있음.

(그러면 원래 고향이 어디십니까?)남 성환 충남 직산입니다(직산이 저기 천안 못 미쳐서 성환하고 남서울대학교 있는 그 근처구나) 남서울대학교 그 뒷산(아 뒷산이구나. 그러면 여량으로 오시게 된 계기가 뭐에요)제가 고등학교 2학년 때 인연 맺었습니다. 왜냐면 서울에 그 동작구 쪽에 정선군 여량사람 모임이 있었어요(선생님 동작 사셨어요?) 저는 영등포 살았었는데(그러니까)이데 이제 여량사람이 학교를 들어 온 거예요 우리 고등학교를 상문고등학교를(아 상문고 나오셨어요?) 네 네 그래가지고 걔랑 여량사람들 모이는 데를 갔더니 맘에 들고 사람이 너무 좋은 거예요(순박해) 그래 가지고 그때서부터 볼 차러 와도 여량까지 와서 볼 차고(축구 하셨어요?)아니 그 노는 걸 여량에서 놀고 휴일이면 여량에서 놀고 또 서울 가고 그때 인연 맺었죠(그러다가 아예 그냥 사십세에) 나 여기 어른 되서 결혼하면 여기 내려온다고 형들한테 다 얘기 했죠 그러니까 형들이 다 집지어주고 다 해줬어요, 제가 이제 여량사람 여량고향모임 거기를 고등학교 때부터 참석을 했어요. 웬만한 토박이 보다 제가 더 많이 안다고(그러니까 그래서 신기하지 왜 여량으로 선생님이) 저는 고등학교 때 그랬어요, 이 다음에 결혼하면 꼭 여량 가서 살테니까(여량이 매력적이셨습니까?) 제가 갔던 자리가 있어요. 그 자리 그대로 짓고 살아요. 고등학교 2학년 때 약속한(뭐가 좋으셨어요? 거기 자리가) 우선 사람이 좋잖아요(그치 정선사람이 사람이 좋지) 서울 사람은 속이 안 들여다보이잖아, 그런데 여기 사람들은 거짓말을 해도 속이 다 보여요 그러니까 엄청 순진한 거죠.[63]

---

63   김한종 씨 구술 자료, 2015년 8월 19일.

6) 전승 활동

다른 향토무형유산과 달리 도선장의 경우는 오늘날까지 그 명맥이 유지되고 있는 대표적인 분야이다. 예전 모습 그대로는 아니지만 그러한 배를 만드는 기술이 나름대로 전승되고 있다. 전승되고 있는 이유는 간단하다. 이러한 기술이 오늘날까지 필요하기 때문이다. 자칫 단절될 수 있었던 문화가 관광산업의 활성화로 이어지고 있다는 것이 보다 명확한 설명일 게다. 관광을 목적으로 정선 지역에서 뗏목뿐만 아니라 나룻배가 필요했던 것이 결정적이었다. 산업화 시기 이전만 하더라도 정선 지역 주민들에게 뗏목과 나룻배는 일상생활에서 큰 역할을 담당했지만, 오늘날에는 그러한 기능은 사라지고 관광 상품으로 활용되고 있는 실정이다. 정선군의 용역을 받아 정선문화원에서 고증을 통해 나룻배를 제작한 사례가 대표적이라 할 수 있다. 금번 조사 과정에서 만난 나룻배 제작 기술을 보유한 안상찬 씨도 한 동안 만들지 않았던 나룻배를 그 일을 계기로 만들게 되었다고 한다.

(그 당시 그러면 재미로 배우신거네요?) 그 땐 또 재미로도 재미지만 노인들 하는 거 보니까 그걸 배우고 숩더라고요(왜 그런 생각이 드셨을까요?) 모르겠어요(신기하시네, 그런데 적성에 맞으셨어요? 배 만드는 게) 맞았겠죠, 그러니까 내가 우리 아버지도 돌아가시고 내 6촌은 그때 살아계셨어요 살아계셨는데 그 6촌은 그때 살아계셔도 여 내려와서 있고 나는 거기 있었고 그 만들어 놨다니까 와서 이래 보더니 '동생 잘 만들었네' 이러더라고요(그 당시에는 그러니까 재미도 좀 있으셨고 호기심도 좀 있으셨고) 네 만드는 호기심도 있고 이래서 만들었지(그러면 어르신은 그 분들한테 배우셨어요?) 배우기도 하고 그냥 어른들 만들 때 가서 구경을 하니 그랬지요(그게 배우기가 쉽습니까?) 아니 이거 어려워요(왜 어렵습니까?) 어른들 하는걸 보니까 이걸 옆으로 붙이는 거는 뭐 부사리 같은걸 키를 지금은 제야소가 있지만 그때는 제야소가 없고 손으로 케

가지고 만들었거든요 장다지로 케 가지고 그걸 키우더라고[64]

인용구 중 첫 번째 내용에서 알 수 있듯 안상찬 씨의 경우는 젊은 시절 나룻배 만드는 기술을 보고 배운 사례이다. 정확하게 말하면 호기심이 생겨 배 만드는 기술을 배웠다. 반면 장만기 씨의 경우는 목재를 다루는 기술을 지니고 있던 연유로 배 만드는 일에 관심을 갖고 혼자 공부하였다. 입문하게 된 계기는 차이가 있지만 이 두 사람은 최근에 와서 배 만드는 일이 많아졌다는 점만은 차이가 없다. 장만기 씨와 함께 나룻배 만드는 일을 하고 있는 김한종 씨는 근래에 오면서 배 만드는 일이 예전에 비해 많아졌다는 이야기를 하였다.

> (하하하 그러면 지금 선생님하고 장만기 선생님하고 만든 배가 몇 척이신거죠?)한대 여섯 척 되나요(호흡은 잘 맞으시나요? 두 분이서) 맞는 게 중요한 게 아니라 제가 모셔야 되니까 성심껏 모셔야 되니까(그러면 역할이 좀 분담이 지금은 되시나요?) 지금은 역할 분담이라기보다는 어르신이 척 하면 저는 쿵 이요 그냥 말이 필요 없어요. 대화가 없이도 다 일이 진행이 되죠, 처음에는 뭐 이렇게 해라 이렇게 해라 했지만 지금은 그냥 척하면 쿵이죠.[65]

도선장의 전승 과정에서 관광이 지대한 영향을 미치고 있는 이유는 뗏목의 경우에서도 확인할 수 있다. 뗏목은 지역 축제 행사의 하나로 자주 만들어지고 있다는 게 특징이다. 정선군에서는 뗏목축제를 통해 정선의 뗏목을 알리고 있을 뿐만 아니라 이 축제를 통해 뗏목제작이 이루어지고 있다는 점을 강조하고 있다. 특히 정선을 대표하는 아리랑에 뗏목을 붙여 뗏목아라리 축제라는 이름으로 과거의 모습을 재현하고 있다.

---

64   안상찬 씨 구술 자료, 2015년 8월 20일.
65   김한종 씨 구술 자료, 2015년 8월 19일.

2015년 아우라지 뗏목축제가 31일 개막, 내달 1일까지 정선 아우라지 일대에서 열린다. 천혜의 자연 환경을 갖춘 정선에서 주말을 기점으로 다양한 축제가 풍성하게 열려 관광객들에게 다양한 체험과 즐거움을 선사한다. 31일부터 8월1일까지 정선 아우라지 일대에서는 제23회 아우라지 뗏목축제가 개최된다. '아우라지 뗏목 타고 즐거운 여름을'이라는 주제로 열리는 올해 축제는 아우라지 처녀 선발 대회를 비롯해 전통 뗏목 시연 및 뗏목 제례, 맨손 메기 잡기 체험, 나룻배 타기 등 가족과 연인들이 재미있게 참여할 수 있는 다양한 프로그램으로 진행될 예정이다.[66]

정선 아리랑 축제에 뗏목이 등장한 것은 1990년대부터다. 당시 좋은 호응 덕분인지 모르겠지만 오늘날에는 나룻배와 뗏목을 만드는 일이 더욱 많아졌다. 한 동안 나룻배 만드는 일을 담당했던 장만기 씨는 나이를 먹어가면서 나룻배 만드는 일이 힘겨워지게 되자, 기술을 물려줄 제자를 물색하다 같은 동네 살던 김한종 씨를 제자로 삼아 기술을 전수하고 있다. 혹시 단절될 수도 있는 기술을 제자에게 물려주고 싶은 마음이 간절했기 때문이다.

> (그러면 원래 어릴 때부터 보셨어요? 배 만드는 것을) 저는 제 사부님이 계십니다(장만기 선생님)네 (뵙고 왔습니다) 저는 그 어르신한테 배웠죠(그러면 몇 살 때 배우셨습니까?) 지금 한 십년 째 배가 생기면 같이 저를 데리고 저 하나 데리고 만들었기 때문에 제가 전수 받았습니다 [67]

장만기 씨는 고건축 일을 하고 있는 김한종 씨가 여러 가지 면에서 적임자라고 생각하고 그에게 기술을 전수받을 생각이 있는지를 물어보았다. 김한종 씨는 고민

66   『강원일보』, 2015년 7월 31일.
67   김한종 씨 구술 자료, 2015년 8월 19일.

끝에 그러한 제안을 받아들였는데, 당시 그의 나이는 마흔이었다.

> (같은 동네에서? 그러면 그분한테 배우게 된 동기가 뭡니까?) 하루는 어르신께서 한 번 나무일을 해볼랑가 그래서(몇 살 때 선생님?)제가 사십 살 때죠(좀 늦게 시작 하셨구나 선생)그전에는 제가 고건축을 했지요 고건축을 다른 분한테 했는데 여기 와서는 어르신 제자가 됐죠.(어르신은 왜 선생님을 찍으셨어요?) 뭐 어르신께서 관심을 가지셨나보죠 뭐(선생님을 잘 보셨구나) 또 제가 술벗이 전부 60대 후반에서 70대가 전부 술벗이기 때문에 여량에서는 그러니까 친구들 아버지 하면서 술친구이기 때문에 이상하게 나 어르신하고 잘 어울려(그러니까 어르신이 한번 배워보세 해서 한다는 게 쉽지 않은데)[68]

제안을 받은 다음부터 나룻배 제작 의뢰를 받으면 함께 작업을 하였다. 처음엔 서툴러 시행착오도 많았으나 지금은 눈빛만 봐도 알 수 있는 사이가 되었다고 한다. 김한종 씨는 배 만드는 기술을 가르쳐 준 장만기 씨를 '사부'라고 호칭하였다.

> (그러면 장만기 선생님한테는 본격적으로 십년 전부터 계속 이렇게) 뱃일이 생기면 꼭 같이 하셨어요(같이 배우시게 된 계기가 뭡니까?) 저는 한옥 고건축 일을 하면서 어르신이 유일하게 강원도에서는 그 기술을 가지고 계시는데 제가 제자니까 어르신 하는 거 쫓아서 하면서(그러니까 왜 선생님은 배를 배우시냐 이거예요 궁금한 게) 우리 사부님이 하시는 일은 저는 제자니까 필히 가서 해야 하는(원래는 그럼 두 분이 오래전부터 목수를) 네 네 제가 처음부터 그 분 제자로 들어가 가지고(아 목수부터 아 그러니까 제가 이해를 못해가지고) 이제 나무일은 스승님이죠.[69]

---

68   위와 같음.

69   위와 같음.

7) 전승 계획과 방안

    조사 과정에서 만난 세 사람 중 젊은 김한종 씨를 제외한두 분은 모두 독학으로 배 만드는 기술을 배웠다. 그런 연유로 전승 과정이 쉽지 않았다는 이야기를 두 사람은 자주 언급하였다. 그렇다고 지금의 모습이 크게 달라진 것은 아니다. 다시 말하자면 김한종 씨를 통해 전승은 되고 있긴 하나 체계적이지 못하다는 점에서 아쉬운 부분이 많이 남았다.

    전승이 어려운 이유는 여러 가지다. 배 만드는 기술이 기억에 의존하고 있다는 점도 있으며, 배우려는 자들이 많지 않아서이다. 장만기 씨와 안상찬 씨 역시 누군가로부터 체계적으로 교육을 받은 게 아니기 때문이기도 하다. 두 사람 모두 기술을 배우게 된 계기도 본인 스스로가 호기심을 갖고 시작하였다고 한다.

    10여 년 전부터 스승인 장만기 씨에게 기술을 배우고 있는 김한종 씨의 경우도 앞선 두 사람과 차이가 있긴 하나 환경이 크게 좋아진 것은 아니다. 수시로 방문하여 기술을 배우고있지만 언제까지 기술을 배울 수 있을 지 알 수 없다. 장만기 씨의 건강이 썩 좋지 않은 데다 나이가 많아 언제 어떻게 될지 모르는 게 결정적인 이유이다. 그래서 배운 내용을 철저히 복습을 한다. 그래야 더 많은 걸 배울 수 있다고 김한종 씨는 생각하고 있었다.

> 아 이제 좀 풀려요 선생님이 왜 사십 세 때 이걸 배우셨는지 이제 좀 풀리네) 그전에도 나무일을 했죠. 근데 스승은 못 두고 했죠. 근데 여기 와서는 조그만 지역사니까 그분을 스승님 삼아서(그러면 이분이 배우는 건 선생님 어떠신가요? 전수받는 게 쉽습니까? 나룻배는 어렵습니까?) 이거는 전부 눈자입니다(대충?)아니 눈 감각(그러니까 장난 아니네요) 그거를 잡는 것도 전부 옛날 원시적인 방법으로(어떻게 눈잠자로) 그런데 이걸 자꾸 하고 집에서 예습 복습을 우리 어르신하고 일을 하면 저녁에 제가 일과 끝나고 예습복습을 했거든요 한번 오늘 일한 거 복습하고 그다음에 내일 일이 어떻게 진행될까 복

습을 그러다보면 한 열두시 두시 그리고 또 아침에 일 나가고 아 배우려면 화끈하게 배워야지.[70]

예습과 복습도 중요하지만 스승에게 배우지 못한 내용이나 더 알고 싶은 게 있으면 혼자서 별도로 공부를 한다. 틈만 나면 나룻배를 제작하는 곳을 직접 찾아가 공부하는 게 대표적이다.

(지금은 스승님하고 수시로 만나서 배우시나요?) 네 동네에서 이제 어르신이 연로 하셔가지고 은퇴를 하신다 하신다 해서 몇 번 은퇴 하신다 하신다 해서 몸이(안좋으시니까) 제가 이제 프리로 뛰는 이유가 어르신이 연로 하시니까 그래서 이제 제가 혼자 찾아다니기 시작하죠, 혼자 독학으로.[71]

목수업을 오랫동안 해온 김한종 씨는 혼자 공부한 내용을 토대로 좀 더 과학적인 방법을 제작 과정에서 사용하고 있다. 대표적인 방식이 바로 3D를 활용하는 것인데, 미리 컴퓨터로 설계도를 그리고 그걸 토대로 만든 배를 가상으로 물에 띄워 제작 후에 발생하게 될 문제를 사전에 줄이고 있다.

저는 이제 전통을 그대로 유지하되 이번에 한번 3D로 설계를 해봤는데 봄에 한번 설계 해봤는데 방법은 전통방법 그대로 가되 젊은 사람들도 뭔가 이렇게 보면 눈을 오래 머무를 수 있게 그렇게 하고 싶은 욕심이죠(그러면 외장을 좀 꾸미셔야 된다는 건가요?) 외장 문제도 선두나 선미는 조금 제가 생각을 해봐서 도면도 쳐봤는데(어떤 식으로 선생님 계획을 하십니까?) 무릿공정 도로(무릿공이 뭐에요 선생님?) 고 건축 사찰을 짓다 보면 이제 초각 많이 다

---

70   위와 같음.

71   위와 같음.

면 무릿공이 있고(그치 용어를 잘 모르니까, 그렇게 아름답게 꾸미고 싶으신 거) 그런 것도 있고 좌석 옛날에는 우선 이동만 해야 되는 거지만 소비자가 앉았을 때 최대한 편한 방법은 무엇인가(그러면 선생님 그냥 나무 이런 목수 업 하고 배하고 어떤 기술이나 이런 차이가 있습니까?) 배는 손에 감각이 좀 있어야 될 거 같아요. 그리고 이제 배들 또 공부하고 3D로 해서 설계도 해보고 그러다보니까 무게중심 중력에 대한 무개중심을 잘 나눌 줄 알아야 돼고 그거를 이제 전부 눈자로 우리 목수들은 눈자라고 그래요 눈자로 다 때려잡아야 되니까 어떤 확실한 계산법이 없이(그러니까 그게 좀 어렵기도 하고 특징이 될 수가 있네요) 그리고 이제 뭐 배는 이제 물하고 마주쳐야 되니까 물하고 배하고 마주쳤을 때 뭐 어떻게 하면 물이 덜 세는가 한 손질이 가더라도 어떻게 하면 이게 나중에 물에 띄웠을 때 물하고 만났을 때 어떤 작용을 해서 이게 틈이 안 생길 수 있나 그런 거 뭐 좀.[72]

전승 환경의 아쉬운 점을 몸소 느끼고 있는 김한종 씨는 이런 일이 반복되지 않기 위해 개인적으로 노력을 하고 있다. 바로 후학을 양성하는 일인데, 마땅한 제자를 찾는 일에 심혈을 기울이고 있다. 결코 쉽지 않은 일이지만 배우고자 하는 사람이 나타나면 본인이 공부한 내용을 토대로 보다 체계적으로 교육을 하고 싶다는 이야기를 조사 과정에서 하였다. 그것이 스승에게 보답하는 길이라는 걸 그는 잘 알고 있었다. 그래서 지금도 열심히 배 만드는 일을 스승과 함께 하고 있다.

(아 그러면 만약에 선생님 후학은 어떻게 생각하십니까? 전수생을) 지금 내 밑에 인천에 하나 있고 뭐 전국에 한 두세 명 있죠(그래요? 그러면 나룻배만을) 아직 나룻배는 전수를 못 시켰죠(그러면 선생님 후학한테 알려주고 싶은 마음은 있으신 거예요?)이게 이 일이 일반 건축일 보다 체력이 한두배 소모 되요. 이일이요

---

72   위와 같음.

(왜 그래요?) 무조건 근력을 쓰는 게 두세 배 되요 그리고 이제 배우는 과정에 너무 오래 걸리고 난해하고 하다보니까 도중에 다 제, 연장까지 사줘서 배운다고 그러면 내 돈 드려서 몇 백 만 원씩 연장 사주면 한 이삼 개월 가서 못해먹겠다고 그러니(또 나룻배 일이 많지가 않잖아요 선생님) 이제 그거는 제가 왜 심혈을 기울이냐면 어차피 강원도에서 한분밖에 안계시잖아요 그거를 제가 실측 설계를 해 놓은 게 있어요, 업그레이드 시킨 것도 있고 왜냐면 그거는 정선의 옛날에 교통수단 이었잖아요, 그건 누군가는 보존을 해야 되잖아요 제가 계속 이제 연구도 하고 좀 하고 있습니다(선생님 앞으로 꿈이 뭐셔요?) 나룻배 관련 된 꿈은 없고(바람) 정선에 이런 게 있다 하는 것만 좀 해놓고 나중에 한사람한테 전해주고 만약에 부지런한 젊은이 있으면(어떤 젊은이가 필요 할까요 선생님 원하시는) 끝끝내 버팅기는 사람이죠. 하하하 도중에 나가는 사람이 아니라(하하 선생님처럼 배우셔야 되는데) 그러니까 이거는 나무일은 일을 하면 힘은 들지만 재미를 느껴야 돼요 선천적으로 타고 나야 되는 게 좀 저는 이일을 하면 그렇게 즐겁고 너무 행복한 거예요 우리가 오락게임 하는 그런 느낌을 받아요. 그래서 그런 사람이 있으면(매력적인 그런 게 있구나 끌리는 그런 게) 아니 한번 해보려고 해도 어르신께서 추천하는데 뭐 하루가 두 시간 간 것 같은데 하루가 갔더라고 너무 재밌는 거야.[73]

(선생님이 그러면 전문적으로 다 그런 작업을) 저는 어르신이 가르쳐 주신데 보답하는 방법은 어르신보다 더 훌륭한 사람이 되는(그렇죠 그렇죠 멋있으십니다 선생님) 그렇잖아요 그렇다고 뭐 보답 할 게 없잖아요 그러면 가장 보답하는 방법은 어르신보다 훌륭한 사람이 되면 어르신이 뿌듯하실 거 아니에요(그러면 이제 일 년에 한두 번 정도가 지금은 이제 나룻배를 만드시는 거죠? 행사 때문에)아니죠 배를 한 척 만들면 5년에서 6년 사용 합니다(알고 있습니다) 그래

---

73   위와 같음.

서 그때 돼서 사람들 만들어 달라고 하면 여기저기 있는 것도 만들어달라면 만들어주고.[74]

개인적으로 나룻배와 뗏목을 관광 상품으로 활용하는 것[75]보다 중요한 부분이 제작 기술의 전승이라고 생각된다. 앞으로 김한종 씨가 시도하고 있는 방법들은 기술을 전승시키는 과정에서 중요한 역할을 담당할 것이라 생각된다. 뗏목의 경우도 이러한 작업을 거쳐 제작 기술을 체계적으로 전승될 수 있는 토대를 마련하도록 군에서 관심을 가졌으면 한다. 현대의 과학을 활용하여 전통의 기술을 기록하고 분석하는 일이 전승의 첫 번째 방법이 될 수 있을 거라는 가능성을 보여주고 있는 것이다.

도선장의 전승 방안 과정에서 고민해야 하는 부분이 바로 사용하는 도구와 재료의 부분이다. 시대가 변하면서 옛 방식 그대로 배를 만드는 게 불가능해졌기에, 그러한 것들을 어떻게 받아들이고 어떻게 평가해야 하는 지를 진지하게 고려할 때이다.

> (선생님 배우실 때는 확실히 십 년 전은 옛날 방식이 많이 없어진 거네요? 사라졌다는 게 보완을 좀)다 그대로죠 완전히 전통방식 그대로에요(아 그런데 못만 이렇게 달라졌다는) 못 달라졌고 옛날에는 톱으로 썰었는데 판대기를 지금은 기계로 썰죠(그런 차이가 있군요)[76]

전승이라는 용어를 포용적인 관점에서 바라볼 필요가 있다는 것이 조사자의

---

74 김한종 씨 구술 자료, 2015년 8월 17일.

75 (관광지 그런 것도 괜찮 유람선 같이)불안해서 다른 경치를 못 보는 걸·수 도 있잖아요, 그러니까 편하게 마음이 안정된 상태에서 둘러 볼 수 있게(그거 아이디어 괜찮은데요?) 목수는 이제 항상 소비를 소비자의 관점에서 바라 봐 야죠 이젠(어차피 나룻배의 기능은 이제 완전히 죽은 거잖아요 옛날에 비해서)지금은 이제 관광 상품 이라고 봐 야죠 —김한종 씨 구술 자료, 2015년 8월 17일.

76 김한종 씨 구술 자료, 2015년 8월 17일.

소견이다. 대표적인 사례가 배를 만들 때 사용되는 나무, 그리고 못이다. 예전에는 정선에서 베어온 국산 소나무를 사용했지만 가격 등의 문제로 수입산 목재를 사용하고 있는 게 작금의 현실이다. 도구의 경우도 옛날 방식을 고수한다면 작업 기간이 훨씬 더 늘어날 수도 있다. 실제로 제작 현장에서는 과거에 사용했던 도구들이 모두 현대화되었다는 점에서 현실적인 측면을 고려해야 할 것이다. 기술의 변화는 어느 시대든 진행되는 부분이기에 무조건 전통의 방식 그대로를 고집하는 사고는 위험할 수도 있다. 다음에 소개할 '못'에서 이런 모습이 잘 드러난다.

(그러면 옛날 배하고 지금 배는 선생님 뭐가 차이가 있습니까?) 지금 배는 정에서 차이가 있습니다. 정(아 쓰이는 못) 못 못이 현대화 됐다는 거죠(옛날에는 좀 어떤 못이었습니까? 선생님)옛날에는 뱃못 이라고 눈썹 못이 있었거든요?(지금은 어떤 못일까요?)지금은 이 눈썹 못을 옛날에는 쇠를 달궈서 일일이 두드렸지만 지금은 재단을 해 와서 우리가 직접 두드려서 뱃못을 만듭니다(아 뱃못을 아 재단을 그러면 해오는?) 뱃못은 일반 못 하고 달라서 직접 두드려서 만들어야 합니다(그러면 어디다 부탁을 하십니까?) 우선 뱃못 모양은 절단 절공하는 데다가 모양을 잘라오고 그 쇠를 저희가 이제 다듬어서 뱃못을 만들어서 (그전 거 하고 지금 거 하고는 어떻게 다른가요? 선생님) 그전 거는 이제 조금 똑같은데 빨라졌다는 거죠(빨라졌다는 게 이해가 좀)왜냐면 이제 거기서 어느 정도 모양을 이렇게 해가지고 철판을 절단을 모양대로(지금 이렇게 생긴 거잖아 선생님 이렇게 생긴 못 이었죠?) 옛날 못이 이렇게 생겼죠(그러니까 아 그렇죠 지금은?) 지금은 이제 이 쇠를 일자로 잘라 와가지고 요 모양을 다 요렇게 단면도로 보면은 이렇게(두드려서 만든다는 거죠?) 측면은 이런 모양을 두드려서 다 철도레일 갔다가 두드려서 만들어야죠, 그걸 이제 베고 잘 정확하게 들어가게끔 하기 위해서 그 모양을 잡아서 두드려서 다듬고 해서.[77]

---

77   위와 같음.

　구술 자료를 통해 앞으로 전승의 범위와 범주가 중요한 문제가 될 것으로 보인다. 무조건 오래되었거나 전통 방식을 전승시키는 일이 잘못된 것은 아니지만 현실적인 측면과 현대적인 변화 과정도 고려해서 진행되었으면 한다. 배 제작 과정에서 중요한 재료인 목재와 못이 이를 정확히 보여주고 있다고 해도 과언이 아니다.

　기술적인 부분에 대한 내용이 어느 정도 마무리되면 어떤 방식으로 대중화시켜야 하는지가 또 다른 과제로 남을 것 같다. 여기에서의 문제는 뗏목이나 나룻배가 정선에서만 전승되는 문화가 아니라는 데 있다. 정선과 인접한 영월에서도 뗏목을 활용한 축제가 행해지고 있고, 나룻배의 경우는 충청도와 전라도 등 여러 지역에서 관광을 목적으로 운영되고 있다. 그런 점에서 어떤 부분을 차별화할 지를 심각하게 고민해야 한다. 과연 정선에서 추구하고 있는 방향이 맞는지도 재평가해야 한다. 그렇다고 지금까지의 내용을 과소평가하고 버리자는 것은 아니다. 정선의 색을 잘 보여주고 다른 지역과 차별화되는 방향으로 뗏목과 나룻배를 활용하여 다양한 콘텐츠를 만들어보자는 게 핵심이다. 이 과정에서 여러 가지 고민이 필요하겠지만 전통적인 모습을 토대로 현대인들의 기호에 맞는 콘텐츠를 만들었으면 한다. 물론 뗏목과 나룻배에 따라 대중화 방법이 달라져야 할 것이다. 우선 뗏목의 경우는 영

월뗏목축제를 오랫동안 지켜본 이창식의 견해를 적극으로 수용했으면 한다. 그는 영월 지역의 뗏목 관련 민속의 활용 방안을 다음과 같이 제시한 바 있다.

> 첫째, 뗏목과 주막을 기왕의 축제판에서 서보인 것처럼 하되 영구적인 인프라로 뗏목 나루 고원을 만들자는 것이다. 나무의 옛장을 열고 주막거리를 만든다.
>
> 둘째, 뗏목 문화에 대한 학술서와 교양서를 간행해야 한다. 동강문화체험학교에서 급류타기에 뗏목 모형으로 대체할 필요가 있다. 여울타기, 뗏목 만들기와 나르기 등을 생각할 수 있다.
>
> 셋째, 뗏목의 캐릭터와 다양한 나무(산수유, 주목, 물푸레 등) 재료로 공예품을 만들어 상품화해야 한다. 뗏목 목공예 대회를 열 필요가 잇다. 이를 동강 자연사 박물관에서 지속적으로 전시한다.
>
> 넷째, 뗏목 체험장, 뗏목학교 등을 통해 극기 훈련, 친자연적 생태교육 등을 청소년과 관광객들에게 실시하되, 뗏목 과거 여행과 아울러 시간캡슐의 영상센터가 되도록 한다. 이를 위한 장단기 계획이 마련되어야 한다.
>
> 다섯째, 섶다리 놓기와 아라리 부르기 등의 행사를 축제의 장으로 연결해야 한다. 강과 관련된 기획전시도 준비하고 볼거리, 즐길거리, 살거리를 다양화하여 테마관광의 대명사로 만들어야 한다.[78]

비록 영월 지역의 뗏목을 토대로 이야기한 내용이긴 하나 다섯 가지의 방안을 정선에서 적극적으로 고려했으면 하는 게 바람이다. 앞서 살펴본 바와 같이 배를 만들지 않으면 더 이상 전승이 어렵다는 점을 상기한다면 많은 사람들이 이러한 문화를 즐길 수 있어야 한다. 체험도 중요하고 교육도 중요하고 관련 자료를 체계적으로 수집하고 연구하는 기관도 전승 과정에서 필요한 부분이다. 아울러 이러한 뗏

---

78   이창식, 앞의 책, 60~62쪽.

목과 나룻배 문화에 정선 사람들의 삶이 고스란히 녹아 있다는 점도 보다 더 강조하는 작업도 진행되었으면 좋겠다. 정선이 처한 자연환경이 만들어낸 독특한 문화를 널리 알려 그러한 가치를 드높여야 할 것이다. 여러 가지 방안이 있겠지만 전승이라는 단어보다 더 중요한 것이 이들 문화가 지닌 본연의 모습과 가치를 정선 주민들뿐만 아니라 찾아오는 관광객 등이 몸소 느낄 수 있는 획기적인 방법이나 방안을 함께 고민해야 할 때가 아닌가 싶다. 그런 점에서 다음 내용을 다시 한 번 깊이 있게 새겨야 하겠다.

정선은 과거 오지 중 오지이다. 계곡을 따라 좁은 터에 옹기종기 마을이 자리하고 화전을 일구면서 살아온 정선인에게 하천의 풍부한 수량은 강을 통한 교통수단이 필요성이 요구되어 오래 전부터 나룻배가 운행되었다. 지금은 사라졌지만 나루터는 정선인들 삶을 이끌어 주었다. 장마철 홍수가 나거나 많은 비가 내려 큰물이 나갈 때에는 오고가지도 못하고 교통이 두절되어 몇날 며칠을 외부와 차단된 채 생활하였으며 심지어 학생들은 등하교를 할 수 없어 발을 동동 굴려야만 했다. 나룻배는 함께 정담을 나누는 장소이며 마을 주민들의 소식을 접하는 장소이고 배터 주막은 동네 어른들의 좌담장소이었으나 이제는 아련한 향수를 느끼는 추억으로 뒷걸음을 치고 있다. 필자에게도 어린시절 나룻터는 등하교 길이며 장보로 나간 어머니를 기다리는 장소이기도 하여 동심의 그리운 추억거리를 간직하고 있다.[79]

---

79   최원희, 앞의 책, 80~81쪽.

4

짚·풀 공예

1) 정선 지역 짚·풀 공예의 역사

일반적으로 전통시대 동양에서의 공예는 공(工: 만들다)과 예(藝: 기술)가 결합된 것으로 공은 '꾸미고 장식하는 것이다'는 뜻이며, 예는 '농사를 짓는 기술'로 통용 되었다. 즉 농사를 짓고 나무를 심는 것도 '예'라 하였고, 재능, 지혜, 학문, 기술도 예라 하여 오늘날의 개념 보다 매우 포괄적으로 사용되었다. 넓은 의미에서 공예는 실용적 가치와 미적 가치를 동시에 지니면서 전통적으로 생활에 필요한 기물을 만 드는 기술과 그 결과물로서의 조형물들이다.[1] 특히 실용성을 바탕으로 한 공예는 인류의 시작과 더불어 의식주에 필요한 여러 가지 도구를 만드는 것으로부터 시작 되었다. 각 나라와 민족, 지역의 고유한 풍습, 환경, 재료 등과 같은 입지조건에 다 라서 독특한 민속 예술로 계승·발전해 왔다. 고대에는 나무, 돌, 동물의 뼈, 나무껍 질 등 자연 재료를 공예의 재료로 사용했으나 그 후 시멘트, 석고, 유약, 유리처럼 재료를 조금씩 가공하여 사용하기 시작하였다. 그러나 과학의 발달로 신소재가 개 발되면서 셀룰로이드, 비닐, 화학염료 등과 같이 자연 재료를 가공하여 전혀 다른 성질의 재료를 만들어 사용하기 시작하였다. 이에 따라 오늘날의 공예품의 제작기

---

1 정혜경, 「전통공예를 응용한 한지 수업 연구—고등학교 미술 수업을 중심으로」, 중앙대학교 교육대학원 교육학과 미술교육전공, 2006.6, 8쪽.

4. 짚·풀 공예 | 143

술과 영역은 매우 다양해지게 된 것이다.[2] 이렇듯 다른 미술품과 달리 전통시대의 공예의 특징은 실용성과 그 아름다움이 쓰임으로써 나타난다. 실용성과 아름다움이 결합된 전통공예는 인류 역사와 함께 발전해 왔으며 오랜 세월동안 인간의 삶에 친숙한 생활용품으로 존재해 왔다. 각 민족의 고유한 아름다움을 보여주는 공예품은 천연재료를 바탕으로 사람의 솜씨와 지혜를 담아 제작된 공예가 대부분이다.[3]

짚·풀로 만든 공예품은 우리나라에서 상하 귀천 없이 수 천 년을 사용해온 민속문화의 한 영역이다. 대중교통수단이 없었고 상설시장이 설치되지 않았던 과거의 농어촌 및 산간지역에서는 겨울철 농한기가 되면 사랑방에 모여 다음해 일 년간 사용할 짚신과 자리를 위시하여 각종 짚·풀 공예를 만들었으며 여분은 장날에 내다 팔았다. 물론 일부 부유한 토호들은 이러한 작업에 참여하지도 않았으며 참여할 필요도 없었다. 부유한 집에서의 짚일은 그 집에 예속된 종들의 몫이었으며 고급제품은 구입할 수 있었기 때문이다. 이와 같이 우리나라의 짚·풀 공예문화는 민중에 의해 지속적으로 전승되어 온 전통적인 문화이다. 하찮은 짚·풀을 생활용품으로 창작 활용해 온 우리 조상의 슬기와 미에 대한 감각, 생활의 지혜는 다양한 공산품에 식상한 우리 현대인들에게 신선한 충격을 주기에 충분한 소재이다. 우리 국민들은 이러한 우리 민속문화에 대해서 긍지와 애정을 가지고 주체적으로 계승하려는 의식이 있어야 한다. 그래야 우리의 민속이 전승 주체인 민중과 더불어 온전하게 뿌리 내릴 수 있으며 외래문화도 맹목적인 수용이 아닌 창조적인 수용으로 발전시킬 수 있는 것이다.[4]

하지만 기술을 천시하는 사회풍조로 인해 글을 알고 기록을 할 수 있는 식자들은 산업이나 공예기술 등에 관심을 두지 않았으므로 조선중기 이전의 기록은 전

2   김정식, 「지공예 기법을 이용한 공예품 개발에 관한 연구」, 상명대학교 대학원 공예학과 섬유공예전공, 2001.2, 3쪽.

3   이수철, 『공예의 이해』, 애경, 2002, 7쪽(정혜경, 「전통공예를 응용한 한지 수업 연구—고등학교 미술 수업을 중심으로」, 중앙대학교 교육대학원 교육학과 미술교육전공, 2006.6, 8~9쪽 재인용).

4   국립문화재연구소, 『짚·풀공예, 한국민속종합조사보고서』 28, 국립문화재연구, 1998, 10쪽.

무하다고 해도 과언이 아니다. 다만 세종 14년(1432)에 조선왕조의 새로운 정치·사회·경제적인 기반을 확립하는데 필요한 통치자료를 수집파악하기 위하여 만들어진 『세종실록지리지』와 성종 때 만들어진 『동국여지승람』을 보완하여 중종 때 완성한 『신증동국여지승람』 등에는 각 지역의 토산물에 대한 기록이 있다. 『세종실록지리지』에는 전국 328군현에 대한 인문·지리적 내용을 담고 있는 바 그 중 토산, 토공, 토의는 각 지역에 따른 물산을 파악할 수 있는 자료이다. 이를 통해 지금은 없어진 당시의 짚·풀 공예에 대한 명칭 등을 확인할 수 있다.[5]

역사적으로 짚·풀 공예를 체계적으로 정리할 수는 없다. 자료가 부족하고 어떤 모습이나 형태로 역사가 이어져왔는지를 명확히 알 수 없어 그러하다. 여러 자료를 참고하면 조선시기 이전에도 짚과 풀을 이용한 생활용품이 있었긴 하나,[6] 공예품이라는 단어에 집중하면 그리 많지 않았을 것이다. 이유는 간단하다. 먹고 살기 힘든 시절에 예술작품으로 짚과 풀을 이용하기 어려웠을 가능성이 높기 때문이다. 혹여 있다고 하더라도 그 숫자는 많지 않았을 것이다. 이런 양상은 금번 정선 지역의 조사에서도 확인할 수 있었다. 지금은 공예품이라고 하나 과거에는 각 가정에서 쓰던 물건, 다시 말하자면 주변에서 쉽게 구할 수 있는 짚과 풀을 이용한 생활용품이었다. 그런 점에서 공예품이라는 말 대신 생활용품 내지 '생활 공예품'이라 명하는 게 더 좋을지 모르겠다.

정선 지역을 비롯해 우리나라의 짚·풀 공예의 역사는 앞서 언급한 바와 같이 그러한 관점에서 정리하는 게 중요할 것 같다. 다만 우리나라의 역사는 농경문화를 그 기반을 이루어왔다는 점을 보면 짚·풀 공예는 최근까지 우리민족의 생활용품으

---

5   위의 책, 11쪽.

6   조선후기에는 중세적 신분체제가 급속히 붕괴되기 시작하여 경제적 몰각으로 인한 신분의 하향과정과 빈층의 신분 상승을 성취하려는 상향과정의 사회현상이 나타난다. 이 과정에서 실학자들은 사회현상에 대한 정확한 진단과 대책을 모색하였고 이를 통한 현실 개혁적인 실학사상이 형성되었다. 『지봉류설』을 필두로 이때 기술된 『임원십육지』, 『성호사설』, 『오주연문장전산고』 등에는 산업기술과 수공예품의 명칭, 산업·공예기술에 관한 단편적인 기록이 있다. 특히 『임원십육지』에는 길쌈을 위시한 공작 기구에 관한 설명이 있으며 풀공예에 관해서는 각 지방 특산 풀공예의 명칭과 자리틀·돗틀에 관해서도 간략하게나마 설명하고 있다(국립문화재연구소, 『짚·풀공예, 한국민속종합조사보고서』 28, 국립문화재연구, 1998, 11쪽).

로 많이 이용되어 왔을 가능성을 배제할 수는 없을 것이다. 19세기 중엽까지만 하더라도 우리나라는 동방의 조용한 나라로서 한반도 주변국과의 교류 외에는 외국과의 교류가 없었으며 외세에 대한 지식이 거의 없는 상태였다. 그러한 상황에서 19세기 말에는 타의에 의해 세계 열강과의 문호개방이 이루어졌으며 곧 이은 한일합방과 일제의 조선 문화 말살정책은 우리 전통문화의 맥을 끊는데 부족함이 없었다. 물론 일부 학자들에 의해 우리의 전통문화를 지키고 보존하려는 운동이 끊임없이 지속되었으나 그 힘은 강력한 문화말살 통치에 비하면 매우 미비한 것이었다. 그러나 일제 때에 비록 문화말살 통치가 행해졌어도 가마니 짜기, 새끼줄 꼬기 등 당시 필요에 의해 일부 짚·풀 제품에 대해서는 장려 정책을 폈을 뿐만 아니라 강화화문석의 경우 수공예로서의 우수성이 인정되어 염색법 및 기술개량을 위한 지도를 하여 보다 품질 좋은 화문석 제작을 위한 배려도 있었다고 한다. 그러므로 일제 강점기에도 짚·풀 공예는 일상생활에 요긴하게 사용되었으며 따라서 그 기능 역시 농촌을 중심으로 전승되었다. 그러한 짚·풀 공예는 1950년대 이후부터 산업화 도시화의 거센 물결에 밀려 급격히 사라지게 되었으며 머지않아 박물관에서나 그 유물들을 볼 수 밖에 없는 현실이 되었다.[7]

큰 틀에서 보면 정선 지역 짚·풀 공예의 역사도 이러한 흐름으로 이해할 수 있다. 다만 잊혀져가고 있는 생활용품을 예술작품으로 승화시켜 오고 있다는 점에서 그 가치가 있음은 부정할 수 없다. 대다수의 지역들이 이런 문화에 관심을 두고 있지 않을 때 짚·풀 생활용품을 새로운 형태로 발전시키고 있다는 사실은 한번쯤 주목해서 볼 필요가 있다.

조사 과정에서 정선 지역의 짚·풀 공예 역사를 알 수 있는 자료가 있지 않을까 싶은 마음에 다양한 문헌을 살펴보았다. 해방 이후의 자료도 많지 않은 현실에서 근대 이전의 자료를 찾는다면 나름대로 역사적인 흐름을 살펴볼 수 있을 뿐만 아니라 당시의 실상을 엿볼 수 있지 않을까 하는 마음에서였다. 여타의 역사자료들이

7   국립문화재연구소, 앞의 책, 9쪽.

그러하듯 서민들의 생활모습을 기록한 자료가 많지 않아 쉽지는 않았다. 다행스럽게도 조선후기 정선 지역 주민들의 실상과 더불어 경제생활과 풍속 등을 자세히 기록하고 있는 『정선총쇄록』(오횡묵)에 역사적인 단서를 확인할 수 있었다.

> **무자년(1888년) 오월 7일 무오**
>
> 해가 막 솟아오르자 관아에서 출발하여 배로 사미강을 건넜다. 겨우 활 몇 바탕의 거리에 이르니 또 합금천이 있어 데리고 간 관노들이 옷을 걷어 올리고 건넜다. 도두에 한 언덕이 있어 높이는 열길 정도 되는데 이름이 灰峴이라 하였다. 한 가닥은 남으로 달려 구불구불 돌아서 강에 다 달아 애산정이 되었으나 정자는 지금 폐해져서 없는데 이곳이 방향촌의 안산이다. 또 동강의 한줄기가 굽이돌아 마을을 감싸고 외나무다리가 놓여있었으며 1무쯤 되는 곳에 시내에 임하여 다리가 있었는데 이곳은 東川의 한 줄기이다. 두천현을 넘어 물을 따라 올라가서 또 다리를 건너고 언덕에 올라 길을 잡았는데 읍내에서 10리쯤 되는 와평동으로 밭과 논이 반반이었다. 수십보를 가서 마을로 향하니 한 사람이 도포를 이고 草席을 손에 들고 옆에 와서 절을 하는데 이 사람은 전종협이다.[8]

기록에 보이는 '초석草席'은 풀과 자리라는 한자어가 결합한 것으로 보아 풀로 만든 자리일 것으로 보인다. 와평동에서 우연히 만난 전종협이라는 인물이 도포를 이고 초석을 손에 들고 갔다는 것으로 보아 그리 큰 자리는 아니었던 것 같다. 조선 시대의 초석과 관련 자료는 어렵지 않게 발견된다. 그 중에 하나를 소개하면 다음과 같다.

> 정탁(鄭琢: 1526~1605, 본관 淸州, 자 子精, 호 藥圃, 李滉의 門人, 1558년 式年 文

---

8   정선문화원, 『국역 정선총쇄록』, 경인문화사, 2002, 272쪽.

科에 及第, 여러 淸要職을 거쳐 禮曹判書, 左議政을 거쳐 領中樞에 이름, 저서 藥圃集) 이 8월 7일에 아들 정윤목鄭允穆에게 보낸 간찰簡札이다. 인편을 통해 초석草席 다섯 장을 보냈는데 아들이 받지 못했다고 하니 아마 이 일은 지난번 하석河石의 경우처럼 된 것이 아니냐며 반문했다. 이 물건은 금곡 조선祖先의 사우祠宇에 쓸 석자席子로서 특별히 마련한 물건이라고 했다. 형이 오늘 출발했다고 알리며 마무리했다.[9]

이러한 자료를 통해 구체적이진 않지만 정선 지역의 짚·풀 공예의 역사를 가늠해 볼 수 있을 것으로 사료된다. 오래전의 생활용품을 공예라고 정의할 수 있는지의 여부는 판단하기 쉽지 않지만 시대적 흐름 과정에서 생겨난 것이므로 같은 개념으로 이해할 수 있으리라 생각된다.

과학의 발달에 따라 다양한 재질로 만든 생활용품이 등장하면서 짚과 풀로 만든 것들은 서서히 자취를 감추게 되었다. 급격한 변화가 오기 전까지 짚·풀을 이용한 생활용품과 공예품이 각광을 받은 이유는 간단하다. 우선 산업이 발달하지 못한 시절에 이 두 재료를 대체할 만한 것이 많이 않았다는 점이다. 다음으로 주변에서 쉽게 구할 수 있는 재료일 뿐만 아니라 교통과 유통구조가 발달하지 못했던 과거만 하더라도 이를 활용하여 자급자족을 할 수 있었다는 점이다. 이러한 내용 이외에 혹자는 농한기인 겨울철 작업으로 적합하며 공동 작업을 할 수 있었다는 점을 짚과 풀을 널리 이용될 수 있었던 요인으로 꼽았다.

비록 짚·풀을 이용한 공예품을 이용하는 사람은 찾아보기 어렵지만 정선 지역에서는 근래에 오면서 많은 이들의 관심을 받고 있다. 여러 가지 이유가 있는데, 무엇보다 정선5일장이 널리 알려지면서 많은 이들이 찾아와 이들 공예품을 구입해가기 때문이다. 대표적인 지역이 여량1리와 남평리, 그리고 광하리이다. 이들 지역 중 광하2리노인회의 경우는 정선5일장과 함께 짚·풀공예 제작에 관심을 갖고 있다.

---

9   문중문서, 청주정씨 약포종택(자료 출처: 역사정보시스템).

광하2리노인회는 68세 이상 92세에 이르는 회원들은 80여명에 달한다. 건강한 농촌의 장수마을이다. 요즘 농한기를 맞아 경로당은 늘 회원들로 북적거린다. 할머니 회원들은 한편에서 재미나고 신나게 고스톱을 치면서 먹을거리를 만들기도 한다. 이와는 아랑곳하지 않고 할아버지 회원들은 능숙한 솜씨로 멍석과 둥구미·짚신·삼태기 등과 같은 전통생활용구를 만드는 짚풀공예에 열중이다. 물론 생산품은 정선5일장 등에 내다 팔아 연간 50여만 원의 수익금으로 경로당 운영비로 활용하고 마을의 어려운 이웃도 따뜻한 마음과 함께 도와준다. 그래도 남는 돈이 있으면 해마다 한 번씩 떠나는 나들이 경비에도 보탠다.[10]

물론 본격적으로 공예품을 만들기 시작한 시기는 조금 올라간다. 농촌경제 활성화와 노인들의 경제참여 활동 등이 활발해지면서 짚·풀 공예에 대한 관심이 높아졌다고 한다. 광하2리의 경우도 이러한 흐름에 따라 1980년대 무렵부터 마을의 노인회를 중심으로 다양한 공예를 만들고 있을 뿐만 아니라 근래까지로 그 맥이 이어져오고 있다.

2) 짚·풀 공예의 주재료와 대표 공예품

(1) 주재료
① 볏집

짚은 벼·보리·밀·조·메밀 등의 이삭을 떨어낸 줄기이며, 풀은 초본식물의 속칭이다. 우리나라는 쌀을 주식으로 하는 농경국가였으므로 농사의 부산물, 즉 알곡을 털어낸 짚이 매우 많았다. 또 국토의 70%를 차지하는 산지 중 해발 200~500m의

---

10   『강원도민일보』, 2010년 12월 10일.

낮은 산지기 40%에 달해 초본식물이 풍부하다. 짚·풀은 지상경이 5m에 이르는 것도 있으나 목질의 발달이 불량하여 줄기는 연하다. 짚·풀과 함께 지상을 기거나 다른 물체를 감아 기어오르는 줄기를 갖고 있는 목본만류木本蔓類인 덩굴수종과 일부 나무껍질·나무잎 등도 짚·풀공예의 보강 재료로서 역거나 짜아 생활용품을 만들어 사용하였다. 그러므로 덩굴수종들도 짚·풀 공예의 범주에 포함시켰다. 짚과 풀이 우리 주변에 널리 있어 많은 사람들이 하찮게 취급하여 왔음은 지푸라기, '초개 같은 목숨', '초로인생', '풀끝의 인생' 등 짚·풀 관련 용어에서도 확인할 수 있다. 그러나 그와 같이 하찮게 여기는 짚·풀의 특징을 살려 각종 생활용품을 만들어 요긴하게 사용하여 왔음은 우리 민족의 창의성을 입증하는 예라 할 수 있다.[11]

생활용품으로 이용된 짚에는 볏짚과 보릿짚, 수수짚, 밀짚, 귀리짚 등이 있다. 이들 중 볏짚은 부드럽고 질기므로 가장 많이 쓰였고, 보릿짚이나 밀짚은 비비거나 꼬면 부서져서 새끼나 멍석같이 꼬아 만들거나 엮는 기물은 만들지 못하였다. 보리 짚은 이삭이 깔끄러워 살에 닿으면 상처가 나므로 사람들은 다루기를 싫어하였다. 또 쉽게 부서지므로 걸어 놓고 보는 여치짚은 만들거나 자리의 무늬를 넣는데 이용

---

11   국립문화재연구소, 앞의 책, 14쪽.

되었고 대부분의 보리짚은 여름철 마당에 지피는 모깃불로 사용하였다. 보리짚은 표피에 윤이나 1950년대 초에는 보리짚에 물을 들여 기물에 붙이고 니스 칠을 하는 고장기법의 공예가 잠시 유행하기도 하였다. 밀짚은 보리짚 보다는 질기지만 압력을 가하면 갈라지는 등 유연성이 볏짚에 비해 부족하다. 밀짚에는 재래밀과 메밀이 있는데 재래밀은 마디가 짧고 잘 부숴지므로 쓰기 않았으며 호밀짚으로는 여치집, 맥고모자, 밀대방석 등을 만들었다. 귀리짚 자리는 황금색이 나 화려하며 따뜻하여 귀한 자리에 속하였다.

정선 지역에서 사용되는 볏짚은 그리 많지는 않다. 정선 지역에서 재배되는 벼의 양이 적기 때문이다. 그러다보니 자연스레 필요할 때마다 사오거나 혹은 미리 많은 양을 구입해 창고에 보관해두고 있다. 이러한 양상을 보이는 대표적인 지역이 바로 광하2리이다.

> (또 여기 필요한 게 볏짚) 볏짚 (볏짚은 언제 준비하셔요?) 볏짚은 이제 (사오시나요?) 터는 거는 우리 여기서는 없어요, 볏짚이 사와야 돼 (그렇지 여기는 벼농사가 없겠어요) 벼농사가 없어 맨 옥수수 고추 뭐 이런 것만 하고[12]

볏짚으로 기물을 만들기 위해서는 둥치부분을 나무망치로 두드려 부드럽게 만든 다음 제작하였다. 짚은 초가집 지붕의 이엉, 깔 것인 자리 등 사람이 주거뿐만 아니라 닭·개 등의 우리를 위시하여 겨울철 소의 추위를 막아주기 위한 덕석, 곡물의 저장·건조·운반·씨뿌리기 등에 사용되는 멍석·도래방석·맷방석·재삼태기·잿박·둥구미 등의 각종 용구, 오락연희에 사용되는 새끼줄, 민간신앙에 있어서 벽사용으로 사용되는 제웅 등 그 사용례는 열거할 수 없을 정도로 많다. 특히 농사를 짓는데 필요한 각종 도구를 만드는데 중요하게 쓰였다. 종자를 보관하는 오쟁이, 종다래끼, 씨앗망태도 모두 짚으로 만들었다. 또 각종 연장을 담는 연장망태, 꼴을 베어

---

12   최용진 씨 구술 자료, 2015년 8월 18일.

담아 나르는 꼴망태 등 필요에 의해 여러 가지 형태로 만들고 쓰임새에 따라 그 명칭을 붙여 불렀다. 그러므로 지역에 따라 용도는 같으나 그 명칭이 다른 경우도 있다. 짚은 보관 또는 파종용 뿐 아니라 곡물을 수확하고 건조하며 저장하는 각종 기물의 주재료였다.[13]

(그러면 볏짚으로만 하는 거는?) 볏짚으로 하는 것도 여러 가지지 모 (그렇죠 그러면 주로 여기서는 몇 종류나 만드시나요? 어르신들이 모이시면) 여기서 한 이십 종류 만들지 (그렇게 많으십니까? 그러면 남자랑 여자들이 만드는 게 좀 차이가 있지 않아요?) 아니 여자들이 더 잘 만들어 (그러니까 남자가 만드는 거)남 자가 만드는 건 주로 짚신 뿐 이고 아줌마 네는 저런 거 다라끼 뭐 저런 저 (뭐 이유가 됩니까?) 그런 게 손재주가 더 나으니까 (여자분 들이 손재주가 있으니까 정교한 걸 만들고 남자들은 그냥 투박한 짚신 이런 걸 만든다는 거죠) 그날 오일 이십이일 장날에 와 봐요 여기 없는 게 더 있으니까[14]

② 풀

풀에는 벼과·사초과·쐐기풀과·골풀과 등의 잎이나 줄기가 길고 섬유질 발달한 초본류가 공예품으로 이용되었다. 가장 많이 이용한 것으로는 왕골·골풀·부들띠·억새 등이지만 풀공예에 보조재료 또는 내구력을 위한 첨가자료로 사용된 목본만류 및 목본식물까지 포함하면 그 종류는 50여 종에 이른다.[15] 정선 지역에서는 정선에서 나는 풀을 이용하여 여러 가지 공예를 만들고 있다.

---

13   국립문화재연구소, 앞의 책, 15~16쪽.
14   최용진 씨 구술 자료, 2015년 8월 18일.
15   국립문화재연구소, 앞의 책, 15~16쪽.

③ 왕골

왕골은 완초莞草, 용수초龍鬚草, 현완懸莞, 석용초라고 부르기도 한다. 왕골로 만든 제품으로는 자리, 돗자리, 방석, 송동이, 합, 왕골짚신 등이 있으며 최근에는 모자, 가방 등을 만들기도 한다. 요즈음도 자리와 소품을 제작하는데 사용한다. 부들은 향포香蒲라 하며 돗자리, 방석, 부체에 많이 이용하였고 또 신발을 삼기도 하였다. 조선시대에는 관상용으로 못가에 인위적으로 심기도 하였다. 상부에 달린 갈색 꽃은 요즈음 꽃꽂이 소재로 사용한다. 골풀은 등심초라고도 하며 자리·방석·초립草笠에 많이 쓰였다. 띠는 깨끗한 곳에서 자라며 번식력이 왕성하여 제석祭席용 자리로 많이 이용되었다. 칡은 꼬아서 줄이나 바로 많이 이용하였으며 자리를 매는 데 날줄로 쓰인 청얼치 끈은 칡의 내피를 꼬아 만든 것이다. 그 밖의 풀들도 재료의 특성에 따라 자리·방석·부채·짚신바닥·바구니·망태 등에 이용되었고 특이한 것으로는 제주도에서 댕댕이 넝쿨로 만든 정동벌립과 억새로 만든 도롱이가 있다.[16]

④ 싸리나무

일년생 초본으로 종자로 번식하고 유럽이 원산지이나 전국적으로 재배되고 야생하여 자란다. 7~8월에 개화하여 곧추 자라서 높이가 1~2m 정도에 달하고 가지

---

16   위의 책, 17쪽.

가 많이 갈라지며 윗부분에 털이 있다. 호생하는 잎은 길이 3~6cm, 나비 4~8cm 정도로써 선상 피침형이고, 양끝이 좁고 가장자리가 밋밋하다. 위부분의 엽액에 몇 개의 꽃이 모여 달리고 화경이 없으며 꽃 밑에 잎 같은 포가 있고 전체가 수상화서가 되기도 한다. 포과는 원반형이고 종자가 1개 들어 있다. 정원에 관상용으로 심기도 하고 야생형으로 자라기도 하며, 식물체를 말려서 빗자루를 만들고 종자는 동동, 보약, 적리, 임질, 이뇨, 악창, 명목, 과실중독, 강장 등 약용에 쓰인다. 염분이 많은 바닷가에서 자라는 갯댑싸리도 같은 용도로 이용되고 있다.[17]

(저 궁금한 게 어머니 저쪽에 사릿대가 뭐죠? 무슨 나무가 많다고 그러더라고 싸리 싸리나무!) 싸리나무가 옛날에는 많았는데 지금은 없어요 지금은 저렇게 산이 너무 저래가지고 옛날에는 왜 많았냐면은 소를 먹이잖아요. 소를 안 먹이는 집이 없어요. 다 소를 먹이고 그걸 가지고 다 밭을 갈고 (네 네) 그러니까 이제 풀을 그렇게 베 먹여 여름에는, 여름에는 순 그게 풀을 배 먹이니까 그 햇순이 올라오면 그 싸리 그거 베어다가 다래끼도 하고 뭐 광주리나 그런 것도 하고 이래 하는데 지금은 그게 없잖아요 (어머니 그러면 옛날에는 싸리나무를 어떻게 베 와서 어떻게 말려요?) 싸리나무? (네) 싸리나무를 베다가 이 여름에는요, 여름에는 이렇게 집게를 이렇게 (찝게가 뭐야?) 이렇게 찝는거 (아) 찝는 걸 나무를 가지고 이렇게 (찝어 놓는다고) 어 요렇게 해가지고 거기다 대고 이렇게 쭉 훑으면 (나무 껍질이 벗긴다는거지)[18]

　　오늘날 짚·풀 공예를 만들고 있는 광하2리의 경우는 예전이나 지금이나 싸리나무를 이용하여 다양한 것들을 만들고 있다. 마을 앞에 싸리나무가 많아 가을 무렵에 베어놓아다 겨울철에 공예품을 만드는데 사용하였다.

17　위의 책, 72쪽.
18　최용진 씨 구술 자료, 2015년 8월 18일.

(그러면 여기는 나무) 싸리나무 (그렇지 여기는 싸리나무) 싸리나무 가는 걸 가지고 (그러면 이 근처에 싸리나무가 많이 납니까?) 많죠, 저기 앞에 가면 맨 싸리나무 있어 (그러면 싸리나무는 언제 채취 합니까?) 그거 가을에 해야지 (가을에?) 네 가을에 (왜 가을에 합니까? 어르신) 그게 저 뭐 여름 때는 풀잎하고 있으니까 꺼블이가 벗겨져요 (껍질이 벗겨지니까) 네 가을에 그러면 잎이 다 벗겨지고 나면 꺼블이가 안 벗는다고 (그러면 미리 한해 만들걸 그때 다 베어 놓는 거예요?) 네 베어 놓는 거죠 가을에 (그러면 어르신 정확하게 몇 월 입니까? 양력으로) 정확하게 팔월 그믐께 에서 한 10월 11월 그 사이지 (그러면 싸리나무가 들어가고)[19]

그리고 싸리나무로 만드는 공예로는 삼태기와 빗자루, 다라기, 소쿠리와 광주리 등이다.

(나무는 필요 없습니까?) 나무는 필요 없어 (그러면 싸리나무로만?) 네 (그러면 오로지 싸리나무로만 하는 건 뭐 뭐예요?) 싸리나무로는 여러 가지지 (순서대로 좀) 삼태기도 만들고 (삼태기도 싸리나무, 빗자루는?) 빗자루도 만들고 (그리고) 또 다라끼라는 저런 거 저기저 똥그렇게 그거 만든 거 (잠시만요, 아 이거 다라끼 어

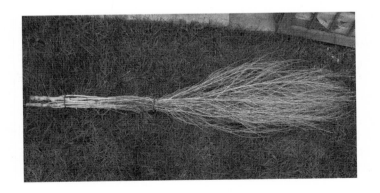

19   위와 같음.

르신 이거 다라끼?) 그런 거 만드는 것도 싸리고 (또 싸리는? 이것도 싸리에요?) 그
거는 뭐 짚 (그러니까 싸리나무로 어르신 만드는 것만 좀 설명 좀 해주세요 싸리로만
세 가지) 소쿠리(소쿠리) 이제 저 삼태미도 만들고 (삼태미) 또 다라끼 (다라끼)
뭐 저 광질 이라는 거 옛날에 삼삼아 놓고 이러는 광질이라고 이렇게(광
실 이라고 있어요?) 광질이 (그게 뭐에요 어르신) 그게 뭐야 저 물건 같은 거 담아
서 들고 다니는 그런 거 (아 여기가면 볼 수가 있습니까?) 없어요. 그거는 만드
는 사람이 없어 (없지요 하하하) 이렇게 세간이 줄이 쭉지면 홀딱 벗겨져 그
럼 그걸 벗겨가지고 쓰고 (벗겨서 보관은 어떻게 해요?) 벗겨서 그냥 말려요 (말
려요? 응달에다가?) 응달이고 양지고 그냥 말려 (말려) 네 그래서 쓰고 (그러면
그걸 가지고 뭘 만들어요?) 대래끼 저런 대래끼 (다래끼 대래끼) 이런 체바구니도
만들고 (체바구니도, 그러면 이거하고 볏짚하고 싸리나무를 섞어서 만드는 건 없어요?)
없어요 (따로 따로만 만들어요? 아) 네 네 지금도 장에 그런 대래끼가 나와요
(아 싸리나무로 만든 게) 네 그런데 이제.[20]

(2) 대표적인 짚·풀 공예

① 짚신

비구扉屨·초혜草鞋라고도 한다. 짚신과 같은 형태의 신발로서 삼麻으로 만든 것
을 '미투리'라 한다. 짚신의 역사는 약 2천여 년 전 마한시대까지 거슬러 올라가고,
신라시대의 유물인 짚신 모양의 이형토기異形土器는 오늘날의 짚신과 별로 다를 바
없다. 짚신은 가는 새끼를 꼬아 날을 삼고, 총과 돌기총으로 올을 삼아서 만드는데
여자용은 총을 가늘고 곱게 하고, 엄지총은 물들인 짚을 섞어 만들기도 하였다. 옛
날에는 사서士庶를 막론하고 짚신이 평상화로 사용되어 농가에서는 농한기에 머슴
들이 사랑방에 앉아 몇 십 켤레씩 짚신을 삼아 식구들의 수요에 충당하고, 시장에

---

20   위와 같음.

내다 팔아 용돈으로 썼다. 지금도 초상집 상제들은 짚신을 신는 풍습이 있다.[21]

② 삼태기

삼태기가 언제부터 사용되었는지 알 수 없으나 그 재료는 대 또는 짚이다. 우리 나라에서 대가 생산되는 곳은 남부 지방에 국한되어 있으므로 대부분의 지역에서 는 짚으로 만들어 사용하였다. 『삼국유사』 권4 의해 제5에 '신령스러운 이적이 나타나므로 이름을 혜공으로 고치고 어느 작은 절에 살았다. 그는 매양 미치광이 행세를 하고 술이 취하면 삼태기를 지고 거리에서 노래하고 춤추었으므로 호를 부궤(삼태기) 화상이라고 하고 살던 절을 부개사라 하였으니 궤簣의 우리나라 말이 부개 이다'라 하였으며 부개의 각주에 '부개는 경상도 방언으로서 짚으로 짠 섬이다'다 하였다. 혜공 스님이 등에 진 것이 삼태기였는지 또는 섬이었는지는 앞선 글로 확인할 수 없으나 짚으로 엮어 물건을 담는 용구가 있었던 것만은 확실한 것 같다.[22] 정선 지역에서는 이 삼태기를 '삼태미'라 부르기도 한다.

---

21 「짚신」, 두산백과사전 두피디아(www.doopedia.co.kr).
22 국립문화재연구소, 앞의 책, 38쪽.

③ 씨오쟁이

씨앗을 보관하는 데는 씨오쟁이 혹은 종다래끼라는 것을 특별히 만들어 썼다. 대개 병 모양으로 목을 잘록하게 짰는데, 새끼나 노끈으로 목을 묶어 집 한 귀퉁이에 매달아놓을 수 있게 하였다. 제주도에서는 이것을 '씨부개' 또는 '부개기'라고 하였고, 목을 잘록하게 하지 않은 종다래끼는 때로 봄 파종 때 허리에 차고 다니며 씨를 뿌리기도 하였다.[23]

④ 맷방석

맷돌을 갈 때 맷돌 밑에 까는 방석을 맷방석이라 한다. 맷돌질을 할 때 맷방석을 까는 이유는 갈려 나온 곡물이 곧바로 땅에 떨어지는 것을 방지하기 위해서이다. 맷돌질을 하지 않을 때에는 곡물을 널어 말리는 용도로 사용한다. 혹은 곡물을 담는 역할도 한다.

⑤ 닭둥우리

닭둥우리는 인간이 닭을 위해 만들어 놓은 보금자리로 닭과 둥우리가 합쳐진 용어이다. 지방에 따라서는 닭어리·닭둥지·달둥저리라 부르기도 한다. 전문적으로 닭을 키우는 양계장과는 달리 주로 주위에서 쉽게 구할 수 있는 짚 등을 엮어 만들었는데 이렇게 만든 둥우리 안에는 짚을 깔아놓아 닭이 편안하게 알을 낳아 품을 수 있도록 했다. 또한 일부 닭둥우리에는 별도의 문을 내어 닭들이 이곳저곳 돌아다니다 잠 잘 때나 알을 낳을 때면 둥우리 안으로 들왔다가 날이 밝으면 보금자리를 나와 자유롭게 활동할 수 있게끔 했다. 닭둥우리의 형태는 다양하다. 제비집 모양으로 만들어 고정시켜 놓은 것이 있는가 하면, 양쪽에 끈을 달아 매달아 사용할 수 있도록 만든 'V'자 형태도 있고 바닥에 세울 수 있도록 원추형과 사각형으로 만든 것도 있다. 이런 차이는 무엇보다 만든 사람들의 개인적인 취향과 역량에 따른

23 「짚공예」, 한국민족문화대백과사전(encykorea.aks.ac.kr).

것으로 보인다.[24]

⑥ 망태기

망탁·망태라고도 한다. 지역에 따라 구럭·깔망태라고도 한다. 가는 새끼나 노를 엮어 나비가 좁고 울이 깊도록 짠 네모꼴의 주머니이다. 어깨에 멜 수 있도록 양끝에 길게 고리를 달아 썼다. 강원도 산간지대에서는 주루막이라 하여 주둥이에 끈을 달아 두루주머니처럼 주둥이를 쮤 수 있게 만들어 쓴다. 이 주둥이 끈과 아래 양끝에 달린 멜빵은 하나로 되어 있다. 이것은 가늘게 꼰 새끼로 촘촘히 엮는데, 오래 사용하기 위해서 고리에 칡덩굴이나 왕골, 가래나무 껍질을 감아 보호한다. 망태기를 이용하여 곡물이나 감자, 옥수수 등을 나르는데, 보통은 감자 세말들이가 많고 무게는 800~1,500g이다. 종류는 심마니 망태기 등이 있다.[25]

---

24   서종원, 「유물소개―닭둥우리」, 『민속소식』, 국립민속박물관, 2005.1.

25   「망태기」, 두산백과사전 두피디아(www.doopedia.co.kr).

⑦ 똬리

똬리는 딱딱한 물건을 머리에 이고 다닐 때 완충역할을 하므로 짚이나 삼으로 만들어 쓴다. 똬리의 역사를 자세히 알 수 없다. 다만 삼국시대까지만 하더라도 바닥이 둥근 토기가 보편적으로 사용되었으므로 이러한 토기들을 머리에 이고 다니기 위해서는 이러한 똬리가 필수적으로 사용되었을 것으로 보인다. 똬리는 새끼로 10cm정도의 원을 만든 후 짚 모습을 감은 다음 왕골의 겉껍질이나 줄껍질, 부들 껍질로 겉을 싸서 반질반질하게 완성한다. 전체적으로 둥근 원형이고 가운데 구멍이 나 있으며, 테두리에 끈이 매달려 있다. 똬리는 상수도가 일반화되기 이전 공동 우물을 사용하던 시기에 아낙네들이 물을 이고 다닐 때 흔히 볼 수 있었다. 똬리의 테두리에 매달아 놓은 끈은 입에 물도록 한 것이다.[26]

⑧ 멍석

아무 때, 아무 곳에서나 펴놓기만 하면 앉고 눕고 뛸 수 있는 용품 중에 하나가 바로 멍석이다. 주로 볏짚을 촘촘하게 엮어 만들어 사용하는데, 원형, 사각형 등 다양한 형태로 구분할 수 있다. 크기 또한 다양하다. 몇 사람이 앉을 정도부터

---

26 「또아리」, 국립중앙박물관(nfm.go.kr).

10~20여 명이 함께 앉을 수 있는 것도 있다. 지금이야 자취를 감춰 찾아보기 어렵지만 30여 년 전만 하더라도 멍석이 없는 가정집은 찾아보기 어려울 정도로 흔히 볼 수 있었던 도구이다. 정선 지역에서는 다양한 멍석이 전승되고 있는데, 윷놀이를 할 때 바닥에 펼치는 것부터 이부자리로 사용하던 방석, 잔칫날 손님들을 위해 펼치던 방석 등이 주로 사용되었다. 오늘날 짚·풀 공예로 제작하는 방석들 대부분은 현대 생활에 맞게 조그마한 형태이다.

> 멍석은 저 있잖아요, 멍석은 이게 멍석이에요 (윷놀이 멍석인가요?) 네, 이거는 윷판이에요 (옛날에 정선에서 멍석 많이 사용하셨죠? 어렸을 때) 아이 그럼 시골에는 곡식 널 때 멍석 (그러니까 멍석은 어머니 주로 다 집안에서 만들어야지 기술자가 있는 게 아니지요?) 네, 만드는데 멍석은 곡식 너는 거 (그러니까 곡식 너는 것이지요 멍석 장석자리, 그러면 어머니 지금 가지고 있는 멍석은 얼마나 됐습니까?) 아유 저건 수십 년 넘죠, 내가 저건 옛날 거 저기 가져다 놔뒀는데 오래 됐겠죠, 뭐, 그런데 저거 내가 시골에 이제 멍석을 안 쓰잖아요, 요즘에는 (그렇지요) 안 써서 내가 그런 거 이렇게 옛날 것 수집을 하니까 가져다가 꽤 많이 나뒀는데 정선군에서 아리랑제 할 때 이거 마당에 깔면 좋잖아요.[27]

⑨ 광주리(바구니)

대나무나 싸리나무 또는 버드나무를 가늘게 쪼갠 '채'로 둥글게 결어 속이 깊숙하게 만든 그릇이다. 1527년(중종 22)에 간행된 『훈몽자회』에는 '바고니'로, 1779년경에 나온 『한한청문감韓漢淸文鑑』에는 '바구레'로 올라 있다. 한편, 1827년(순조 27)경에 출간된 『임원경제지』에는 '바군이'로 적으면서 다음과 같은 설명을 달았다. "오늘날 서울의 시장에서 오가는 이들은 타원형의 소롱(小籠: 바군이)을 지녔는데 무릇 생선이나 채소를 여기에 담는다. 여자들은 왼쪽 겨드랑이에 끼고 남자들

---

27   전옥매 씨 구술 자료, 2015년 8월 20일.

27   전옥매 씨 구술 자료, 2015년 8월 20일.

은 새끼줄을 달아가지고 다닌다. 한강 북쪽에서는 대가 나지 않아 싸리껍질을 벗겨
짜 만든다."는 내용이 그것이다. 지역에 따라 보금치·바구리·바구미·바그미·보고니·
보금지라고도 부른다. 곡물 따위의 농산물을 나르는 데 많이 쓰며 말리거나 갈무
리용으로도 사용된다. 테두리에 대나무를 서너 겹 둘러서 손잡이로 쓰거나 바닥을
든든히 하려고 대쪽 서너 개를 나란히 질러두기도 한다.[28]

⑩ 장석자리

지금은 거의 찾아볼 수 없는 공예품 중의 하나가 바로 장석자리다. 장석자리는
정선 지역의 서민들이 많이 사용하던 것으로 바닥에 깔고 생활하던 대표적인 생활
용품이기도 하다. 난방시설이 발달하지 않았던 시절에 장석자리를 깔면 한기를 이
길 수도 있었으며 잠을 잘 땐 몸을 덮는 이부자리로도 사용되었다.

(자 그럼 어머니 지금 방금 말한 방석자리는) 장석자리 (아 장석자리구나) 그게 아주
옛날에 (네 방석자리 아 장석자리) 장석자리 (그러면 옛날에 장석자리는 어머니 어디
다가 썼습니까?) 근데 저는 이런 거 깔고 생활을 안했고 아주 저 고양이라는

---

28 「바구니」, 국립중앙박물관(nfm.go.kr)

아주 깊은 산속에 제가 한집에를 갔거든요, 갔더니 이걸 깔은 거예요, 근데 내가 근데 이거는 장석 뭐냐 하니까 장석자리라는데 아주 없는 서민들이 이거는 요렇게 이쁘게 잘 했지만 그거는 굵게 꽈가지고 막 가마니때기 깔고 깔게 없자나요, 그럴 때 이걸 깔았는데 정선아리랑에 니 팔자나 내 팔자나 이불요 깔겠나 없으니 이불요를 못 깐다 이거야 (아하) 그러니 엉틀멍틀 장석자리 (하 하 하) 엉틀멍틀 장석자리 (아 그게 장석자리구나 어머니, 그러면 어머니가 보셨던 크기가 얼마나 했어요?) 근데 이게 자리가 이렇게 내는 거, 자리가 이렇게 내잖아요 (배틀자리 큰 거 말씀 하시는 건가?) 아니 베틀자리 아니고 그 왕골자리 (아 왕골자리) 왕골자리 부교 (부들) 자리 그 자리 (틀이 있잖아요, 틀) 길이는 맘대로 할 수 있지만 폭은 요만하거든요 (아 그럼 어머니 얼마나 한 1미터 되는 거네요, 아) 이 폭이죠 뭐 (한 팔구십 센치 되는 구나, 그래서) 근데 그때 본 것이 항상 기억 속에 남아 가꼬 제가 이렇게 생활을 하면서 야 어떻게 하면 장석자리 그때 본 것을 정선아리랑에는 있는데 이젠 그게 없어져서 장석자리를 모르는 거예요.[29]

---

29 전옥매 씨 구술 자료, 2015년 8월 20일.

이러한 것들 이외에 대략 30여 개가 넘는 짚·풀 공예가 전승되고 있다. 지압대, 싸리로 만든 빗자루, 다래끼처럼 전통 방식을 그대로 재현한 공예품부터 현대인들의 취향에 맞는 화병 등도 전승되고 있다.

3) 광하2리의 짚·풀 공예 전승 현황

(1) 마을 개관과 짚·풀 공예 제작의 역사

오늘날 정선 지역에서 체계적으로 짚·풀 공예 기술을 전승하고 있는 대표적인 단체가 바로 광하2리 노인회이다. 남평리 노인회도 이러한 모습을 엿볼 수 있으나 여러 가지 부분에서 광하2리에 비해 부족한 것이 사실이다.

과거에 비해 차이가 있긴 하나 오늘날 광하2리 지역에는 50가구가 모여 살고 있다. 인구는 백 명이 조금 넘는다. 이 지역 주민들은 고추를 많이 재배한다. 옥수수와 다른 작물도 생산하지만 고추 농사를 많이 짓는다. 그 이유는 여기에서 나는 고추가 다른 데 고추에 비해 좋기 때문이라고 한다.

> (지금 여기 광하2리는 인구수는 얼마 몇 가구나 되요?) 여기요? 한 50가구나 되요 (인구수는? 한 백오십?) 인구수 뭐 백 한 몇 명 될걸요 (지금 주로 하시는 것 들은 옥수수나 고추) 고추 (그런 걸 주로 하시는 구나) 여기는 제일 주 종목이 고추에요 고추에서 돈 나오지 다른 덴 나올 데 없어요 (고추가 좋습니까? 여기 좋아요?) 네 여기 고추 잘 되요 그거밖에[30]

광하2리 경로회에서는 대략 30년 전부터 짚·풀 공예에 관심을 갖고 다양한 활동을 펼쳐오고 있다. 지금은 고인이 된 당시의 경로회장인 최봉오 씨를 중심으로

---

30   최용진 씨 구술 자료, 2015년 8월 19일.

짚·풀을 이용해 공예품을 만들어 왔다.

> (그러면 지금 짚·풀 공예 이거 특성화 시작하신지가 얼마나 되셨어요?) 시작한지 한 이
> 십 한 오년 되었어요 (오 그렇게 오래됐습니까? 누가 시작을 했습니까?) 최봉오 씨
> 가 시작했어 (누구요?) 최 봉 오 (이분은 어떤 분이셨어요?) 그때 회장님 하고 (노
> 인회장님?) 네 (노인회장님이시구나 이유가 뭡니까 원래 이 마을이 그런 짚·풀공예나 이
> 런 게 많았습니까?) 그전에 많지는 않았는데 이걸 개발해가지고 이양반이 (돌
> 아가셨습니까?) 네 돌아가셨어 총리 표창까지 탔어요 (이걸로?) 네 이분이[31]

최봉오 씨를 비롯해 당시 마을 주민들이 이 부분에 관심을 가진 연유는 당시
활발하게 진행된 지역 특성화 사업과 관련이 있다. 당시 경로회장을 맡고 있던 최
봉오 씨는 군의 적극적인 지원을 받아 마을에서 오래전부터 행해져왔던 전통의 짚·
풀 공예에 관심을 갖고 마을 주민들과 함께 소규모 형태로 시작하였다.

> (그러면 이분이 하신 이유가 있을 거 아닙니까?) 그러니까 이제 노인회에서 이게
> 할 게 마땅치 않으니까 취미삼아 짚·풀 공예를 시작헌거지요 그러니까 군
> 에서 보고 좋으니까 이거 해라 해가지고 저기 군에꺼지 도울 정도로 대회
> 같은데도 나가고 이제 오일장도 생겨서 거기 나가서도 하라 그래가지고
> 했지 모 (그러면 그 당시에 어르신은 그럼 몇 살 때였어요?) 그때 한 (오십대?) 한 육
> 십오 오십 한 몇 됐지 (지금 어르신이 칠십 삼세인데 이십 오년 전이면 연세가 이분이
> 최봉오) 돌아가셨어.[32]

광하2리 마을에서 짚·풀 공예를 만들기 시작하여 오늘날까지 전승될 수 있었

---

31 위와 같음.
32 위와 같음.

던 데에는 무엇보다 주민들의 노력이 컸다. 마을에서 운영하던 땅에 무 농사를 지어 적지 않은 돈을 마련할 수 있었다. 함께 무 농사를 지어 벌어들인 수익으로 마을 회관도 지을 수 있었고 짚·풀 공예 제작에 필요한 재료들도 사올 수 있었다. 그 덕분에 주민들이 돈을 들이지 않고 볏짚을 구해와 짚·풀 공예를 만들었던 것이다. 무 농사 이외에 콩도 수확하여 판매하였다. 이 마을에서 이런 일들을 가능케 했던 인물이 바로 당시의 노인회장인 최봉오 씨다.

(그러면 재료도 다 본인이 부담합니까? 재료값은) 재료는 공동으로 사요 (그러면 그 돈은 어떻게 모아요?) 공동 돈으로 사요 짚 같은 거 (그러니까 그 돈이 어디서 나와요) 우리가 저 옛날 갈 적에 우리가 무 농사를 지었어요 (무 무) 옛날 노인들은 겨울 적에 콩농사도 짓고 뭐 이런 걸 해서 벌어 놓았고 우리는 이제 집을 경로당을 짓고 시작해서 하는 시절에는 무를 삼년을 했어요 (무 농사) 일 년에 천오백을 해가지고 거기 들어가는 그거를 제하고 나머지 한 천 이백씩 떨어졌어요 삼년을 했는데 삼천육백 한 떨어졌죠, 그거가지고 이제 경비를 쓰고 남는 거 이거하고 이제 여기 연료비고 뭐 이런 건 읍사무소에서 다나오니까 그걸로 이제 먹고 놀고 그거 하는 거죠 경비 쓰고 (그러면 마을소유의 밭이 있는 거예요?) 도시로 들어가서 했지 남의 땅 임대해서

했지 (임대 얻어서 그러면 마을사람들이 다같이?) 공동으로 했지 회원들이 (아 노인회 회원들이 그걸 언제부터 시작 하신 거예요?) 그걸 삼년 전에 시작했지 삼년 사년 2001년부터 했나? (그러면 꽤) 일 년 이년 삼년을 하고 안했으니까 삼년간 했지 (그러면 그 이후로는 안하셨다는 거죠? 그러면 그 돈이 그게 누적이 된 거죠?) 네 그렇죠.[33]

이와 관련된 구체적인 내용은 신문 기사를 통해서도 확인할 수 있다. 『강원도민일보』에는 이 마을의 역사와 함께 짚·풀 공예 제작의 실태 등과 함께 공동기금과 관련된 내용이 실려 있었다.

물론 처음부터 지금과 같은 모습으로 자리를 잡은 건 아니었다. 당시 노인회의 회원들이 30여명 정도였는데, 그 중에서 짚·풀 공예를 만들 수 있는 분들을 중심으로 시작되었다.

(그 당시에 그럼 이 마을은 인구가 그 당시에는 노인인구가 몇 분이나 됩니까?) 지금 노인회 회원이 사십 삼명 (사십 삼명, 그 당시에는요?) 그 당시에는 확실한건 모르는데 그 정도는 안됐지 (그렇죠 이 정도는 안됐을 거죠?) 한 삼십 명 정도 됐을꺼요. (그러면 우리기억에 이분이 시작하실 때 모든 마을에 노인 분들이 다 참여 하셨어요?) 다 참석했지 (다? 지금도?) 지금도 그렇지 (그러면 필수에요?) 예? (필수로 다 반드시 참여 하는 거예요?) 반드시 다 참여하는 게 아니라 노인회에서도 이제 짚풀 공예를 만들 줄 아는 분들만 참석 하는 거지.[34]

최봉오씨와 제작 기술을 가지고 있는 이들에게 기술을 전수 받은 부민들은 세월이 흘러 초창기 활동하던 노인들은 돌아가셨지만 그들에게 배운 기술을 토대로

---

33   위와 같음.

34   위와 같음.

오늘날까지 짚·풀 공예를 만들어 장에 내다 팔기도 하고 봉사활동도 하고 있다. 최옥순 할머니 사례에서 이를 엿볼 수 있다.

> (그러면 누구 권유로 이걸 배우시게 된 거예요?) 그 이제 회장님들이 다 우리집안 조카들이야 (아 최 씨니까) 그러니까 우리 이거 하는데 같이 따라 댕깁시다 해서 댕겨보니까 할 만 하네요 (그러면 원래는 옛날에는 이런 거 전혀 관심이 없으셨네요?) 옛날에는 뭐 이런 거 생각도 안하고 옛날에는 애들 대리고 저 시내에서 장사 해가지고 애들 좀 가르치고 이러다가 (초창기에 왔을 때 분위기가 어떠셨어요? 어머니, 이거 짚풀 공예 하시던 노인정에서 할머니 할아버지들 어머니 말고도 미리 배우시던 분 있으셨을 거 아닙니까?) 그리 하던 분들이 많이 돌아 가셨어요 (분위기는 어떠셨어요?) 좋았지요[35]

(2) 짚·풀 공예의 제작과 판매

광하2리 주민들, 특히 노인회 회원들 중 상당수가 짚·풀을 이용해 공예를 만들고 있다. 30여 년의 역사를 가지고 있는 연유로 나름대로 조직 체계가 잘 갖추어 있을 뿐만 아니라 공동 작업이 원활하게 진행되고 있다. 이 지역에서는 노인회 회장이 모든 내용을 총괄한다. 그는 책임자이며, 공예품을 만드는 일부터 판매, 그리고 수입 관리와 운영 등등을 그가 맡아 진행한다. 무엇보다 공동 수입을 관리하고 운영하는 일이 중요한데, 이럴 경우에는 회의를 통해 결정한다.

> (그럼 어르신 여기에서 이십 오년 정도 지금 그러면 총 관리를 다 회장님이 하시는 거예요? 인원관리든 회원관리든 이 모든 볏짚공예 만드는 것은?) 네 제가해요 (회장님이 다 이임을 모든 총책임을 하시는 거예요?) 네 (그러면 수익이나 이런 건 얼마나 나옵니까 어르신?) 내가요? (아니요 일을 해서 마을에) 수익이 뭐 크게 없어요 (네?) 이건 개인

---

35   최옥순 씨 구술 자료, 2015년 8월 19일.

별로 가져 개인별로, 만드는 사람이 가져가요 (가져가요? 오) 이거를 공동으로 해도 이거를 동네에 들여놓고 이러는 게 아니고 개인별로 다 가져가 일당 버는 거 (아 재미있겠네 재미있겠어요)[36]

이들 내용보다 현실적으로 더 중요한 것은 바로 공예품 제작에서 중요한 재료를 함께 준비하는 것이다. 그리고 준비해온 재료를 창고에 보관하는 하는 일도 담당한다. 재료는 마을회관 근처에 있는 창고에 보관한다. 물론 개별적으로 구입한 재료는 각자 보관한다. 볏짚의 경우 노인회에서 공동으로 준비할 때는 대략 여덟 마지기 정도를 외부에서 구입한다. 일 년에 네 차례 정도 구입하여 모두 사용한다.

(주로 그러면 어머니 이 볏짚은 사 오시는 거죠?) 사왔어요 (그렇죠 여기는 벼가 재배가 안 되니까) 한해에 우리가 벼를 여덟 마지기씩 사와요 (전체 마을에서?) 네 네 우리 이거 만드는 사람들끼리만 (그러니까 그래서 서로 나눠서 그걸로 만드는 거지요?) 네 네 (한 마지기면 얼마나 듭니까? 비용이) 여덟 마지기씩 사면 차로 네 차씩 실어요 (그러면 엄청난 양이네)이네 그래가지고 그걸 다 쓰잖아 (보관은 저기 창고에다가) 창고에 (아까 그 짚풀 옆에 있는 창고에다가) 그리고 이제 여기 좀 멀리 있는 사람들은 각자 막 실어다가 자기 집에다가 갔다가 보관하고 쓰고 (아 장사를 잘하시는 분은 따로 보관 하는구나)[37]

주로 볏짚을 많이 구매하는 이유는 볏짚으로 만들 수 있는 공예품이 많기 때문이다. 싸리나무와 여타의 풀草을 이용한 공예품도 있지만 볏짚은 절대적이라 할 수 있다. 볏짚으로 말들 수 있는 공예에는 간단히 만들 수 있는 볏짚을 비롯해 멍석·소멍·삼태기·씨앗종이·화병·맷돌방석·지게받침·미투리·주루먹 등 다양하다. 실제로

---

36   최용진 씨 구술 자료, 2015년 8월 19일.
37   최옥순 씨 구술 자료, 2015년 8월 19일.

조사 과정에서 방문했던 제보자들의 집 한편에 볏짚이 쌓여 있는 모습을 어렵지 않게 볼 수 있었다.

(여기는 주로 뭘 만드셨어요?) 지금 저기 있죠 (설명을 좀 해 주세요, 하나만 저게) 짚신 또 지압대 저기 지하리 같은 게 지압대 (그게 뭐예요? 이제 싱크대 같은데 앞에 깔아놓고 발로 밟는 지압 (아 지압대 저거는? 소) 저거는 소멍 (소멍 소멍이라 그래 소멍) 산태미 (산태미? 산태미는 뭐예요?) 이제 소 깍지 주고 이라는 거 담아가지고 다니는 거 (저게 지금 밑에가)이짝거 이짝거 (이쪽 거 선생님) 이멍이멍하게 있는거 (저게 삼태기라고 그러죠?) 네 삼태기 (그렇죠 그러면 저거 멍 그) 주멍 (주멍 밑에는? 주멍 밑에 펑펑한 거 있잖습니까?) 똥그런거요? 저게 그 떡 해먹을 적에 시루 밑에 놓는 거야 (그게 뭡니까?) 시루명석 (아 시루명석 이라고 그러는구나 저 처음 들어보는 거네, 그다음에 삼태기 옆에 저걸 미투리?) 저거요? 저거 주루먹 (주루막?) 주루먹 (여기서는 주루먹이라고 그러고 저게 나무하러) 산에 갔을 때 나물 뜯고 그럴 때 (그렇죠 거기다가 넣는 거죠?) 네 (그러면 옆에 이거는 어르신?) 그거는 이제 일 할 적에 씨 같은 거 (아 저게 씨앗종이! 맞습니다 씨앗종이, 그다음에 저게 삼태기) 저거 삼태기 (이거는요? 이거는?) 어떤 거? (이거 옆에 거) 이거는 이제 손가방 식으로 이제 (아 이런 것들도 만드시는구나, 그러니까 옛날 걸 현대식으로) 예 예 (저건 맷돌 맷돌명석이죠?) 그렇죠.[38]

여러 기간 동안 제작한 공예품들은 장날에 맞춰 정선 읍내로 가져가 판매를 한다. 정선 5일장이 열리는 날이 2일과 7일이기에 한 달에 5~6번 정도 판매를 하는 것으로 보아도 무방하다. 제작한 공예품을 정선 5일장에서 판매하기 시작한 것은 그리 오래되지 않다. 10년 정도 되었다고 하는데 그 이전에는 소문을 듣고 찾아오는 사람들에게 판매를 하거나 혹은 주문을 받은 다음 제작하여 판매하는 식이었

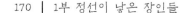

38   최용진 씨 구술 자료, 2015년 8월 19일.

다. 그 당시에는 제작했던 공예품들도 지금에 비해 훨씬 큰 게 많았다. 혼자 할 수 없었던 멍석 등도 주문받아 판적도 있다. 그렇다고 주문을 받지 않는 것은 아니다. 지금도 주문이 들어오면 각자 집에서 만들어 판매를 하기도 한다.

(그러면 장날 갈 때 여기서 이일장 칠일장 설 때 주로 몇 시쯤에 가시나요?) 여기서 여덟 시 반 차 타고가 버스 (버스로 가세요? 차가 없으셔 가지고?) 네 (그러면 어르신 지금 짚풀공예 만드셔서 민속 장 가셔서 팔기 시작한지가 언제에요?) 그것도 한 십년 가까이 됐나 (오래됐구나 저는 궁금한 게 최봉오 회장님 때는 만들어서 주로 뭐 하셨던 거예요? 지금하고는 다르잖아요) 그때는 저 홍보가 되니까 사방서 주문이 들어와 가지고 만드는 거지요 (아) 그때는 인터넷도 없었고 (없으니까 입소문 듣고) 듣고 와가지고 사 팔고 그랬죠, 주문 들어오면 만들고 그때는 큰 멍석 이런 것도 만들고 (그 당시는 컸겠네요, 멍석도 만들고) 그렇지요 (그러면 지금하고는 어르신 차이가 좀 있네, 지금 대부분 오일장가서 다 소모를 하시는 거예요?) 지금도 뭐 맞추면 만들어서 보내주고 (아 주문이 들어오면, 그러면 주로 각자 집에서 만들어요?) 집에서 만들지[39]

39   위와 같음.

정선 5일장으로 공예품을 판매하러 다닌 지 5년 정도 된 최옥순 씨의 경우는 한번 시장에 갈 때마다 대략 5개 정도의 공예품을 가지고 간다. 놀러가는 셈치고 가는데 반응이 좋은 날이면 모두 팔고 돌아온다. 그러다 보니 일 년에 몇 개를 만들어 판매한 지 알 수가 없다. 다만 제보자의 말을 정리하면 일 년에 2백 개 정도를 만들어 판매하는 것으로 이해할 수 있다.

> 그런 거 생각도 없이 그냥 한 거야 (그러면 일 년에 몇 개나 만듭니까?) 일 년에 숫자를 몰라요 (많아서?) 네 숫자를 몰라요 (쉬실 때도 그럼) 네 한 달에 장이 육장이잖아요 (그러니까 여섯 번 서니까) 보통 한 장에 네다섯 개를 소비를 하니까 (그럼 아까 물어보니까 지금 그렇게 나가서 파신지 얼마나 되셨죠? 횟수로 정선장날에 가서 파신 게) 그냥 하면 놀러 나갔으니까 (한 오년정도 됐다고) 십년 (십년 아니 시장으로 정선 장에 팔러 가신지가) 정선 장에 팔러 간지가 그렇게 됐어요 (아 어머니는 그때부터 시작을 하셨구나) 네 그때요 그전에도 여기 사람들이 그렇게 했는데 나가서 장사를 하면서 그렇게 팔았는데 내가 와서 그 난 이걸 하면 대번 따라 나가서 팔았거든.[40]

판매 가격은 정해진 단가가 있는 게 아니다. 개별적으로 가격을 정하는 경우가 다반사다. 그렇다고 기준이 없는 것은 아니다. 들어간 재료와 수고비를 감안하여 가격을 책정한다. 만든 사람이 다르더라도 같은 공예품끼리는 가격이 비슷하다. 현재의 시세를 보면 주루먹은 2만 원, 짚신은 칠천 원, 다래끼는 만 원, 소쿠리는 만 원이다. 물론 크기에 따라 차이가 있긴 하다.

> 만들면 돈 자기 버는 거고 (얼마나 하는지가 제가 잘 몰라서 가격대가) 가격이 지금 저 주루먹은 이만 원 저 지압대 이런 건 만 원 짚신은 칠천 원 (삼태기

---

40   최옥순 씨 구술 자료, 2015년 8월 19일.

는?) 다라끼 만 원 저저 (소쿠리는?) 소쿠리 저런 거는 오천 원 조그만 주루먹 요거는 만 원 조그만 짚신은 사천 원 (가격은 누가 정합니까?) 가격은 우리가 정해가지고 그냥 파는 거지[41]

판매를 통해 얻은 수익은 각자 용돈으로 사용한다. 그렇다고 모두 용돈으로 사용할 수는 없다. 재료를 구매해야 하기 때문이다. 서로 모여 공예품을 만들다보면 정도 들고 심심하지 않은 점이 돈보다 더 중요하다고 한다. 그런 점에서 공예품은 큰 행복을 선사하는 셈이다.

(파시면서 뭐도 좀 드시고 용돈도 받으시고 그러면 그 돈은 어떻게 쓰십니까? 어머니) 그냥 뭐 애들이 있으면 애들 (용돈도 좀 주시고) 용돈도 좀 주기도 하고 나도 뭐 맛있는 거 사 먹기도 하고 (그렇죠 이거 안하고 있으면 삶이 어떠셨을거 같아요? 어머니가) 안하고 있었으면 그냥 (재미도 없이) 그게 없지요 (그렇죠 결국은 어머니 돈보다는 어머니의) 그래도 이걸 함으로써 내가 이거 한 것을 많이 나가면 여기 사람들이 (대화도하고) 대화도 하고 경로당에 또 쉰다 해도 나가면 거기 여러 사람들이 앉아 놀고 그러니까 그게 좋지 뭐.[42]

(3) 주요 공예품의 제작 기술

① 둥구미

우선 3개의 가닥을 엮어 새끼줄 8개를 만들고 만든 줄을 두 가닥씩 반으로 접어 만든 고리를 서로 엮어 건다. 바싹 조인 가마 바탕의 한쪽 고리에 씨가 되는 짚을 넣는다. 이 과정이 끝나면 다시 한 번 두 날을 잡아 엮어 한 바퀴를 돌리는데 이 과정을 3~4회 정도 더 한다. 그리고 늘리기라는 것을 한다. 이것은 날과 날 사이가

---

41   최용진 씨 구술 자료, 2015년 8월 19일.
42   최옥순 씨 구술 자료, 2015년 8월 19일.

넓어지면 새날을 넣는 것을 말한다. 어느 정도 바닥 크기가 만들어지면 씨를 하나 더 넣어 세 개의 씨로 바닥을 1회전 짠다. 씨 하나를 줄이고 모든 날을 바짝 꺾어 두 개의 씨로 꺾어 놓은 날을 2회전을 더 바싹 당겨 엮는다. 날이 모두 수직으로 세 워지면 원하는 벽체만큼 돌아가며 엮어 올린다. 날 하나를 잡아 고기를 지어 두 날 을 뒤로 하고 하나는 안으로 빼어 내어 네 번째 날아감아 뽑는다. 이와 같이 처음 네 날은 고리를 지어 두고 계속 같은 방법으로 차례로 날을 잡아 뽑되 더 이상 고리 는 남기지 않는다.

② 지게 등태

지게 등태를 만들기 위해서는 우선 짚 한 줌을 짚이 뿌리 쪽에서부터 일정한 지 점까지 이엉을 엮듯 새끼줄로 지게 등폭 만큼 엮고 끝을 묶는다. 첫 번째는 비교적 느슨하게 교차시킨다. 두 번째는 날줄을 고대로 바싹 잡아당기는데 이때는 첫 번째 엮음보다 폭이 좁게 엮는다. 두 번째 엮음에서 일정 정도 떨어진 지점에 세 번째 엮 음을 하면 어느 정도 마무리가 된다. 원하는 모양이 되면 엮은 부분을 잘라내고 그 렇지 않은 부분은 잘라 다듬으면 마무리가 된다.

③ 오쟁이

오쟁이를 만드는 과정에서는 같은 굵기의 볏짚을 뿌리 부분과 머리 부분을 서로 엇바꾸어 중앙을 엮는 게 중요하다. 그런 다음 오쟁이의 양쪽 벽면 높이와 바닥 폭을 정하여 만든다. 엮은 중앙의 좌우를 한 줄씩 더 엮어 3줄이 되도록 한다. 양쪽 바닥 폭 만큼을 빼어 각각 묶어준 다음 바닥 쪽 양 날개의 짚 묶음을 하나씩 순서대로 빼어 맞붙여 겹쳐 엮는다. 이 일이 끝나면 엮던 새끼줄을 서로 꼰다. 그리고 꼰 끈을 연결하여 손잡이를 만든다.

④ 망태기

망태기를 만들기 위해서는 우선 새끼줄이 필요하다. 꼰 새끼를 자리틀에 걸어 엮는다. 날줄과 날줄의 간격은 약 4~5cm 정도이며 이 날줄의 총길이가 망태의 길이가 된다. 처음 날줄을 엮는 곳이 바닥이 되는 부분이다. 날줄은 건너뛰면서 씨줄 두 개를 함께 엮는다. 씨줄 마지막 부분에서 꺾어 되돌아 온 뒤 씨줄을 겹쳐서 일정한 정도를 남기고 처음의 날줄을 엮는다. 왼쪽의 첫 날줄은 계속하여 일정한 정도의 고리를 지은 후 엮는다. 그러면 씨줄 끝으로 촘촘하게 고리가 달리게 된다. 그리고 오른쪽 마지막 날줄이 윗부분이 되는 곳인데 씨줄을 10회 왕복으로 엮은 다음 바닥의 경우처럼 약 8cm 정도의 고리를 짓는다.

⑤ 똬리

새끼줄이 준비되면 똬리 크기로 원을 만든다. 그러고 나서 짚 한줌을 대고 다시 새끼줄을 감아 돌린다. 원을 만들 때 생긴 날 2개 중 하나를 짚을 감아 돌리는 과정에서 합친다. 이 과정에서 사용하지 않은 줄이 기본 날이 된다. 줄을 꼬는 방법에서는 원의 중앙에서 나와 기본 날의 오른쪽 뒤에서 왼쪽 앞으로 나와 기본 날의 앞을 지난 뒤 원의 바깥 밑에서 안쪽 앞으로 빠져나가게 하는 게 중요하다. 이 작업을 계속하다, 중앙의 틀에 줄을 감싸는 일이 끝나면 남은 짚은 새끼를 꼬아 기본 날 안으로 집어넣는다.

⑥ 종다래끼

다듬은 새끼줄 세 가닥을 서로 엇갈려 엮는다. 종다래끼의 기둥을 만드는 두세 쪽으로 날 수를 늘리면서 둥글게 엮어 올린다. 올리던 씨와 새로 넣은 씨를 날 양쪽으로 끼워 넣는데, 이 과정에서는 구멍이 보이지 않도록 촘촘하게 엮는 게 중요하다. 어느 정도 작업이 마무리 되면 재료를 더 준비하여 상단의 주둥이 부분을 마무리 하면 작업이 끝난다.

⑦ 짚신

먼저 긴 줄을 양쪽 발가락에 연결하여 모두 4개의 줄을 만든다. 그런 다음 준비해둔 볏짚을 줄의 사이사이에 끼어 엮는다. 엮을 때는 한번은 밑으로 한번은 위로 가도록 엇갈리게 엮는 게 중요하다. 짚신을 만드는 과정에서는 밑바닥을 튼튼하게 해야 한다. 원하는 크기 정도로 짚을 끼우고 나면 양쪽 옆을 올려 신발모양이 되도록 한다. 그런 다음 짚신 안쪽에 짚신 틀을 넣고 단단하게 조인다. 삐져나온 부분을 잘 정리하면 하나의 짚신이 된다.

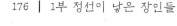

4) 전승 활동과 수상 실적

(1) 전승 활동

오늘날 짚·풀 공예는 정선 지역을 대표하는 문화로 자리매김하고 있다. 조상들이 사용하던 생활용품이 공예품으로 탈바꿈하면서 정선을 찾은 관광객들에게 또다른 볼거리를 제공하고 있다.

광하2리 지역에서 30년 이상 짚·풀 공예를 만들어 올 수 있었던 데에는 무엇보다 자체적으로 전승 기술을 전수하고 있기 때문이다. 실제로 광하2리에 살고 있는 최옥순 할머니의 경우는 노인회장인 최봉오 씨에게 기술을 사사 받았다. 그녀는 고향인 광하리를 떠나 정선읍에서 살다 10여 년 전에 돌아왔는데, 그에게 기술을 배워 지금까지 공예품을 만들고 있다.

(그러면 이거 할머니가 아까 그 회장님의 형님 되시는 최봉오 선생님 때부터 하셨다고) 봉오 봉오 (오 오) 봉오 (봉오 오) 네 (회장님 계실 때부터 하셨어요?) 그럼요 (초창기부터 그러면 이십년이 넘으시네?) 그때는 내가 지금 지금 십년 이래요 (그 말은 뭐에요 왜 십년이래요?) 지금 십년 째래요 그때는 그전에 또 하시던 분들이 많이 있으셨고 (아 어머니는 그때는 안 하셨구나) 네 나는 정선 시내에 있다가 애들 거기에 내비 두고서 지금은 여기에 나와 가지고 여기 이렇게 혼자 이래 있으니까 (아 광하리로 어머니가 오신 게 십년 되셨구나) 네 네 원래 여기 고향인데 (고향인데~) 정선 가서 살다가 (읍내 가서 사시다가) 애들 거기 직장해가지고 있으니까 (아 그러면 어머니 옛날에 이집은 어떤 누구 터 입니까? 처가댁?) 아니요 사가지고 왔지요.[43]

제보에서 알 수 있듯 광하2리에서는 제작기술을 가지고 있는 분들이 모르는 분

---

43   위와 같음.

들에게 가르쳐 주는 형태로 전승이 이루어지고 있다. 짚·풀 공예 제작 기술의 전승은 노인회를 주체적으로 진행된다. 노인회의 가입 조건은 70살인데, 70살 아래에 있던 청년회 회원들이 노인회로 올라오면 본격적으로 기술을 전승시켜준다. 일대 일로 가르치다보면 복잡한 것 같지만 하루 정도 만드는 모습을 지켜보거나 혹은 전수를 받으면 어렵지 않게 만들 수 있다고 한다. 물론 만드는 시간이 오래 걸리는 건 어쩔 수 없다. 조사 과정에서 만난 이 마을 노인회장님은 주루먹과 지압대 만드는 기술을 윗분들에게 배웠다. 그래서 그걸 만드는 기술을 잘 알고 있어 후배들이 오면 그걸 주로 가르쳐 준다.

> (그러면 여기는 노인회 연령이 몇 살이나 되시나요? 기준이 가입이) 우리가 최하에요 (지금 칠십삼이, 그러면 예를 들면 청년회에서 노인회로 올라와요 그러면 이런 친구들은 기술이 없을 거 아닙니까?) 없지요 (가르쳐 줘야 할 거 아닙니까?) 내가 가르쳐 줘야지 (일대 일로?) 아니 이제 와서 옆에서 만드는 거 보고 배우고 그래야지 (옆에서?) 그럼 (전문적으로 가르치는 건) 나도 이걸 모르는데 한때를 몰랐는데 회장님 옆에 가서 배워서 이걸 만들고 저거 주루먹도 만들고 그래 (회장님이 만드신 게 저거예요?) 아니요 나는 여기 없는데 저기 나가면 있는데 주루먹하고 지압대 하고 두 가지를 배워가지고 만들어 (얼마나 걸립니까? 그런 거 만드시려면 얼마나 배우셨어요?) 그거 뭐 금방 배우지 (하루?) 아니 그 뭐 하는 거 배우면 며칠 이면 배워 (다 그런 식으로 배우시는구나) 네 그럼요 (그러면 배우시면 뭐 먹을 거라도 사주셔야 되는 거 아닙니까 배우셨으면 스승님한테 먹을 거라도) 하하하하.[44]

이 마을의 노인회에는 '짚공예팀'이라는 명칭으로 다양한 활동을 하고 있다. 모두 4개 조로 나눠져 있는데 각 팀의 명단은 아래와 같다.

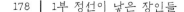

44   최용진 씨 구술 자료, 2015년 8월 19일.

조	명 단	비 고
1	최용진, 진춘옥, 최계록, 박대식, 윤순옥	
2	임옥이, 유돈원, 심일녀, 정춘매, 신동현	
3	최산옥, 전달수, 최하규, 최복규	
4	전태봉, 전영택, 이용식, 신용선, 이갑춘	

짚공예팀은 마을 내에서의 활동 이외에 다른 지역에서도 전승활동을 펼치고 있다. 관내에 있는 요양원을 방문하여 할머니 할아버지들과 함께 공예품을 만드는 일이 대표적인 활동이다. 팀원 모두가 한 달 두 번씩 요양원을 방문하여 그곳에 있는 노인들과 새끼줄도 꼬고 다양한 것들을 만든다. 이 활동은 2000년대 중반부터 시작하였는데, 매달 7일과 27일에 방문한다. 짚공예팀이라는 이름으로 조를 나눈 연유도 요양원에서 봉사하기 위해서라고 한다.

> (한 육십 명 되시네, 조는 왜 나누신 거예요?) 조는 뭐 요양원에 그거 간다고 (아 체험하러) 네 체험하러 (어디 요양원을 주로 가십니까?) 남평 (남평 요양원에 가셔서, 주말에 몇 번?) 한 달에 두 번 (무슨 무슨 요일이십니까?) 7일, 27일 (그러면 그 분들한테 가서 같이 만드시는 구나) 네 가서 만드는 걸 보여주는 거죠 (그러면 지금 이 팀이 노인 짚공예 팀이라고 나눴구나 노인 짚공예 팀, 그럼 지금 이분들은 가서 보수를 받습니까?) 안 받아요 그냥 가서 무료봉사 (그러면 그 사람들이 반응이 어때요?) 반응 좋아요 (어떤 반응이 좋습니까?) 아주 방법 좋다고 (하하 연세는 다 비슷하실 거 아닙니까?) 네[45]

또한 관내 어린이집을 방문하여 어린 친구들에게도 공예품 제작 기술을 알려주

---

45 위와 같음.

고 있다. 어린 꼬마들에겐 주로 새끼줄 꼬는 걸 가르쳐 준다. 한 제보자는 요양원이나 어린이집을 방문하여 본인이 알고 있는 기술을 알려 주면서 보람을 느낀다고 한다. 제작 기술을 알려주긴 하나 본인도 큰 즐거움을 받아 오다보니 그러한 듯하다. 서로 이야기를 나누면서 웃다보면 마냥 기분이 좋으니 즐겁게 활동을 하고 있다.

> (지금 보니까 요양원 가서도 사람들 뭐 환자들하고 뭐 한다고 그러시더라고) 요양원에도 저 남평요양원으로 뭐 저 애산리(애산리 요양원) 저기 고한도 갔다 오고, 저 시내도 어린이집으로랑 뭐 사방 다 댕기고 그래요 한 달에 두 번씩 (가서 공짜로 알려주고 같이 만들고 그러는 거죠?) 그럼요 (그럼 볏짚은 여기서 가지고가요?) 가지고 가야지 (여기서 다? 그것도 공짜 여기서 다 마을사람들이 하는 거구나) 네 네 (어린이집도 간다구요? 애들도 같이 꼬마 애들도 재밌겠네) 네 애들도 그런 거 보여주고 새끼 꼬는 것도 가르쳐주고 (요양원에 가고 새끼꼬는 것도 가르쳐 주고 참 좋은 일들 많이 하시는 거 같아요) 그래 뭐 일생에 그런 거라도 해야지요 뭐 (2008년도 하셨고 어머니는 한 십년 되셨고, 어머니는 제일 보람이 뭐셔요? 이거하시면서) 이거 하면서 애들하고 또 친구들하고 서로 재미있게 놀기도 하고 서로 얘기하고 웃고 그게 또 좋고, 애들이 또 뭐 아들 딸 며느리 손주들 그것들 모두 잘하면 그거 보면 좋고.[46]

또한 광하2리 노인회 짚공예팀은 지역 행사가 있을 때마다 빠지지 않고 있다. 적지 않은 역사를 지닌 덕분에 다양한 곳에서 불러주고 있다. 행사에 찾아오는 관광객들에게 체험할 수 있는 기회를 제공해주기 위한 목적 때문이다. 대표적인 것이 바로 봄철에 개최되는 정선동강할미꽃 축제이다. 이 축제가 열리는 행사장 주변에 상설전시의 하나로 짚·풀 공예 체험장이 운영되었다. 2007년 제1회 축제 기사를 통해 이러한 사실을 엿볼 수 있다.

---

46 최옥순 씨 구술 자료, 2015년 8월 19일.

세계 유일의 특산종 식물인 동강할미꽃이 관광상품으로 화려하게 꽃을 피운다. 28일 정선군에 따르면 정선읍 귤암리 동강할미꽃 보존연구회(회장: 김형태)는 오는 30일부터 3일간 제1회 정선동강할미꽃 축제를 개최한다. 동강할미꽃축제 추진위원회가 주관하는 이번 행사 첫째 날인 30일에는 지신밟기, 의암제례, 개회식, 떡메치기 행사와 동강할미꽃 보존 및 증식을 위한 '나만의 동강할미꽃 식재' 행사가 열린다. 둘째 날인 31일에는 길놀이, 병방치 생태탐방, 인라인대회, 엄마 아빠 손잡고 봄마중 걷기대회, 정선아리랑 공연 등이 펼쳐진다. 셋째날인 4월1일에는 농악놀이, 학생백일장, 사생·사진대회, 시 창작과 낭송, 뒷풀이 정선아리랑 등이 개최된다. 행사장 주변에는 상설 전시장으로 짚풀공예, 유명 사진작가 사진전, 전통음식 상설장터, 전통주막, 1일 찻집 등이 운영된다.[47]

이밖에 정선 카지노에서도 찾아오는 손님들을 대상으로 체험활동을 하고 있다. 부스를 마련하여 운영되는데, 손님들이 직접 공예품 만들어 가져가게 한다.

(아이디어가 참 좋으시네, 그리고 또 어디가십니까? 또 하시는 일들) 그러고는 또 일 년에 한 번씩 사북인가 거기에 한 번씩 가 (카지노?) 아니 카지노 말고 사북에 뭐 행사하는데 거기를 한 번씩 가 (거기 가서는 뭐 하시는데?) 거기 가서도 짚공예 하는 거 보여 주는 거 (아 같이 오는 사람들한테? 그 사람들은 대상이 누구에요?) 네? (거기 배우는 사람들은 거기는 누구에요?) 거기에 그냥 우리 가서 행사를 하는데 거기 가서 보여 주는 거지 (아 부스 하나 맡으셔서 같이 만드시고 그러시는구나, 또 다른 거 하는 건 없으세요? 딱 두 가지?) 네[48]

---

47   『강원일보』, 2007년 3월 29일.

48   최옥순 씨 구술 자료, 2015년 8월 19일.

(2) 수상 실적

　오랜 기간 동안 짚·풀 공예의 제작과 함께 전승활동에 노력해온 덕분에 광하2리 공예팀은 적지 않은 성과를 올릴 수 있었다. 특히 2004년도 충북 음성에서 개최된 짚신만들기 전국대회에서 1위를 차지하였는데, 이를 계기로 광하노인회의 짚공예팀이 널리 알려지게 되었다. 2010년 4월 30일 『강원도민일보』에는 이러한 사실과 함께 광하리노인회의 짚공예팀에 대한 자세한 내용이 실린 바 있다.

　　짚 냄새만큼 구수한 사람 사는 냄새가 물씬 풍기는 아리랑의 고장 정선군 '광하경로당' 담 너머로 연방 웃음꽃이 피어난다. 지난 21일, 취재진이 정선군 정선읍 광하경로당(회장 최혜규·81) 한편에 마련한 '광하리 농촌건강장수마을 짚풀공예체험학습장'에 들어서자 시니어들의 입담이 짚공예품과 어울려 제법 운치를 더하고 있었다. 광하경로당은 지난 20여 년 동안 신토불이 전통과 사라져 가는 문화를 계승하자는 시니어들의 의기투합이 디지털 문명과 한판 승부가 펼쳐지는 현장. 이날 노인 20여 명이 옹기종기 모여 전통 짚공예품을 만들며 솜씨 자랑이 한창이었다. 짚신 한 켤레를 3시간이면 삼는다는 안덕기(75) 할아버지는 "어릴 적에는 직접 만든 짚신을 신고 다녔다"며 "기념품 짚신이라도 직접 신고 다닐 수 있을 만큼 꼼꼼히 만들고 있다"고 자랑했다. 매년 농사가 마무리되는 11월부터 4월까지 매일 경로당에 나와 제작하는 짚공예품은 30여 종류가 넘는다. 시니어들은 짚신을 비롯해 맷방석, 주루막, 도래방석, 멍석, 자리, 건조 발 등 아직까지 주위에서 볼 수 있는 공예품을 비롯해 씨앗 등을 담아 사용하던 '봉생이', '새집' 등 접하기 어려운 것도 만들 정도로 짚공예 달인들이다. 공예품에 사용되는 짚은 북면 등 지역을 직접 방문하는 발품을 팔아 구입할 정도로 원자재 확보에도 소홀히 하지 않는다. 공예품 제작에 대한 높은 책임감으로 집에서도 작업을 하면서 가로 4m, 세로 3m 멍석은 20일이면 충분하다. 꼴망태를 만들고 있던 최산옥(81) 할머니는 "지금도 나

물 캐러 나갈 때면 직접 만든 꼴망태를 사용하고 있다"며 "여럿이 모여 오락 삼아 짚풀공예품을 만드니 외롭지 않아 좋고 손 운동으로 치매 걱정도 안심"이라고 웃어 보였다. 노인들이 제작한 짚공예품은 '정선 5일장' 전용 부스에서 판매, 관광객 주요 기념품으로 인기를 얻고 있으며 짚신 한 켤레 가격도 6000원으로 저렴하다. 수익보다 전통문화 계승과 경로당 활성화에 우선순위를 두다 보니 '착한가격'이 탄생한 것. 지난 2008년부터는 지역 고등학생을 대상으로 새끼 꼬기 등 짚공예품 체험행사도 열어 호응을 얻고 있다. 이 같은 노력으로 지난 2004년 충북 의성에서 열린 짚신대회에서 전국 1등을 차지하고 10차례가 넘는 표창을 받는 등 시니어들의 실력은 인간문화재 부럽지 않다. 최혜규 회장은 "앞으로 짚공예 연구와 벤치마킹 등을 통해 체험학습장을 활성화 시키는 한편 공예품 보급과 규모도 확대해 나가겠다"고 밝혔다.[49]

광하노인회라는 단체만이 성과를 낸 것은 아니다. 노인회 회원들 역시 기술을 선보여 상을 받기도 하였다. 이 동네에 살고 있는 최옥순 씨의 경우가 대표적인데, 그녀는 강원도연합회에서 은상을 받았다.

(아 강원도 연합회에서 강원도에서 은상 받으셨구나) 여기에 신을 삼아가지고 일등을 한분이 돌아가셨어 그분 아저씬데 돌아가시고 그 다음에는 (어머니는 그럼 누구한테 배우셨어요? 어머니는 곁눈질로 배우셨어요?) 그 봉오 그 양반 (알려주셨어?) 그 회장님한테 많이 배웠지(그분은 얼마나 잘 만들어요?) 그분은 참 진짜 잘해요 (아니 어떻게 될) 못 하는 게 없게 그래 잘해 별에 별걸 다 해 주루먹 보여드릴께 (그거 어머니가 만드셨어?) 그거 내가 나도 만들기는 하는데 (주루먹을, 이야기 중) 빨리 오셔야 돼 궁금한 건 이게 아니라, 자 어머니가 이제 처

49   『강원도민일보』, 2010년 4월 30일.

음에는 짚신부터 해서 몇 개 안 배웠다가 최봉오 어르신한테 전문적으로

많이 배웠고) 전에 저런 거 대리끼 (대리끼나 배우다가, 그러면 어머니 지금은 몇

가지를 만드실 수 있어요?) 지금은 보통 한 다섯 가지는 만들지.[50]

5) 학술적 가치와 계승 방안

(1) 학술적 가치

산업화 이전까지만 하더라도 여느 가정에서 쉽게 볼 수 있었던 다양한 짚·풀 공

예들이 저렴하고 오래 보관할 수 있는 합성섬유 등의 재료가 생겨나면서 정선 지역

에서 서서히 자취를 감추고 있는 실정이다. 기존 연구 성과에서는 이러한 공예품들

이 일상생활에서 사라지게 된 연유는 비교적 자세히 소개하고 있는데, 그 내용은

아래와 같다.

① 대체 섬유 및 석유화학 제품 양산

② 농한기가 없어짐

---

50   최옥순 씨 구술 자료, 2015년 8월 19일.

③ 경제성장

④ 교통 및 유통구조의 발달로 상품 구입이 용이

⑤ 먼지 또는 부스러기가 떨어짐

⑥ 청장년층의 이농으로 인력이 부족, 과거에는 집에서 손자 손녀를 돌보는 일 외에 달리 일을 하지 않던 60~70년대의 노인들도 농사일을 하고 있음

⑦ 의례의 간소화와 간략화 - 집안에서 애경사를 치루지 않음으로 손님 접대 시에 사용하는 멍석, 등석, 장석 등의 짚·풀 제품이 불필요해졌다.[51]

시대의 변화에 따라 짚·풀 공예가 사라지게 된 지역 및 시대적 배경을 말하는 것으로 보이는데, 이런 양상은 어느 지역이나 크게 다르진 않을 것으로 보인다. 이 부분과 함께 짚·풀 공예 자체가 지닌 단점도 영향을 주었으리라 생각된다. 오늘날의 제품과 비교해 볼 때 수명이 짧다는 것과 사용 과정에서 먼지 혹은 부스러기가 많이 발생한다는 점도 무시할 수 없다. 자연물 자체를 활용한 연유로 분명 좋은 재료이긴 하나 이러한 부분들 때문에 좋은 재료가 등장하면서 주목을 받지 못하였다. 또 다른 단점은 벌레가 생길 수 있으며, 물에 약하다는 것이다.

그럼에도 불구하고 '웰빙'이라는 단어와 함께 짚·풀 공예는 많은 이들의 관심을 불러일으키고 있다. 정선 5일장이나 각종 축제 행사에서 빠지지 않고 참가할 수 있었던 것은 이러한 시대적 흐름과 맞닿아 있다고 해도 과언이 아니다. 천연제품이면서도 촉감도 좋고 특별히 화려한 기술이 없어도 누구나 만들 수 있다는 점 등도 그러한 흐름에 영향을 주었던 것 같다. 무엇보다 단순히 생활용품으로 사용되던 것들이 돈을 주고 구매할 정도로 인기가 높다는 사실은 짚·풀 공예가 지닌 또 다른 가치라 생각된다. 어떤 문화는 완전히 사라져 그 흔적조차 찾을 수 없는데 반해 짚·풀 공예는 돈을 주고 산다고 하니 아이러니할 수밖에 없을 것이다. 이 점이 결국

---

51 국립문화재연구소, 앞의 책, 166쪽.

짚·풀 공예가 지닌 첫 번째 가치가 아닌가 싶다.

　여느 것이나 할 것 없이 정선 지역 주민들이 오랫동안 사용해온 생활용품은 지역의 실상을 반영하고 있다는 점에 분명 가치가 있는 무형문화유산이다. 시대가 변화하면서 더 이상 사용하지 않는 것들이 새로운 예술품 내지 공예품으로 탄생하여 나름대로 역사와 전통을 잇고 있다는 점에서 다양한 형태의 짚·풀 공예는 눈여겨볼 필요가 있다. 여기에서의 고민은 앞으로 어떠한 가치를 더 높여 어떤 식으로 계승해야 할 것인가이다. 개인의 능력으로만 가능한 것이 아니기에 다양한 이들이 머리를 맞대어 적절한 방법을 제시할 필요가 있으리라 생각된다. 다만 여타의 향토무형유산과 마찬가지로 정선 지역에서만 전승되는 것이 아님을 주목해야 한다. 이 말은 결국 정선 지역의 특색을 짚·풀 공예에서 찾는 일부터 시작해서 그런 부분을 좋은 콘텐츠로 만드는 일이 중요하다.

　정선 지역의 특징을 엿볼 수 있는 공예품 중에 하나는 바로 '장석자리'라 생각된다. 이 자리는 여러 가지 면에서 정선을 비롯한 강원도 산간 지역의 특성이 반영된 것으로 생각되는데, 여타의 것들과 달리 그 흔적을 거의 찾아 볼 수 없다는 점에서 관심을 가질 필요가 있다. 특히 산간 지역 사람들의 생활과 밀접하게 관련되어 있어 학술적으로나 여러 가지 면에서 가치가 있다고 생각된다.

> 예 엉틀멍틀 장석자리 깊은 정 두자 니 팔자나 (내팔자나) 내팔자나 이불요 깔겠나 이불요가 없어 못 까는 거야, 얼마나 힘들다는 거지 (그럼 그러니까는) 엉틀멍틀 장석자리 이거 옛날에 이불이 없을 때는 이거 덮고 깔고 덮고 (겨울 사시사철?) 그렇지요, 옛날에 없게 사니까 (그럼 어머니 이거 뭘로 만들어요?) 짚으로, 짚으로 한오리로 한오리로 해서 꽈가지고 만든 거예요, 근데 옛날에는 애기들 기저귀를 채우는 거 없잖아요 (그렇지요) 그러면 그냥 내비 두면 애들이 그냥 막 다니다가 똥 막 오줌 싸고 똥 싸고 하면은 이 세간에 똥이 끼어서 나오지 않는 거야 (오 마이 갓 하하하) 그럼 그대로 파도 이 세간에 똥이 끼어서 안 나오는 거예요 (그럼 어머니 어떻게 없애요?) 아 그럼 그

냥 그런데 그때 제가 봤을 때 파리가 아주 모 그러고 이게 오줌 싸고 똥 싸고 하니까 짚이니까 썩잖아요, 근데 이 자리가 거뭇거뭇 똥도 싸고 오줌도 싸고 해서 거뭇거뭇거뭇한 게 아주 파리는 막 버글버글 하고 벌거지도 버글버글 하고 그때 내가 처음 보는 순간 이렇게 쪼그리고 앉았어요 (하하하하) 막 벌레가 기 들어오는 것 같애 그래서 이런 속에서 어떻게 생활하나 그것을 내가 그때 봤을 때 엄청 구매하게 봤거든요, 근데 정선아리랑에 (노래 부르시는 중) '니 팔자나~ 내 팔자나~ 이불요를 깔겠나~ 엉틀 멍틀 장석자리에 깊은 정 두자~' 근데.[52]

금번 조사 과정에서 알게 된 사실이지만 장석자리 제작 기술을 가지고 있는 분들도 거의 찾을 수 없을 뿐만 아니라 지역에 남아 있는 장석자리도 몇 개 되지 않았다. 그런 탓에 서둘러 관심을 갖고 체계적으로 계승·발전시킬 필요가 있으리라 생각된다. 다행스럽게도 여량면에 거주하고 있는 전옥매 씨가 오래전부터 관심을 갖고 모아놓은 것들이 있어 충분히 전승 기술 등이 전승될 수 있으리라 생각된다.

그래서 제가 그때 본 것이 기억이 나서 시골 어른들 보면 혹시 장석자리 누구 집에 있는 거 봤어요. 누구 집에 있는 거 봤어요. 항상 물어보니 여지경 이라고 한 20리 돼요. 거기에 누구 집에 장석자리가 있는데요, 그래서 거길 찾아 갔어요 제가 가서 그 집 할아버지 계시더라구요. 이 집에 장석자리 있다는 얘기 듣고 장석자리 사러 왔는데 나한테 파시라고 하니 이게 끈이 하나 떨어지면 연결이 되서 그냥 다 이게 (풀어지죠) 이게 다 떨어지는 거예요. 근데 하나는 끈이 떨어져서 너덜너덜하고 하나는 새거 더라구요 아마 저 어디 있을 거예요, 그래서 내가 장석자리 사러왔다 하니 그 할아버지가 이젠 내가 할 수가 없고 이건 내가 마당에 곡식도 널고 깔고 앉아

52   전옥매 씨 구술 자료, 2015년 8월 20일.

서 안판데요, 아 그런 걸 내가 장석자리를 내가 사고 싶어 왔으니 팔으라고 팔으라고 사정하니 끈이 떨어져 너덜너덜 하는 건 안 돼고 (그렇죠, 새거) 새거를 그때 얼마를 달라 해서 줬는지 제가 한 오만 원주고 사가지고 왔어요 (어머니 그게 몇 년 전 일이에요) 그게 뭐 지금 부터는 뭐 그러니까 한 사십 년 전이니까 (그 당시 비쌌네요, 오만 원이면 어머니) 많이 줬죠, 제가 (40년 전에도 어머니 그러면 사람들이 장석자리를 만들어 썼군요?) 예 근데 그 집에는 있더라구요. 되게 없는데, 그런데 그래서 제가 그 분보고 그런데 그걸 하나를 깔아 놓고 다른 자리 하나를 깔아 놓으니 집세기하고 고무신하고 신겨 놓은 것 같은 거야 안 어울리는 거야 여기다 다른 걸 같다 깔아 놓으면, 그래서 그 집에를 다시 또 갔어요. 가서 그 떨어진 걸 팔으라고, 그러니까 할아버지가 떨어진 건 그냥 주더라고 가져가라고, 가져오는데.[53]

(2) 계승 방안

정선 지역의 짚·풀 공예를 계승시키기 위한 노력은 지금도 진행되고 있다. 광하 노인회의 경우처럼 단체를 통해 계승되고 있다는 점은 분명 다행스러운 일이라 생각된다. 그럼에도 불구하고 좀 더 체계적인 동시에 전략적인 관점에서 접근할 필요가 있어야 한다. 개인적으로는 타 지역과의 차별화 부분이 가장 걸리는데, 앞으로 객관적으로 계승해야 할 가치를 평가했으면 한다. 다만 고무적인 부분이 있다. 바로 많은 이들이 짚·풀 공예에 관심을 갖고 있다는 점이다. 많은 지역에서 짚·풀 공예를 전략적으로 육성하고 계승시키는 연유도 이와 맞닿아 있다.

오늘날 짚·풀 공예는 실용 및 실내장식 소재로서 개발의 여지가 풍부한 종목이다. 시대를 역행하는 과거로 되돌아 갈 수는 없지만 우리 생활에 있어서 아직까지 사용되는데 불편함이 없다. 우리 세대에서 가급적 무공해 제품들은 사용함도 중요한 일이다. 그러한 의미에서 짚·풀 공예는 감각이 뛰어난 젊은 세대들이 기능을 습

---

53 위와 같음.

득하여 디자인을 개발하고 한가한 사람들이 제품을 만든다면 실내장식 소재로써 활용가능성은 무한하다.[54] 짚·풀 공예에 관심을 갖고 다양한 형태로 계승·발전시켜야 하는 이유이기도 하다.

문제는 어떻게 계승시켜야 하는 것이다. 정선이라는 군에서 짚·풀 공예를 어떻게 계승시켜나갈지 모르겠지만 분명한 사실은 장기적인 안목에서 좀 더 독창성을 지닌 문화로 발돋움하는 게 바람직하리라 생각된다. 앞서 언급했듯이 어느 지역에서나 볼 수 있는 내용이기에 더욱 그러하다. 따라서 정선 지역에서만 볼 수 있는 혹은 강원도 산간 지역에서만 볼 수 있는 짚·풀 공예를 발굴하고 집중적으로 육성했으면 한다. 어르신들의 소일거리로 발전시키는 것도 좋지만 문화의 시대에 정선을 대표할 수 있는 향토문화가 되기 위해서는 그런 노력이 필요하다고 생각된다.

그런 의미에서 금번 조사 과정에서 눈여겨 본 장석자리를 보다 특성화 시켰으면 한다. 강원도 산간 지역의 특성을 고스란히 보여줄 뿐만 아니라 산간 지역 주민들의 삶과 밀접하게 관련이 있기 때문이다. 하지만 문제를 안고 있다. 여러 가지 이유로 전승이 단절된 위기에 놓여 있다는 점이다. 장석자리를 만드는 사람도 하나둘 세상을 떠나고 남아 있는 것조차 많지 않은 게 현실이다. 그렇다고 다른 짚·풀 공예를 소홀히 하자는 것은 아니다. 다만 정선의 모습을 잘 보여주는 공예를 집중적으로 육성시켜 또 다른 자원으로 만들어 보자는 게 개인적인 견해이다.

또 다른 계승 방안은 전승자들의 연령대를 다양화시키는 것이다. 현재 짚·풀 공예를 만드는 이들 대다수가 노인분들이기에 다양한 이들이 함께 참여할 수 있는 분위기를 조성하는 방법도 대안이 되리라 생각된다. 다행스럽게도 그러한 변화의 분위기를 감지할 수 있다. 최근에는 취미 혹은 집안을 꾸미기 위해 짚·풀 공예를 배우는 이들이 늘어나는 추세이다. 따라서 정선군에서 이러한 인식의 전환은 물론이거니와 그러한 기반을 자연스럽게 만들어 줄 필요가 있을 것 같다.

조사 과정에서 만난 한 제보자 역시 이러한 문제에 공감을 하고 있었다. 그는

---

54   국립문화재연구소, 앞의 책, 168~169쪽.

누구에게나 본인이 가지고 있는 기술을 알려주고 싶다고 이야기 하였다. 그러면서 젊은 사람들의 참여가 있었으면 하는 아쉬움을 표출하였다. 누구나 쉽게 배울 수 있기에 조그만 신경 쓰면 더욱 보람된 일이 될 것으로 믿고 있었다.

(어머니 이제 마지막인데 이 공예품을 어떻게 누구한테 더 가르쳐 주고 싶은 마음은 더 없으신 거예요?) 아이고 누구든지 배운다면 와서 다 배워가지고 가면 내가 이 후배들한테 다 물려줘야지 (그러니까) 내가 편안하지 (그렇지 그렇지) 내가 가만히 가지고 있다가는 내 혼자만 가지고 가면 안 되잖아요 (지금 이동네 사람들이 할머니나 저희처럼 젊은 사람들이 배우러 와요?) 네 배우러 들어 왔어요 (와요? 아주머니들도) 네 제 작년에도 한 몇 사람 왔다갔어요 (잘 됐네 그런 사람들한테 자주 좀 많이 알려주셔야 될 것 같아요) 그럼요 (기술이) 젊은 사람들한테 이거 이제 다 가르쳐서 물려주고 내가 갈 거래요 (그렇지 그렇지 그러서야지, 어머니 그런데 이거 만들 때 제일 기술 중에 어떤 건 좀 참고 해라 이런 건 또 이렇게 그런거 혹시 기술이 좀 있으신가요? 이거 할 때는 또 노하우나 이런 거) 뭐 그런 거 별로 없었어요 (그냥 열심히만 하면 된다) 네 (생각보다 어렵지는 않죠? 어머니) 그냥 이래 처음에만 저걸 할 수 있을까 이랬는데 해보니까 재밌어요 (기술이 어렵거나 그런 건 아니죠?) 네 어려운건 하나도 없어요 (한번만 뭐 좀 알려주시면 안 될까요? 예를 들면 이런 것들은) 이런 거요? 이거는 이렇게 해가지고 (아 한 번씩 넣으면서 묶는구나 이어가면서, 잠시만요 어머니 생각보다 그렇게 근데 모르니까).[55]

---

55 최옥순 씨 구술 자료, 2015년 8월 19일.

2부
정선의 민속문화

1

자연다리
-정선의 섶다리와 쪽다리-

1) 다리의 개념

　다리는 하천·계곡·호소湖沼·도로 및 철도 또는 다른 교통로나 구축물 위를 건너 갈 수 있도록 만든 고가구조물을 말한다. 어느 시대나 국가를 막론하고 다리의 형태는 징검다리나 통나무 외다리에 그 기원을 둔다. 한국의 다리도 예외는 아니며, 점차 목교로서 그 형태를 갖추고 그 후에 흙을 깔아 만든 토교土橋와 돌을 쌓아 만든 석교石橋로 변천되는 것이다.

　이러한 다리는 다리밟기와 평양 다리굿의 장소가 되기도 했다. 조선 후기에 홍석모洪錫謨가 연중행사와 풍속들을 정리하고 설명한 세시풍속집인 『동국세시기』에 보면, "온 장안 남녀들이 저녁 종소리를 들으려고 열운가의 종각으로 몰려든다. 종소리를 다 들은 다음 흩어져 여러 곳의 다리로 가서 산책하는데 밤을 새워 행렬이 끊어지지 않는다."[1]고 한다. 이런 다리밟기는 일명 '답교' 또는 '답교놀이'라고도 하며, 강릉 지방에서는 '다리빼앗기'라고 하는데 전국적으로 분포되어 있다. 이수광李睟光의 『지봉유설』에는 이것이 고려 이래의 풍속이라 하고, 이를 답교지희踏橋之戱라고 하였다. 다리밟기는 정월 대보름날 밤에 다리[橋]를 밟으면 다리[脚]에 병

1　홍석모, 『조선세시기』, 이석호 옮김, 동문선, 1991, 49쪽.

이 나지 않고 한 해 동안의 액막이를 할 수 있다는 주술적 속신에서 비롯된 것이다.

설화에도 다리와 관련된 이야기들을 쉽게 찾아볼 수 있다. 견우와 직녀가 칠월 칠석날 저녁에 만난다는 중국 전설상의 오작교와 관련된 설화는 애절한 숙명의 아름다운 사랑 이야기로서 우리의 가슴에 간직되어 있다. 일곱 아들이 홀로 된 어머니의 밤나들이를 편안하게 하기 위해서 다리를 놓았다는 〈북두칠성의 유래〉와 같은 이야기도 전승하고 있다.

옛날 어느 곳에 한 과부가 살았으니 아들이 7형제나 되었다. 아들들은 매우 효심이 두터워서 어머니를 위하는 일이라면 무슨 일이고 몸을 아끼지 않았다. 어머니가 따뜻한 방에서 거처하도록 산에 가서 나무를 해다가 방에 불을 지폈다. 그러나 어머니는 늘 춥다고 입버릇처럼 말했다. 방바닥이 타도록 불을 지펴도 춥다고 말했다. 아들들은 그 까닭을 알 수가 없었다. 어느 날 밤에 큰아들이 잠에서 깨어나 본즉 어머니가 없었다. 새벽이 되어서야 아들들 몰래 어머니가 살짝 들어와 자리에 누웠다.

다음날 밤에 큰아들은 자는 척 지켰다가 어머니 뒤를 따라 나갔다. 어머니는 건넛마을 신발장사하는 홀아비 집으로 들어가는 것이었다.

아들은 어머니의 마음을 이해할 것 같았다. 건넛마을에 가려면 개울이 하나 있는데 어머니는 버선을 벗어 들고 겨울의 찬 물 속을 걸어 건너는 것이다. 큰아들은 집으로 돌아와 동생들을 데리고 가서 밤사이에 다리를 놓았다.

이튿날 새벽 집으로 돌아오던 어머니는 저녁까지도 없었던 다리가 있어 신을 벗지 않고서 개울을 건널 수가 있었으니 매우 고마웠다.

어머니는 하늘을 향해서 빌었다. "이곳에 다리를 놓은 사람은 마음씨가 착할 것이니 그들은 북두칠성이나 남두칠성이 되게 해주십시오."

하늘도 그 뜻을 받아들여 7형제는 나중에 죽어서 북두칠성이 되었다고

한다.[2]

이야기는 북두칠성이란 별자리가 생기게 된 내력을 설명하는 설화로, 일명 '효불효교'라고도 한다. 이 설화에서 '효불효'란 도덕적인 측면에서 바라보면 어머니를 위한 행위는 불효나 인간적인 측면에서 볼 때, 홀로 된 어머니의 욕망을 해결해 준다는 점에서는 효라고 해석할 수 있다. 설화 전승집단은 어머니의 훼절에 따른 사회의 비난을 감수하면서 어머니의 즐거움을 돕고자 한 아들들의 용기와 헌신에 찬사를 보낸다. 효나 열절 같은 유교의 가치보다 어머니와 자식 사이의 진한 사랑을 조명하고 있다는 점에서 시공을 초월한 감동을 주는 것이다.[3]

> 옛날에 덕진이라는 기집애가 있어요. 즈그 부모도 없고 그래서 할 수 없이 넘의 좀 부잣집에 가서 응 애기나 봐주고 그러콤 세상을 사는디, 아마 몇십년을 살았든가 좌우간 한 늙도록 한 이십년을 살았는가 삼십년을 살았는가.
> 그 돈을 한푼도 안 받고 늘해서 매인 돈이 아마 검찰(엄청)날 것 아니요.
> 그랬는디,
> 이돈을 저는 엇다 쓸 데가 없이니께 꽉 유치해 놓고 있는디, 여그 그 동네 부자 어뜬 사람 하나가 죽었어요.
> 죽었는디 저승에를 갔어. 이를테면 가서 무슨 죄로 갔든지 가 가지고 염라대왕이,
> "너 돈을 좀 여그서 벌금을 바쳐라. 바치면은 너 내보내주마."
> 허니께,
> "여가 돈이 뭐 있소."

---

2   임동권, 『한국의 민담』, 서문당, 1996, 66~67쪽

3   『한국민속문학사전—설화 2』, 국립민속박물관, 2012, 817~818쪽.

"아, 여가 덕진이 돈이 여가 한 창고 있다. 그라니께 빌려 쓰고 너 나가서 갚아라."

그랬거든요. 그러니께,

"빌려 쓰고 내가 나가서 그냥 갚을 랍니다."

그래서 돈을 대채해서 딱 해서 주고는 대체 나왔단 말이요. 벌금을 바쳤어. 췌아서(빌려서) 덕진이 돈을 췌아서 갚으고는 나와서는 덕진이 보고 말했어.

"자 내가 니돈을 내가 저승에 가서 췌아서 내가 이렇게 살아 왔으니 니돈을 내가 주마. 그러니 가져가라."

근께,

"난 돈 상관 없소. 이 돈갖고 나를 이왕에 거식할라면 내 명아(명의)로 어디 다리나 하나 인간 댕기기 좋게 다리나 한나 맨들어 주시요."

그래서 덕진다리라고 영광읍내에 덕진다리라고 그래서 있다는 이야기.[4]

〈덕진다리 이야기〉는 전라남도 영광읍에 덕진다리가 놓인 내력을 설명한 글이다. 부잣집의 허드렛일을 하면서 몇 십 년을 살았던 덕진의 행위가 오히려 저승에서는 적덕積德을 쌓는 계기가 된다. 그녀의 저승 창고는 부자에게 돈을 빌려줄 수 있을 정도로 재물이 그득했던 것이다. 염라대왕은 부자에게 "너 돈을 좀 여그서 벌금을 바쳐라. 바치면은 너 내보내주마."라고 한다. 여기서 '벌금'은 다른 사람에게 인정을 베풀지 않고 자신의 욕심만 채운 부자를 징치하는 의미를 담고 있다. 덕진의 재물 덕에 살아난 부자는 이승에서 덕진에게 은혜를 갚으려고 한다. 그런데 덕진은 부자가 주는 돈을 받지 않고 자신의 명의로 사람이 다닐 수 있는 다리를 놓아달라고 부탁한다. 사람들은 이승에서 남을 위해 재물을 쓰면, 그것이 저승 곳간에 쌓이는 것으로 믿었다. 선행에 대한 보상이 내세까지 이어진다고 믿는 한국인의 의

---

4   최덕원, 『한국구비문학대계 6-6』, 한국정신문화연구원, 1985, 108~109쪽.

식이 바탕에 깔려 있다. 여기서 이승에서의 풍요로운 삶이 저승에서의 행복을, 이승에서의 빈곤이 저승에서의 불행을 보장하지 않는다고 한다.[5]

이처럼 구전설화를 비롯한 판소리 사설이나 민요, 속담 등에 나타나는 다리에는 민중의 꿈과 애환이 서려 있기도 하다. 판소리, 타령, 만가 등에 흔히 인용되는 '깊은 물에 다리 놓아 월천공덕 하였는가.'라는 구절은 선조들이 다리의 가설이 지니는 종교적 의미를 표현한 것이다.

한국의 지명이나 도로명의 상당수가 그곳에 있었던 다리의 이름에서 유래한 점은 다리가 특정지역을 쉽고도 정확하게 대변해주는 표지물의 역할로 선조들에게 널리 사용되었음을 의미하는 것이다.

2) 다리의 위치에 따른 상징

한국의 다리는 다리가 놓인 공간인 궁궐, 사찰, 성곽, 민간지역 등 위치에 따라 상징적인 의미를 갖는 건축 구조물의 하나이다.

궁궐에서의 다리는 특별한 권위적 공간으로의 진입을 의미한다. 궁궐은 담장에 의해 인위적으로 구획되어 있어서 문을 통해 진입하며, 2차적으로 계류에 의해 자연 경계 지워지는데, 그곳에 다리를 가설하고 이를 통해 궁궐 안으로 들어가도록 설계되어 있다. 다리는 왕실의 위엄과 권위를 상징하는 것이다. 전체적으로 홍예 Arch 형식의 석교이고, 궁궐내의 어도御道와 마찬가지로 다리의 노면은 3단구조로 되어 있다. 신하들의 통로인 양측에 비해 왕만의 통로인 중앙부는 약간 높게 설계한다.[6] 난간의 돌기둥에는 온갖 장식을 했고, 다리 밑 석축石築에는 귀면鬼面을 조각해 놓거나 다리 주변에 거북이나 용 따위의 상서로운 동물을 세워놓기도 하였다.

5   이영수, 『한국설화연구』, 한국학술정보(주), 2008, 37~38쪽.

6   한영희, 「韓國 옛다리의 陶磁 造形化 硏究: 象徵性과 幾何學的 形態를 中心으로」, 이화여자대학교 대학원 석사학위논문, 1992, 15쪽.

이러한 궁중다리는 곱게 차려입은 여인처럼 아름답고 화사하다.[7]

그러나 이러한 사치는 궁중다리에서나 볼 수 있는 것으로 민간에서는 실용성 있는 다리가 놓였다. 민간지역의 다리는 구조·형식이 다양하며, 백성들에게 폭넓은 편의를 제공함과 동시에 그들의 삶의 자취가 얽혀 있는 곳이다. 민간지역의 다리로써 유명한 것은 서울의 수표교와 살곶이 다리가 있다.

수표교는 조선시대에 청계천에 가설되었던 7개의 다리 중에 하나이다. 청계천의 수위를 측정하던 수표석水標石이 다리 앞에 있었다. 네모와 여섯 모 기둥의 큰 석재를 2단으로 받쳐서 만든 교각은 모두 45개로 5줄로 배열하였다. 다리 곳곳에는 '정해개조丁亥改造', '무자금영개조戊子禁營改造' 등의 글씨가 남아 있는 것으로 보아, 500여 년 동안 여러 차례에 걸쳐 수축되었음을 알 수 있다. 수표교는 물길을 건너는 통로로서 뿐만 아니라 홍수의 조절을 위하여 수량水量을 재는 구실도 하였던 중요한 다리이다.[8] 1959년에 청계천 복개공사를 하면서 장충단공원으로 이전하였다. 현재 수표교는 서울유형문화재 제18호로 지정되어 있다. 다리의 길이는 27.5m, 너비는 7.5m, 높이는 4m이다. 수표석은 홍릉의 세종대왕기념관으로 옮겨졌다. 2003년 6월 청계천복원공사의 일환으로 청계천 위에 원래의 수표교를 본 따 만든 새로운 수표교가 생겨났다.

살곶이 다리는 정종과 태종의 잦은 행차 때문에 세종 2년(1420) 5월에 처음 만들어지기 시작했다. 세종은 한양의 도시계획을 담당했던 건축가 박자청朴子靑과 유연현柳延顯의 감독에 세우도록 하였다. 하지만 강폭이 너무 넓고 홍수를 이겨내지 못하고 교기橋基만 세우고 중단되었다. 그러다가 이 길을 자주 이용하는 백성들 때문에 다시 만들 필요성이 제기되어 성종 6년(1475)에 다시 공사를 시작하여 공사가 중지된 지 63년 후인 성종 14년(1483)에 완성되었다. 이 살곶이 다리와 관련해서 다음과 같은 이야기가 전해지고 있다.

---

7   반영환, 「韓國의 옛다리」, 『대한토목학회지』, 25-4, 대한토목학회, 1977, 39쪽.

8   『한국민족문화대백과』, 한국학중앙연구원(www.aks.ac.kr).

이태조李太祖가 그의 계비繼妃 소생인 여덟째 아들 방연芳硯을 세자로 삼고 정도전鄭道傳이 세자를 옹립하려 하자 이에 불만을 품은 다섯째 아들 방원(方遠, 태종)이 왕자의 난을 일으켜 계비 소생의 두 아우와 이를 옹립하려는 공신을 살해하고 정권을 잡았다.

이에 분노한 태조는 함흥 별궁으로 들어가 두문불출하였다. 태종이 이 분노를 풀게 하고자 사죄사를 보낸 족족 죽였다는 함흥차사의 이야기는 유명하다.

유일하게 목적을 이루고 태조의 환궁을 주선한 차사가 박순朴淳이요, 태조가 서울에 돌아온다는 전갈을 받은 태종은 공신이요, 가장 신임하는 측신 하륜河崙으로 하여금 한강 연안에 큰 차일을 치고 손수 나가 태조를 맞을 차비를 했다. 하지만 영리했던 태종은 무언가를 예감하고 차일 받치는 기둥을 유별나게 굵고 큰 것으로 세우게 했다.

돌아온 태조가 멀리서 차일 속의 태종을 보자 가라앉았던 분노가 다시 치솟아 별안간 활시위를 당겨 태종을 향해 화살을 쏘았던 것이다. 태종은 예상했던 바라 재빨리 차일 기둥을 안고 몸을 피했고, 화살은 그 기둥에 꽂혔다. 이에 태조는 '천명이로다.' 하고 독백을 했다 한다.

이 고사故事가 연유되어 화살이 꽂힌 곳이라 하여 살곶이벌이란 지명이 생겼다 한다.[9]

살곶이벌에 돌다리를 놓은 것이 바로 살곶이 다리로, 한자명으로는 전곶교箭串橋라고 한다. 살곶이 다리의 공식명칭은 제반교濟盤橋였으나, 공사 중에 관계자들이 국왕에게 보고할 때 '전곶천箭串川의 석교石橋'라고 거론하는 것으로 보아 항간에서는 관습적으로 살곶이 다리라 불렀던 것으로 보인다.[10] 살곶이 다리는 세월

9   이규태, 『한국인의 민속 문화』, (주)신원문화사, 2000, 94~95쪽.
10   洪錦洙, 「箭串場의 景觀變化」, 『문화 역사 지리』, 한국문화역사지리학회, 2006, 110쪽.

이 지나면서 홍수에 떠내려가고 무너져서 대원군 때에는 다리의 절반을 뜯어 경복궁을 짓는 석재로 쓰기도 하였다고 한다. 살곶이 다리는 조선시대의 수도인 한양과 동남지방을 연결하는 주요 통로로 사용되던 다리였는데, 조선시대 다리로서는 가장 길었다고 한다. 현재는 중간 부분이 훼손된 채 양쪽 가장자리만이 원형을 보존하고 있으며 보물 제1738호로 지정되어 있다. 살곶이 다리와 같이 민간지역에 놓인 다리들은 정월 대보름날 답교놀이를 할 때에 축제적 만남의 광장이 되기도 하였다.

사찰 입구의 계곡이나 경내 주요 건축 구조물 앞에 가설되어 있는 다리는 주로 스님들에 의해 가설된 것으로, 일상공간과 신성공간을 이어주는 역할을 한다. 이러한 다리를 통과하는 것은 속세의 번뇌를 씻는 종교의례적 성격을 지니고 있다.[11] 절 입구에 놓인 다리는 거의 반원형의 아치를 하나만 쌓고 석축 양옆에는 둥글둥글한 자연석을 천진스럽게 쌓아 난적亂積쌓기로 처리하고 노면에는 흙을 덮어 여느 길과 마찬가지로 만든다. 이러한 다리의 대표적인 사례가 여수 흥국사 홍교이다. 노면 바깥으로 가로 지른 마룻돌이 튀어나고, 그 끝마다 용두龍頭가 새겨져 있으며, 홍현虹蜆천장에도 용머리가 돌출되어 계곡을 굽어보고 있다. 이 절에 머물던 승병이 쌓았다고 전해지고 있다. 흥국사 홍교와 비슷한 무지개다리가 승주 선암사에도 있다. 숙종 24년(1698) 호암대사가 세웠다는 이 승선교는 계곡의 아래 위에 2개의 다리가 걸쳐있어 쌍무지개를 보는 느낌을 준다.[12]

성곽은 '군사적·행정적인 집단의 공동목적을 갖고 거주주체의 일정한 공동 활동 공간을 확보하고 그 구조물이 연결성을 갖는 전통건조물이라고 정의할 수 있다.[13] 성곽의 분류는 거주주체에 의하여 도성都城, 왕성王城, 황성皇城, 재성在城, 행재성行在城, 읍성邑城, 창성倉城, 진鎭, 보堡 등으로 분류할 수 있다. 그리고 지형에

---

11   한영희, 앞의 논문, 16쪽.

12   반영환, 앞의 논문, 41쪽.

13   손영식, 『한국 성곽의 연구』, 문화공보부 문화재관리국, 1987, 14쪽.

의하여 산성山城, 평지성平地城, 평산성平山城 등으로 분류할 수 있다. 성곽은 간단한 목책으로부터 출발하여 토성, 토석혼축, 석축으로 발전하였다. 현재 우리가 볼 수 있는 형태는 거의 대부분이 석축이다.[14] 우리나라의 옛 성곽에는 대부분 아치형의 성문이 있었는데, 간혹 성곽의 주변에 도랑을 파서 물이 흐르게 한 것도 있었다. 이것은 적의 침입에 대비한 방어를 목적으로 한 효율적인 축조물로써, 이때 가설된 다리는 성벽의 연속성과 성내의 배수 및 수로방어를 목적으로 한 수문 겸용의 교량이었다.[15]

3) 전통다리의 분류

(1) 재료별 분류

옛날에 사람들은 작은 시내나 개울을 건널 때는 반반한 돌을 놓고 건넜으나 시내가 조금 넓거나 물이 깊으면 그 위에 통나무를 걸쳐놓고 건넜다. 이러한 다리는 지금도 시골이나 산골에 가면 더러 볼 수가 있다. 그런데 인구가 늘어나고 사람들의 활동범위가 넓어지면서 징검다리나 외나무다리만으로는 불편을 느끼게 되었고, 인지가 발달함에 따라 마침내 다리 밑에 기둥을 세움으로써 더 기다랗고 더 높고 더 튼튼한 다리를 만들게 되었다. 다리기둥도 처음에는 나무를 쓰다가 돌을 자유롭게 이용할 수 있게 되면서 돌기둥으로 바뀌었다. 그리고 첨차 기술이 발달하자 교각을 세우는 대신 아치를 이용한 홍교로 발전해 나갔다.

① 흙다리(토교)

토교는 구조체는 나무다리이므로, 엄밀한 의미에서 흙으로 축조한 다리는 아니

---

14   정명섭, 「우리나라 홍예의 기능별 구조형식에 관한 연구」, 명지대학교 대학원 석사학위논문, 1993, 92쪽.

15   한영희, 앞의 논문, 16쪽.

다. 통행의 편의를 위해 교면에 뗏장을 얹어 상판에 걸친 나무 사이로 발이 빠지지 않도록 한 다리이다. 이런 다리는 옛날 고을의 개천마다 손쉽게 마을 주민들이 힘을 합쳐 생활의 불편을 덜기 위하여 놓은 다리였다. 그러나 다리 구조가 튼튼하지 못해 매년 다시 놓아야만 했으나 옛날의 다리는 대다수가 이와 같은 형식이었다.

그 구조를 살펴보면 개천 가운데 목재 말뚝을 양쪽으로 막고 시렁재를 가로로 걸쳐 교각으로 삼았다. 그 위에 통나무를 붙여 깔아 칡넝쿨 등으로 묶어 고정시켰으며, 윗면이 고르지 못한 관계로 그 위에 뗏장을 덮어 보행에 편의를 도모하였다. 매년 홍수 등으로 인해 다시 놓아야 하는 불편을 덜기 위한 노력의 결실로 나타난 것이 돌다리이다.

토교는 오늘날 시골 산간벽지에서 아직도 가설하여 이용되고 있다. 비록 재료는 옛날 것이 아니나 그 수법은 옛 다리 축조 수법을 원형대로 보여 주고 있다. 축조 재료를 보면 토목 혼합교라고 해야 할 것이나 다리의 주체는 보행하는 윗부분 구조인 교면이므로 흙다리로 구분된다.[16]

② 나무다리

다리 중에서 가공이 가장 손쉬운 편리한 재료가 바로 나무였다. 나무다리는 돌다리의 석재보다 재료의 내구성이 낮아 오늘날까지 남아 있는 경우가 드물다. 그러나 다리 설치에 필요한 재료를 구하기가 손쉽고, 가설하기에도 가장 공력이 적게 드는 장점이 있었다. 나무다리의 장점은 내구성이 적은 반면 휨에 대한 강도가 큰 관계로 지간을 넓게 할 수 있다는 것이었다. 나무는 가공성이 좋은 재료이므로 나무다리는 다양한 형태의 다리 모습을 보여 주고 있다.

나무다리에 사용되는 목재로는 대부분 전통적으로 각종 건축재로 많이 사용되는 침엽수인 소나뭇과에 속하는 나무들이다. 그 가운데 강송을 으뜸으로 꼽았으나, 가장 널리 사용된 나무는 육송이었다. 육송은 줄기가 휘어지고 가지가 많은 등

---

16   『문화원형백과 한국의 전통다리』, 문화콘텐츠닷컴(www.culturecontent.com).

의 단점이 있는 것으로 인식되어 왔지만 실제로 심산유곡에 있는 소나무는 줄기가 곧고 질기고 휨에 강해 아주 유용한 다리 축조 재료였음을 알 수 있다.

현재 남아 있는 나무다리의 교각과 교대는 전부 돌로 구성 되어 있고 윗부분인 다리 바닥만 나무로 되어 있다. 다리의 아랫부분은 항상 물과 접촉하게 되어 목재로는 몇 해를 넘기지 못하기 때문이다. 나무다리는 보다리 형식밖에 없다. 이는 압축에 약한 나무로 구름다리 홍예를 틀수가 없기 때문이다. 나무다리 윗부분은 고건축에서 보여 주고 있는 가구 수법대로 시공되었다. 외나무다리는 그 독특한 형태와 운치가 있어 옛 선인들의 시에 많이 남아 있다.[17] 낙산에서 흘러내린 물이 청계천으로 유입되기까지 크고 작은 개천들이 여러 갈래 이어져 있었는데, 특히 창신동 방면에서부터 이어온 개천에는 쪽나무로 만든 다리가 걸쳐져 있어 이를 쪽다리 혹은 남교藍橋라고 하였고, 다리 근방에 형성된 마을은 쪽다리굴, 남교동이라고 불렀다.[18]

③ 돌다리

오늘날 현존해 있는 대부분의 교량은 돌다리이다. 이는 과거에 가장 널리 가설 했기 때문이라기보다 내구성이 좋은 돌로 건축했기 때문이다. 예부터 돌다리는 각종 형태로 발전되어 왔다. 징검다리나 석재 한 장을 걸쳐 놓은 간단한 널다리에서부터 조선시대 가장 긴 살곶이다리에 이르기까지 그 규모가 다양하다. 형식도 널을 걸쳐 놓은 형교에서 교각이 반원형을 이루게 홍예를 틀어 만든 구름다리 등 석재의 특성에 맞게 각종 다리가 조성되었다.

교량은 튼튼한 돌다리를 새로이 가설 한다든지 종전의 나무다리나 흙다리를 반영구적인 돌다리로 바꾸는 경우 그 공덕을 길이 기리고자 세운 것이다. 이에 의하면 선인들이 가장 바람직하게 생각했던 다리가 돌다리였음을 알 수 있다. 돌다

17　『문화원형백과 한국의 전통다리』, 문화콘텐츠닷컴(www.culturecontent.com).

18　「쪽다리」, 『서울지명사전』, 서울특별시사편찬위원회, 2009(culture.seoul.go.kr).

리는 다른 재료에 비하여 재료의 인장강도 가 큰 장점과 내구성이 좋은 점을 이용하여 홍교와 무지개다리 형식이 널리 사용되었다. 홍교에 비해 무지개다리는 많은 기술과 인력이 소요되어 많이 가설되지 않았으나 구조상 안정성이 있어 의외로 현재 많은 다리가 남아 전해지고 있다.[19] 돌다리는 특히 우리나라는 전국각지에 우수한 화강석이 널리 분포되어 있어 가설여건이 안정을 얻고자 정교한 가공을 한 다리로 발전하였다. 돌다리에는 단순히 교량구성에 직접 필요한 부재 외에도 당시에 통용되었던 종교적, 사상적인 신념과 토속적인 당시 풍속을 반영한 흔적이 많이 남아 있을 뿐 아니라 지경의 기념물로서 역할을 하고 있다.

아우라지에 있는 돌다리 모습

경상북도 봉화군 법전면 풍정리 80번지에 있는 돌다리에는 다음과 같은 이야기가 전해지고 있다. 옛날에 비가 많이 와서 마을 앞 냇물이 불어나 사람들이 건너지 못하자 홍장군이라는 힘센 장사가 큰 돌을 혼자 덜렁 들어서 다리를 놓았다고 하여 '돌다리'라 불린다고 한다. 마귀할머니가 돌을 이고 와서 다리를 놓았다는 전설도 있다. 1984년 무렵에 다리를 넓히려고 돌다리 옆에 시멘트로 다리를 만들어 붙였으나 이후부터 '과부가 많이 생긴다.'고 하여 시멘트 다리를 철거하였다.[20]

19 『문화원형백과 한국의 전통다리』, 문화콘텐츠닷컴(www.culturecontent.com).

20 「돌다리」, 두산백과사전 두피디아(www.doopedia.co.kr).

(2) 유형별 분류

① 징검다리

징검다리는 다리 바닥이 없는 불완전한 다리 형태로서 사람의 통행이 많지 않은 한적한 개울에다 주변에 있는 재료를 이용하여 설치하는 것이다. 징검다리는 사람 하나가 겨우 조심해서 통과할 수 있으며, 수레나 가마 등은 건널 수 없는 가장 원시적인 다리 형태라 할 수 있다. 디딤판으로는 주로 주변의 바윗돌이 사용되었고, 흙무덤을 쌓아 만들기도 하였다. 디딤판의 간격은 건너기에 편리한 보폭에 맞추어 설치하였다. 징검다리의 형태를 보면 가장 자연스럽고 인간적인 형태를 보여준다.

② 보다리

교량의 형식을 분류할 때 형교는 일반적으로 사용하고 있는 용어이다. 엄밀하게 구분하자면 도리다리라고 하여야 한다. 형교는 가장 원시적인 형태이면서 현대에 이르기까지 가장 널리 사용된 형식이다. 구조적으로 간단한 형식이므로 옛날에 가장 간편하게 재료의 종류에 관계없이 사용되었다. 오늘날에 와서 교량가설 재료의 급속한 발달로 또한 널리 사용하게 되었다. 형교의 원양가설 재료의 급속한 발달로 널리 사용하게 되었다.[21]

③ 구름다리

구름다리는 조형미가 뛰어난 아름다운 조형미를 갖는 다리이다. 구름다리는 교각이 반원형에 가까운 곡선형의 다리로 홍예교의 구조는 양 지점을 수평으로 이동하지 못하도록 지지하였기 때문에 구조체내의 모든 부재가 임의의 점에서 압축력으로만 작용하도록 된 구조형식이다. 따라서 석재의 우수한 압축력을 최대한 이용

---

21   『문화원형백과 한국의 전통다리』, 문화콘텐츠닷컴(www.culturecontent.com).

하여 지간을 최대한 넓힐 수 있는 형식으로 고도의 기술을 요하는 형식이다.[22] 조선시대 사찰들은 대부분 계곡을 낀 산지에 위치하고 있어 다리를 가설할 수밖에 없었다. 주로 구조적으로 안정되고 계곡을 가로 질러 긴 경간을 구축할 수 있는 단경간 홍예교를 선호하였다. 물살이 센 산간계곡을 가로 질러야 하는 구조형태와 사찰의 초입부에 속세와 불국의 세계를 연결하는 상직적인 의미로 다리를 가설하였기 때문으로 보인다.[23]

④ 누다리

옛날에만 있었던 다리 형식이다. 다리 위에 누각이 있거나 다리 전체가 회랑식 건물이 다리를 덮고 있는 형식을 이른다. 『삼국사기』 원성왕 14년(798) 3월에 "궁남의 누교가 화재를 입었고 망원사의 2찰이 서로 마주쳤다."[24]는 기록이 보인다. 여기서 누교는 회랑식 형태의 건물이 있었던 다리였을 것으로 추측된다. 현재 남아있는 누교는 송광사 삼청교의 우화각, 청량각 루교, 곡성의 능파각 대교, 수원재의 화홍문 등이 있다. 누교는 다리 윗부분에 건물이 있으므로 일반 교량보다 지지력이 더욱 커야 했기 때문에 목교보다는 자연히 석교로, 널다리 보다는 홍교로 한 경우가 많다.[25]

⑤ 매단다리

매단다리는 양쪽 언덕에 줄이나 쇠사슬 따위를 건너질러 거기서 의지하여 매달아 놓은 다리를 말한다. 오늘날의 현수교에 해당하는 다리로 이것이 더욱 발전하여 사장교 등 사장지간을 갖는 가장 앞선 다리 형식이다. 이 원리에 의해 조성된 다

---

22 위와 같음.

23 김정언·천득염, 「홍예교 성능저하 원인에 따른 보수방안 고찰—선암사 승선교·송광사 극락교를 중심으로」, 『건축역사연구』 제23권 1호, 한국건축역사학회, 2014, 7~8쪽.

24 김부식 저, 김종권 역, 『삼국사기』, 개정판; 서울, 명문당, 1993, 184쪽.

25 『문화원형백과 한국의 전통다리』, 문화콘텐츠닷컴(www.culturecontent.com).

리는 우리나라의 남해대교와 같은 것이 있다. 옛날에는 사장교 형식은 없었고 현수교의 형식은 현존하는 것은 없으나 있었을 것으로 보인다.[26]

⑥ 배다리

　배다리는 각종 대소의 배를 나란히 이어 놓고, 그 위에 판자를 깐 임시 부교를 말한다. 대소의 강 운수는 나루터끼리 나룻배가 유일한 수단이었고, 능참배 등으로 국왕이 도강해야 할 때만 임시로 배다리[주교舟橋]를 놓았다. 연산군은 시흥 청계산으로 사냥을 갈 때 말 너 댓 마리가 건너가기 위해 배다리를 놓도록 하명하였다. 임금 행차 때의 배다리는 대개 8백여 척의 배가 징발되었고, 배다리를 놓는 데 20여 일이 소요되었다. 배다리가 놓여 있는 기간에는 한강의 수운이 두절되었다. 백성들의 원한이 배다리와 직결되곤 했다. 그래서 "강원도 뗏목 장수/ 뗏목 뺏기고 울고 가고// 전라도 알곡 장수/ 통배 뺏기고 울고 가면 // 마포 객주 발뻗고 울고/ 노나루 색주가 머리 잘라 판다."는 노래가 전한다.[27] 그런데 배다리 설치의 절정은 남달리 효심이 지극했던 정조 때였다. 그는 억울하게 죽은 생부인 사도세자의 묘소가 있는 수원의 산으로 가기 위해 주기적으로 한강에 배다리를 설치하였다. 배다리를 설치할 때마다 어려움과 폐단이 많아 이를 개선코자 주교사를 만들었다. 이 주교사에서 주교설치의 절차가 기록되어 주교사설목으로 전해진다. 한강에서의 배다리 이용기록을 보면 초기에는 삼전마와 한강진이 중시되었으나 후기에는 광나루와 노량진이 중시되었다.[28]

26　위와 같음.

27　이규태, 앞의 책, 92~93쪽.

28　『문화원형백과 한국의 전통다리』, 문화콘텐츠닷컴(www.culturecontent.com).

4) 정선의 자연다리

　　정선 땅은 강원도의 영서嶺西 동남부에 자리 잡고 있는데, 동쪽은 화암면 백전리(柏田里—동경 129도)로 삼척시 하장면과 분계하고, 서쪽은 성마령(星摩嶺—동경 128도 30분)으로 평창군 미탄면과 능선이 계표이며, 남쪽은 신동읍 천포리 예미산(북위 37도 11분)으로 영월군 상동읍과 경계하였고 북쪽은 북평면 숙암리(북위 37도 35분)로 평창군 도암면 봉산리와 지경하여 위치하고 있다. 면적은 1,199평방미터로써 경지면적은 99평방미터이고 임야가 937평방미터이며 기타가 163평방미터이다. 태백산맥이 북에서 남으로 뻗어가면서 강원도에 이르러 영동, 영서의 분수령分水嶺을 형성하였는데 영서에 위치한 이 고장은 이 산맥의 정기와 기세를 다 쏟아 놓았는지 웅장한 산악과 청정한 강물에 서로 안고 돌아 구곡양장九曲羊腸을 이루었고, 상원산, 갈왕산(가리왕산), 비봉산(정선읍 뒷산), 벽파령, 성마령, 마전치(비행기재) 등 군역郡域의 우벽右壁을 이루었으며, 석병산, 중봉산, 갈래산, 백운산, 예미산 등이 준역의 좌벽左壁을 이루고 있다.[29]

　　정선군 내를 흐르는 하천은 여량에서 정선읍을 거쳐 영월군으로 빠져나가는 조양강朝陽江이 본류이다. 조양강은 여량면 아우라지에서 시작되어 여량면과 북평면, 정선읍으로 흘러 지장천이 합류하는 가수리에 이르는 하천이다. 삼척시의 대덕산에서 발원하여 동쪽에서 들어오는 골지천과 강릉시의 석병산에서 발원하여 북쪽에서 들어오는 임계천이 북면 여량리에서 만나고 다시 오대천과 합류하게 된다. 그렇게 해서 만난 하천이 비로소 강의 이름을 얻어 조양강(구 桐江)으로 바뀐다. 이후 남쪽을 향해 흐르다가 정선읍 시가지 부근에서 군의 동면 백전리에서 흘러내리는 어천과 합류하고, 다시 고한읍·사북읍을 거쳐 남면에서 흘러드는 지장천이 합류한다. 지장천이 조양강에서 합류되는 지점부터 그 하류는 '동강東江'이다. 동강은 영월 쪽으로 빠져나가 평창군에서 흘러내리는 평창강과 합류하여 남한강을 이

29　『정선의 문화자원』, 정선문화원, 2011, 16쪽.

른다.[30]

조양강과 동강은 모두 남한강 본류 하천의 일정 구간에 붙여진 명칭이다. '동강'이라는 명칭은 영월읍의 중심취락을 기준으로 하여 불리는 하천의 이름이다. 즉 영월읍 중심 취락을 기준으로 볼 때 동쪽에서 유입하는 하천이기 때문이다. 조양강-동강으로 유입하는 골지천, 송천, 오대천, 어천, 지장천은 모두 그 길이가 길고 유출량이 많은 하천들이다. 그 이외에 조양강으로 직접 유입하는 지류 하천들은 그 규모가 현저히 작다.[31]

정선은 지형적으로 높은 산과 깊은 계곡이 많아 교통과 운송 수단은 자연히 하천을 통해서 이루어졌다. 강폭이 좁고 수량이 많지 않은 지천 상류에는 주로 돌다리를 놓거나 수심이 얕은 곳에 돌을 깔고 나무 널빤지로 연결다리를 만들어 강을 건널 수 있었다. 하지만 하류로 내려오면서 강폭이 넓어지고 수심이 깊어지면 그 역할은 뗏목과 목선들이 대신하였다. 정선에서의 뗏목은 오래된 수상 교통 운송 수단으로 강을 건너고 목재의 운반 물류의 교역을 위해 사용되었다. 정선지역의 뗏목은 조선시대부터 1960년대 후반까지 목재를 운송하는 방법으로 사용되었으며 풍부한 산림자원을 가진 정선의 경제활동에도 큰 기여를 하였다.[32]

정선은 자연환경이 강을 건너야만 사람이 살 수 있는 곳이 많다. 그래서 사람들의 왕래와 짐을 나르기 위한 수단으로 나룻배를 이용하였다. 교량이 건설되고 도로망이 확충되기 전까지 나룻배는 정선지역에서 실질적인 교통수단의 역할을 담당하였다. 그런데 겨울에는 나룻배를 운영할 수 없었다. 이때 등장한 것이 바로 마을 사람들에 의해 놓여진 자연다리이다.

30   진용선, 「정선군 지명조사」, 『정선문화』 17호, 정선문화원, 2014, 78쪽.

31   『정선군지』(상), 정선군, 2004, 282~283쪽.

32   최원희, 「정선의 나루(津) 운영에 대한 연구」, 『정선문화』 16호, 정선문화원, 2013, 65~66쪽.

(1) 아우라지의 쪽다리

여량리餘糧里는 현재 여량면소재지로 예로부터 토질이 비옥하여 농작물이 풍작을 이루어 식량이 남아돌아간다 하여 여량리라고 불리게 되었다고 한다. 여량은 첩첩산골인 정선지역 땅 중에서 하늘을 가장 많이 바라볼 수 있는 평지이다. 이곳에는 산이 곱고 물이 맑은 '아우라지'가 있어 예로부터 천렵과 소풍을 즐기려는 사람들이 많이 모여들었다. 아우라지는 정선아리랑의 대표적인 발상지이다. 오대산에서 발원되어 흐르는 송천과 임계 중봉산에서 발원되는 골지천이 합류되어 흐른다하여 아우라지(어우라지)로 불리고 있다. 이곳은 남한강 1천리 물길을 따라 목재를 서울까지 운반하던 뗏목의 시발점으로도 유명하다. 특히 대원군의 경복궁 중수 시에 필요한 목재를 송천강에서 적심을 하여 아우라지에서 뗏목을 만들어 한양으로 운반하였다고 전해진다.[33]

이곳 아우라지나루터에 겨울철이면 쪽다리를 놓았다고 한다. 국어사전에 의하면, 쪽다리는 긴 널조각 하나로 걸치어 놓은 다리를 말한다. 『디지털청주문화대전』에 의하면, '쪽다리'는 "충청북도 청주시 상당구 정북동에 있는 들"과 같이 들 이름으로 쓰일 때는 '작은 들'로 해석함이 보다 타당하다고 한다.[34] 그리고 남교는 낙산과 부근에서 흘러내린 물이 청계천으로 들어가기 전의 개천 위에 쪽나무로 만들어 걸쳐져 있다고 하여 쪽다리라고 하였다. 남교藍橋 부근에 있던 마을인데서 마을 이름이 유래되었다는 것이다.[35] 여량리에는 쪽다리와 관련된 마을의 유래나 지명이 보이지 않는다.

(서: 그럼 어르신이 전통다리 있잖습니까?) 예. (서: 전통적인 다리, 예를 들면 우리가 말하는 섶다리나 이런 것도 놓으신 적 있으신 거예요.) 그건 놔보지는 않았는데-. 내 놓

---

33 『정선군지』(하), 정선군, 2004, 1534쪽.

34 「쪽다리」, 『디지털청주문화대전』(cheongju.grandculture.net).

35 「남교동」, 『서울지명사전』, 서울특별시사편찬위원회, 2009.

는 구경은 다 했죠. (서: 아-그래요. 언제적 일이에요? 그게.) 그게 벌써 함, 아이

고. 여 섶다리는 요즘도 뭐 체험 때문에 자꾸 이제. 작년에 놨지, 놨는데.

(서: 어르신이 그것도 놨어요.) 난 안 놨지. 그건 내 안해요. 그전에 한 것이, 저

게 아까 전(?)호상이 예기하드만. 쪽다리라고. (서: 예-?) 쪽다리라고. 쭉다

리 쭉다리. (서: 쭉다리라고 해요.) 쭉인지 쪽인지 모르겠네. 나무를 갖다 이제.

나무를 갖다 쪽을 만들어놓으니까 쪽다리라고 쭉다리라고 하는데. (심: 쪽

다리.) 아-. 그걸 그전에는 여기 겨울철 되면 땅이, 강이 얼잖아요. (서: 겨울

철에.) 강이 이 마을하고 저 마을하고 연결이 안 돼거든요. 그래서 교통을-

인제. 편리를- 봐서 인제. 그걸 다리를 놔요. 쭉-. 겨울에 얼음이 꽝 얼었

잖거든. 사람이 다닐 수가 없거든. (서: 걸어다니니까.) 응. 그걸 수십 년 놓으

며 살았죠. (서: 어르신이 다 보셨데메.) 다 봤죠. (서: 그걸 어떻게 만드는 거예요.) 겨

울철에. (서: 그게 몇 월입니까.) 11월 말. 얼음 얼기 직전. (서: 아-얼음 얼기 직전

에. 다리를 놓은 이유는 뭐예요.) 그래-. 더 놔두면 얼음이 얼면 배도 못 건너고,

교통이 이제 두절되니까네. (서: 아- 겨울철에.) 그렇지. 겨울철에 만 하지. (서:

겨울철에 물로 움직여야 하는데) 아아-. (서: 다리가 얼어버리니까 이제 물자를 운반하

고, 사람이 걸어갈 수 없으니까 다리를 놔버리는 거죠.) 그렇죠. 얼으면 못 건너가고,

얼으면 사람이 위험해 두지 않고. (서: 사람이 빠질 수가 있으니까.) 배도 못 건너

가고 얼음 얼으니까. (서: 아-.) 그래가지고 교통망 연결하는 거죠, 이게. (서:

그렇죠. 그러면 그게 여량은 어디였습니까, 지역이?) 바로 아우라지. 현재 배터거리.

(서: 정확하게) 이-, 배텃거리입니다 현재. (서: 배터거리, 배텃거리?)(제보자에게 글씨

를 써서 보여줌) 야-. 나루터요 지금 나루터. (심: 나루터거리) (서: 길이는 얼마나 되

요, 폭이?) 그거는 어떤 때는 물이 많아서 나오면은, 얼마 안 돼고. 강 양이

어떤 때에도 많이 해가지고 물이 좁아질 때. 그전에 물이 꽉 나오면 강을

확 박았다가 확 메워버렸다가 해가지고. 어떤 때는 좁아지고 넓어지고, 그

때 봐가지고 놓죠. 뭐. (서: 아하- 그때그때마다 달라진다는 거예요, 길이가.) (이: 일

반적으로 길이가 어떻게 돼요. 평균적으로 할 때?) 일반적으로, 그때두 한- 그저 백

미터 봐야 될 거예요. (서: 아하- 백미터.) 여기는 강이 넓었거든요. (서: 응-. 엄청나네요. 그러면 다리를 놓을 때 누가 지어달라고, 놓아달라고 그럽니까 아니면 주민들이 자체적으로 놓니까?) 아니요. 그건 뱃사공이 놔요. (서: 아-. 왜 뱃사공이 놔요?) 뱃사공이 어때든 계획이 어때서 하몬. 이 동네사람들이 그 강을 건너다니는 사람이 일 년에 얼매큼 다 주위서 다 그걸 해줘요. 보상을 해줘요, 얼맨큼. (서: 아하-.) 한 집에 호당 뭐 오십 만 원 준다든지 백만 원 준다든지 이런 식으로. 돈을 퐈줬어요. 그때 그게 아이고. 돈이 없었잖아요. (서: 쌀?) 쌀도 아니고 촌에 옥수수 한 말, 콩 한 말 다- 모아줬거든 그 집. 뱃사공을. 혼자 못 봐요. 둘이 봤거든 꼭. 그래 그 집들이 이제 다리를 놓고 나서는, 그거 해요. 가마니 저게 짊어지구선, 지금 같으며는 리어카가 차가 다니지. 그때는 차도 없었어요. 짊어지구서 대니며 집집마다 댕기면 뱃모금 뱃모금 그래. 일년 뱃모금 받으러 왔습니다. 그 집이서 알아서 콩도 한 말 주고, 벼도 한 말 주고 뭐. 그기 그집 저기 일 년 내내 그 식구를 먹여 살리는 그게 하나에 식량에 그 난을 해소하는 그거죠.[36]

쪽다리에 대해 설명하는 장만기 씨

---

36 장만기 씨 구술 자료, 2015년 8월 17일.

나룻배를 이용하던 사람들이 바로 쪽다리를 사용하는 고객이었던 것이다. 강물이 얼기 전에 나룻배를 이용하던 사람들은, 겨울철이 임박해서 강물이 얼면 나룻배 대신에 쪽다리를 설치하고 건너다녔다는 것이다. 뱃사공은 쪽다리를 놓고 나서는 마을을 돌아다니면서 사람들에게 뱃모금을 하였다. 마을 사람들은 나룻배와 쪽다리를 이용하는 대신에 쌀이나 콩 등을 주었다. 아우라지의 경우는 뱃사공을 하는 것이 농사를 짓는 일보다 수입 면에서 훨씬 좋았다고 한다. 주로 가을에 추수 후에 가구당 1말을 나룻배를 이용하는 삯으로 주었다고 한다. 이용 가구 수가 많지 않은 마을의 경우는 모곡 분담이 많아서 주민들이 순번제로 돌아가면서 나룻배를 운행하기도 하였다.[37]

처음에 나룻배는 삿대를 저어 건넜으나 차차 강을 가로질러 쇠줄을 이어 줄을 당겨서 운행하는 형태로 바뀌었다. 현재 정선에 남아 있는 나루는 아우라지 나루로 정선2교 밑 과거 상동나루에서 관광객 무료체험을 위한 나룻배만이 운행되고 있다. 따라서 마을 주민들을 위한 나루는 모두 없어졌다고 하겠다.[38] 그런데 가수리에서 만난 전옥분 씨에 의하면, 당시 이 지역의 경우는 뱃사공을 하려는 사람이 거의 없었다고 하며, 그것은 뱃사공은 곧 가난한 사람을 표상하기 때문에 서로 뱃사공을 하지 않으려고 했다고 한다.[39]

> 이래 봤을 적에, 다리가 쭉 건너갔다. 그러면 여기서부터 이렇게 동발을 바치케요. 이렇게 A자로 쭈욱 바치고. 쭈욱 바치거든요. (심: 예 예 예.) 바치고 건너가잖아요. 요사이 요사이 요래. 전체적으로 백 미터를 못 건너가잖아요. 오 미터, 십 미터, 건너간다하면 요렇게 바친단 말이예요. (서: 아하- 나무를 기둥을.) 그래 이거 널판을 이만큼 두툼하게 이렇게 사람이 둘서

---

37   최원희, 앞의 논문, 68~69쪽.

38   위의 논문, 69쪽.

39   정옥분 씨 구술 자료, 2015년 8월 19일.

이서 올라서도 까딱없이 이렇게 만들어놓죠. (서: 폭은 얼마나 됩니까, 이 널판지는?) 폭을 요런 거 두 개. 요 정도 두 개. (서: 그러면 폭이 50에서 60센티?) 그렇죠. 50 내지 60센치밖에 안 돼요 전체가. (서: 소나무를 짜개서 두 개를 놓는 거네요.) 야아. (아: 돌다리가 아니네요, 그러면?) 아니죠. 옛날에 쪽다리 쪽다리라고 그랬죠. 옛날 쪽다리. 쭉인지 쪽인지 모르겠지만. (서: 아무튼 어르신 널판지는 소나무, 이건 무슨 나무예요?) 그건 동발이라고.(서: 동발이?) 이거 동발이라고 그래요. 다릿 동발.[웃음] (서: 이거 재료가 뭐예요?) 이것도 나무지, 나문데. (서: 무슨 나무요?) 이거는 참나무 베어 와야 해요. (서: 아하-. 참나무.) 소나무는 이런 게 없으니까. 아무나 참나무 종류를 요렇게 올라갔다가 가지가 벌어졌잖아요. (서: 예예.) 고 밑을 잘라와요. (서: 아하.) 거꿀로 세우는 거지. (서: 아하-. 이렇게 짤라서, 모양이 있는걸. 거꾸로 세우는 거죠.) [제보자의 아내가 들어와 잠시 인사함] (서: 길이는 어느 정도 됩니까 어르신 대충?) 대충 물높이 봐서. 긴거는 물 깊은데 세우고, 짧으면 물 얕은데 세우고 이런 식으로. (서: 물높이를 봐서) 물높이를 봐서 얼마 얼마 재보지 인제. 그럼 얼마짜리면 된다. 그런식으로 다 하지. (심: 그러면 이 높이가, 사람 키가 한 길이 넘나요?) 한 길 넘죠. (심: 한 길 넘어요. 많이 넘어요. 한두 길 돼요?) 우리 다릿 동발로 봐서는 제를 높은데는 우리가 한 길하고는 이만큼 더 돼야 돼요. 그래야 물 위에서 이만큼 뜬다고. (서: 그러면 어르신 대충 여기 강하고요 이 다리 폭은 얼마나 될까요,

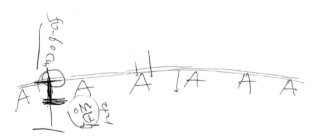

장만기 씨가 그린 쪽다리 모습

교판하고는?) 이 사이. (서: 널판지하고 바닥 사이?) 그 사이가. 강바닥하고는 강물이 1미터면 물 위에서 1미터 정도는 떠야 하니까 2미터. (서: 한, 이 정도에서.) 가에 가면 물이 얕으니까 얼마 안 되죠. 길이는 일정한게 아니죠. 울렁울렁하게 있으면 세워봐서 크면 잘라내고 이러니까.[40]

여랑면의 아우라지 쪽다리는 정선의 다른 지역과 달리 뱃사공이 직접 놓았다는 것이 가장 큰 특징이다. 쪽다리는 사람 이외에는 건너갈 수 없다. 조사자가 다리 폭이 50~60센티미터 정도였다고 해서 다리를 건너면서 혹 무슨 재미난 일이 생기지는 않았을까 하고 물어보았다.

(서: 그러면 가다보면 그런 것도 있을 거 같아요. 사고가 날 때도 있을 거 같은데 그런 에피소드나 그런 이야기 들어보신 적 없으세요?) 학생들 댕기다가 사고 나는 건 별로 드문 일이고 (서: 짐을 지고 가다가 지게들) 별로 없어요. 그런 건 못 봤어요.(서: 재밌네. 그러면 철수 할 때도 그런거 보신 적이 기억이 있으신가요) 어떤 때는 철수 할 때 걷어 내놓고 다리 착착 쌓아놓더니 그만 쓸려가 버리고, 어떤 때는 물이 갑자기 불어나서 잃어버렸어. 산골짝에 비가 와가지고 물이 불어가지고 잃어버린 경우가 더러 있어요.[41]

장만기 씨는 자신의 경험으로 미루어 볼 때, 동네 사람들이 쪽다리를 건너는 동안에는 특별한 일이 없었다고 한다. 그는 "학생들 댕기다가 사고 나는 건 별로 드문 일이"라고 한다. 비록 다리의 폭이 좁은 것이 불편할지 모르지만, 마을 사람들이 건너다니기에는 초등학생부터 장년에 이르기까지 전혀 부족함을 느끼지 못했다는 것이다.

---

40 위와 같음.
41 위와 같음.

아우라지 나루에는 장마로 인해 강물을 사이에 두고 배로 건너지 못해 서로를 그리워하는 애절한 다음과 같은 남녀의 사랑이야기가 전해진다.

봄철이면 제일 먼저 피는 꽃이 동박꽃이다. 동박꽃은 노란 동박과에 속하는 나문데 열매가 아주 아름답게 맺혀서 양력으로 7월말이면 열린다. 이 동박꽃을 남쪽에서는 동백꽃이라고 하나 우리 지방에서는 동박이라고 부른다.

여량과 송천은 아우라지 강가를 마주하고 있는 마을이다. 여량의 처녀가 송천의 총각과 서로 사랑을 하게 되었다. 어느 해 여름 그들은 동박이 열리면 싸릿골로 동박 열매를 따러 가자고 굳은 약속을 하고 헤어졌는데, 하필이면 며칠 전부터 내리던 비가 그치기는커녕 더욱 더 거센 빗줄기로 변하여 아우라지 강물이 넘쳐나기 시작했다. 강을 건너가고 건너오던 나룻배도 움직일 수가 없었다. 이 풍랑에 배를 띄우는 것은 자살행위나 마찬가지였기 때문이었다. 그러나 한창 사랑을 속삭이던 두 처녀총각에겐 이것이 문제될 게 없었다.

아우라지 처녀상

뱃사공을 졸라 강 건너 님에게로 실어달라고 부탁을 아무리 해보아도 배를 띄울 수는 없었다. 두 처녀 총각은 서로 강변에서 만나지도 못하고

상대방의 이름만 부를 따름이었다.

그대 불려진 노래가 정선아라리 1호로 지정된 다음 곡이다.

"아우라지 뱃사공 배 좀 건네 주게 / 싸리골 올동박이 다 떨어지네."
"떨어진 동박은 낙엽에나 싸이지 / 사시사철 님 그리워 나는 못 살겠네."

처녀의 마음을 싸릿골에 있는 동박 열매를 빨리 따다가 짜내어 머릿기름을 내어 머리에 바르고 싶었을 것이다. 그리하여 님에게 더 예쁘게 보이고 싶었는데, 마음은 바쁘기만 한데 날씨는 그 마음을 더욱 애태우는 것이었다. 더구나 이 폭우에 동박 열매라도 떨어지는 날이면 머릿기름은 구경조차 못할 지경이니 처녀의 마음은 애가 탈 지경이었다.[42]

아우라지는 정선아리랑의 대표적인 발상지로, 조선시대 남한강 1철리 물길을 따라 목재를 서울로 운반하던 유명한 뗏목터이자, 위와 같은 남녀의 애절한 사랑이야기가 전해지고 있다. 아우라지 나루는 지형의 특성상 정선지역의 30개 나루 중 유일하게 3곳의 선착장을 두었으며 현재도 운행 중인 곳이다. 한곳은 면소재지와 여량5리(갈금)를 연결하고. 다른 한곳은 현재 아우라지 처녀동상과 여송정 정자가 있는 곳에 선착하여 독재길을 거쳐 유천1리(송천, 홍터, 양지말, 개금벌 등) 주민들이 오고 다녔다. 현재는 갈금 쪽만 운행하고 있다.[43] 여량면 아우라지의

---

42   『정선군지』 (상), 638~639쪽.
43   최원희, 앞의 논문, 71~72쪽.

쪽다리는 이곳 선착장이 있던 곳에 놓였다. 다른 지역과 달리 'ㄱ'형태를 띠었던 것이다.

(2) 낙동리의 외나무다리

낙동리樂洞里는 남면 소재지에서 약 8km거리의 서쪽에 위치하고 있다. 옛날 관곡창고인 남창南倉이 있었기 때문에 남창이라 불렸다. 1940년경 남창, 음촌, 거칠현, 의평, 맷둔, 둔내 등 자연부락을 합쳐 낙동리라 고쳐 부르게 되었다. 낙동이란 지명은 여민동락與民同樂의 뜻으로, 주민의 순후상교淳厚相交 하였음을 표명한 뜻이라고 한다.[44] 동북으로 초당봉, 서운산이 둘려져 있고 북서쪽에 쇄운치, 문두치로 정선읍과 이어져 있다. 남쪽으로는 백이산, 천마산이 둘러싸고 있어 신동읍과 경계를 이루고, 마을 중심부로 동남천이 동에서 서로 흐르고 있다.[45]

그 섶다리가 아니고 외나무다리, 외나무다리예요. (이: 외나무다리요.) 예. 외나무다리 좁은 글루 다녔어요. 요-요 건너다니는. 옛날에는 이-, 철길이 들어오기 전에. 철길이 들어와서도 외나무다리가 있었어요. 그거 건너다녔어요. (이: 그건 마을 사람들이 전부 같이 놓았습니까?) 예 예. 마을 주민들이 전부 나와가지구, 물이 나와 떠내려갔으면 새루 갖다 놓구. 글루 다녀요. (이: 아-하, 그럼 외나무다리 건널 때, 상대방이 건너편이 사람이 오구 가면.) 쪼금 기다렸다가 건너구 이러지. (이: 중간에, 뭐 이- 피할 수 있는 곳은.) 피할 수 있는 곳은 없구. (이: 그러면 여기 다리가 길이가 몇 미터쯤 됐어요.) 길이가 한- 오십 미터. 한-백메다 아니 칠팔십 미터 되는 거같지. 저짝 가에서 이쪽 가에까지 놨으니까. (이: 폭은?) 폭이 강-. (이: 외나무다리 폭이요.) 외나무다리 폭은 그저- 한 자가 안 돼요. 한- 팔십, 팔십 정도 될 그래요. 요그- 좁아요. 소나무 참나

44   정선군청(www.jeongseon.go.kr/hb/portal/sub05_01_03_06).

45   「낙동리(樂同里)」, 두산백과사전 두피디아(www.doopedia.co.kr).

무 베가주구 그걸 갖구 놓거든요. (이: 여기하구 광덕하구.) 예. 저기 전부 외나무다리예요. (이: 여기가 낙동인거죠.) 여기가 낙동- 여기가 3리구요. 저 건너가 2리구요. 낙동1리는 거 건너가서 있구 광덕1리가 있구 그랬어요. (이: 거기까지가 다 4개 리가 외나무다리였어요.) 예. 외나무다리. (이: 정선읍내는 섶다리를 놨다구 그러던 돼요.) 옛날에는 거- 섶다리를 놨어요. 정선에. 나룻배루 건너니까는. 정선에는 강이 크니까.[46]

낙동리에 놓여 있던 나무로 만든 다리를 이곳에서는 외나무다리라고 불렀다. 낙동리는 4개 리로 구성되어 있는데, 모두 외나무다리를 놓았다는 것이다. 강폭이 좁아서 나룻배가 운행하지 않았기 때문에 이곳에 놓인 외나무다리는 여량리의 쪽다리와는 달리 사시사철 고정되어 있었다고 한다. 낙동리처럼 크고 작은 개천에는 전국적으로 사시사철 나무다리들이 놓여 있던 곳이 많았다.

(3) 장열리의 섶다리

장열리長悅里는 구한말 시대부터 부르던 지명이다. 서향으로 평탄지가 길게 뻗쳐 있고 토질이 비옥하며 군내에서도 가장 이상적인 농촌으로서 지명을 장열리라 칭하였다. 자연부락은 본동과 가평(街坪) 2개 부락으로 되어 있다.[47] 옛날에는 뒷산에 긴 굴이 있다하여 장혈리長穴里라고도 표기하였다.[48]

맷돌장과 관련해서 인터뷰하던 도중 위연석 씨로부터 자신이 살았던 장열리에서 섶다리를 놓았다는 이야기를 들을 수 있었다. 섶다리는 강물이 얼어서 나룻배를 띄울 수 없을 때 통나무와 솔가지, 흙을 이용해 만든 임시다리이다.

46   조만성 씨 구술 자료, 2015년 8월 18일.

47   정선군청(www.jeongseon.go.kr/hb/portal/sub05_01_03_08).

48   「장열리(長悅里)」, 두산백과사전 두피디아(www.doopedia.co.kr).

(이: 혹시 다리 같은 거 보신 적 있으세요. 섶다리, 쪽다리?) 섶다리. 옛날에는 여-강물에는 전부 섶다리 놓구선 건너다녔잖아. (심: 섶다리라구 불렀어요.) 섶다리. (이: 섶다리, 저- 여량에 갔더니 쪽다리라구 이야기하시던데.) 쪽다리가 아니라 섶다리지. (이: 아-, 섶다리라는 게 어떻게?) 섶다리는 이제- 다리판을 이렇게. (화자가 방바닥에 그림을 그리면서 설명함) 가다진 걸 양쪽으로 이- 구녕을 뚫어서 박고, 우에다 남굴이레 깔구. (조사자가 종이를 내놓음) 여기에 이런- 가다질 걸 놓구 박아 가지구. (이: 몇 개나?) 여러 개 놓거든요. 이래구는 여기다 남굴 이러 가로질러요. 가로지르구는 여기다 솔까바리. 솔- 솔잎. (심: 소나무.) 솔잎 붙은 거를 갔다서는, 여기다 주욱 펴구. 쭈욱 펴구서는 그 우에다가 돌을 이렇게 깔고 흙두- 퍼붓구 이래 가서는 글루건너댕기거든요.[49]

위연석 씨는 고양리에서 장열리로 이사 와서는 10년 가까이 섶다리를 만들었다고 한다. 섶다리는 강물이 얼기 전에 놓았다가 봄이 되면 철거하였다. 철거한 섶다리는 강둑 한 편에 쌓아놓았다가 다시 섶다리를 놓을 때 재활용하였다. 간혹 갑자기 물이 불어서 섶다리가 떠내려가면 가을에 새롭게 나무를 준비해야만 했다. 새로 섶다리를 만들기 위해서는 이전보다 많은 시간과 노력을 필요로 했다.

(이: 그럼 어디서 주로 했던 거예요, 섶다리는?) 섶다리는 이- 강물이 전부다 한 거죠. (이: 보신 건 어디서 보신 거예요.) 옛날에 그걸, 없어진지가 얼마 안 돼요. 지금두 여 아리랑제 때, 정선아리랑제 때 여 섶다리를 놓구 댕겨요. (심: 그러면은 나무는 통나무 같은 것을 놓는다는 말씀이죠, 굵기가 팔뚝만한 거.) 이저- 솔낭굴, 이제- 이렇게 깔죠, 또. (심: 거기다 솔을 그렇게 깔아요.) 이래 깔구는, 여다 돌두 놓구 흙두 놓구 그래가지구 일루 사람이 걸어댕겨. (이: 그러면 요렇게 했을 때, 이쪽으로 했던 나무는 무슨 나무를 쓴 거예요.) 일루는 참나무두, 순- 아

49   위연석 씨 구술 자료, 2015년 8월 18일.

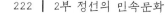

무 낭구나 그냥- 걸쳐놓는 거니까. (심: 걸쳐놓구선 고정같은 건 안 시키구요.) (이: 판대기는 아니구요.) 판대기는 아니래에. 이런 각목 같은 거 걸쳐 놓구, 그 우에다 인제- 솔까바리를 깔구. (이: 솔을 이렇게 까셨다는 거죠, 이렇게.) 예. 다리 있는 걸 같다 구녕 뚫궈 가지구 세워 놓구, 돌 넣구 흙두 넣구. (이: 그럼 폭이 어느 정도 됐어요.) 폭이, 사람 건너다릴 만하게 한-, 1미터쯤 되죠. (심: 넓으네요, 1미터는 이만큼 되네요.) 야. 그래 되면 사람이, 인제 이리두 오구 이리두 가구, 양쪽으로 왔다 갔다 할 수 있으니까. (이: 이게 아주 오래 전부터 있었던 거예요. 몇 십 년 전부터 있었던 거예요 아니면 최근에 여기서.) 옛날부터 있었죠. (심: 어르신 어렸을 때부터 있었던 거예요.) 그럼. 겨울게는 인저, 그걸 놓구 사람이 다녔으니까. (심: 강물이 어니까요.) 엉. (심: 그러면 섶다리는 누가 놨어요.) 동네서 모여놓는 거지. (심: 동네에서 모여가지구요.) 동네 사람들이 모여가지구서는, (심: 다같이 모여가지구요.) 엉. 가을철에 인제. (심: 가을철에, 농사 끝나구.) 그래 가을철에는 물이 많이 안 나가니까. 봄에는 또 뜯어치구요. 물이 나가니까. (심: 예 예.) 다 떠내려가지. (이: 그럼 고양리에 사실 때에, 사셨을 때 이거 보셨던 거예요.) 예. (이: 거기에 동네 사람들이 다 만들구요.) 예. 동네사람이. (심: 그럼 어르신 이쪽 동네가 있구, 이쪽 동네가 있잖아요.) 그렇죠. (심: 양쪽 동네에서 다 같이 나와서 만드는 거예요.) 양쪽에서 모여 가서는, 반절씩 반절씩 놓지. (심: 반절씩 반절씩 놔요.) 그럼. (심: 협동, 협동을 하는 건가요.) 협동으로 하는 거죠. (심: 요만큼은 우리가 만들께 이만큼은 니네가 만들어라 하는 게 아니라 다 같이 협동해서 만드는 거죠.) 협동해서 만드는 거야. (이: 다리를 양쪽에서 놓구 오는 거예요 아니면 한쪽에서 놔요.) 에에 양쪽에서 마주 놔가지구서는 합하는 거지. (이: 이쪽 마을에는 이쪽부터 시작을 하구 이쪽 마을은 이쪽부터 시작해서 중간에 만나는.) 합하게. (이: 중간에서 만나는 거죠.) 예. (이: 재주가 되게 좋으셨겠네요. 측량 이런 것두 안하구서 만드셨을 거 아녜요.) 예. (심: 늘 해오시던 거니까 그게 되겠죠.) (이: 이게 저기 해서 그- 위치는 매년 똑같예요 아니면 조금씩 달라지나요.) 똑같죠. (심: 늘- 그 자리에 다리 놓으셨어요.) 그럼. 매일 그 자리에 놨지. 그- 물이 얕은데다가, 물이 얕은데다가

놓으니까 만날 그 자리에 놓는 거래.⁵⁰

섶다리는 마을 사람들의 협동심을 나타내는 바로미터였던 것이다. 매년 일정한 곳에 놓기 때문에 특별히 측량을 하지 않아도 섶다리를 놓는데 하등 지장이 없었다고 한다. 섶다리를 만들 때는 "양쪽에서 모여 가서는, 반절씩 반절씩 놓"았다. 흔한 재료에 제작 방법도 간단하여 마을 사람들이 나서서 2~3일 정도면 만들 수 있었다고 한다.

> 옛날엔 한- 30대부터 하믄 한 60대, 70대 까정은 전부다 다 나와가 해야. (심: 20대 청년들은 안 나와요.) 20대는 아즉 어리니까 안 나오고. (심: 다 장가가신 분들이겠네요.) 예에. (심: 장가 안 가신 분들은 잘 안 나오나요.) 그렇죠. 잘 안 나오죠. (이: 그러면 몇 명이 참여하는 거예요.) 동네 호수가 많으면 많이 참여하구. (이: 한 집에 한 명 이런 식인가요 아니면.) 한 집에 하나두 나오고 식구가 많으면 둘두 나오구. 그러면 막 나오는 거지. 그 봉사하는 거니까. (심: 어짜피 쓰셔야 되니까, 그죠.) 그럼. (이: 식구수에 따라서 인원이 약간 달라지는 거네요.) 달라지죠, 그럼.⁵¹

섶다리를 만들 때, "한 집에 하나두 나오고 식구가 많으면 둘두 나오구" 하는 것으로 보아 식구 수에 따라 참여하는 인원이 달랐음을 알 수 있다. 위연석 씨는 섶다리를 놓을 때, 20대는 참여하지 않고 30대 이상의 장정들이 모여서 만들었다고 한다. 이것은 섶다리를 만들 때는 힘보다는 요령이 필요했던 것이 아닌가 한다. 다리를 만들면서 마을 간에 갈등이 있었느냐고 물어보자, 마을 사람들끼리 서로 가깝게 지내는 사이이기 때문에 섶다리를 놓으면서 갈등은 없었다고 한다. 이렇게 놓

---

50   위와 같음.

51   위와 같음.

인 섶다리는 사람의 왕래뿐만 아니라 화목에 쓰일 나무를 해서 짊어지고 올 때 이용하였다고 한다. 섶다리는 마을과 마을을 연결해 주는 중요한 교통수단이었던 것이다.

(4) 가수리와 귤암리의 섶다리

가수리佳水里는 정선읍 소재지 남쪽에 있는 강변 마을이다. 가수리는 수미, 북대, 해매, 갈매, 가탄, 유지 등 6개의 마을로 이루어져 있다.[52] 마을 앞으로 지장천이 흐르고, 기암절벽이 있어 아름다운 풍경을 가지고 있다. 수매는 자연경관과 굽이쳐 흐르는 강물이 아름다워 붙여진 지명이다. 가탄은 마을 앞 여울에 흐르는 물이 햇빛에 반사되어 주변 자연경관과 조화되어 매우 아름답다 하여 붙여진 이름이다. 가수리란 지명은 가탄과 수매의 이름을 따서 지어졌다. 옛날 여량, 정선 등지에서 출발한 뗏목이 이곳에 이르면 어려운 고비를 다 통과했다고 한다. 기온이 따뜻하여 이모작이 가능하고 감 재배가 잘된다고 한다.[53]

> 예전에 수미마을과 북대마을 사이에 겨울철이 되면 섶다리를 만들었다. 양쪽 마을 사람들이 반반씩 놓았으며, 가구마다 한두 사람씩 나왔다. 섶다리를 놓던 위치는 지금의 잠수교가 있던 곳이다.[54]

섶다리를 만들 때에는 마을 사람들이 전부 동원되었다. 남자들은 섶다리를 놓고, 여자들은 새참을 만들어 사람들을 대접하였다. 섶다리를 설치하지 않은 동안에는 나룻배를 이용해서 강을 건너다녔다고 한다. 잠수교를 조사해 보니, 다리의 건립연도가 2005년 5월이었다. 섶다리를 놓으며 마을이 하나가 되는 전통 행사가

---

52   정선군청(www.jeongseon.go.kr/hb/portal/01_03_08).

53   「가수리(佳水里)」, 두산백과사전 두피디아(www.doopedia.co.kr).

54   전옥분 구술 자료, 2015년 8월 19일.

2004년까지는 진행되었던 것으로 보인다.

굴암리는 정선읍 소재지 남서쪽에 있는 강변 마을이다. 굴암리는 굴화, 의암, 만지산, 동무지, 월포 등 5개의 자연부락으로 이루어져 있다. 굴화는 옛날 봄철이면 굴꽃이 만발한다 하여 붙여진 이름이고, 동무지童舞地는 옛날에 선동仙童이 내려와 춤추고 놀던 곳이라 하여 이름 붙여졌다. 의암衣巖은 옛날 이 마을에 큰 바위가 있었는데 무명장수가 이곳에서 무명보따리를 벗어 놓고 쉬다가 일어나려니 무명짐이 붙어 떨어지지 않기에, 무명을 한자락 잘라 이 바위에 걸어 놓았더니 짐이 떨어졌고 이후 장사도 잘 되었다고 한데서 유래한 이름이다.[55] 만지산은 산이 넓어 골짜기가 만 갈래로 펼쳐 있다하여 생긴 이름이다. 5개의 자연부락 중 굴화마을의 '굴'자와 의암마을의 '암'자를 따서 굴암리라 명하였다.[56]

수미마을과 북대마을 사이의 잠수교

음력 11월 2중순경에 섶다리를 놓기 위해 본동과 웃바위, 만지산 세 그룹으로 나누어 씨름을 겨루어지는 편이 중앙 부분을 맡았다. 이듬해 3월의 해빙기에 고산高山에서 눈이 녹아 물이 넘쳐 섶다리가 떠내려가기 전까지

---

55 「굴암리(橘岩里)」, 두산백과사전 두피디아(www.doopedia.co.kr).
56 서덕웅, 「정선읍 굴암리 민속조사」, 『정선문화』 17호, 2014, 60쪽.

4개월 정도는 섶다리를 이용했다고 한다.[57]

섶다리는 본동과 옷바위, 만지산을 연결하는 임시다리였다. 섶다리를 이용하지 않을 때는 나룻배를 이용하여 강을 건너다녔다. 1998년에 직경 1,000mm×폭 4,000mm의 시멘트 암거를 놓고 그 위에 시멘트로 포장한 잠수교가 건설된 이후로 섶다리를 놓지 않게 되었다고 한다.[58]

그런데 가수리와 귤암리에 놓았다고 하는 섶다리는 정선의 다른 지역에서 볼 수 있었던 섶다리의 모습과는 다르다. 1993년에 귤암리에 놓인 자연다리는 길이는 30여 m에 폭이 1m, 높이가 2m 정도로 사람이 걸어 다니는 상판은 통나무를 재단해 다듬질을 해서 편하게 건널 수 있도록 되어 있었다. 섶다리가 다릿목을 세운 다음 그 위에 솔가지를 양옆으로 질러놓고 위에 흙을 덮은 것이라면, 귤암리와 같은 나막다리는 통나무(소나무와 참나무)를 다릿목 사이에 예닐곱 개씩 길게 늘어놓은 것이다. 다리 위에서 보면 다릿목을 빠져나가는 물살이 고스란히 내려다보인다. 자칫 한눈을 팔면 나무 사이로 난 구멍에 발목이 빠질 수도 있으므로 주의해야 한다.[59]

(5) 송계리의 섶다리

송계리松溪里는 강원도 정선군 임계면에 있는 리로, 송원동, 새벼리, 문동이골, 소매골 등의 자연마을이 있다. 송원동은 옛날 이곳에 원님터가 있다하여 송원동 또는 소탄이라 부르고 있다. 새벼리는 이 마을 뒤편에는 칠성바위가 있는데, 옛날에는 샛별 마을로 불리던 것이 차츰 변하여 새벼리라 부르게 되었다. 문동이골은 옛날 관원들이 이곳에 왔을 때 먼동이 터서 밝음을 표현한 말로 먼동이 터서라는

---

57 서덕웅, 「귤암리의 향토사」, 『도원문화』 8호, 정선문화원, 2005, 143쪽.

58 위의 글, 144쪽.

59 최진연, 『옛 다리, 내 마음속의 풍경』, 한길사, 2004, 20~25쪽.

의미의 문동이골이 되었다. 송계리는 마을이름에도 나타나듯이, 주변이 거의 소나무로 우리나라 임상자원의 대표적인 곳이라 할 수 있다.[60]

(제보자가 종이에 그림을 그림) 이런 남글. (이: 잠깐만요.) 이런 남글, 높이는 말야 한- 1메다 한- 높으면 한 1메다 20센치 돼. (이: 예.) 이, 이래가주구 이런 큰 남글, 이렇게 뚜껑 이런 판이다 판. 판대기를 그냥 어떻게 쬐겨가지구 말야. 엉. 구멍을 뚫어가지구 여기에 꿰들어간단 말야. 요기에. (이: 으응.) 이 판은 지금두 한- 10메다 되는 게 있어. (이: 예-.) 장목을 큰 거해가주구. 그러니까 이렇게 이렇게 들어가구, 이렇게- 이렇게 들어가구. (이: 이렇게 뛰어나오구요.) 뛰어나오구. 그리구 그리구는 요기에 어떻게 하냐면 이- 남글 말이지. (이: 예.) 이- 이렇게 놓구는 이렇게 놓구. 이게 인제 발판이란 말야. (이: 예 예.) 이래 놓구는 이- 이 가에는, 이걸 놓구는 솔까발이를 말야. 솔까발를, 솔잎을. (이: 예 예.) 가지를 찍어다가 솔잎을, 가지를 찍어다가 솔가지를 찍어다가. (이: 예.) 놓구 그 우에다가 흙을 퍼. (이: 흙을 퍼요.) 엉. 그래가지구 그래 가지 우에다가 위에 진흙을 편다구. 이렇게 이렇게 흙을 펴구 이쪽두 넓어지구. 다리 폭이 말이야, 다리 폭이 적어두 한- 1메다 20센치 돼, 폭이. 폭이 1메다 20정도 돼. 그러면 소두 몰구 대니구 사람 짚어지구 간다 말야. 이게 길이가 말야, 강가에 적어두 한- 길게 길게는 30메다, 40메다 다리 하나 길이가 각각. 하천 폭이 말이야.[61]

배선기 씨에 의하면, 폭이 1m20cm에 길이가 30~40m정도의 섶다리를 정선지역에서는 흔히 볼 수 있었다고 한다. 그러면서 다리를 놓을 때, "아주 곗꾼들 뫄가주구 이 다리 참여 안하면 그 동네 쬐겨간다. 아주 엄해. 다리가 일 년에 한 번

60   「송계리(松溪里)」, 두산백과사전 두피디아(www.doopedia.co.kr).
61   배선기 씨 구술 자료, 2015년 8월 19일.

씩 보수하구 그러는데 말이야. 나는 이런데 많이 가봤어. 신월리 다리- 우리 작은 아버지 신월리에 사셨는데. 그 저- 우리 작은 아버지가 아파가지구 내가 그 부역두 하"였다고 한다. 섶다리는 마을 사람들이 공동으로 이용하는 시설이기에 각 가정에서 한두 사람은 꼭 참여해야만 했다는 것이다. 일종의 마을 사람들에게 부여된 의무라고 하겠다.

(이: 이거 직접 만드시는 데 가보셨어요.) 난 직접 했어. 나 직접 내 임계면 면서기 할 적에 말이야. 우시장이 강 건너에 있어가지구. 아- 이거 큰 소가 가다가 그만 지랄하니까 이 다리가 혹 넘어갔어. 근데 다리 다리를 놔야지, 저 쇠장사두 가구 소두 건너가야 되는데. 그래야 되는데, 그 면서기들이 말야, 근무시간에 가서 다리 복구하느라구 쇠빠지게 고생했네. 내가 임계면에 있을 때 섶다리 무척 났네. 그리구 쇠장수들에게 개새끼들이라구 욕을 막하구 말야. (심: 쇠장수가 지나갔어요.) 소장사 댕기며 그 섶다리를 망가트리잖아. (심: 소가 한두 마리가 지나간 게 아니겠네요.) 소가 지금 그 임계면에 우시장은 말야. 한- 삼백 두가 나갔는데 장날마다. 오일장인데, 삼백 두씩이나 나가는데. 글루 빠져서 가는데 그늘으 소가 후다딱 하며 종무세 같은 게 그러니까 후딱 지나가니까 훌쩍 넘어가니, …(중략)… (이: 그럼 강의 폭이 얼마나 됐어요.) 그 강이 말야, 송계천이 강이 적어두 어- 한 백 메다 돼. (이: 백 메다 정도요.) 백 메다. 그 다리가 큰 다리여. (심: 백 미터 되는 다리를 한 달에 한 번씩 보수하신 거예요.) 아니 근데 우시장에 쇠장사들이 다니면서 엎어지니까 재수 없으면 한 달에 꼴이야. (이: 여기다가 섶다리를 났는데, 이게 다리는 백 미터쯤 되는 거예요 아니면 더 되는 거예요.) 백 미터 정도 돼. 폭이 넓어가지구 송계하구 봉산리 꾕장히 넓어. 정선에서 송계리하구 봉산리가 제일 살기 좋은데여.

(이: 그 다리는 고정된 다리네요.) 큰 다리여. 고정다리여. 근데 이노무 소장사들이 큰느무 소가 가만 가만 몰구가면 되는데. 하 두세 마리씩 몰구가니까,

쿵떡쿵떡하니까 넘어가삐린단말여. 그럼 면서기만 엿먹는겨.[62]

　인용문은 송계리에서 봉산리로 가는 송계천에 설치된 섶다리에 관한 내용이다. 이곳에 설치된 섶다리는 정선의 다른 지역과 달리 고정된 다리로, 소가 지나갈 정도로 크고 튼튼하였다는 것이다. 예전 봉산리에는 오일장이 열릴 때면 소가 삼백두씩 거래되는 강원도에서도 규모가 큰 우시장이 있었다고 한다. 소를 몰고 봉산리 우시장으로 가던 소장수들이 조심하지 않아서 한 달에 한번 꼴로 섶다리가 넘어갔다. 그러면 면서기들이 근무하다말고 섶다리를 복구해야 했다는 것이다. 배선기 씨가 근무할 당시인 1959년에 임계면사무소에는 면서기가 30명이 넘었다고 한다.

(6) 정선 자연다리의 특징

　이상에서 살펴본 바에 의하면, 정선의 자연다리는 크게 쪽다리(외나무다리)와 섶다리로 나눌 수 있다. 쪽다리는 여량리와 같이 겨울철에 임시로 가설하는 것이 있는가 하면 낙동리의 외나무다리처럼 고정된 형태가 있다. 이것은 섶다리의 경우도 마찬가지이다. 장열리나 가수리의 경우는 임시로 가설된 형태이며, 송계리의 섶다리는 고정된 형태를 유지한다. 임시로 가설된 형태의 다리들의 경우, 평소에는 나룻배로 강을 건너다녔다. 그러다가 날씨가 추워지면 강물이 얼기 때문에 나룻배를 이용할 수 없었으므로 임시로 쪽다리나 섶다리를 가설했던 것이다. 나룻배로 통행하지 않던 지역에서는 고정된 형태의 다리를 가설하였다.

　　　　(이: 그럼 정선읍내에서는 일 년에 한 번씩 놨다구요.) 정선 읍에는 여 시내두 있구, 요 인도선 배루 댕기구 촌에 쪼그만 계곡은 이 섶다리 아니면 농사두 못 지구 마을두 못 댕겨. 근데 주로 그 섶다리 없는 데는 전부 옷을 벗구 건넜지 여자구 남자구 그렇지. (이: 외나무다리가 있던데요.) 그게 외다리야. 그걸

62　위와 같음.

외나무다리라구 그걸 외나무다리라구 그래. 아깨 판넬 놓구 그런 건 외나무다리. 이건 섶다리. 풀루 잡목가지구 하는 거는 섶다리, 판넬같은 거이런거하면은 외나무다리. 이거는 큰 마을에 하구 요거는 쪼그만 마을에하구 그래.[63]

강이나 마을의 크기에 따라 임시로 놓은 다리의 형태가 다르다는 것이다. 여량리의 쪽다리는 예외로 한다면, 일반적으로 강폭이 넓은 지역이나 규모가 큰 마을에서는 섶다리를, 강폭이 좁거나 규모가 작은 마을에서는 쪽다리를 놓았던 것으로보인다.

5) 축제와 관광, 그리고 섶다리

(1) '섶다리'를 표방한 축제
① 예산군 '섶다리 곱창축제'

예산군 삽교읍에서 열리는 '섶다리 곱창축제'가 농림축산식품부 2015년도 우수 농촌마을 축제 지원 대상으로 선정됐다. 군에 따르면 농림축산식품부는 지난 12일 전국 농촌 마을 축제 42개를 '2015 농촌축제 지원사업'으로 선정했다.

삽교읍 주민들이 지역 공동체를 더욱 발전시켜 나가기 위해 자발적으로 개최하는 자생축제인 곱창축제는 예산 오미 중 하나인 곱창을 주제로 매년 11월 초 삽교읍 시가지 일원에서 개최된다.

삽교축제추진위원회(위원장 이상원) 주최로 개최되는 섶다리 곱창축제는 곱창 콘테스트와 무료시식, 축하음악회, 7080 콘서트, 게릴라 콘서트 등 다양한 축하공연과 체험행사로 펼쳐진다.

---

63 위와 같음.

아울러 나란히 걸어보는 섶다리 재현, 삽교 출신 씨름인 박광덕과 함께하는 씨름 한마당 행사도 열려 참가자들에게 즐거운 추억을 선사한다.

올해는 '추억을 굽다'라는 주제로 오는 11월 7일 삽교읍 근린공원에서 펼쳐질 계획이며 일정 등 자세한 내용은 축제추진위원회(339-8511,7711)에 문의하면 된다.

추진위 관계자는 "이번 3농 혁신 모범사례 우수 농촌마을 축제 선정을 계기로 섶다리 곱창축제가 군의 대표적 가을축제로 도약할 수 있도록 노력할 것"이라며 "올 가을에도 많은 분들이 삽교에 오셔서 축제도 즐기고 맛있는 곱창도 맛보며 즐거운 추억을 만들기 바란다"고 밝혔다.

군 관계자는 "지속적으로 농촌축제 및 도농교류 활로를 적극 모색해 농촌축제가 주민이 중심이 돼 화합하고 배려하는 공동체 결속의 장이 될 수 있도록 노력하겠다"고 말했다.

한편 곱창구이와 곱창전골로 유명한 섶다리 곱창은 40여 년 전부터 삽교 지역을 중심으로 연탄불을 이용하여 구워 먹기 시작한 서민들의 대표적인 먹거리이자 저지방, 저칼로리 영양 건강식품으로 누구나 좋아하는 인기메뉴로 명성을 얻고 있다.[64]

② 울산 북구 강동 섶다리 축제

울산 북구 바다의 정취가 물씬 담긴 제1회 강동 섶다리 축제 및 안전문화제가 성황리에 치러졌다. 북구는 지난 12일 정자항 일원에서 열린 제1회 강동 섶다리 축제에 2000여명의 주민이 다녀갔다고 13일 밝혔다.

강동 섶다리 축제는 '정자천 가꾸기' 사업의 일환으로 강동 자연마을주민과 산하신도시 주민이 합심해 마련했다. 축제 첫 순서로 강동 자연마을 주민과 산하신도시 주민, 관광객 등 300여명이 참가한 가운데 진행된 '대방천 올레 걷기'행사가 진행됐다.

이들은 코스모스가 만개한 강가를 걸으며 가을정취에 흠뻑 빠졌을 뿐 아니라

---

64   예산군청(www.yesan.go.kr).

대형 솥에 비빔밥을 함께 비벼서 나눠 먹으며 화합을 다지는 시간을 가졌다.

이날 수난전문구조대의 전통목선과 후리그물 체험, 섶다리 소망지 달기, 초롱 만들기 체험, 강동먹거리장터 등 강동에서만 맛보고 체험할 수 있는 프로그램으로 아이들과 가족들의 인기를 독차지했다.[65]

③ 홍천 풍경마을 섶다리 축제

홍천 북방면 노일리 풍경마을이 24일 오후 2시 노일리 남머리 강변에서 섶다리 축제를 개최한다.

> 오래 전 부터 가을추수가 끝나면 강을 건너기 위한 수단으로 우리 노일리 에서는 1996년까지 세 곳(구룡밭, 남머리, 위안터)에 섶다리를 놓아 강 건너 마을과 왕래를 했습니다.
> 비가 오면 강물이 불어나 왕래할 수 없는 불편함으로 강 건너 주민들은 이주를 하게 되었고,교량도 생겨나 섶다리 놓기는 자연스레 맥이 끊어져 버렸습니다.
> 그러나 이제는 잊혀져가는 섶다리 놓기를 13년만(2009년)에 재현함으로 서 옛 추억과 향수를 떠올리며 전통적으로 이어오던 섶다리 놓기 문화를 계승하고 있습니다. 섶다리는 마을과 마을을 이어주는 역할 외에도 주민 간의 갈등을 해소하는 소통과 화합의 장이기도 합니다.
> 길이는 60~70m, 이며 폭은 약 1.2m정도로 가설된다.[66]

노일리 풍경마을 영농조합이 주관하고 있는 섶다리축제는 주민들이 힘을 합쳐 노일리 남머리에 약 60m에 옛 섶다리를 재현해 추수를 마친 농업인들이 화합하고

---

65   「울산 북구 제1회 강동 섶다리 축제 성료」, 『뉴시스』, 2015년 09월 13일.

66   풍경마을 섶다리 안내판 참조.

전통문화의 소중함을 전승하기 위해 2009년부터 매년 개최하고 있다.

올해는 농촌관광상품화 시범사업으로 섶다리 걷기, 떡메치기, 투호놀이, 뗏목타기 등 전통과 문화가 함께 어우러지는 다양한 행사가 진행된다. 또 25일 노일분교에서는 게이트볼대회와 찾아가는 음악회가 열려 지역주민들에게 풍성한 볼거리와 즐길거리를 제공한다.[67]

④ 전주천 섶다리 축제

전주 섶다리 만들기 시민모임이 주최하는 '2013 전주천 섶다리' 축제가 28일 오전 10시부터 서신동 가련교 일대에서 열린다.

행사는 섶다리 개통을 알리는 길놀이를 비롯해 섶다리 일대의 자연환경을 체험하는 환경생태체험, 어린이 사생대회, 마술쇼, 음악회, 판소리 공연 등 다채롭게 펼쳐진다.

이 섶다리는 전주시 완산구 서신동 e-편한세상 아파트와 하가지구 사이로 흐르는 전주천에 소나무와 물푸레나무 등을 이용해 Y자형 다릿발을 세우고 그 위에 나무를 얹은 다음 흙과 솔가지 등을 덮어 연장 60m, 폭 1.2m의 규모로 23~26일 만들어졌다.

시민모임은 10여 년 전에 마을에 섶다리를 놓아온 강원도 영월군 주천면 판운리 청년회로부터 기술을 전수했다.

이번에 놓이는 섶다리는 가을 추수가 끝난 뒤 마을 사람들이 함께 설치했다가 이듬해 불어난 물에 떠내려 보냈던 전통에 따라 정월 대보름 행사 등을 열고 내년 6월께 철거된다.

시민모임은 "섶다리는 매일 마주치면서도 서먹한 지역 주민 간의 단절감을 없애는 상징"이라며 "매년 가을 시민과 함께 섶다리를 놓으면서 새로운 공동체를 만들

---

67   「오늘 섶다리 축제」, 『강원도민일보』, 2014년 10월 24일.

어 나갔으면 한다"고 말했다.[68]

⑤ 다하누곰탕&쌍섶다리 문화축제

대한민국 대표 한우마을인 영월 다하누촌(대표 최계경)이 '다하누곰탕&쌍섶다리 문화축제'를 개최한다.

18~19일 양일간 영월 다하누촌 중앙광장 내 행사장 및 주천강 일대에서 열리는 이번 축제는 다채롭게 변신이 가능한 토종 한우 곰탕의 우수성을 널리 알리는 동시에 지역 문화를 발전, 계승시키기 위해 마련됐다. 특히 주천면 쌍섶다리를 건너며 선조의 지혜를 배울 수 있는 쌍섶다리 체험행사와 이번 축제를 주제로 한 사진 공모전도 함께 열린다. 다하누곰탕 문화 축제 및 주천 쌍섶다리를 주제로 사진을 촬영한 뒤 영월 다하누촌 홈페이지에 공모하면 심사를 통해 명품 한우 세트 및 다양한 경품이 증정된다.

뿐만 아니라 주천강 섶다리 주변에 숨어 있는 보물스티커를 찾아 영월다하누촌 중앙광장내 본점에 제시하면 해당 보물을 공짜로 드리는 이벤트도 진행될 예정이다.[69]

(2) 축제와 섶다리

① 정선아리랑제와 섶다리

2013 대한민국 아리랑 대축제, 정선아리랑제가 열리고 있는 4일 강원 정선군 아라리공원 행사장 내 명물인 섶다리와 돌다리가 관광객들로부터 인기를 끌고 있다.

4일 정선군에 따르면 전통 섶다리와 돌다리는 정선아리랑제 주 행사장인 정선읍 아라리공원과 아라리촌을 잇는 동선으로 관광객의 인기를 독차지하고 있다.

조양강에 놓인 섶다리는 Y자형 나무로 세운 다릿발 위에 솔가지 등을 깔고 흙

---

68 「"섶다리 구경오세요" 전주천서 27-28일 축제」, 『연합뉴스』, 2013년 9월 19일.

69 「다하누촌, 쌍섶다리 문화축제 18일 개막」, 『뉴시스』, 2014년 10월 14일.

을 덮어 만드는 전통섶다리로 길이 100m, 폭 1.5m 규모로 설치되어 관광객에게 잊지 못할 이색체험을 제공하고 있다.

(사)정선아리랑제위원회(위원장 이종영)는 행사장 이용객의 편의도모와 볼거리 제공을 위해 섶다리와 길이 210m 규모의 돌다리를 설치했다.

관광객 김 모 씨(서울)는 "깨끗한 조양강변 섶다리가 우리나라 고유의 아름다운 멋이 풍기고 정선아리랑제 행사와도 잘 어울린다"며 "아련한 향수를 떠오르게 하는 이색 돌다리가 축제의 즐거움을 배가하고 있다"고 말했다.[70]

② 안흥찐빵축제와 섶다리

일명 '안흥찐빵마을'에 있는 섶다리는 약 30m 남짓한 길이로, 주천강酒泉江을 가로질러 있으며, 옆에는 징검다리도 놓여 있다. 섶다리란 Y자형 나무로 다릿발을 세우고, 위에 솔가지 등을 깔고 흙을 덮어 만드는 임시다리를 말한다. 지금은 사라졌지만 예전에는 강마을에 많이 있었던 다리이다. 안흥리의 섶다리는 매해 10월 초순 열리는 '안흥찐빵한마당큰잔치'라는 축제를 계기로 다시 만들어졌다.[71]

오는 10월 2일부터 4일까지 3일간 횡성군 안흥면 안흥찐빵마을 일원에서는 제9회 안흥찐빵축제가 개최된다.

'엄마의 손맛이 그리울 땐, 맛있는 휴식! 안흥찐빵축제'라는 슬로건으로 개최되는 이번 축제는 지난 2011년부터 손찐빵 업소와 기계찐빵 업소 간 상표분쟁과 지리적표시를 둘러싼 법정공방으로 잠시 중단됐다가, 안흥찐빵의 이미지 훼손을 만회하고, 손찐빵에 대한 옛 명성을 회복하기 위해 4년 만에 다시 부활했다는 점에서 의미가 크다.

이에 안흥찐빵축제추진위원회(위원장 남홍순)는 4년 만에 개최되는 안흥찐빵축제의 성공적인 개최와 지속가능한 축제로서의 발돋움을 위해 스토리와 테마를 중심

---

70 「정선아리랑제 섶다리·돌다리 명물 부각」, 『참뉴스』, 2013년 10월 4일.

71 「안흥찐빵축제」, 두산백과사전 두피디아(www.doopedia.co.kr).

으로 축제를 추진하겠다고 밝혔다.

안흥 지역에는 '안흥찐빵과 장난꾸러기 삼형제 도깨비'라는 도깨비 전설이 전해지고 있는데, 이 이야기를 따라 각종 체험을 하다보면 자연스럽게 안흥찐빵을 알게 되는 동선으로 구성 된다. 즉, 모든 프로그램을 스토리와 연계 운영해 '이야기가 있는 축제'로 구성한다는 방침이다.[72]

③ 김제지평선축제와 섶다리

김제지평선축제가 전국 최초로 4년 연속 대표축제를 노리고 있는 가운데 제17회 지평선축제가 오는 10월7일부터 11일까지 5일간 벽골제(사적 제111호) 일원에서 화려하게 개막된다. 올 축제는 7개 분야 70개 프로그램(문화, 전통, 체험, 부대 상설행사)으로 구성되며, '새로운 시작! 지평선의 끝없는 이야기'를 테마로 대한민국 대표축제의 위상에 걸맞은 프로그램 구성과 운영을 통해 관광객들에게 즐거움과 감동을 선사하게 된다.

개막식을 기존 공연마당에서 쌍룡마당으로 이동, 진행함으로써 정형화된 무대 중심 행사에서 탈피하여 차별화 된 콘텐츠 중심의 행사를 진행한다.

또한 넝쿨터널 앞 윈드배너(40m), 벽골제 논체험장 가운데에 유색벼를 활용하여 김제지평선축제 문구와 시市 마크를 새겨 넣은 대지아트(4000㎡), 소테마공원 내에 풍경종 500여개를 설치, 색다른 분위기를 연출할 워낭소리존 등은 축제 주제성을 반영한 디스플레이로 관광객들의 눈과 귀를 즐겁게 할 것으로 전망된다.

지난 해 처음 선보였던 수상마당도 대폭 강화된다. 수상 놀이기구를 3종에서 5종으로 확대했고, 체험 대기자들의 지루함을 달래고자 수상카페를 설치, 휴식공간을 조성했다.

저수지 인공섬에는 나팔모양의 물분수를 설치, 보는 즐거움을 더했으며, 벽골

---

72 「4년만의 화려한 부활, 제9회 안흥찐빵축제」, 『뉴스타운』, 2015년 9월 29일.

제방에는 섶다리를 설치하여 수상마당으로서의 접근성을 강화했다.[73]

④ 정읍 구절초축제와 섶다리

제10회 정읍 구절초축제가 '솔숲 구절초와 함께하는 슬로투어Slow Tour를 주제로 내달 3일부터 11일까지 9일간에 걸쳐 산내면 옥정호구절초테마공원에서 열린다. …(중략)… 줄타기 명인 김대균과 줄타기 보존회원들이 펼치는 판줄 공연(10.11, 오후 2시), 감미로운 통기타 라이브공연인 꽃밭바캉스 공연(10.3.~10.11, 수시), 진상골 섶다리 앞 경치 좋은 수변에서 아름다운 선율을 감상할 수 있는 수변 바캉스 공연(10. 3~10. 11, 수시) 등도 관광객들의 발길을 잡을 것으로 기대되고 있다.[74]

⑤ 무주반딧불축제와 섶다리

천연기념물 제322호로 지정돼 있는 '반딧불이와 그 먹이 다슬기 서식지'가 소재인 무주반딧불축제는 '자연 속에서 자연을 배우며 자연을 즐기는 환경축제'로서의 브랜드 가치를 자랑한다. 지난해 72만 명의 관광객들을 불러 모았던 반딧불축제는 △2012 정부우수축제 지정, △대한민국 여름축제 선호도 1위, 가장 가보고 싶은 축제2위, △한국지방자치브랜드대상 축제부문 대상을 수상하는 등 인지도와 품질 면에서도 호평을 받고 있다. 또한 미국의 뉴스 전문채널 『CNN』이 운영하고 있는 여행 사이트 『CNNgo』가 무주 반딧불축제의 명물, 남대천 섶다리를 한국에서 가봐야 할 아름다운 곳 50선 중 하나로 선정했다.[75]

'자연의 빛, 생명의 빛, 미래의 빛'이란 주제로 준비되는 2015년 무주반딧불축제가 29일부터 9월 6일까지 남대천 일원에서 펼쳐진다.

무주반딧불축제 '섶다리 밟기' 공연이 29일 오전 11시 남대천에서 진행되었다.

73 「옛 추억 되살리는 농경문화체험」, 『전북일보』, 2015년 9월 24일.

74 「정읍 구절초축제, 가을향기 전한다」, 『전라일보』, 2015년 9월 23일.

75 「무주반딧불축제 2015」, 『한국관광공사』(korean.visitkorea.or.kr).

'섶다리 밟기'는 주민들이 직접 섶다리를 설치하고, 전통혼례와 농악놀이, 상여행렬까지 재현되었으며, 공연이 끝난 후에는 관람객들이 다리밟기에 직접 참여해 볼 수 있어 아이들에게는 호기심을, 어른들에게는 향수를 느끼게 해주는 전통체험 행사이다.

이 외에도 낙화놀이, 기절놀이, 디딜방아액막이놀이 등 다양한 전통놀이가 준비되어 있어 관광객뿐만 아니라 학계의 관심을 불러오고 있다.[76]

⑥ 횡성한우축제와 섶다리

횡성군의 최대 규모 축제행사인 "횡성한우축제"는 국태민안과 풍년을 기원하며 백성의 편안을 도모하기 위해 매년 개최되어 오던 "횡성태풍문화제"의 명칭을 변경하여 2004년부터 새로운 목표와 주제를 가지고 개최하는 축제이다. 횡성한우축제는 전국 최고의 명성과 세계가 인정한 횡성한우의 우수성을 널리 알리고 횡성의 수려한 자연환경과 어우러진 다채로운 이벤트 및 체험을 즐기며 소중한 추억을 만들 수 있다. 이번 축제는 『맛보소, 즐기소, 쉬어가소』라는 슬로건으로 한바탕 잔치를 벌인다.

2015횡성한우축제는 10월 7일부터 11일까지 닷새 동안 횡성군 횡성읍 섬강 둔치 일원에서 벌어진다. 이 기간 중 여행객은 축제장에서 횡성군과 횡성축협이 100% 품질을 보증하는 횡성한우를 구입, 진정한 한우의 맛을 느낄 수 있다.[77]

⑦ 충주 천등산 햇고구마 축제와 섶다리

충북 충주시는 오는 12일 산척면 고구마 육묘장 일원에서 '천등산 햇고구마 어울림 행사'를 연다고 3일 밝혔다.

올해는 밤·호박·자색 등 삼색고구마 캐기와 올갱이(다슬기) 잡기, 깻잎 따기, 고구

---

76 「무주반딧불축제 전통놀이 섶다리 밟기 '눈길'」, 『뉴스메이커』, 2015년 08월 31일.

77 「횡성한우축제 2016」, 『한국관광공사』(korean.visitkorea.or.kr).

마 화분 만들기, 고구마 구워먹기 등 다양한 체험 행사가 열린다.

고구마 캐기 체험에 참여하는 가족은 5kg 한 상자 가득 고구마를 담아갈 수 있다.

또 천등산 자락에서 재배한 사과, 밤, 고사리 등 품질 좋은 농산물을 저렴한 가격에 살 수 있는 직거래 장터도 마련된다.

행사장 일대에는 나무를 엮어 만든 섶다리와 징검다리 등이 설치되고 코스모스와 해바라기가 만개해 옛 고향과 가을의 정취를 한꺼번에 느낄 수 있다.[78]

⑧ 완주 와일드푸드 축제와 섶다리

가을을 맞아 가족과 친구, 연인과 함께 가까운 곳으로 다양한 먹을거리와 즐길거리, 볼거리를 찾아 떠나보면 어떨까. 오는 26일부터 28일까지 완주 고산자연휴양림에서 펼쳐지는 완주와일드푸드축제가 제격일 듯하다.

올해로 네 번째 맞는 '완주와일드푸드축제'를 관통하는 중심 개념은 축제 이름 그대로 '와일드(야생성)'이다.

이번 축제는 과도한 문명에 찌든 현대인들에게 야생의 먹을거리라는 소재를 따라 체험거리·볼거리·즐길거리를 다채롭게 보여준다는 데에 초점이 맞춰진다.

완주군이 주최하고 와일드푸드축제추진위원회가 주관하는 올해 축제는 지난 3년간의 경험을 바탕으로 크고 작은 프로그램을 손질, 완성도를 더욱 높였다.

와일드 체험의 주소재인 화덕 체험 공간을 넓히고, 적정기술을 도입한 황토화덕·돌화덕·피자화덕·입식화덕 등 다양한 화덕이 등장한다. 에너지 분야에 관심 있는 내방객들에게 또 다른 관심거리이다.

또 마을 어르신들이 만든 대나무 물총으로 즐기는 서바이벌 게임과 다채로운 놀이가 새롭게 도입될 예정이며, 시랑천에 설치됐던 섶다리 대신에 얕은 하천 물에

---

78   「"고구마 캐고 다슬기도 잡고" 충주 천등산 햇고구마 축제」, 『연합뉴스』, 2015년 9월 3일.

서 누구나 안전하게 즐길 수 있는 뗏목체험이 새롭게 추가됐다.[79]

⑨ 울진 워터피아페스티벌과 섶다리

바다와 강이 만나는 왕피천 하구와 전통적인 기법으로 토염을 생산한 장소인 염전해변에서 펼쳐지는 울진워터피아페스티벌은 울진의 여름 대표 축제이다. 청정 동해바다 해수욕장에서 즐기는 해수욕, 금강송 숲길을 거닐며 피톤치드를 느끼는 산림욕, 청정 맑은 물로 즐기는 온천욕의 3욕을 한꺼번에 즐길 수 있는 울진에서 무더운 여름을 시원하게 날 수 있는 축제장으로 여러분들을 초대합니다. 한여름 밤 염전해변에서 야간 공연도 즐길 수 있는 여름축제이다.[80]

야간에 망양정 '달빛 따라 걷기'행사도 마련돼 있다. 축제장에서 남대천 보행교, 축제장에서 왕피천 섶다리를 건너 망양정 해수욕장을 지나 망양정으로 가는 코스다.[81]

⑩ 남원 춘향제와 섶다리

춘향제는 1931년 6월 20일(음력 5월 5일, 단옷날) 남원의 지방 유지를 중심으로 남원사람들이 뜻을 모아 광한루원 동편에 춘향사를 준공하고 권번의 기생들이 사당에서 춘향제사를 지냄으로써 시작되었다.

춘향제사는 제일祭日을 춘향과 이도령이 광한루에서 처음 만난 5월 5일 단옷날에 맞추어 지내오다가 1934년 제4회 때부터 단오 무렵 분주한 농번기를 피해 춘향의 생일인 음력 사월 초파일로 바꾸어 지냈다. 이후 1999년 제69회 때부터 개최 시기를 양력으로 고정하여 매년 5월 5일에 행하고 있다.[82]

축제에 대한 몰입도를 높이고자 주무대인 광한루원에 공연을 집중적으로 배치

79　「추억이 방울방울~동심 세계로 오세요」, 『전북일보』, 2014년 9월 18일.

80　「울진 워터피아페스티벌 2015」, 『한국관광공사』(korean.visitkorea.or.kr).

81　「울진 워터피아페스티벌, 연출자는 나다」, 『환경일보』, 2015년 8월 4일.

82　「춘향제」, 『한국세시풍속사전』, 국립민속박물관, 2005, 272쪽.

했다. 또 다른 행사장인 광한루 인근의 요천에서는 섶다리, 돛단배, 야간조명 등으로 축제 분위기가 한껏 고조될 전망이다.[83]

(3) 여가와 섶다리

① 아우라지의 섶다리

정선 아우라지 처녀·총각의 애틋한 이별의 전설이 섶다리로 이어진다. 처녀·총각의 애틋한 이별의 전설이 전해오는 정선 여량면 아우라지강에 최근 사랑이 이루어지기를 간절히 기원하는 마음을 담은 아우라지 섶다리가 설치중이다.

13일쯤 공식 선을 보이게 되는 섶다리는 갈금마을에서 아우라지 처녀상까지 길이 130m, 폭 1.5m 규모로 설치된다. 아우라지 섶다리는 강수량이 줄고 하천 폭이 좁아진 아우라지강에 Y자형 나무로 세운 다릿발 위에 솔가지 등을 깔고 흙을 덮어 만드는 전통 섶다리로 아우라지강과 아우라지 처녀상·여송정의 풍경과 어울린 섶다리는 한 폭의 동양화를 연출해 관광객에게 잊지 못할 이색 체험을 제공할 것으로 기대된다.

또 겨울철 돌다리 결빙과 아우라지호 운행 중단에 따른 강변마을 주민들의 마을간 이동 불편을 해소하고 관광객들에게는 인근 레일바이크와 연계해 특이한 체험거리를 선사하게 된다. 아우라지 섶다리는 해마다 강수량이 적은 초겨울에 설치해 강수량이 늘어나는 3월쯤 철거된다.[84]

② 청송 용전천의 섶다리

청송읍 용전천에 섶다리가 15년째 재현되고 있어 인근 마을 주민들의 편리성 향상과 함께 청송을 찾는 관광객들에게 볼거리를 제공, 청송의 명물로 자리매김하고 있다.

---

83 「'춘향! 사랑을 그리다' 막 올라」, 『전북일보』, 2015년 5월 22일.
84 「정선 아우라지 '섶다리' 만든다」, 『강원도민일보』, 2011년 11월 12일.

이 섶다리는 조선시대 세종 10년(1428년) 청송읍 덕리 보광산에 위치한 청송 심씨의 시조묘 전사일奠祀日에 용전천에서 강물이 불으면 관원과 자손들이 강을 건너지 못할까 걱정해 소나무가지를 엮어 만들었다는 전설이 시초인 것으로 알려져 있다.

청송군은 15년 전부터 강물이 얕아지는 10월초에 길이 75m, 폭 1.5어의 섶다리를 놓았다가 이듬해 우수기전 6월말 경에 철거하고 있다.

군 관계자는 "15년 전 근곡, 덕리 주민들이 보행에 불편을 호소해 처음 설치한 것이 최근 입소문이 퍼지면서 관광객들과 사진작가들이 많이 찾고 있다"며 "지역민들의 요구에 적극 나선 것이 좋은 반응을 얻고 있어 기쁘다"고 말했다.[85]

③ 영월 주천면 판운리의 섶다리

영월군 주천면 판운리는 여름철 맑은 물과 강변 풍경으로도 유명하지만 겨울 무렵이면 섶다리가 놓여져 또 다른 볼거리를 제공한다. 섶다리는 통나무, 소나무가지, 진흙으로 놓여진 임시다리를 말한다. 강을 사이에 둔 마을주민들의 왕래를 위해 매년 물이 줄어든 겨울 초입에 놓았다가 여름철 불어난 물에 의해 떠내려갈 때까지 사용된다. 판운리의 섶다리는 판운마을 회관 앞에 놓인 것으로, 평창강을 사이에 둔 밤나무가 많이 난다는 밤뒤마을과 건너편의 미다리 마을을 하나로 연결해주고 있다. 미다리라는 지명 이름도 삼면이 강으로 둘러싸여 여름 장마 때면 섶다리가 떠내려가 다리가 없다고 하여 붙여진 것이라고 한다.[86]

섶다리를 놓지 않다가 1997년 정선예미농협의 후원과 정선아리랑연구소의 고증으로 '정선 수동 섶다리놓기' 행가가 열렸다. 섶다리를 놓기 위해 먼저 마을사람들은 산에 올라가 교각으로 쓸 나무를 해온다. 이들 나무들의 이름이 특이한데, 다릿발을 연결해 고정시키는 나무를 '머그미'라고 하며, 상판을 덮는 길고 굵은 나무

---

85 「청송 용전천 섶다리 관광객 발길 잡아」, 『경북도민일보』, 2014년 10월 14일.

86 「영월 섶다리 마을」, 『한국관광공사』(korean.visitkorea.or.kr).

를 '열모'라고 한다. 먼저 Y자 형태의 다릿발을 먼저 세운 다음 그 위에 길이 약 1미터 정도로 양쪽 끝에 홈을 판 머그미를 얹고 그 홈에 다릿발을 끼워 움직이지 않게 나무 쐐기를 박는다. 개천 양쪽부터 교각을 세우기 시작해 점차 강 한가운데로 나오면서 다릿발을 세운다. 물이 깊고 물살이 세차 다릿발을 세우고 머그미를 씌우기란 여간 어려운 일이 아니다.

이런 식으로 교각을 2미터 간격으로 20미터쯤 세운 뒤 교각과 머그미 위에 길이 약 3미터 되는 소나무를 걸쳐 놓으면 뼈대가 완성된다. 남은 일은 강 양쪽에서 소나무와 갈나무 가지를 열모 사이사이로 엇갈려 끼워온다. 소나무와 갈나무 가지 끝이 양쪽으로 향하게 놓은 것은 다리를 지날 때 공포감을 덜기 위함이라고 한다. 다리가 다 놓이면 양쪽 마을 사람들은 동네 최고 연장자를 앞세워 서로 마주보고 다리를 건너며 반갑게 인사를 나눈다.[87]

④ 상리공원의 섶다리

상리공원은 7만3천여 평 규모의 공원으로 입구에 들어서면 넓은 광장(4900㎡)과 파란 잔디밭(4175㎡)이 보이는, 조용하고 한적한 분위기의 상리공원은 젊은 연인들이나 가족들이 편안한 피크닉을 즐기기에 좋은 공원이다.[88]

장산 숲에서 자동차로 30여 분. 연꽃이 흐드러지게 핀 상리 공원에 도착했다. 산책길 옆으로 조성된 섶다리와 돌탑에다 정자까지 어우러진 풍경이 환상적인 조화를 이룬다.[89]

87　최진연, 앞의 책, 49~51쪽.

88　「상리공원」, 『한국관광공사』(korean.visitkorea.or.kr).

89　「진짜 휴식을 찾았다」, 『부산일보』, 2015년 7월 22일.

(4) 섶다리의 활용 방안

① 기존의 섶다리 활용 방식

지역을 공동체로 묶기 위해서는 그 지역의 고유한 전통문화자원을 통해 연결고리를 마련해주는 것이 중요하다. 외부 공간 조성과 관련된 주요 전통조경적 소재로는 장승, 솟대, 정자, 정자목, 섶다리 및 고택 등을 들 수 있다.[90] 정선지역에서는 마을에 따라서는 2000년대 초까지 한 겨울 주민들의 이동수단으로 섶다리를 놓았던 것으로 보인다. 그러다가 강 곳곳을 가로지른 콘크리트 다리들이 섶다리를 대신 하게끔 되었다. 정선지역에서 섶다리는 현대와 전통을 잇는 연결고리인 셈이다. 그런데 지금 정선에서 섶다리는 정선아리랑제에서나 볼 수 있는 추억의 다리가 되고 말았다.

> 경북도내 유일한 추억의 섶다리가 청송의 새로운 관광명소로 인기를 모으고 있다.
>
> 섶다리가 있는 청송읍 용전천엔 요즘 가족단위 나들이객·작가들이 평일 30~50명, 주말엔 100~250여 명씩 몰려 와 카메라와 화폭에 담기 바쁘다.
>
> 부모와 함께 찾은 어린아이들은 출렁거리는 섶다리를 신기한 듯 뛰어다니며 연신 함박 웃음꽃을 피운다.
>
> 외나무다리라고도 불리는 섶다리에는 이름이 없다.
>
> 썩은 개천을 가로 지르는 작은 다리에도 이름이 있지만 섶다리에는 누구도 이름을 붙여주지 않았다.
>
> 청송읍사무소 옆 찬경루와 덕리 만세루를 잇는 섶다리는 너비 80cm, 총 길이 120m에 이른다.
>
> 청송군 보건의료원 옆의 게이트볼 경기장을 찾는 노인들에겐 없어서는 안

---

90 김상욱·김길중, 「적극적 주민참여를 통한 전통문화시설 복원 성공요인 분석—전주천 섶다리 놓기 사업을 중심으로」, 『한국전통조경학회지』 28-1, 한국전통조경학회, 2010, 96쪽.

될 다리다.

청송문화원 윤승찬 사무국장은 "섶다리는 겨울 차가운 강물 위를 지키다 이른 봄 눈과 얼음이 녹아 불어나는 물이나 장마철 폭우로 불어나는 급물살에 떠내려가는, 욕심이 없는 소박한 다리"라고 말했다.

다리가 불어난 강물에 쓸려 가면 사람들은 줄배나 나룻배로 강을 건너곤 했다.

그리고 초겨울 강물이 얕아지면 동네 사람들이 함께 모여 다시 섶다리를 만들며 화합을 다졌다.

용전천 섶다리는 Y자 모양의 소나무, 참나무 가지를 얼기설기 얹은 다음 그 위에 황토를 개어 바르는 옛 방법 그대로 만들었다.

못 하나 쓰지 않고 오직 나뭇가지끼리 서로 지탱하는 탓에 건너는 사람들의 몸무게에 운명을 맡기고 있다.

첫발을 내디디면 출렁출렁 흔들리는 통에 자칫 다리 아래 자갈이 훤히 비치는 맑은 물로 빠지지 않을까 무섭기만 하다.

개구쟁이 어린 시절로 돌아가 지켜보는 이 없으면 다리를 쿵쿵 울리며 줄달음치고 싶은 맘이 절로 생긴다.

고향 떠난 도시민들은 외롭게 서 있는 섶다리를 발견하고 절로 차를 세운다.

그리고 온 가족과 함께 다리를 왔다 갔다 하며 어릴 적 향수와 한동안 잊었던 기억의 한자락을 떠올리기도 한다.

섶다리의 운명은 우리의 시대변화상을 간직하고 있다.

이농과 농촌인구 격감 및 시멘트 교량이 즐비해지면서 섶다리는 역사 속으로 사라졌다.

그러던 중 1996년 10월 안의종(62) 전 청송군수가 옛 정취를 느낄 수 있도록 만들면서 우리 곁에 다시 다가왔다.

안씨는 "당시 군민들과 출향인들의 마음의 쉼터인 현비암을 중심으로 관

광자원으로 활용하기 위하여 정서적이고 옛날 향수가 물씬 풍기는 섶다리를 재현시켰다"고 말했다.

청송 섶다리는 조선 세종 10년(1428년) 청송읍 덕리 보광산에 위치한 청송 심 씨 시조묘에 사계절四季節 전사일奠祀日에 용전천 강물이 불으면 유사有司 관원官員과 자손들이 건너지 못할까 걱정해 섶나무(잎나무와 풋나무 등)를 엮어 만들었다는 이야기도 간직하고 있다.

청송군청 이경국 문화관광과장은 "10월쯤 열리는 청송문화제 행사에서 섶다리를 이용한 지게로 장독지고 건너기, 여인들 물동이 이고 건너기, 오줌싸개 아이 키 쓰고 건너기 등 다채로운 전통 행사를 재현할 계획"이라고 말했다.[91]

사례에서 보듯이 섶다리는 1990년대 후반 이후 몇몇 지역과 지방자치단체에 의해서 축제라는 명목 아래에 복원되었다. 이렇게 복원된 섶다리들을 유형적으로 분류해 보면, 예산군 '섶다리 곱창축제'와 홍천 풍경마을 섶다리 축제 등과 같이 '섶다리'를 축제명으로 하여 다양한 프로그램을 병행하는 경우와 정선아리랑제의 섶다리나 아우라지 섶다리처럼 이벤트성 구조물에 가까운 경우로 나눌 수 있다.

전자의 경우, 전주천 섶다리 축제가 좋은 본보기가 될 것이다. 전주천 섶다리는 지역주민 어울림마당, 섶다리 축제 및 부대행사 등 크게 3가지 행사로 나눌 수 있다. 섶다리 축제의 주요 내용은 섶다리 설치(고사, 길놀이 등), 간단한 문화제, 음악회, 유등 띄우기 및 풍등 날리기 등으로 정리하여 지자체장과 지방의회의원 및 지역주민들의 참여 속에 축제가 거행된다.[92] 이러한 전주천 여울목 섶다리는 고향마을의 향수를 불러일으키는 감상 및 체험을 위한 전통문화 시설임과 동시에 운동, 통행 경관감상 및 생태자원 교육이라는 생활문화시설로 활용되고 있다. 또한 섶다리는

---

91   「청송 용전천 섶다리…한 발에 출렁 두 발에 추억」, 『매일신문』, 2005년 1월 27일.

92   위의 논문, 97쪽.

일회성 사업의 결과물이 아니라 설치와 철거 및 이를 기반으로 한 축제로 이어지는 반복적 사업의 산물로서, 전주천 유역의 공동체를 이어주는 사회적 자본으로서의 역할을 수행하고 있다.[93] 후자의 경우는 일정기간동안 관광객을 유치하여 사라져 간 전통문화 가운데 하나인 섶다리를 체험해 보게 하는 시설물이라고 하겠다.[94] 이 경우는 마을 화합의 상징으로서의 섶다리의 의미는 찾을 수 없는, 이벤트성 구조물에 지나지 않는다.

> 요- 하천에 많아, 정선은. 골골이 정선 9개읍면에 골골이 강이 다- 있다. (이: 예.) 정선은 희한한데. 이, 우리 심장같이 말이여, 핏줄같이 다 되어있는데. 아까두 얘기했지만, 한강 상류가 어디냐 하면 바루 정선이여. 정선 정선부터 물이 내려가지구 한강이 되는데. 근데 카 골골이 맨맨 물이지 물인데. 골골이 물이면서 산이 삐쭉삐쭉하단 말여. 계곡이 산이 삐쭉삐쭉하거든. 근데 그러다가 새천이 많으니까. 영농하는데두 물을 건너야 되지 말여. 소를 끌구 사람이 가, 가서 밥을 해먹구 거름을 지구가두 전부 물을 벗고 지겔지구 이래야 되는데. 그때 섶다리가 나왔는데. 일 년에 한 번씩만 논다, 섶다리를.[95]

정선지역은 "골골이 정선 9개읍면에 골골이 강이 다- 있"어서 "새천이 많으니까. 영농하는데두 물을 건너야 되지 말여. 소를 끌구 사람이 가, 가서 밥을 해먹구 거름을 지구가두 전부 물을 벗고 지겔지구 이래야 되는데. 그때 섶다리"를 놓았다. 정선에서 섶다리는 "정선 9개읍면"에 골고루 놓여 있던, 일상과 떼려야 뗄 수 없는 필수불가결한 자연다리였던 것이다. 기본적으로 섶다리나 쪽다리는 물이 깊지 않

93 김상욱, 「전주천 섶다리의 주민의식 및 이용성취도 평가—중요도-성취도분석을 중심으로」, 『한국전통조경학회지』29-3, 한국전통조경학회, 2011, 79쪽.

94 김상욱·김길중, 앞의 논문, 96쪽.

95 배선기 씨 구술 자료, 2015년 8월 19일.

은 곳에 놓았던 다리이다. 수심 깊은 곳에서는 다리를 놓을 수가 없었다. 그래서 오마루나루와 같은 곳은 다리를 놓지 않았다고 한다.[96] 따라서 정선지역에 있던 30개

정선 수계 나루의 위치와 자연다리

---

96   위와 같음.

의 나루터에 모두 섶다리나 쪽다리를 설치했던 것은 아니다.

앞 쪽의 그림은 최원희가 작성한 '정선 수계 나루의 위치'[97]에 배선기 씨와 전옥분 씨의 구술을 토대로 정리한 것이다.

정선지역의 섶다리와 쪽다리는 한두 군데 놓았던 다른 지역의 자연다리와는 분명하게 구별되는 특징을 갖는다. 이렇게 볼 때, 섶다리는 정선지역을 대표할 만한 또 다른 랜드 마크가 될 수 있을 것이다. 따라서 섶다리를 정선아리랑제와 같은 축제에서 전통을 체험해보는 하나의 구조물로 인식하기보다는 정선지역의 문화와 전통의 정체성을 부여하는 시설로 인식하게끔 할 필요가 있다.

섶다리가 단순히 강의 양쪽을 이어주는 교량이라는 인식을 벗어나 정선의 전통문화시설이자 랜드 마크로 인식할 수 있도록 의미를 부여해야 한다. 지역적 특색을 살릴 수 있는 '섶다리'만의 축제로 승화시키는 것도 고려해봄직하다. 물론 이를 위해서는 정기적으로 섶다리를 설치하고 철거하며 축제를 벌이는 사업 자체가 지역의 공동체성 회복과 지역 경제 활성화에 도움이 될 것이라는 타당성 조사가 선행되어야 할 것이다.

② 섶다리 활용시 고려할 사항

섶다리와 관련된 축제 프로그램을 개발하는 것도 중요하지만, 행사가 끝난 이후 찾아올 관광객이나 지역주민이 이를 활용할 수 있는 방안도 고려해야 한다.

첫째, 섶다리를 정선지역 하천의 생태자원 교육 및 감상을 위한 관찰 데크 용도로 활용할 필요가 있다. 우리나라는 자녀의 교육문제에 민감한 편이다. 섶다리가 설치된 강 양쪽에 안내판을 설치하여 섶다리에 대한 이해도를 높일 필요가 있다. 그리고 섶다리가 놓인 강 양쪽에 소규모 광장을 조성하여 해당 지역과 관련된 사진전을 개최하거나 이 지역에 출현하는 야생동물과 자생하는 식물과 관련된 안내판을 설치하여 교육적 효과를 높일 필요가 있다. 가능하다면 야생식물을 감상할 수

---

97   최원희, 앞의 논문, 67쪽.

있는 화단을 조성하는 것도 괜찮은 방법일 수 있다. 섶다리를 설치한 곳에 쉴만한 공간을 조성하면 사람들은 만남의 장소로 활용할 수 있다.

둘째, 섶다리 보행 전반에 걸친 편의성을 염두에 둘 필요가 있다. 본래 섶다리에는 난간이 없다. 섶다리가 놓인 마을의 경우, 주민들은 수시로 섶다리를 건너다녔기 때문에 다리를 건너는 것에 전혀 불편함을 느끼지 않았다. 하지만 일반 관광객들의 경우는 섶다리를 건너는 것에 익숙하지 않다. 따라서 안전상의 문제를 해결하는 방안을 강구해야 한다. 섶다리를 건너는 일반 관광객의 심리적인 안정감을 높이기 위한 방안으로 난간 설치도 고려해볼 필요가 있다. 물론 전통적인 섶다리에는 난간이 없기에 정통성에 의문을 제기할 수는 있다. 하지만 전통이란 과거의 문화가 후대에 획일적으로 전달되는 것이 아니라 시대적 상황에 맞게 변화하며 지속되는 것이다. 안전을 우선시하는 시대적 변화에 맞게 섶다리에 난간을 설치하여 통행에 심리적 안정감을 도모하는 것도 필요가 있다고 하겠다. 만약 난간을 설치하는 것이 어렵다면 섶다리의 폭을 어느 정도 넓히는 것도 대안이 될 수 있을 것이다.

셋째, 섶다리를 견고하게 만들 필요가 있다. 과거 섶다리는 Y자 모양의 나무를 뒤집어 다릿발을 세우고, 통나무를 기둥삼아 낙엽송으로 만든 서까래에 소나무 가지와 흙을 다져 만든 간이 나무다리였다. 다리에 쓰이는 재료는 나무와 흙이 전부라고 하겠다. 섶다리가 이렇게 원초적인 다리형태를 유지할 수 있었던 것은, 다리를 건너다니는 사람이 강 양쪽에 사는 100여 호 주민들이 전부였기 때문이다. 다리를 건너다니는 유동인구가 많지 않은 관계로 어느 정도만 튼튼하여도 큰 문제가 발생하지 않았다. 그러나 관광객이 찾아오면 문제가 달라진다. 하루에 어느 정도 유동인구가 발생할지 가늠할 수 없기 때문에 섶다리를 견고하게 만들 필요가 있는 것이다.

29일 오후 3시경 반딧불축제 프로그램 중 하나인 무주 남대천 섶다리 건설현장에서 설치중이던 섶다리가 붕괴되는 사고가 발생했다.

이 사고로 현장에서 일을 하던 인부 이 모(74·무주읍)씨가 붕괴된 섶다리에 깔리면서 물속으로 빠졌다가 구조돼 건양대병원으로 긴급후송됐으나 이

날 오후 6시경 사망한 것으로 알려졌다.[98]

기사는 제18회 무주반딧불축제와 함께 전통체험프로그램으로 섶다리 밟기 행사를 재현하는데 사용할 섶다리를 놓다가 사고가 났다는 것이다. 그런데 비슷한 사고가 하루 전에도 발생해서 안전사고에 이상이 있는 것으로 드러났다고 한다. (사)무주반딧불축제제전위원회(이하 축제제전위원회) 관계자는 "섶다리 구조물을 예년의 '1'자형과는 달리 'ㄹ'자 형태로 바꿔 설치했는데 압력을 견디지 못해 붕괴했다"고 한다. 축제제전위원회 관계자는 "문화관광부 선정 최우수축제의 명맥을 잇고자 축제를 열게 됐다"며 "하지만 새로운 모양의 섶다리를 만들면서 설치물의 역학구조를 안일하게 생각해 붕괴됐고 이에 따른 안전대책을 제대로 하지 않은 면이 있다"고 말했다.[99] 설계와 시공에 있어 안전성을 담보로 해야 한다.

섶다리를 견고하게 만들지 않으면, "섶다리건너기 체험 및 폐쇄 안내문"에 나와 있는 것처럼 토요일과 일요일의 체험 프로그램에 한해서 사용할 수 있다. 징검다리와 함께 오랜 세월동안 우리 농촌사람들과 애환을 함께 한 정감어린 다리라고 보기 어렵다.

넷째, 예산군 '섶다리 곱창축제'와 다하누곰탕&쌍섶다리 문화축제처럼 지역의 특산물과 연계시킬 필요가 있다. 관광객에게 볼거리와 즐길거리, 그리고 먹을거리가 병행된 다양한 경험을 할 수 있는 체험의 장으로 활용하는 것을 고려해 볼 수 있을 것이다.

다섯째, 섶다리 놓기는 민관협력사업으로 진행이 바람직하다. 아무리 좋은 취지에서 시작한 지역사업이라고 하더라도 해당지역주민의 협조 없이는 지속되기 힘들다. 역으로 지역주민들이 자발적으로 섶다리를 놓더라도 관의 지원이 없으면 고령인구가 많은 지역적 특성상 지속적으로 사업을 진행하기 힘들다.

---

98 「무주 섶다리 설치 공사현장 붕괴로 인부 사망」, 『전북도민일보』, 2014년 5월 29일.

99 「세월호 참사 속 무주반딧불축제, 준비 중 인부 사망」, 『오마이뉴스』, 2014년 6월 9일.

최근 활발히 추진되고 있는 마을 만들기 사업 등에서 섶다리와 같은 전통문화 시설물을 설치하고 있다. 이러한 사례를 통해, 섶다리와 같은 자연다리는 단순히 일시적인 체험을 위한 전시물이 아니라 주민들이 이용하고 또한 정선지역의 정체성 확립에 도움이 되는 시설로 자리 잡을 수 있는 계기가 될 것이다.

2 / 삼굿

1) 정선 지역 삼굿의 역사

　　정선 지역 삼굿의 역사를 알아보기 위해서는 우선 삼 재배의 역사를 눈여겨봐야 한다. 삼이 재배되지 않는다면 삼굿이 행해졌을 가능성이 희박하기 때문이다. 따라서 삼의 역사를 통해 정선 지역 삼굿의 역사를 조명해 볼 수 있으리라 생각된다.

　　『식물도감』에 따르면 삼은 삼과에 속하는 일년생 초본식물로 대마라 부르며, 원산지는 비교적 기온이 높은 중앙아시아의 아열대지역으로 추정된다. 일설에는 삼의 재배 기원지를 B.C. 4000년경 러시아의 볼가강 유역으로 보고 있다. 이것이 B.C. 1500년경 유럽에 전파되었다고 한다. 중국은 『書經』에 '삼은 시枲와 저苴가 있다'는 기록으로 보아 일찍부터 재배를 하였음을 알 수 있다. 삼 재배의 역사를 소개한 또 다른 자료에는 다음과 같이 기록하고 있다.

　　　　본시 삼[대마]은 인도 및 소련 지중해권 국가 등이 주요 생산지이며 북미,
　　　　호주 중국 등지에서도 생산이 된다. 대체로 B.C. 2300년경부터 재배되기
　　　　시작했는데 재배 조건은 해발 8000피트의 고지에서도 성장이 가능하기

때문에 기후에 잘 적응하므로 세계의 각지에서 생산이 가능했다.[1]

아시아에서 지중해 지역에 전해진 것은 기원 초이고 유럽 전역에는 중세에 파급되었다. 이러한 삼이 한반도에 확인된 시기는 신석기시대이다. 궁산 패총에서 출토된 뼈바늘에 감겨져 있는 삼실을 통해 추정할 수 있으나 재배의 가능성은 아직까지 확인하기 어렵다.

현재까지 전해오는 문헌자료를 토대로 우리나라의 삼 재배 역사를 추정하면 재배와 생산 시기는 예맥시대부터일 가능성이 높다. 『三國志』「魏志」濊貊傳의 '有麻布 桑作'는 기록을 통해 이를 유추할 수 있다.[2] 또한 당시 부여를 소개하는 기록에도 삼 재배의 역사를 알 수 있는 내용이 포함되어 있다.

夫餘에서 동북쪽으로 천 여리 밖에 있는데, 큰 바다에 닿아 있으며, 남쪽은 北沃沮와 접하였고, 북쪽은 그 끝이 어디인지 알 수가 없다. 그 지역은 산이 많고 험준하다. 사람들의 생김새는 부여 사람과 흡사하지만, 언어는

1   이한길, 『삼척의 삼베문화』, 민속원, 2010, 42쪽.
2   박광열·손호성, 「삼가마 유적의 연구와 조사방법론」, 『야외고고학』 4호, 야외고고학회, 2008, 48쪽.

부여나 高句麗와 같지 않다. 五穀과 소·말·삼베麻布가 산출된다.[3]

삼국시대와 통일신라시대의 삼베 관련 자료는 많지 않다. 다만 신라 3대 유리왕 9년조를 보면, 임금이 나라 안 아낙들을 두 편으로 가르고 왕녀가 각각 거느려 음력 7월 16일부터 8월 15일까지 한 달 동안 삼베 길삼 내기를 하고 마지막 날 가배 嘉俳 때 많고 적음을 가려 진편이 음식을 만들어 이긴 편을 대접하며 춤추고 놀래하며 즐겼다는 기록이 보인다. 통일신라시대에는 신라 56대 경순왕 9년에 속칭 마의태자라 불리는 인물이 나라를 고려에 양도하려는 것을 반대하고 금강산으로 들어가 삼베옷과 초식으로 일생을 마쳤다는 기록을 통해 삼베의 역사를 짐작해 볼 수 있다.

고려시대의 삼과 관련된 기록은 서긍이 쓴 『고려도경』에서 찾을 수 있다. '세마포'[4]라는 단어가 그것인데, 이 용어는 1288년 충렬왕 때도 나타난다.

> 경상도 권농사가 '세마포' 헌납을 금지하였다. 이보다 먼저 채모蔡謨가 권농사가 되어 세마포를 많이 거두어 왕에게 바치게 또 좌우의 권력층에 뇌물로 바친 적이 있었는데 이덕순李德孫이 그 후임으로 간 뒤에는 점차 그 수를 증가시켰다. 이때에 설영인薛永仁이 또 그 척수를 갑절로 늘리고 베도 극히 가늘게 짜게 하니 백성들이 매우 고통스럽게 여겼는데 왕이 이 사실을 듣고 이 명을 내린 것이다.[5]

고려시대에는 삼이 백성들의 의복에 있어 필수품이었으며 귀족들은 고급품인 미얀마苧麻를 사용하였다. 모시는 생산지가 한정되어 있었고 삼베에 비해 직조 시

---

3   『三國志』魏書 30 東夷傳, 挹婁.

4   『고려도경』 제27권 관사, 순천관 항림정, 제32권 기명.

5   『고려사절요』 제21권.

간이 많이 소요되므로 비단 같이 공납용으로 제직되었다. 마포는 일반적인 생산품이었으며 특별히 품질이 뛰어난 제품은 흑마포黑麻布, 황마포黃麻布, 이십승포二十升布 등으로 불렸으며 다른 나라로 수출되기도 하였다. 이들은 일반적인 마포가 아니라 특별한 공물로 바쳐졌다.[6] 고려시대에는 일반 백성들의 주된 의복도 삼베였다. 이러한 옷 재료의 변화를 가져온 것은 공민왕 12년(1363)에 원나라에 귀양 갔다가 돌아오는 심우당 문익점이 목화씨를 가져와 재배에 성공을 계기로 따뜻한 무명천이 발달되어 의생활에 일대혁신을 가져온 것이다. 이 시기에는 삼이 물가의 기준이 되기도 하였다. 그리고 중국에 보내는 조공품목에도 삼이 포함되어 있었다. 지방관이 중앙에 공납품을 내는 기준으로도 마포가 사용되었다.[7]

조선시대에도 삼은 여러 곳에서 재배되었다. 『세종실록지리지』에 의하면 당시 전국에서 삼이 재배된 지역은 216개이었으며, 여러 지역에서 재배된 것으로 보인다. 이 시기에 삼이 주로 사용된 것은 조공품이었다. 『왕조실록』에는 이러한 흔적을 엿볼 수 있는 기사가 많다. 여기에서는 대표적인 내용 하나를 소개하고자 한다.

> 세종6년 9월10일에 명나라에 백은 200량 백세저포 100필과 함께 흑세마포 1400필을 조공하였다.[8] 세종 6년 9월 19일에 명황제에게 표피 20장, 잡색마 30필, 백세저포 등과 함께 흑세마포 50필을 중궁으로 홍세저포 등과 함께 백세마포 흑세마포 각 20필을 조공하였다.[9] 문종 원년 8월 19일에 명나라에 조공으로 잡색마 80필 등과 함께 흑세마포 100필, 폭넓은 흑세마포 30필, 호아태후에 흑세마포 20필, 중궁에 20필, 황태자에게 인삼50근, 잡색마 10필 등과 함께 흑세마포 40필을 조공하였다.[10]

---

6 권두규, 「안동포의 역사」, 『안동사학』 6, 안동사학회, 2001, 38쪽.

7 박광열·손호성, 앞의 책, 50쪽.

8 『세종실록』 25권.

9 『세종실록』 42권.

10 『문종실록』 3권.

조선시대에는 조공 이외에 공납품의 하나로 삼베가 이용되었다. 여러 차례 개혁이 있었긴 하나 삼베는 빠지지 않았다. 아래의 내용은 삼베가 공납품으로 사용되었음 잘 보여주는 기록이다.

이번 2월 21일 균세사均稅使와 균역청 당상均役廳堂上·필선弼善 홍중효洪重孝·함경도사咸鏡都事 임석헌林錫憲이 함께 입시하였을 때에 전교하기를,"아, 아픔이 내 몸에 있는 것 같다고 이미 효유曉諭했다. 이러한 때엔 옥식(玉食:쌀밥)도 맛이 없는데 더구나 유병리 진헌進獻이겠는가? 북도의 방물方物과 물선物膳·삭선朔膳을 올해에 한하여 특별히 정봉停捧1) 정봉停捧:흉년이 들거나 했을 때 환자還上나 대동미大同米 따위를 거두기를 정지하고 연기하는 것하고 북관北關 내노비內奴婢의 공포貢布와 공미貢米도 올해는 반으로 감하라. 팔포(八布:여덟 새의 삼베)는 의대(衣襨:임금의 옷)에 쓰이는 것으로 일찍이 감한 적이 없었으나 가엾은 나의 적자赤子들이 원망하고 울부짖는 때에 어찌 베의 가늘고 굵은 것을 가리겠는가? 올해는 특별히 공상貢上을 면제하여 백성을 가엾게 여기는 내 뜻을 보여라." 하였다.[11]

14세기말에 삼남지방에서 면화가 급속히 보급하게 되자 삼베는 면화재배가 불가능한 북부지방에서 주로 발전되었다. 경기 이북의 평안, 함경, 황해의 3도 88개 군현 중에서 75개 군현이 삼을 생산하고 있어 마직업의 중심이 북부지역이었다. 삼베의 재배가 줄어든 이유는 생산성의 차이 때문으로 방적 과정에서 같은 양의 실을 만든 데 면은 마의 1/5의 노동시간 밖에 소요되지 않는다. 이러한 이유로 인하여 면화의 보급은 마직업의 쇠퇴를 가져왔다.[12]

---

11   『국역비변사등록』122책.

12   권두규, 앞의 책, 44쪽.

조선이 지나고 개항을 맞아 값싼 면포의 대량 유입으로 고급 면직물 생산업자들은 몰락하였다. 그러나 일상생활에서 소비하던 재래의 토포 생산은 지속되고 있었다. 1904년 러일전쟁 이후 일제에 더욱 재편되어 갔다. 미국의 원산지인 육지면의 한국 재배는 일본 방직업의 발달에 다른 고급면화에 대한 수요를 채워주기 위한 것으로 강압적인 방법으로 수탈하였다.[13] 그리고 고급직물인 모시가 일제의 산업화로 인하여 쇠퇴하였다. 모시는 생산지가 한정되어 있고 삼베에 비하여 직조에 있어 더 많은 노동시간이 소요되었으므로 일반 농민들은 공납용으로 생산하였다.

해방이 된 직후까지도 삼베는 우리나라 사람들에게 있어 없어서는 안 될 중요한 직물이었다. 삼베와 관련된 이 시기의 모습을 엿볼 수 있는 내용이 있어 소개하고자 한다. 일제강점기를 거치면서 서구에서 다양한 것들이 유입되었음에도 불구하고 1940년대까지도 여전히 우리들의 일상 의복은 모시와 삼베였음을 이 기사가 잘 보여준다.

무명과 명주를 짜자

손으로 직물을 짠다는 것은 인간진화 과저의 오랜 역사를 가진 것이다. 그중 특히 이 땅의 직물 수공어은 우리의 조상 때부터 우리의 가정부인들의 유일한 가공업이었든 것이다. 기계문명이 최고도로 발달을 하게 되어 시간과 노력을 축소시키고 생산의 큰 혁명을 가져 오게 되자 그 후부터 우리가 오랫동안 사용하든 소위 베틀은 하나둘씩 자취를 감추게 되었든 것이다. 그러나 이직도 시골에 가면 명주 모시 삼베 무명 등을 덜거덩 거리며 추마 끝에 앉아 아낙네들이 짜고 있는 원시적인 풍경을 볼 수 있는데 요즘은 전기사정이 순조롭지 못한 가운데 직물의 가격이 엄청나게 비싸지게 되자 또 다시 베틀이 농촌도시에 등장하기 시작하여 이십세기의 과학문명을 조소하는 듯 파마넨트한 부인들의 가정 부업으로 재등장하고

13   권태억, 『한국근대면업사연구』, 일조각, 1989, 207쪽(권두규, 「안동포의 역사」, 『안동사학』 6, 44쪽 재인용).

있다. 요즘은 무명과 명주의 생산이 원시적인 베틀로 돌아가 생산되고 있다는데 이로 생산되는 거시 한 달에 한 틀에서 필필씩이 생산되고 있다고 한다. 이 베틀의 정서적인 그 모양은 보는 사람으로 하여금 옛날의 추억을 자아내고 잇는데 이것을 보고 퇴보라고 비난하는 사람이 있을지 모르나 생산이 된다는 데는 누구 하나 비웃을 사람이 있을까.[14]

하지만 이러한 양상은 서양에서 유입된 나일론이 등장하면서 차츰 바뀌게 된다. 조상들이 오래도록 사용한 모시나 삼베는 나일론이 유입되면서 서서히 사양길을 걸을 준비를 한 것으로 보인다. 그러자 일부 지식인들은 삼베와 모시의 좋은 점을 부각하기도 한다. 특히 나일론과의 비교를 통해 그런 모습을 언급하고 있다.

여름옷감 이야기 1

(앞부분 생략) 여름 옷감을 살펴볼 때 먼저 말한 조건에 가장 가까운 것이 마직물이라고 생각됩니다. 마직물은 열전도성 통기성 방수성 흡수성 등이 다른 섬유직물보다 가장 크고 온열 흡수성이 적어서 여름에 가장 서늘하게 입을 수 있는 옷감입니다. 그밖에 알카리에 대해서도 강하기 때문에 세탁에도 상하지 않아 자주 세탁을 해 입을 수 있으니만큼 여름에는 마직물을 입으로써 상쾌한 기분을 맛볼 수 있습니다. 그러나 우리나라에서 제조되는 삼베나 모시 따위는 시원스럽기도 해도 몹시 구김살이 잘 가기 때문에 모시치마 가은 것을 외출할 때마다 대려 입어야 되므로 대단히 손이 가고 귀찮습니다. 이것은 우리나라 마직물의 큰 결점입니다. 다음이 모면직물인데 이것은 그 성질이 마직물과 비슷한 점이 있지만 몇 가지 조건이 마직보다 좀 떨어지기 때문에 마직물 같이 서늘하지는 못 사지만 목양사 목지지미 등은 모시에 다음가는 산뜻한 옷감입니다. 인격직물은 열전도

14　『동아일보』, 1948년 10월 15일.

성이 크기 때문에 산뜻하지만 방수성과 통기성이 마직물보다 적기 때문에 서늘한 맛은 적습니다. 더구나 땀에 젖으면 피부에 척척 달라붙고 달라붙었을 때 움직이면 직물이 늘어집니다. 다음으로 요사이 유행되는 나이론 따위는 어떠한 성질을 가지고 있을까 합성섬유직물은 대체로 열의 전도도가 목면에 비슷하기 때문에 보온력이 강한직물이라고는 말 할 수 없습니다. 더군다나 피부가 모두 비쳐 보이는 정도의 엷은 직물에 무슨 보온력이 그리 많겠습니까 그러나 그렇게 엷은 직물인데도 나이롱으로 적삼을 해서 F입으면 모시나 목면양사로 만든 것보다 대단히 더운 것은 무슨 까닭일까요. 나이롱은 습기를 흡수하는 성질이 다른 섬유보다 제일 적은 고로 몸에서 나오는 수증기를 잘 흡수하지 않고 이것을 밖으로 잘 보내주지도 않습니다.[15]

정선 지역에서 삼베가 언제부터 재배되기 시작했는지는 정확히 알 수 없다. 관련 문헌자료의 부족이 주된 이유지만 연구자뿐만 아니라 지방자치단체의 무관심도 결코 배제할 수 없다. 다만 이 지역에서 주민들이 삼을 시작하게 된 배경을 엿볼 수 있는 이야기를 들을 수 있었다.

그 때는 그 삼베옷을 삼베를 짜가지고 광목하고 바꿔서 옷을 입고 그랬으니까 우리 어릴 때만 해도. 그니까 삼베 하는 거는 우리 어머니가 배시쌈을 하더라구요. 그래서 삼농사를 하기 시작했는데 그게 참 삼이라는 게 참 곱고 잘 골라야 되는데 보통 손으로 한길되어 있는 길삼이나 이래가지고 머 자루로 판다 이러지만. 그 길 밑으로 떨어지면 삼이 잘 안되고. 삼 삶는 분들도 고생하고. 그럼 여기 우리 저기 통용되는 말로 쾌도난마라는 말이 있지요. 그 쾌도난마가 이 세상에 어지러운 세상에 인재가 나가지고

---

15 『경향신문』, 1955년 6월 23일.

참 멀리 정치를 바로 잡는 그런 이야기인데. 그 우리 머냐면은 쾌도난마가 삼이거든. 난마. 난마가 삼인데. 바람 불어서 바람맞아서 쓰러진 삼은 쾌도도 안 돼. 그거는 못쓰거든. 벨수가 없고 가질 수가 없는 거여. 그러니까 쾌도난마. 싹 쓸어버리라는 얘기거든요. 그렇게 쾌도난마가 어원이 거기서 나온 거여.[16]

정선 지역 삼 재배의 역사를 엿볼 수 있는 자료는 오횡묵이 기록한『旌善叢鎖錄』이다. 이 자료에는 당시 정선군수였던 오횡묵의 행적이 주로 기록되어 있는데, 이 자료에서 그가 농가를 방문하는 과정에서 삼베를 접한 내용을 확인할 수 있다.

정해년(1887) 윤 4월 27일갑

이른 아침에 유치영에게 명하여 은밀히 동면의 채광하는 곳에 가서 봄부터 불법 채취한 일 등을 일일이 탐문해 오되 광부의 많고 적음과 광물의 풍약豊約까지도 수소문 해오게 하였다. (중간 생략) 이어 들로 나왔는데 농사 형편이 어떠한지 살피기 위해서이다. 번듯한 들판에는 몇 배미의 논도 없이 끝까지 고지대의 밭 수 백여 일경日耕이었다. 때는 바로 4월 철이어서 보리는 누렇게 익은 것이 타작마당에 오을 날이 멀지 않았으니 백성들 먹고 살 걱정이 이제부터는 조금 풀리려나보다. 도처에 삼[麻]을 갈아 수북이 자라 깎은 듯이 가지런한데 키가 벌써 한 길 남짓다. 때로 헤아려보면 다른 곳의 삼은 겨우 한 자쯤 컸을 터인데 이곳은 이렇게 자란 것이 대체로 이 땅에는 삼이 알맞은 품종인가보다. 조[粟]로서 조생종은 더부룩이 싹을 틔웠고 만생종은 지금 한창 파종하고 있으며 차조도 무성하게 밭이랑 메우고 김매기가 시작되었다. 익은 뒤에 술을 빚으면 팽택彭澤의 술을 얻을 수 있을 것 같다. 오늘 행차는 비단 권농만이 아니라 나 자신의

---

16   2015년 5월 14일 조사(정선문화원 회의실), 김종복.

소득도 적지 않다. 마침 권농감관이 와서 기다리고 있어서 내가 이르기를, "지금 너희들 감관은 옛날로 말하면 전준田畯과 같은 직책이다. 마땅히 관의 뜻을 이해하고 중인衆人을 감독하여 기어코 실효를 거두어 함께 태평을 누리는 것이 좋지 않겠느냐?"하였다.[17]

자료를 통해 정선 지역의 삼 재배의 역사와 함께 삼굿의 역사를 가늠해 볼 수 있을 것이다. 다만 구체적으로 어떠한 모습과 방식으로 삼굿이 행해졌는지를 알 수 없어 아쉬움이 남을 뿐이다.

문헌 자료 부족으로 더 이상의 조선 시대의 삼굿의 양상은 알 수 없으나 이번 조사과정에서 만난 제보자들의 구술 자료에 따르면 일제강점기에는 정확히 삼굿이 행해졌다는 사실을 알 수 있다.

> 여기 전체가 여기 전부 여기가 소마평이라는 곳이여. 소지명이. 여기 앞에 뜰이 전부 삼밭이야. 옛날부터. 외정시대 때 일본사람 그 시대 때 직마라고 있어 직마. 짜가지고 삼을 찌고 또 거기다가 모재를 가지고 워낙 삼을 재배를 많이 하니까 땅구틀 해. 땅을 파가지고 우리가 시늉하고 했던 삼찌기인데 땅을 파가지고 거기다 삼을 모리고 나무를 싸서 넣어서 태워가지고 돌을 달궈가지고 그걸 싸가지고 이제. 기억으로는 유평리(소마평)의 90세대가 있었는데 절반가량인 50세대 정도가 삼을 재배한 거라고 보아도 무리가 없을 거지.[18]

당시 절반 이상의 가구에서 삼을 재배하였음을 앞선 자료는 잘 보여주는데, 삼을 재배한 것뿐만 아니라 수확한 삼을 찌는 증마(직마)도 있었다고 한다. 또한 일제

---

17 정해년 윤4월(1887, 고종24년)(旌善叢瑣錄, 경인문화사, 2002, 97~98쪽 요약정리).

18 2015년 5월 21일 조사(유평리 노인회관).

강점기에는 삼을 일본이 공출을 했다. 그 이유는 삼으로 군복을 만들기 위해서였다. 아래 내용에서 이런 사실을 알 수 있었다.

> 그리고 일제 때는 삼을 군출을 많이 했어. 군복 만들려고 그러지.(그러면 마을 사람들이 얼마나 많은 군출을 했습니까?)아니 많이 다 안 하고. 일부 좀 하고 전부 길쌈하고 그런 거예요.(그럼 궁금한 게 일제 강점기 때 삼베를 직접 하시는 분들은 먹고 사는 부분에 있어서 여유가 좀 있었습니까?) 이 지역 사람들이 삼을 재배하는 이유는 옷을 해 입기 위한 측면도 무시할 수 없지만 삼을 가지고 다른 작물, 특히 겨울철 무명과 바꿔 입기 위한 부분도 있었다. 물론 경제적인 이유도 있다.[19]

해방 이후에도 지속되었던 정선 지역의 삼굿의 역사는 1970년대 중반부터 쇠퇴의 길을 걷는다. 이유는 여러 가지가 있겠지만 무엇보다 수익성 문제가 가장 컸다. 여기에 서양에서 나일론이 들어오면서 더 이상 삼 옷이 필요 없었던 연유도 무시할 수 없는 이유이다.

> (그럼 이 마을은 일제 강점기 이후로 계속 삼을 재배해 온 거예요?) 한동안 안 했어. 한 30년 정도.(그게 언제입니까?) 그게 한 75년부터 재배를 안 한 거야.(왜요?) 그때 식량 분산하느라고. 수익성 문제도 있고, 70년대 초에 길쌈하는 과정을 제가 보았어요(보셨어요?) 75년부터 이제 재배를 안 한 거야. 그게 없어지는 이유가 바로 그겁니다. 의복 생활이 달라져서. 그렇죠. 공장에서 옷을 찍어내니까. 그렇죠. 그렇지 않으면 삼베를 바꿔가지고 무명옷을 하고 겨울옷을 하고 해야 되니까 의복이 공장에서 좋은 게 나오니까. 그렇죠. 굳이 할 필요가 없는 거죠. 그리고 사실 품값을 따지면 그게 소득이

---

19   위와 같음.

안 되거든.[20]

1970년대 나일론이 등장하고 삼베의 수요가 줄어들면서 정선의 삼굿은 소멸의 길을 걷게 된다. 어느 지역에서 얼마큼 재배되었는지 알 수 없지만 삼의 수요가 줄어들면서 삼을 재배하는 농가를 찾아보기 어려웠기 때문이다. 실제로 1976년도 대마생산 현황은 34町의 재배면적, 442屯의 생산량, 442屯의 수요량으로 조사되었다.[21]

한동안 기억 저편에 자리 잡고 있던 삼과 삼굿에 대해 많은 이들이 관심을 갖게 된 연유는 사라져간 문화를 복원하고 그것이 지닌 의미를 되살리자는 측면 때문이다. 이러한 노력은 2005년에 드디어 결실을 맺는다. 유평리와 함께 삼을 재배한 동면 호촌리에서 삼굿을 재연하였다. 재현은 두 차례 있었던 것으로 보이는데, 2005년 8월 5~6일과 2006년 8월 14~15일 두 차례 진행되었다. 삼 농사가 중단된 유평리와 달리 호촌 지역에서는 간간히 삼을 재배하고 있어 이를 토대로 옛날 방식 그대로 이 두 해에 걸쳐 삼굿과정을 재현하였던 것이다. 이렇게 시작된 정선 지역의 삼굿 재현 행사는 2015년도까지 이어져 오고 있다. 다만 여러 가지 문제로 전승 단체와 지역이 호촌리에서 유평리로 변경되었다.

2) 전승 단체의 변화 과정

정선 지역에서 오래전에 사라진 삼굿을 발굴하고 전승시키기 위한 노력이 시작된 시점은 앞서 소개한 바대로 2000년대 중반이다. 여러 사람들의 노력이 있었지만 무엇보다 당시 문화원 수장이었던 '배선기' 문화원장의 노력이 없었다면 불가능

---

20   위와 같음.

21   정선군지편찬위원회, 『정선군지』, 1978, 242쪽.

했을 일이다. 어느 지역을 막론하고 한 개인의 역량이 중요하다. 배선기 문화원장은 아리랑 이외에 새로운 정선의 문화콘텐츠에 관심을 갖고 있었는데, 어린 시절 직접 경험한 삼굿을 정선을 대표하는 문화로 계승시키고 싶은 맘에 이러한 일에 관심을 갖게 되었다고 한다.

(배선기 원장님이시고 연세가 올해 80이시고 다름이 아니라 원장님 계실 때 호촌 삼굿놀이를 왜 하시기 시작하셨어요?) 나는 전통을 하니까 옛날부터 우리가 내 어렸을 적부터 아주 그니까 역사가 올라가 보면 삼베옷을 겨울에도 입고 여름에도 입고했는데, 내가 알기론 문헌에 보면 한 400년 전부터 거기 옷이야, 무명옷은 난지가 얼마 안됐고 광목 이런 건 얼마 없고 삼베가 겨울나고 여름 나고 이랬지, 주로 그걸 이래 생각하니까 내 어렸을 때 보니까 삼을 길러 가지고 한 2메다 길러 가지고 삼한다고 베어 가지고 잎을 전부 산칼 산칼이라 그래요 산칼 이래 쳐가지고 다 넘어가지고 그냥 베끼지 말고 쩌야지만 삶아야지만 그걸 껍데기 삼을 벗기 거든, 자루는 초가집을 잇고, 근데 그걸 삼굿을 하는데 삼굿을 하면 일개 온 동네가 전부 덤벼들어 삼굿을 하자면 우선 구뎅이 삼구뎅이를 파야 되고 파는 게 이 반 정도는 파야 되고 그리고 이제 그다음에 거기다가 난걸 서리는데 동네사람들이 가서 새벽부터 가서 하루 종일 해 가지고 와서 지금 말고 큰 제무시로 말이야 큰 제무시로 한차가 나와 그 난 걸 그렇게 세워 해놓고는 큰 돌을 놓고 자갈을 덮어요, 불을 떼 놓으면 불을 뗄 적에 부정 탄다고 말이야 여자들은 얼씬도 못하게 삼굿하는데 못 오게 한다고 부정 탄다고, 근데 금줄을 쳐놓고 사람 접근 못하게 부정 탄다고 불을 붙이고 가지 부른다고 굴뚝에 가서 머라고 치절 대면 '어여여여' 하고 불러가지고 불을 지를 째도 말이야 불 받으시오 뭐 들어갑니다 이 잘 모르는데 불 딱 붙여놓으면 쏘시게 붙여놓으면 불 붙여놓으면 그때 연기 막 솟아 올라가면 박수 막 치고

막걸리를 막 먹고 이제.[22]

그가 특히 삼굿에 관심을 갖게 된 직접적인 배경은 삼굿이 지닌 독특한 전통성과 어린 시절의 추억이다. 전자의 경우는 정선을 대표하는 문화로 삼굿을 발전시킬 수 있다는 가능성이었고 후자의 경우는 그가 경험했던 어린 시절의 기억이 곧 정선을 대표하는 전통문화가 될 수 있다는 생각 때문이었다. 흔히 볼 수 없었던 풍경인데다 독창성도 확보할 수 있어, 오래전부터 정선의 대표 향토문화로 삼굿이 제격일 수 있다는 생각을 자주 하였다.

(다른 지역 하고 공부를 하셨는지는 모르겠지만, 특징은 뭔가요?)그 때 쇠 부치도 없고 딴 거 하나도 없잖아 뭐 아무것도 없으니까 그냥 몸으로 자연 현상에서 삼을 찌는데 그게 삼굿이라고 맨 첨에는 감자 삼굿을 했어, 감자 강냉이 삼굿은 감자 서리하고 강냉이 서리를 하는데 거기서 아이디어가 나왔어, 그게 큰기라 삼도 이렇게 찌면 되지 않나 하고 바로 그기야, 삼굿이 그게 삼굿이야 삼굿이 감자 삼굿이고 강냉이 삼굿이야(오늘 좋은 거, 근데 수많은 것 중에 왜 원장님은 삼굿을 애정을 가지고 있었어요?) 내가 어려서부터 아버지 친구들이 모여서 하는데 그거 큰 아주 동네 큰 행사라고 하면서 모여서 숙덕거리더라고 그래서 어떻게 하나 하고 보니까 재미가 있어서 나는 가서 강냉이도 갔다가 넣어보고 강냉이 넣어가지고 뜨거운 게 나와서 익으면 먹는 재미로 또 맛있어 그러다 어른들이 하는 걸 다 외우는 거라, 그래서 그걸 재현하는 기야 바로 그게 문화잖아 전통문화 바로(좋은 이야기 같아요) 전통 문화하고 삼베옷하고 옷이 이래 됐다 하고 말이야 아리랑 제 때도 내가 거다가 호촌 갔다가, 아리랑 위원장도 했잖아 할머니들 아리랑 부

22   배선기 씨 구술 자료, 2015년 8월 18일.

르면서 날 풀 돌리고 베 짜고 그랬단 말이야[23]

앞서 언급했듯이 정선에서 삼을 재배하고 삼굿을 행했던 곳은 다양하다. 유평리 이외에 호촌리를 비롯해 정선읍 북실리와 하동에서도 삼굿하는 모습을 볼 수 있었다.

> (원장님은 어떻게 아셨어요?) 나는 어려서부터 아버지 어머니들 하는 거 그걸 눈 여겨 봤다고 정선시내도 조양강하천에서 삼굿을 했어(아 정선 하천에서도 요? 그걸 그럼 언제 까지 있었습니까?) 그걸 내가 국민학교 다닐 때부터 했는데 그걸 늦게 까지 언제 했냐면 내가 중학교 1학년 때 까지 여기 정선에 했어 북실리 저 짝에 다리 건너 북실리 하고 정선읍에 거도 하나 하고 여도 하 나하고(정선읍은 정확히 어디에요?) 우리 집 사는데 저기에 하동, 우리 집 밑에 하동 북실리는 용담, 북실리 중학교 있는데 거기 강이 조양강 굽이 트가 는데 가에 있어 근데 두 군데서 했어(그러면 정선에는 네 곳 이네요? 윤평까지) 정 선에는 그전에 옛날에 했고 지금 현재 하는 거는 호촌 하고 유평리 뿐이 없어(그러면 어렸을 때 본 용담하고 하동은 삼밭이 컸습니까?) 바로 지금 정선 병원 에 가는데 삼밭이 그때 밭주인이 정선군에 계장을 했는데 삼밭이 한 500 평 됐지 거기에 전부 다 삼이 잘 올라 거기에 삼을 해가지고 했어[24]

정선 지역에서는 2000년대 중반, 정확히 말하자면 2004~5년부터 본격적으로 삼굿에 대한 조사를 체계적으로 시작하였고, 조사된 자료를 토대로 삼굿을 재현하였다. 그런데 그 당시 삼굿을 재현한 곳은 현재 행하고 있는 유평리가 아닌 호촌리다. 호촌리에서 삼굿을 재현한 연유는 과거 이 마을에서 재배되었던 삼의 재

---

23   위와 같음.

24   위와 같음.

질이 좋을 뿐만 아니라 마을주민들이 적극적인 태도를 보여주었기 때문이다. 그리고 정선문화원과 활발하게 교류하던 사람들이 많았다는 점도 호촌에서 삼굿을 재현했던 중요한 이유였다. 이러한 내용보다 더 중요한 것이 있었다. 문화원장을 역임한 배선기 씨는 장기적인 안목으로 호촌리를 선택하였다. 그 곳에서 삼베 박물관을 만들어 삼베 관련 유물도 전시하고 찾아오는 관광객들에게 널리 삼베를 알리고 싶은 계획을 세워 호촌을 선택하였다.

(그러니까 원장님이 처음으로 몇 년에 시작 하신 거예요? 그게 2000? 호촌리) 호촌리 한데 그러니까(2005년이죠?) 2000, 한 2005년부터 한 4,5년 했어(그렇죠 한 3,4년인가 하셨더라구)노인들 주관해서 내가 경로당 시키고 경로당 내 군대 동기야 전경택 이라는 사람이(전경택?, 비용은 얼마나 되었나요?) 잘 떨어지고 잘 하고 그러면 한 500떨어져. 김주복 이라는 사람이 회장인데 아들도 육군총회 과장도 하고 이랬는데 근데 김주복 이라는 사람이 그 사람이 그거 우리가 하겠단 말이야 달라고(근데 호촌에다가 처음에 두 마을이 있었잖습니까?)윤평도 자라고 삼이 났었고 호촌도 났잖아요, 그리고 제가 알기로는 호촌이 삼이 더 좋다고 그러더라구요, 그리고 호촌이 옛날부터 호촌을 길삼마을이라 그러고 베를 이 아리랑 제 때 시연을 뭘 하냐면 베 날틀을 물레도 돌리고 삼도 실 날기도 하고 실도 메고 말이야 베도 짜고 이랬는데 그걸 했다고(그것도 원장님이 시작하셨어요?) 그럼 그것도 내가 다 연구해서 했지, 호촌에다가 삼베마을 박물관을 만들려고 그랬어, 옷도 전부 베옷을 말이야 진열을 해가지고 도포니 뭐 뭐 농포니 뭐 이래가지고 뭐 해가지고 전시관을 만들고 그렇게 할라고 했어 거기에 미술관이 하나 있어 그걸 이용해서 하려고 했어, 이놈들이 내 말을 잘 안 믿더라고 골치 아프게 뭘 그런 걸 하냐고 그래 그래서 그러다가 내가 딴 데로 갔다가(한 3,4 년 했는데 처음에 예산이 얼마였습니까? 기억하시기에 군돈에서 가지고 온 거예요?)여기서 당초예산을 땄지 내가, 당초예산을 그때에 그걸 한 500만 원을 내가 땄어, 그땠

돈으로(큰돈이네)그때 돈 500이면 커[25]

호촌리에서는 2005년 8월 5~6일과 2006년 8월 13~15일에 삼굿 재현행사가 펼쳐졌다. 2005년 행사는 정선문화원에서 주관했으나 2006년 행사는 호촌리 노인회에서 주관으로 진행되었다. 당시(2005년)의 행사는 이한길의 「정선군의 삼굿 재연과정 고찰」(『도원문화』 9, 2006)에 자세히 기록되어 있다. 다음은 일부 내용을 발췌한 것이다.

> 정선군 동면 일대는 예로부터 토질이 비옥하고 수량이 풍부하여 삼을 재배하기에 최적의 장소로 알려져 왔다. 오늘날 합성섬유의 홍수 속에 중국산 질 낮은 삼베의 범람으로 인하여 강원도의 삼 농사와 삼베 산업은 갈수록 쇠퇴의 길을 걸어가고 있는데, 그와 중에서도 정선군 동면 호촌리 일대는 아직도 삼을 재배하고 있어 그나마 삼 농사의 기반을 지켜가고 잇다. 호촌리는 최근 들어 삼을 재배하여 피삼을 수확하는 과정을 전통적인 방식으로 재현하였는데, 이 방식은 이른바 삼굿이라 이름한 것으로 한여름 뙤약볕 속에 펼쳐지는 민속의 향연이라 할 수 있는 것이다. 2005년 8월 5~6일과 2006년 8월 14~15일 등 2년에 걸쳐 연 4일간 완벽하게 재연한 전통적 방식인 삼굿을 재현하였다. 이 행사는 정선문화원이 주관하였고 호촌리 노인회에서 주관을 하였다.[26]

하지만 생각지 못한 문제가 생겼다. 호촌리 주민들 간의 충돌로 오래 가지 못하였다. 삼굿의 운영 문제로 노인회와 청년회 사이에 보이지 않는 갈등이 생겼던 것이다. 이런 일이 있은 뒤부터 삼굿에 대한 관심이 시들해졌다. 자연스레 호촌리에서

---

25   위와 같음.
26   이한길, 「정선군의 삼굿 재연과정 고찰」, 『도원문화』 9호, 2006, 60쪽.

원활하게 진행되지 못한 탓에 삼굿에 대한 복원과 전승 과정이 한동안 어려움을 겪었다. 하지만 유평리노인회를 중심으로 삼굿 재현 행사가 진행되면서 새로운 희망을 엿볼 수 있었다. 유평리는 과거 호촌과 함께 삼으로 유명했던 지역으로, 과거 마을 입구에 삼을 찌던 시설이 있었던 곳이다.

유평리노인회를 중심으로 2014년부터 새롭게 시작된 삼굿 재현행사는 올해 (2015년) 8월 20~21일에 유평리에서 진행되었다. 유평리노인회는 한동안 중단된 삼굿행사를 복원하기 위해 부단한 노력을 기울였다. 마을회관 옆에 삼을 심기도 하였고, 마을 주민들이 협력하여 삼굿을 전승시키고 있다. 2014년도에 초대를 받아 삼굿 재현 행사를 지켜본 배선기 문화원장은 아래와 같은 느낌을 받았다고 한다.

> (유평리에서) 유평리에 그거 줬더니 삼굿을 하는데 내가 작년에 갔다 왔는데 아주 거 호촌 보다 더 질서 정연하게 잘 하고 주민들 호응도 좋고 음식도 잘 하고 아주 배가 나은 거야, 함 바꿔볼 필요가 있어 호촌은 말이야 누구누구는 어쩌니 누구는 어쩌니 하면서 흉이나 하고 말이야 선의의 경쟁해야 하는데 험담하고 술이나 먹고 그러는데 유평리 거리 오니까 서로 협조적이고 잘 해 잘 해, 동네 축제고 동 잔치야, 오는 손님도 말이야 국수해 먹이고 막걸리 먹이고 그러는데 잘해 잘해 아주 잘해서 내가 기분이 좋고 그랬는데, 앞으로 그래서 삼굿 때문에 거기는 동네 마을 뭐 거처도 짓고 창고도 짓고 조경을 잘해놨어 주차장도 만들어 놓고(네 알아요, 옆에 삼도 심어놓고) 그럼, 바로 그거야 그래서[27]

---

27   배선기 씨 구술 자료, 2015년 8월 18일.

3) 유평리 마을의 삼굿 전승 실태

삼을 찌는 방식은 여러 가지가 있다. 삼굿으로 하는 방식, 삼가마를 이용하는 방식, 땔굿으로 하는 방식, 소죽 쑤는 가마솥을 이용하는 방식, 증마로 찌는 방식이 대표적이다. 이중 삼굿이나 땔굿, 증마 등은 강가에서 하는 방식으로 예전에 행해졌던 것이며 오늘날에는 주로 삼가마를 이용하는 방식으로 삼을 찐다.[28] 증마로 찌는 방식은 오늘날의 원조가 되는 방식인데 가마를 걸어놓고 그 위에 나무로 틀을 짜 올려놓고 나무틀 사이를 흙으로 발라 마치 사각형 박스처럼 만들어 놓는다. 그속에 삼을 모리고 지는 방식을 증마라 하는데 사투리로 짐마·장마·증마·짐막 등으로 부른다. 삼을 쪄내는 도구인 삼가마라 하는데, 밑에는 아궁이를 만들고 그 위에 가마를 올려놓는다. 가마에 물을 붓고 그 위에 다시 삼을 모린다. 그 후 비닐을 덮어 증기가 밖으로 새어 나가지 않게 하여 증기로 삼을 찐다. 이렇게 쪄 낸 삼을 인근 개울가에 갖고 가 냇물에 담갔다가 껍질을 벗긴다.[29]

반면, 삼가마로 찌는 현대적인 방식은 증마의 아류로 증마 방식을 현대적으로 변용한 것이다. 특히 삼가마를 만드는 재료와 연료가 차이가 난다. 연료의 경우는 전통방식인 나무대신 기름(경유)를 사용한다. 버너를 돌려 계속 바람을 넣어주고 한편으로 기름호스를 연결하여 계속 기름을 주입한다. 이 에너지로 삼가마의 물을 데워 수증기를 만들어낸다. 기름을 연료로 사용하는 것은 편리하기도 하지만 시간을 절반 정도로 단축시킬 수 있다. 또한 구태라는 곳을 나무가 아니라 시멘트로 만들거나 아예 없앴다. 아궁이도 시멘트 불록으로 만든다. 증마에서 풀을 베어와 삼단 위에 덮어 증기가 밖으로 유출되는 것을 방지했으나 현대적 삼가마 방식에서는 비닐로 덮고 노끈으로 묶어 증기가 밖으로 나가지 못하게 한다. 에너지 절감효과도

---

28   이한길, 『삼척의 삼베문화』, 민속원, 2010, 58쪽.

29   위와 같음

훨씬 좋다.[30]

또 다른 방식으로 무질굿이라는 것도 있는데, 유평리 주민들은 이 방식에 대해
다음과 같이 설명하였다.

> (무질굿을 또 머에요) 제 생각에는 나무를 무지고 돌을 한군데 모은다는 뜻
> 인 거 같아요.(무져서?) 응 무진다. 그런 게 이제 산굿을 다 쳐놨으면 화집
> 은 팽이 딱 뽑았다가 뺀 거처럼 그렇게 되죠. 거기다가 앞에 불쏘시개 불
> 점화할 나무를 놓고. 고 밑에다가 불쏘시개 놓고 가는 나무 장작으로 해
> 서 굵은 나무로 해서 마지막에 아주 굵은 나무 딱 쌓고 고 위에다가 인재
> 돌을 쌓는데. 또 석회석 이런 돌은 안 돼요. 참돌이라고, 강돌이나, 차돌
> 같은 거 머 이런 좀 석회석은 물 한번 부으면 피시하고 말잖아요. 강가에
> 차돌 같은 거는 물 한번 부어도 꾸지하고 또 벌어지고 물을 한없이 먹잖
> 아요. 그니까 그런 돌을 중앙에다가 이렇게 놓고. 그래가지고 이제 화집은
> 그렇게 만들어 놓고. 그다음 식전에 했으면 밥 먹고 와서 불이 그 최소한
> 우리가 이거 하는 동안 한 여덟 시간 갔지요. 대게 한 여덟 시간에서 열

---

30   이한길, 앞의 책, 60~61쪽.

시간 정도 불이 타야 고 달거든요.[31]

유평리 마을에는 일제강점기와 해방 이후, 그리고 1970년대 중반까지 삼을 찔수 있는 가마가 있었다. 마을 주민들의 기억에 의존해 보면 증마가 하나, 그리고 땅을 파서하는 거 2개가 있었던 것으로 보인다.

(가마가 70년대에 없어졌다는 거예요? 70년대까지는 있었다는 건가요? 이장님?) 저는 기억을 못하겠습니다. 일제 강점기 때 있었어.(해방 이후에는 없어졌어요?) 해방되고 많이 생겼지. 많이 하다가 70년대부터 없어져.(전쟁 이후에도 해방 이후에도 많이 했어요?) 많이 쪘어. 계속.(그럼 그 당시 6.25전쟁 이후에 증막 그 가마가 몇 개나 있었어요. 마을에?) 3개.(그럼 그 당시에는 돈이 되니까 외지에서도 왔을 가능성이 높은데?) 그렇지는 않았어. 지방에서 생산되는 거 하고 지방 주민들만 하고.(3개가 있었고 70년대는 언제까지 마을에 가마가 있었습니까?) 가마가 여기 삼을 재배하는 게 여하튼 정확하게는 모르겠는데 70년대 이후에는.(아니 가마가?) 중학교 다닐 때도 했으니까. 요 앞에 할머니집 옆에가 가마터.(있었어요? 70년대 초까지는 있었다는 거죠?) 있었어요. 대체적으로 70년대 초까지 삼베농업을 했어요. 그러다가 경제성이 없으니까 삼농사가 없어졌단 말이예요.[32]

삼을 베기 전에 미리 삼굿터를 쳐 놓은 다음 2~3일 안에 삼을 쪄야 한다. 삼을 베는 것과 삼굿을 하는 과정은 마을 사람들이 함께 힘을 모아 진행한다. 혼자서 할 수 있는 일이 아니기 때문이다. 조사 과정에서는 대략 6명 정도는 있어야 이 일을 할 수가 있다고 한다. 삼굿터를 다지는 것부터 화집을 쌓고 삼을 모으는 절차부터

---

31 2015년 5월 14일 조사(정선문화원 회의실).
32 2015년 5월 21일 조사(유평리 노인회관).

마지막 삼 꺼내는 과정에 일손이 많이 필요하다. 여기에는 베어놓은 삼을 빨리 쩌
내야 좋은 삼을 얻을 수 있다는 점도 무시할 수 없다.

삼을 찌는 순서는 특별히 정해진 것은 없다. 예전에는 마을의 연장자부터 했으
나 지금은 그러지 않는다. 대략 30필 정도를 삼굿에서 찔 수 있다고 하면 자연적으
로 순서가 정해진다. 서로 협동을 해야 하기 때문이라고 한다.

이 지역에서의 삼굿 과정은 인근 지역인 삼척과 다른 지역의 경우와 비교할 때
큰 차이를 보이지는 않았다. 앞서 소개한 바와 같이 삼굿터 치기 → 삼 베기 → 화
집 쌓기 → 삼모으기 → 화집 잡기 → 짐물주기 → 삼꺼내기 순으로 진행된다. 이들
세부적인 내용을 조사한 내용을 토대로 좀 더 구체적으로 소개하고자 한다.

(1) 삼굿터치기

삼을 꺼내기 위해 터를 다지고 땅을 파는 단
계를 말한다. 화목을 쌓고 자갈을 덮어 놓는다.
삼굿터는 주로 물이 가까운 곳에 마련한다. 그
래서 유평리에서는 마을 앞을 흐르는 강 가까
운 곳에 가마를 설치하였다. 삼을 쩌내는 과정
에서 물이 많이 필요하기에 강은 절대적으로 중
요하다. 삼굿터치기를 하는 과정에서 준비해두
는 화목의 재료는 소나무가 다수를 차지한다.
소나무 이외에 잡초도 준비한다. 잡초는 소나
무를 덮을 때 사용한다. 터의 규모는 매년 차이
가 있는데 그 이유는 삼의 양에 따르기 때문이

다. 삼이 많이 재배되던 70년대 중반까지만 하더라도 터가 무척 컸다고 한다.

(2) 삼치기(삼베기)

삼굿터를 잡으면 주민들은 삼을 벤다. 앞서 자세히 소개한 바와 같이 이 과정에

서 삼굿을 하기 좋게 삼을 구별하고 이를 알맞게 묶는다. 삼베기가 끝나면 본격적으로 삼굿을 한다. 삼굿을 하기 전에 화집 쌓기에 필요한 돌과 흙 그리고 짐풀을 준비한다. 돌은 크기 별로 골고루 준비를 한다. 짐풀은 김이 올라오는 것을 막기 위해 사용하는 풀을 말한다. 예전에는 삼을 찌는 과정에서 부정을 탈 수 있다는 의미에서 임산부는 절대 근처에 오면 안 된다.

삼을 베는 과정을 보다 자세히 살펴보면 삼 긋기 - 달박기 - 삼층고르기 - 삼잎 치기 - 삼단묶기 등으로 나뉜다.

(3) 화집쌓기

화목을 미리 준비하지 않을 경우에는 삼베기 과정에서 산에 가 나무를 베어온다. 삼굿에 필요한 모든 것들이 준비가 되면 화집을 쌓는다. 화집을 쌓을 때는 돌도 필요하다. 나무 밑에 화목을 놓고 그 위에다 돌을 놓고 불을 지핀다. 불은 주로 새벽에 붙이는데 대 6~8시간이 소요된다. 6~8시간은 돌이 완전히 달궈지는 시간이 이 정도 걸린다. 새벽에 불을 붙이면 정오쯤이면 돌이 어느 정도 달궈지는데 그 때 수증기를 보낸다. 그렇게 증숙을 하는 것이다.

화집이 만들어지면 점화를 한다. 점화를 할 때는 불이 잘 붙도록 예전에는 보릿짚을 넣었다. 그러면 하얀 연기가 올라온다. 이 지역에서는 이 모습을 강아지 불러오라고 표현한다. 강아지가 불러야 불이 잘 들어갔는지를 알 수 있다고 한다.

삼굿을 이제 화집을 만들었잖아요. 화집을 이제 점화까지 했지요. 점화를 할 때 불을 지르면. 불을 넣으면. 그 밑에다가 옛날에 보릿짚 같은 거

이제 불쏘시개 이런 거 넣으니까 하얀 연기가 팍 올라가잖아요. 그럼 뒤에서 강아지 불러라 이러지요. 강아지 불러라. 그러면 이제 뒤에서 머 요요 하던지 요리요리 하던지. 백구야 이리 오너라 하고 부르면. 이제 그 불이 잘 들어야 되니까(아 불이 들어가서 연기가 빨리 올라야하니까. 하얀 연기를 강아지라고 한다고?) 그지 하얀 연기를 강아지라고 하지. 백구야 워리워리 하던가 요요 하던가 그렇게 부르라고 소리를. 점화하면서 강아지 불러라 이렇게[33]

한편, 불을 지피기 위해 별도로 날을 잡는 경우도 있었다. 그 때 당시만 하더라도 누구나 좋은 날을 볼 수가 있어 그런 날을 잡아 불을 지폈다. 특히 비가 오지 않는 날을 잘 정하는 게 중요하였다.

날도 보죠. 사실은 옛날 어른들은 거의 다 아니까.(근데 아는데 그걸 어떻게 봤을까요)그게 이제. 자온요일과 천호일이라던가 병자전축이 머 그런 걸 다 아니까. 아 언제쯤 좋겠다. 그리고 또 삼짓는 비가 오면 안 되잖아요. 지금은 육갑이 잘 안 맞으면, 옛날 육갑이면 거의 일 년 금기를. 쉽게 얘기해서 진사일에 비 온다 하니까 진사일은 피해 가지고. 그래가지고 이 날쯤은 비가 안 오겠다. 그래봐야 한 이삼일 정도 오일 이내잖아요. 오일 이내 와서 그날 비올 거 같으니까 하루 물리자 하루 땡기자 이런 식으로 하니까.[34]

(4) 삼모으기(모리기)

불을 지피고 나면 불이 다 타기까지 대략 6~8시간 소요되는데, 이 시간 동안 삼을 모린다. 삼을 모린다는 의미는 이미 만들어진 구덩이에 역심대 등을 설치하여 삼을 쌓는 걸 의미한다. 즉 찌기 위해 준비한 삼을 모으는 것을 말한다. 유평리에서

33   2015년 5월 14일 조사(정선문화원 회의실), 김종복.
34   위와 같음.

는 삼이 넣기 위해 준비한 곳을 '몽꽃'이라 부르며, 모린다는 말을 서린다라고 표현한다. 그리고 역심대는 역사리꼴로 설치한다. 화집 주위로 역심대를 돌아가면서 세우고 그 밑에 모태를 깐다. 모태는 주로 솔가지나 풀 등으로 만든다.

> (삼모리기는 어떻게 하는 거예요) 그게 이제 역. 역사다리 꼴로 만들거든요. 역사다 리꼴로. 화집에다 이렇게 딱 해서 가에다가 돌아가면서 역심대를 나무를. 역심대를 세우고 밑에 모태를 이렇게 깔거든.(그 모태는 뭘로 해요?) 머 소나무 아무 나무 요런 거 그런 거 하지. 이제 머 대여섯 개 밖에 안들어 가요. 삼이 키가 크니까. 그럼 그 위에다가 솔가지를 덮어 깔고. 그다음에 진잎이라고 진풀. 풀. 진풀 풀 중에 우물할미가 제일 야생 봉숭화라고 그러나 우물할미가 제일 좋아요. 그 물습기가 맞기 때문에 처음에는 짐물을 주면 불이 확 올라가잖아요. 이 그면 다 물이 수증기가 되어버리는 거예요. 그러니까 확 익기가 더 좋죠.(그 할머리라고 하는 풀이)응 우물할미.(우물할미가.)(주변에 계신 분들) 물봉숭아. 그걸 우물할미라고 그래 그래가지고 그걸 깔고 가에도 솔가지를 돌려 세우고. 그리고 삼을 차곡차곡 쌓는 거예요. 일렬로 쫙 이렇게 쌓고 그 사이에다가 물봉숭아 가능하면 물봉숭아 아니래도 수분을 많이 흡수하고 있는 식물, 풀. 이런 진풀 이런 걸 베어다가 한풀 깔고 한줄 놓고. 또 깔고 또 놓고. 삼있는대를. 그러면 마지막에 위에는 머 갈잎 같은거 베어다 놓고. 위에 흙을 덮으지 그럼 삼은 다 모린 거야.(쌓는 거를 삼을 쌓는 거를 모린다고?)[35]

삼 모리는 과정은 무척 힘이 든다. 또한 특별한 기술을 가지고 있어야 한다. 위험하기도 해서 삼을 모리는 과정은 각별히 신경을 써야 한다. 그리고 이 과정이 끝나면 삼굿이 어느 정도 마무리가 된다.

---

35 김종복 씨 구술 자료, 2015년 5월 14일.

삼을 다 모이면 그 위에 준비해 둔 풀을 덮어 증기가 밖으로 빠져나가는 걸 사전에 막는다. 비닐을 이용하여 전체를 덮어버리는 것이다. 짐물을 줄 때 김이 나가지 않도록 하기 위해서 하는 것이다. 전체를 덮는 걸 '몸굿'이라 부른다.

유평리 주민들은 이 시간에는 잠시 일손을 놓고 쉬기도 한다. 준비해둔 음식과 막걸리를 먹으며 노래를 부른다. 주로 부르는 노래는 아리랑이다.

(5) 화집잡기

몽꽃에 삼을 완전히 모리면 화집과 몽꽃을 연결하는 불목을 만들고 화집에서 발생한 증기가 몽꽃으로 옮겨갈 수 있도록 해야 한다. 그리고 화집잡기를 한다. 짐물을 주기 위해 화집에 올라가야 하는데, 미리 준비하는 과정이 바로 화집잡기이다. 불이 달궈진 상태이기에 올라가는 일은 결코 쉽지 않다. 무엇보다 뜨거운 곳에 올라가기 때문인데, 물을 적신 헝겊을 이용을 한다.

화집잡기를 하기 전에 두벌굿이라는 것을 할 때도 있다. 두벌굿은 삼이 다 안 익었을 경우에 다시 꺼내가지고 한 번 더 굿을 하는 것을 말한다. 이는 삼이 잘 익게 하기 위해서 부정을 씻어야 하는데, 이를 '부정뺏기'라고도 한다.

> (그리고 난 다음에 이제 삼을 모리하고 난 다음에) 목을 놓고. 목 논 다음에. 그럼 또 한잔 먹고 이러다보면 화집이 거의 돌이 달아가지고 거지 벌게지다 희스무리 한 이런. 아 이제 때가 됐다. 그러면 자 이제는 준비를 하자 이렇게 되면. 그 때 잿물을. 모두 이 부정하면 부정타가지고 삼 안 익으면 진짜 삼 안 익으면 그 어떡할 거여. 그거 삼이 안 익어서 두벌굿 할라믄 두벌굿 참말로 힘들어서 못합니다. 두벌굿.(두벌굿은 머에요) 이 안 익으니까 꺼내가지고 다시 고대로 재연하는 거예요(삼이 안 쪄지면 다시 하는 것을 두벌굿이라고) 두벌굿이라고 해. 삼이 잘 익게 하기 위해서 부정을 씻어내야 되는데, 이제 진물초롱을 가지고 진물을 한 초롱을 가지고 거기다가 화집에서 제일 잘 달군 이쁜 돌. 하여튼 머 솔방울 이상되는 주먹 같은 정도. 요런 걸 한

세 개를 딱딱 집어넣으면서 자 모든 부정을 니가 다 배껴달라 이러면서 거기다 집어넣고(그걸 머라고 그래요) 그거 부정. 그니까 잿물 만드는 과정이지. 잿물을 부정 뜯기는 잿물 만드는 과정(그거를 부정 뺏긴다고 그래요?) 아 부정 뺏긴다 그래요. 아 그래 잿물을 만들면 그 다음에 목성 좋은 사람이 이제 그 화집에서부터 물이 한 바퀴 돌도록 그 조절 잘 해가지고 돌아가야 되거든. 조르르 돌아가면서 거기서 옆금 아리랑처럼 옆금을 해야 하는 거여. 예를 들어서 참 눈으로 본 부정, 귀로 들은 부정, 머 입으로 한 부정, 코로 맡은 부정, 손으로 만진 부정, 발로 디딘 부정. 머 아 부정, 여자부정 남자부정 모든 부정을 다 뺏겨주십시요 하면서 돌아가는 거요.(그걸 머라고 그래요?) 그걸 부정 뺏긴다(부정을 뺏긴다고 할 때 그 사슬을 그렇게) 사슬을. 글쎄 사슬 이름은 잘 모르겠네요.(근데 그 저 어르신이 지금 하시는 게 제복이라 그 말이지. 예를 들어 하신다면. 그걸 나중에 어르신이 적어주실 수 있어요? 적어주시면 좋겠는데. 그걸 좀 재밌게 큰 소리 이렇게) 큰 목성 좋은 사람이 큰 소리로. 물을 돌으라면서 잿물이여 하면서 돌아가면서 이 사슬을 냅다 죽기면서 돌아가는 거여(잿물이요. 부정 뺏기는 게. 그게 바로 잿물지기에요? 진물주기라고 그러는) 아니 아니[36]

이 때 사용하는 잿물은 초롱을 가져다 놓고 다음과 같은 방식대로 만든다.

(그건 아니죠? 그 잿물을 어떻게 만든다고 하셨죠. 다시 한 번 말씀해주시겠어요?)잿물을 만드는데 물을 한 초롱 갖다 놓고 거기다 주먹만 한 돌주먹보다 조금 작은 솔방울 이상 되는 그 잘 밝게 잘 달고 이쁜 돌을 하나 풍덩풍덩 넣으면서 모든 부정을 다 뺏겨라 하고 집어 넣으면은 그 다음에 이제 그 들고 돌아가면서 만부정을 다 뺏기는 잿물이여 소리 지르면서 이 사설을 하

---

36   위와 같음.

면서 한 바퀴 돌고. 그 물 한 초롱 가져다 한 바퀴 딱 돌아. 그 목성 좋고
그러면.[37]

(6) 짐물주기

이러한 과정이 끝나면 짐물을 주어야 한다. 화집에 있던 돌이 벌겋게 되면 풀잎
을 덮고 흙으로 다시 묻어두는데, 이 과정에서 주는 물이 바로 짐물이다. 짐물주기
는 특히 시뻘겋게 달아 있는 돌에 찬물을 부어 김이 오르게 하고 그걸로 삼을 익히
는 과정이다.

짐물을 주기 전에 괭이 등을 이용해 화집에 구멍을 낸다. 유평리 주민들은 이
구멍을 숨구멍이라 부르기도 한다. 구멍을 내면 곧바로 짐물을 부어야 하기에 초롱
을 든 사람들은 구멍을 내는 사람을 따라 다녀야 한다. 이 때 중요한 것은 일정한
속도로 물을 부어야 한다. 급하게 부으면 좋지 않다고 해서 각별히 신경을 쓴다. 물
을 부으면 다시 구멍을 막아야 한다. 이 과정을 여러 번 해야 하는데 할 때마다 "짐
물이여, 짐물이여"를 외친다.

---

37   위와 같음.

(다른 구멍을?) 예 다른 구멍을 (숨구멍을 내줘야 돼요?) 네 숨구멍을 내줘야 돼요. 그리고 앞에다가 파주면 물이요 하면 짐물이여.(물이여 하면 또 짐물이여 그럼 여럿이 다 같이 짐물이여) 그렇죠.(그럼 몇 번하는 거여 짐물이여를. 한사람이 한 번만 해? 짐물이여 하면 짐물이여하고)아니 여러 사람이 같이 해도 좋고, 아니면 머(몇 번 했어요)아니 그건 짐물 여러 번 주죠. 한번 줘서 되는 게 아니고(계속 주면서 짐물이여 짐물이여 이렇게?) 그렇죠. 그게 그렇게 급하기 때문에. 앞에 첨 줄때는 한 초롱정도로 이제 첨에 서서히 들어가고. 두 번째 줄에 한 네분에 이래 줄때는 거의 한두 초롱 정도 물 두 초롱 정도. 이렇게 우리 원장님 말씀대로. 참 신바람이 제대로 나지요. 한두 번째 줄에 들어 가면은 노랑샘이라는 게 솟기 시작해. 노랑샘이 나오는 게 뭐냐 면은 불기둥. 불꽃같은 연기가 벌건 연기가 치고 올라와. 악 물이다 물이다 막 소리 지르고. 노랑샘 올라온다 막 그러고. 그러면 물이 더 들어가야지. 노랑샘 나오면 물이 더 들어가야 하거든.[38]

짐물을 줄 때는 적당히 물을 주는 게 중요하다. 그래서 수증기의 상태나 물을 넣을 때 나는 소리를 잘 들어 판단을 해야 한다. 물론 냄새도 판단하는 요소가 된다.

그렇게 1차 짐물을 주고 나면 반시간 가량 휴식을 취한다. 휴식을 취하고 나서 다시 2차 짐물을 주기를 준다. 이를 '두 번째 물 들어간다.'로 표현한다. 두 번째 짐물은 1차 짐물을 주는 곳을 가급적 피하고 부족한 곳에 짐물을 주는 것이 핵심이다. 상태를 보고 판단하기 때문에 미비한 곳에 짐물을 준다고 보는 게 타당하다.

(또 물주고 난 다음에) 이제 두 번째 물을 들어가지(아 두벌 찐물을 또 줘요) 아 두 번째 물 주는데 두 번째 물을 물은 첨에 한번 딱 줘봤으면 어디어디가 물을 더 받는 다하는 게 감이 잡히잖아요. 그래서 첨처럼 많이 안주고 앞에

---

38   위와 같음.

한군데 줘보고 그담에 왕에 한 서 너 군데 주고 뒤에 한 서 너 군데 그렇게 줘봐서 그게 화집이 아주 너무 쎄다 살았다 그러면 조금 더 줘야 하고 화집상태를 그 물줘 보면 화집상태를 알거든.[39]

(7) 삼꺼내기

짐물 주기가 끝나면 삼꺼내기를 한다. 그렇다고 해서 짐물주기를 마치고 곧바로 삼을 꺼내는 것은 아니다. 대개 짐물을 주고 나서 다음날 삼을 꺼낸다. 삼굿을 잘 했는지는 여러 가지로 알 수 있는데, 유평리에서는 '농이 잘 익었다'고 표현한다. 일부는 '농쳤다'고 표현한다. 특히 짐물 올라오는 걸 보면 삼이 언제 그 익는 소리가 '탁탁'하는데, 그 소리를 들으면 물이 어디쯤 올라갔나를 알 수 있다.

삼을 꺼내야하는데 그게(그게 한 얼마나 시간이 걸려요 그때 짐물 주고 난 다음에 삼꺼 내는 시간이) 하루 밤 자고 그 이튿날 꺼내지(아 그다음에 꺼내요) 그 다음 날 아침에(그 푹 익히는 구나) 그런데 짐물 올라가는 거 보면은 삼이 언제 삼 그 익는 소리가 탁탁탁 나요 그거 들으면 물이 어디쯤 올라가나 잘 익은

---

39   위와 같음.

건 그걸 뭔 말인지 몰라도 농쳤다고 하더라고(농쳤다?) 잘 익으면 푹 삶은 그게 풍익은 걸 농쳤다 이런 말을 쓰더라고, 농이 잘 익었다 그걸 농이라고 그래요. 농쳤다. 농익었다. 그런 말을 하더라고 하면 아~ 삼 벌써 농쳤다 이래요. 그러니까 삼이 잘 익은 걸 농쳤다고 그런다고.(그러니까 이게 그 삼을 그 다음날 이제 꺼내는 거예요?) 예 그 다음날 아침에 모두 모여가지고 이제 꺼내가지고[40]

삼을 꺼내는 일은 다음날 아침에 진해되는데, 간혹 밤에 순번을 정해 삼굿 주위를 지키기도 하였다. 다음날 아침이면 삼을 꺼내기 위해 여러 사람이 모여든다. 각자 자기의 삼을 꺼내는 것이다. 흙을 해치고 풀 깔아 놓은 것을 걷어내고 꺼낸다. 한 사람이 한단씩 묶어 있는 삼을 던지면 자기 것을 찾아가는 방식이다. 던질 때는 '삼따이 삼꼬이 칡따이 칡꼬이' 등의 소리를 한다. 이 소리는 삼을 묶어 놓은 단을 보고 하는 소리이다.

꺼낸 삼은 주로 지게를 이용해서 운반한다. 강가를 가지 않을 경우에는 집으로 가져가 물에 담가놓는 경우도 있다. 강가에 가져간 연유는 식히기 위한 측면도 있지만 삼의 껍질을 쉽게 벗기기 위해 물에 담가드는 측면도 있다. 그리고 가져간 삼이 어느 정도 식으면 잠깐 놔두었다가 삼 껍질을 벗긴다.

한편, 삼을 꺼내기 전에 아이들은 삼굿을 하기 전에 넣어두었던 옥수수와 감자 등을 꺼내어 먹는다. 어른들은 막걸리 등을 준비해 삼을 꺼내고 마시며 잠시나마 쉬는 시간을 갖는다.

(그럼 어르신들 이제 복원을 하셨어요. 삼굿놀이를 한단 말이죠. 근데 찌고 나서 길쌈을 하기 전에 사람들이 수확이 다 끝났을 거 아닙니까. 그럼 그 당시에 마을잔치나 이런 것들을 하셨는지요.) 마을잔치 그런 게 어딨어요.(마을잔치는 아니더라도 술이라도 먹

고.)그런 거는 하지.(그런 거는 어땠습니까. 주로 많이 하셨습니까. 수확을 하고 나면 주인집에서.)밀주라고, 옛날에는 그걸 집에서 밀주라고 그걸 해넣어 독에다가. 그럼 모두 저녁이면 모두 모여 자시고.(일 끝나면?) 일 끝나면 자시고. 농민들이 일이 끝나면 쉬고 이런 축제 비슷한 게 그게 뭐냐 하면 바로 삼복입니다. 초복, 중복, 말복을 그래 마련 해놓은 거야. 그때 가면 바쁜 농사도 끝나잖아요. 농민들이 모여서 그날 하루 놀고.[41]

4) 전승 단체(유평리)의 전수 활동

유평리 지역에서 언제부터 삼굿이 있었는지 알 수 없지만 이 마을 노인들의 증언에 따르면 일제강점기에도 마을에서 재배한 삼을 직접 쪘다고 한다. 이런 사실과 함께 유평리를 비롯해 정선 지역에서 오래전부터 삼이 재배되었다는 내용 등을 참고로 볼 때 이 지역 삼굿의 역사를 조선시기로 올려 잡을 수 있다.

동면 호촌리와 함께 삼베로 유명했던 정선군 남면 유평리柳坪里는 한 때 남면의 면소재지였다. 지방행정구역개편시에 소마평小馬坪, 새마을新村, 汗峙, 버드내柳川 등을 합쳐 유평의 유柳와 소마평의 평坪을 따서 마을의 이름을 유평이라 하였다. 본군에서 새마을 사업의 선구先驅마을이었으며 현재 행정리수 2개로 주민 160여호가 살고 있다. 북에 고두산, 남에 팔봉산이 자리하고 있다. 그리고 동남천이 마을의 중심부를 관류貫流하며 버드내가 북에서 남으로 흘러 동남천에 합류한다.[42] 지역명과 관련된 소마평이라는 말은 젊은 소小에, 말마馬, 땅坪(평)자로 이루어진다. 말과 관련된 지명인만큼 다음과 같은 이야기가 전해온다.

---

41   2015년 5월 21일 조사(유평리 노인회관).

42   정선군지편찬위원회, 『정선군지』, 1978, 159쪽.

유평리는 법정리고 소마평이라는 건 여기 자체 내에서(무슨 뜻이냐고요?) 여기서 말을 먹였다고 그래. 젊을 소 말 마(평은 땅 평 자?) 들평자(무슨 의미가 있습니까 이게?) 여기 남창이라고 여기 정부 곡물창고가 있었어요. 거기서 곡물을 싣고 가는 소나 말이 여기서 하룻밤 묵어갔다는. 동면 화엄단 그 역마을이래요. 화엄 약수터가. 역마을이 뭐하는 거냐 하면은 어사가 출두할 때 거기 가서 말을 타고 가기 위해서 키운다고. 그랬는데 그 송아지를 여기 와서 키웠다. 정확하게는 그 말이 마굿간이 없어서 마굿간에서 못 자고 밖에서 잤다고 노숙을 했다고 그래서.[43]

오늘날 삼굿을 체계적으로 전승하고 있는 유평리는 정선군 남면에 속한 지역으로 남면에서도 북쪽에 위치해 있다. 마을 앞으로 지장천이 흐르고 있으며, 59번 국도가 지나가는 곳이기도 하다.

유평리 마을의 삼베는 오래전부터 질이 좋기로 유명하다. 해발이 높을 뿐만 아니라 잡초가 별로 없어 삼베가 자라기에 좋은 환경을 지니고 있기 때문이다. 그런 연유로 삼을 수확할 무렵이면 외지에서 적지 않은 상인들이 유평리를 찾아와 삼을 구입해 갔다. 씨를 파종하여 수확하는 과정이 수월하지는 않았지만 일제강점기 무렵만 하더라도 90세대 중 50세대가 삼을 재배했다고 한다. 특별한 수입이 없었던 시절 삼베 농사는 농가의 소득 증대에 기여한 셈이다.

유평리 지역의 삼베가 인근 마을인 호촌과 더불어 좋은 삼으로 유명해진 이유는 이 지역의 지역 환경과 관련이 있다. 정선 지역은 해발이 높을 뿐만 아니라 잡초가 별로 없어 삼이 잘 자란다고 한다.

삼밭은 옛날 제마전이라고 그래가지고 아주 좋은 밭에다가 해요. 해발이 좀 높아야 삼이 좀 곱고(해발 얼마정도 될까요) 평지에서도 하기는 하는데 해

---

43   2015년 5월 21일 조사(유평리 노인회관).

발 한 사백정도 해야 삼이 좀. 그래 높은 대서 해가지고 내려가서 쪄가지고 이렇게 하지 평지에서 삼을 해가지고 이제. 그럼 이게 좋은 작물이어가지고.[44]

이와 관련된 또 다른 내용이 있는데 조사과정에서 유평리 지역의 삼이 유명한 이유를 들을 수 있었다.

예전에는 삼밭하고 어른들이 거의 다가 먹고 그랬어. 그 때 다른 밭이 넓어도 에이 아무리 넓어도 삼밭보다 넓을까. 우리가 80년대 중반에까지 할 때 그 때는 마을에서는 안하고 인민중산 저 꼭대기에 이게 해발 974거든요 거기가면 한 50미터 될까 이런데 가면 옛날에 도시장군 용마 굴러가지고 구더기 생겼다 그러는데 평평하게 삼 한마지기 좋은데 많고 거기서 사업을 해가지고 삼이 곱고 잘 고르고 거기서 해가지고 나물 피에 깔아 놓구는 끌고 내려가서 거기서 그런 거지. 여기 삼이 곱고 좋아 지대가 높으면 모기가 없잖아 벌레가 집으면 흠집이 생기는데 삼은 깨끗해야하는데 흠이 생기자나 농약을 치면 좋은데 그땐 농약이 없으니까 지대가 높은 게 좋다고. 병충들이 어릴 때에 줄기를 집어놓으면 상처가 나니까 좋지 못한 거야 그래서 지대가 높은 게 좋은 거야 여기는 새벽에도 모기가 없잖아. 그러니까 이게 해발 500이상에 서늘한 지역에서 자라야지만 상품이 나오는 거야. 진짜 고운 삼 도포를 살라면 여기 해가지고는 도포삼이 안되고 동쪽에 해발 700이상 되는데 가서 삼을 가져와야 삼이 껍질이 얇고 곱고 그러니까 해발이 높아야 삼이 좋아.[45]

44   2015년 5월 21일 조사(유평리 노인회관).
45   김종복 씨 구술 자료, 2015년 5월 14일.

이러한 좋은 자연환경을 지닌 유평리 지역에서 언제부터 삼이 재배되었는지는 정확히 알 수 없다. 여러 가지 추측이 있을 뿐 명백한 답을 찾기는 어렵다. 다만 이 지역에 거주하는 주요 성씨들이 지역에 터를 잡으면서 시작되었을 가능성은 있을 것 같다. 하지만 이 역시 시기 문제를 해결해줄 수는 없다. 실제로 조사 과정에서 만난 제보자들은 오래되었다고만 이야기할 뿐 역사를 밝히지는 못하였다. 그들의 기억을 통해 보면 일제강점기에 삼이 재배된 건 사실인 것 같다.

유평리노인회를 중심으로 마을주민들은 전통 방식의 삼굿을 전승시키기 위해 부단히 노력하고 있다. 어린 시절 삼굿 과정을 지켜본 이들의 기억과 경험을 토대로 나름대로 전통 방식대로 삼굿을 보존하는 데 심혈을 기울이고 있는 것이다. 유평리 주민들은 2014년부터 본격적으로 삼굿을 재현하기에 앞서 많은 준비를 하였다. 다양한 경험들을 토대로 옛날 방식을 정리하는 일을 비롯해 마을회관 옆의 텃밭에 삼을 미리 심기도 하였다. 2014년도에는 처음으로 삼굿을 재현했으며, 2015년부터는 보다 체계적으로 전승을 하고 있다. 마을의 이름도 정선삼베마을로 정하고, 다른 지역의 사례도 공부하면서 나름대로 준비를 하였다.

정선군 남면 유평리 주민들이 '정선 삼베길쌈 전통 보존'에 본격 나섰다. 유평리의 경우 삼국 시대부터 삼을 재배했고, 100년 전 작성된 정선총쇄록에는 "국내 삼 중 최고의 품질로 평가되며 전국 각지에서 삼(대마) 구매 비용으로만 4만~5만 냥에 이를 정도였다"고 기술되어 있다. 유평리는 마을 이름을 '정선 삼베길쌈 전통 보존마을'로 정하고, 지난 5일과 6일에는 충남 예산에서 열리는 길쌈마을 체험축제를 견학하는 등 삼베길쌈 보존을 위한 적극적인 행보에 돌입했다. 이날 주민들은 예산 삼베길쌈마을의 삼굿행사와 삼베짜기, 삼 껍질 벗기기 체험 등을 실시하며, 유평리 마을의 전통방식과 비교 분석하는 시간을 가지기도 했다. 유평리 정선 삼베길쌈 마을은 삼의 수확기인 8월 초 삼굿 행사를 전통방식으로 시연한 후, 올해 수확한 삼을 이용하여 농한기인 겨울 동안 삼베길쌈 짜기를 할 계획

이다. 또 내년부터는 본격적인 삼베길쌈 보존 및 전승 사업을 추진할 예정이다. 최원희 정선문화원 사무국장은 "사라져 가는 삼베길쌈의 전통 보존과 문화 전승 차원에서 적극적으로 지원할 계획"이라고 말했다.[46]

비록 시작한 지 얼마 되지 않았지만 유평리 주민들은 누구나 할 것 없이 삼굿을 전승시키는 일에 최선을 다하고 있다. 여러 가지 노력 중에서도 특히 눈여겨봐야 하는 부분이 바로 전통을 고수하는 것이다. 시대적인 변화에 따라 어쩔 수 없는 부분은 있겠지만 최대한 과거에 했던 방식을 그대로 따르려고 노력을 하고 있다. 삼굿 전승 과정에서 지대한 역할을 했던 배선기 문화원장은 2014년도 유평리에서 재현된 삼굿을 보고 난 후에 느낀 바를 다음과 같이 표현하였다.

(작년부터 유평에서 원장님이)문화원에서 인제 한번 와 주세요, 해서 갔더니 교회장도 오고 경찰 서장도 오고 군수도 오고 거기 가서 막 술 실컷 먹고 국수도 많이 먹고 부치기도 많이 하고 호촌보다 얼마나 잘하는지 아주머니들이 막(원장님은 이제 유평리 하고 호촌을 그렇게 비교를 하시는 구나) 풍촌이 훨씬 수준이 높아 사람들 머리가, 호촌은 전근대 사상이 있어 이쪽은 개화됐어 세대가 한번 물을 먹었어, 김종복 이라는 사람도 아들도 거기 과장하고 그러지만 눈치 빠르고, 김종복 이라는 사람은 내 이야기를 딱 알아먹더라고 저 박물관 저 학교에 있는 똘만이 선생이 하나 있어 거기에 평생 붙어있는데 문학을 시를 쓰나 하는 사람이 있는데 내 이름을 잊어먹었는데 그 사람이 무척 좋아하더라고(사람들이 개방적이고 잘 하시더라고) 아 아는구나, 그 사람이 지금도 있을끼야, 김주복 이라는 사람이 회장인데 아들도 육군총회 과장도 하고 이랬는데 근데 김주복 이라는 사람이 그 사람

---

46   『강원일보』, 2014년 7월 7일.

이 그거 우리가 하겠단 말이야 달라고.[47]

유평리 주민들의 적극적인 참여 덕분에 올해로 두 번째 맞이한 유평리 전통삼
굿 재현 행사도 성황리에 잘 마무리되었다. 마을 주민들은 삼굿이라는 중심 행사
를 비롯해 찾아오는 사람들이 보다 많은 걸 체험할 수 있도록 다양한 프로그램을
기획하여 운영하였다. 2015년 8월에 열린 삼굿 재현행사의 세부 내용은 아래와
같다.

기간: 2015년 8월 20~21일
장소: 강원도 정선군 남면 유평1리 일원(유평1리 마을회관 및 행사장)
주관: 정선문화원, 유평1리 노인회
후원: 정선군
행사 내용
- 전통삼굿재현 점화제례
- 전통삼굿재현 짐물주기
- 부대행사: 사진전시
- 체험행사: 삼 벗기기, 감자 캐기 체험
- 참석자: 관광객 및 체험행사참여자, 유평1리 마을 주민 등

행사 일정

기간	시간	행사 내용
8.19(수)	08:00~12:00	삼베기
	14:00~18:00	삼굿터 파기, 삼굿 나무 쌓기

---

47   배선기 씨 구술 자료, 2015년 8월 18일.

기간	시간	행사 내용
8.20(목) 주행사	06:00~06:30	점화제례
	09:00~11:00	삼쌀기, 화집 다지기
	11:00~12:00	풀덮기, 흙덮기
	12:00~13:00	중식(토속음식)
	13:00~14:00	삼굿소개, 인사말(정선군수 등), 공연
	14:00~15:30	짐물주기
	15:30~	산골체험(감자 캐기 등)
8.21(금)	10:00~12:00	삼굿 파헤치기
	13:00~15:00	삼대 벗기기, 건조
부대행사	삼굿과정	사진전시
	삼베짜기	도구전시

한편, 정선에서 2014년도에 개최된 한국민속예술축제 기간에 유평리 마을에서 삼굿이 재현되기도 하였다.

한국민속예술축제추진위원회(위원장 임돈희)가 지난 11일부터 호남우도 여성농악단 '연희단 팔산대'를 앞세워 정선 9개 읍·면을 순회하며 판굿과 길놀이 등의 '십일홍十日紅'프로젝트를 전개해 눈길을 끌고 있다. 오는 20일까지 펼쳐지는 이번 판굿은 여량면 주례마을과 북평면 나전역을 시작으로 12일 정선5일장과 정선역, 13일 사북시장과 남면 유평리 삼굿행사장, 14일 남면 민둥산시장광장과 신동 예미농협 앞을 거쳐 15일에는 임계시장에서 오전 11시와 오후 2시에 판굿과 길놀이·비나리·진도북춤 등을 신명나게 선보였다. 또 16일에는 오전 10시 30분 화암동굴 앞, 오후 2시 30분 고한시장이며 17일 낮 12시에는 정선역, 오후 2시에는 정선5일장터를 다시 찾는다. 이번 순회공연은 오는 10월 4일부터 5일까지 정선

읍 정선아라리공원에서 열리는 제55회 한국민속예술축제를 홍보하기 위해 마련됐다. 문화체육관광부와 한국문화예술위원회·도·정선군이 공동 주최하는 이번 축제는 사라져 가는 우리 민속예술을 발굴·복원해 세계적 문화유산이 될 수 있도록 지원하는 민속예술축제이다.[48]

호촌리에서 유평리 지역으로 삼굿의 전승 단체가 옮겨오면서 전통 방식의 삼굿을 현대적인 관점에서 놀이로 승화시키는 일도 진행하고 있다. 삼굿이라는 생업 활동을 놀이적 성격에 맞게 새로운 형태로 전승 발전시킨 것이다. 그렇다고 해서 전혀 새로운 방식을 표방하는 것은 아니다. 삼굿이 진행되던 방식을 놀이라는 명칭을 사용할 뿐 큰 차이는 없다. 삼을 파종하고 수확한 다음 삼굿을 통해 삼을 쪄내어 얻은 삼을 토대로 옷감을 짜는 일련의 과정을 모두 놀이로 전승시키는 게 아니라 삼굿하는 과정만을 떼어내었다. 2015년 9월 영월지역에서 열린 강원도민속예술축제에 출전하였는데, 놀이의 전체적인 과정은 다음과 같다.

---

48 『강원도민일보』, 2014년 8월 16일.

제1과장: 가마짓

삼을 베어 수확하는 시기가 되면 삼굿터를 정하고 마을 일꾼에게 알린다. 일꾼들은 삼밭에 모여들어 삼을 베고 삼을 베고 잎을 치며 키를 고르고 삼단을 묶는다. 삼치기를 끝내고 삼을 찌는 가마를 만드는 것을 가마짓이라고 한다. 가마짓은 가마터파기, 불 놓기, 화 목 놓기, 돌싣기로 구분한다.

제2과장 삼굿제와 불지르기

삼모리기가 끝나면 삼이 잘 익기를 기원하며 정성드려 제사를 올리고 화목에 불을 붙인다.

제3과장 삼모리기

삼가마에 삼을 쌓고 흙을 덮는 작업이다. 삼모리기 작업이 잘되어야 김이 삼 사이로 잘 통기되어 삼이 잘 쪄지게 된다.

제4과장 화집잡기와 짐물주기

화집속에 삼판을 모리고 화집을 풀과 흙으로 덮은 뒤 물을 뿌려 달았던 돌에서 나오는 뜨거운 김으로 삼을 쪄낸다. 화목이 거의 타게 되면 돌이 달아오른 위에 풀

을 덮어 화집잡기를 한다.

제5과장 삼꺼내기

삼굿을 헤치고 잘 쪄진 삼을 꺼낸 물에 불리는 작업을 한다. 물에 불린 삼은 껍질이 벗겨져 삼베를 짤 수 있는 원료가 된다. 이를 가지고 다시 길쌈을 하고 길쌈이 끝나면 베틀을 놓고 삼베를 짜게 되는 것이다.

제6과장 뒷풀이

어려운 삼굿의 과정을 거치고 기쁜 마음에 마을 사람들이 풍물과 함께 모두 모여 흥겨운 한마당을 펼치게 된다.

5) 주요 전수자

(1) 김종복

성별 및 나이

남, 70세(1946년)

고향

정선군 정선읍 여탄리 출생

거주지

정선군 정선읍 동곡길 464(구 봉양6리)

최종 학년

초등학교 졸

입문 시기

1959년 13세

입문 계기

어린 시절(만 13세)부터 동네 어린들이 하는 삼 재배 및 삼찌기 과정을 보고 배워 줄 곧 활동하였음

특징

현재 전통 방식의 삼굿 과정을 재현하는데 중심적 역할 수행, 정선의 전통 베틀 제작기술 보유자

주요 전승 활동

정선은 과거 삼의 고장이고 생활문화 전체에 영향을 주었다. 특히 정선전통 삼 굿이 지닌 독특한 전통성은 향토문화의 가치로 보전되어야 한다.

김종복 씨는 정선 여탄리에서 출생하여 초등학교 졸업 후 13세부터 지역 어른 들로부터 삼재배, 전통 삼굿(삼찌기) 과정을 배우면서 자랐으며 이후 1987년 까지 직접 삼 재배, 삼베틀 제작, 전통 삼굿을 하는 마지막 농가로서 살아왔다.

정선문화원에서는 2004~5년부터 본격적으로 계승되지 않는 삼굿에 대한 조 사를 시작하였고, 조사된 자료를 토대로 삼굿을 재현하였다. 2005년~2007년 까 지 3년 동안 화암면 호촌리에서 행하여 졌던 삼굿행사 와 2014~2015년 2년 동안 의 전통 방식의 삼굿을 완벽하게 고증하고 재현하는 모든 과정을 김종복 씨가 체 계적으로 알려주고 주도적으로 참여하였다. 또한 100여개 부품으로 이루어진 삼 베틀 및 삼베짜기 과정의 전 부품을 직접 제작할 수 있는 기능을 보유하고 있으며 2015년 제26회 강원민속예술축제에 삼굿놀이 과장과 소리 부문을 고증하고 재현 하여 삼굿대장의 역할을 수행하였다.

6) 삼굿의 가치 및 전승 방안

(1) 삼굿의 가치

산간 지역인 정선에서 전승되고 있는 삼굿은 여러 지역에서 행해지고 있다. 전 남 보성을 비롯해 여러 지역에서 수확한 삼을 찌는 삼굿행사가 다양한 형태로 전 승되고 있는 실정이다. 이런 현실에서 정선 지역의 특징을 찾아내고 이를 계승시키 는 일은 의미가 있는 작업이라 생각된다. 무엇보다 정선 지역 주민들의 또 다른 삶

의 일부를 삼굿을 통해 엿볼 수 있다는 점에서 더욱 그러하리라 생각된다. 특히 수입 소득원이 마땅치 않았던 이전 시기의 정선민들의 삶의 모습을 고스란히 보여주고 있다는 사실에서 다양한 의미를 도출해 낼 수 있을 것이다.

> 곡식 말고 정선군의 농민들이 힘써서 하는 농가 부첩으로 누에치기, 한봉 치기, 길쌈이 있고, 산나물을 뜯거나 약초를 캐서 살림에 보태는 양도 적지 않다. 또 동면 백전리 일대는 온통 잣나무로 뒤덮여 있는 만큼 잣의 생산량이 많아 한해에 오백가마쯤 따낸다. 그 중에서도 삼은 그 잎이 환각제로 쓰임이 알려져 요새는 정부에서 허가를 받아야 재배할 수 있을뿐더러 화학 섬유가 나온 뒤로 삼베의 쓰임새가 줄어들어 이 군에서도 예전만큼 길쌈이 활발하지 않으나 요새도 동면 건처리와 임계면 봉정리 같은 곳에서는 삼의 재배가 성하고 길쌈이 벌어들이는 돈이 만만치 않다.[49]

　학술적인 것뿐만 아니라 다양한 측면에서 정선 지역의 삼굿이 지닌 가치는 바로 앞에서 언급했던 바대로 정선의 또 다른 모습을 보여준다는 점에서 찾을 수 있다. 단순히 삼을 재배하고 이를 다양한 형태로 판매하는 과정도 중요하지만 삼과 관련된 다양한 생활민속이 정선의 여러 지역에서 전승되고 있기에 주목할 필요가 있다. 그 중에 하나가 삼과 관련된 민간신앙이다.

> 예전에 삼을 키우는 행위가 이 지역에서 있었는데 튼튼한 삼대를 세우고 온갖 농촌에서 사용하는 물건(또아리, 호미, 조리) 등을 걸어 놓는데 이것은 정월대보름에 시작해서 삼월삼진날까지 계속된다. 삼진날에 삼대를 넘겨 넘어지는 쪽에 액이 낀다고 하였다. 이것은 가정의 평안과 지방의 위무를 비는 주술적인 행위로 예전에는 성행했는데 지금을 사라졌다고 한다.(임계

49　『강원도』, 뿌리깊은나무, 1983, 351쪽.

면 고양리)⁵⁰

앞으로 학술적인 측면에서 이러한 내용을 보다 집중적인 동시에 체계적으로 조사할 필요가 있다. 몇 차례 조사·연구가 시도되긴 했으나 폭넓은 관점에서의 접근이 있었으면 한다.

삼굿은 축제적인 부분에서 볼 때도 의미가 있다. 파종한 삼을 수확하고 이를 쪄내는 날은 마을의 축제나 다름이 없었다. 마을 주민들이 품앗이 형태로 참여하였을 뿐만 아니라 수확의 결과를 맛볼 수 있는 날이기 때문이다. 실제로 삼굿을 행하는 날이면 마을 주민들은 함께 고사도 지내고 장만해온 음식도 나눠먹는다. 중요한 것은 공동의 노동이지만, 노동 과정을 축제로 승화시켰다는 점에서 삼굿이 가치가 있지 않나 싶다. 한 동안 볼 수 없었던 행사지만 근래 재현 과정에서 주목했던 부분도 바로 삼굿의 축제적 가치였다.

> 삼굿은 삼을 모리는 과정을 지칭하는 용어로 한 해 삼 농사를 결말 짓는 중요한 과정이었다. 따라서 이 날은 다른 어떤 날보다도 기쁜 날임에 틀림없다. 다른 농작물로 비교하면 추수감사절과 다름없는 날이 바로 이날이었다. 그러므로 이 날은 당연히 음주가무와 동반되어야 하는 축제의 날이다. 실제로 2005년과 2006년 삼굿을 마친 후에 흥겨운 정선아라리 및 풍물패의 공연이 이어졌다. 2006년도에는 몇 가지 새로운 프로그램이 등장했다. 감자서리, 민물고기 보쌈, 도자기 체험, 삼벗기기 체험 등 체험 행사와 베짜기 시연, 토속 음식식당 운영, 짐풀 썰기 등의 부대 행사가 추가되었다. 전통과 토속의 절묘한 만남을 위주로 짜여진 행사 프로그램은 농촌을 모르는 이들에게 낭만과 신기성을 고향을 떠난 이들에게 고향에 대

---

50   강릉대학교 국어국문학과, 『제5차 학술답사 보고서—강원도 정선군 임계면, 북면 일대』, 1986, 107쪽.

298 | 2부 정선의 민속문화

한 그리움을 던져주기에 충분해 보였다.[51]

삼굿의 축제적 성격 덕분에 '삼굿놀이'로 계승·발전시킬 수 있었다. 관심을 갖고 시작한 지 얼마 되지 않아 부족한 부분도 적지 않지만 앞으로 놀이로서의 가치를 충분히 인정받을 수 있을 것으로 사료된다. 삼굿놀이를 재현하는 과정에서도 온 마을 사람들이 화합을 다지고 가래질소리, 삼굿과 짐물소리, 비나리 등의 노동요를 부르며 농악을 울리고 고단한 삶을 극복하고자 했던 주민들의 모습을 핵심적인 부분으로 생각하였다.

오늘날 정선 지역에서는 목화와 모시의 흔적은 찾아볼 수 없게 되었다. 삼麻과 양잠養蠶의 경우도 소량으로 그 흔적만 남아 있다. 또한 삼베는 방직보다는 재료의 생산이 우선이며 근자에는 중국산 삼베의 수입으로 그나마 생산의 감소가 현저하다 하겠다. 삼베의 소비도 농촌에서 노인들의 여름 평상복이나, 농악대의 의상, 수의 정도로 그 수요도 격감하는 실정에 있다. 과거에는 삼의 파종과 수확과 관련된 「삼굿놀이」를 할 만큼 삼베농사는 큰 비중을 차지하였다. 비록 그러한 모습을 더 이상 엿볼 수 없지만 과거의 모습을 기록하고, 이를 토대로 다른 지역과의 차별성, 혹은 특수성을 밝혀냈으면 한다. 삼굿이라는 행위 자체도 중요하지만 재배된 삼의 판매 경로와 정선 지역에서 재배된 삼의 특징 내지 우수성 등도 그 가치를 재조명 했으면 하는 게 조사자의 바람이다. 삼굿이 지닌 가치를 더욱 높이기 위해서는 기본적인 부분에 대한 정리 작업이 선행되었으면 좋겠다.

(2) 전승 방안

삼베 재배와 산업은 1970년대 이후에 급격히 사양의 길을 걷는다. 여러 가지 이유가 있겠지만 나일론이 등장하면서 모시와 삼베 같은 전통의 직물이 더 이상 필요가 없어졌기 때문이다. 특히 우리 농촌 사회는 1970년대부터 국가 사회적 산업

---

51   이한길, 「정선군의 삼굿 재연과정 고찰」, 『도원문화』 9호, 2006, 71쪽.

화의 물결에 휩싸여 크게 변모하게 되었다. 점진적으로 농업생산의 자급자족이 실현되고 산업농체제에 편입되었을 뿐만 아니라 농업 이외에도 생활의 전 분야에 걸쳐서 자기 생산, 자기소비의 전통이 와해되기 시작하였다. 이러한 변화는 의생활에도 적지 않은 영향을 주었다. 이 무렵부터 기성복을 널리 입게 되자 농가에서 자체 생산하던 삼베는 여름철 옷감으로서 그 가치가 저하되었다. 또한 수의, 상포, 도포를 만들기 위한 삼베는 구입하여 쓰는 쪽으로 방향전환을 하기 시작하였다. 그리하여 삼베길쌈은 종래처럼 사용가치가 크지 않았고 설령 삼베를 직조하여 시장에 판매하더라도 농산물 가격에 비추어볼 때 교환가치 또한 크지 않은 편이었다. 이러한 사회 경제적 변동의 흐름을 타고 자신들이 직접 대마를 경작하여 삼베길쌈을 하던 분위기는 크게 위축되지 않을 수 없었다. 게다가 손쉽게 구입할 수 있는 기성복과 공장제 직물의 광범위한 보급으로 말미암아 삼베는 지난날 헐벗고 가난하게 살던 시기에 입던 옷의 재료, 바쁜 와중에서도 할 수 없이 길쌈을 해왔던 고난의 상징물 가운데 하나로 그 의미가 변화되어 가기도 했다. 결국 1970년대 말에 이르면 삼베길쌈을 거의 단절된 것이나 마찬가지였다.[52]

1970년대 중반 혹은 말부터 사양길을 걷게 된 삼배의 역사는 일부 지역을 중심으로나마 명맥을 유지하고 있다. 경상북도 안동과 강원도의 삼척, 전라도와 경상도 일부 지역에서 그러한 노력을 기울였다. 하지만 삼이 환각성 작물로 낙인이 되어 정부의 엄격한 규제도 강화되었다. 꽃을 비롯해 씨앗 등은 허가 없이 다른 곳으로 빠져나가면 안 되는 작물로 규제를 받았다. 최근에는 지역 문화의 개발과 함께 질 좋은 삼베를 원하는 사람들이 늘어나면서 각광받는 작물로 대접받고 있다.

오늘날 화학섬유의 발달과 서양식 의복이 보급으로 전통사회에서의 방직은 점차 그 자취를 감추고 있다. 전통사회에서의 방직으로는 삼을 길러 길쌈을 하여 삼베를 짜서 여름용 의복을 만드는 방법과 모시를 길러 여름용 의복을 만드는 방법, 그리고 양잠을 하여 명주를 짜 가을, 겨울 의복을 만드는 방법, 목화를 심어 무명

---

52 배영동, 「산간 마을의 삼베 길쌈 전통의 현대적 변용」, 『호서고고학』 6·7합집, 호서고고학회, 2002, 479쪽.

을 만들어 추동복秋冬服을 만드는 방법이 있었다.

정선 지역에서 행해지고 있는 삼굿은 기본적으로 삼이 재배되지 않으면 아무런 의미가 없다고 생각된다. 따라서 보다 넓은 범위에서 삼을 재배하는 일이 중요하다고 생각된다. 삼굿을 전승시키기 위해서는 주민들의 단합과 전승 단체의 노력도 중요하지만 기본적인 부분에 대해 신경을 써야 할 것이다. 유평리 조사 과정에서 지금 재배하고 있는 삼 종자도 외지에서 왔다는 이야기를 들었는데, 그게 사실이라면 정선에서 재배되었던 삼 종자를 구해 재배하는 일이 선행되었으면 한다.

또한 문화원장을 역임한 배선기 씨가 언급했던 바대로 전수관이나 박물관을 설립하여 집중적으로 정선 지역의 삼을 조사·연구하고 보여줄 수 있는 단체가 설립되어야 한다. 다만 다른 지역에서 볼 수 있는 형태의 박물관은 아니면 한다. 다른 박물관과 차별되는 좀 더 다양한 성격을 지닌 박물관이었으면 좋겠다.

> 그럼 그것도 내가 다 연구해서 했지, 호촌에다가 삼베마을 박물관을 만들려고 그랬어, 옷도 전부 베옷을 말이야 진열을 해가지고 도포니 뭐뭐 농포니 뭐 이래가지고 뭐 해가지고 전시관을 만들고 그렇게 할라고 했어 거기에 미술관이 하나 있어 그걸 이용해서 하려고 했어,(그래서 꿈이 계획은 삼박물관을 만드시는 게 꿈이였구나) 삼베옷과 박물관을, 근데 그때 전라도서 이걸 구경하러 왔다고 일이 있어 왔다는데 깜짝 놀라더라고, 지들도 삼베를 하고 삼굿을 가메다 찐데 삶는다는 기야 삼굿 하는 거 보고 깜짝 놀라는 거야, 지들은 옛날부터 그렇게 안했데 전부 끓는 물에 넣고 도람통에 했다고 하는데 이거 얼마나 힘드냐 그러더라고 낭구 막 한차씩 하는거 봤거든 돌도 갔다 쌓아 놓고 공동묘지같이 해놓는 거 봤거든 이거를 어떻게 하냐고 그래 물 주는 거 다 그 사람들 구경하고 진불이여! 하고 꽈당꽈당 하는 거 다 보고 그랬거든 난리 치고 다 봤거든 재밌다고 그래.[53]

---

53   배선기 씨 구술 자료, 2015년 8월 18일.

또 하나의 부분은 삼 이외에 명주 문화에도 관심을 가졌으면 한다. 과거 정선 지역에는 삼뿐만 아니라 명주도 많이 생산되었다. 둘은 분명 다른 재질이긴 하나 여러 가지 면에서 닮은 점이 많다. 특히 정선읍 봉양리 지방 기념물 5호로 지정되어 있는 뽕나무를 활용한 콘텐츠 개발이 좋은 대안이 될 수 있을 것이다. 특히 정선의 명주는 제사 공장에서 명주실로 자아냈는데 80년대까지만 하더라도 정선에는 명주실을 뽑아내는 제사 공장이 있었다고 한다.

정선읍 봉양리에 지방 기념물 7호로 지정된 오백년쯤이나 묵은 뽕나무가 있다. 이 나무는 이곳 사람들이 예로부터 뽕나무를 중하게 여겨 왔음을 짐작하게 해 준다 누에의 먹이인 뽕잎에는 산뽕 또는 들뽕과 직뽕이 있는데 이 지방 기념물인은 산뽕나무다. 육십 년대까지만 해도 이 지방 사람들은 산이나 들에 저절로 자라는 뽕나무에서 딴 뽕잎 곧 산뽕이나 들뽕으로 누에를 기르는 이가 많았으나 요새는 대부분이 산이나 밭에 심어서 기른 일본 종자 뽕나무에서 딴 뽕잎 곧 집뽕으로 누에를 기른다. 산뽕이나 들뽕은 집뽕에 견주어 잎의 두께가 얇은데 예전만큼 흔치도 않으려니와 이것을 먹여서 기른 누에가 만든 고치는 집뽕을 먹고 자란 누에가 만든 고치보다 더 좋은 명주실이 되기는 하지만 그 크기가 잘아서 돈벌이에는 덜 이롭기 때문이다. 이 지역에서의 누에치기는 누에 알에서 누에가 나와 뽕잎을 먹고 자란 다음에 누에고치를 짓게 하는 일을 말하는데, 햇뽕잎이 다 자란 5월 초부터 6월 말까지쯤과 다시 뽕잎이 나는 10월 초부터 11월 중순까지 쯤에 이루어진다. 예전에는 누에고치를 생산한 농가가 스스로 그 누에고치에서 실을 뽑아 명주 길쌈을 했으나 근래에는 생산된 것을 거의 다 농업 협동조합의 공판장에 내다 판다. 군에서 생산되는 누데고치는 대부분이 정선읍의 제사 공장에서 명주실로 자아낸다. 누에치기가 꽤 활발한 편임은 종원 수효가 백 명쯤에 이르러 정선군에서는 가장

큰 공장인 이 제사 공장이 있음에서도 엿볼 수 있다.[54]

　　어떤 식으로 전승시킬 것인가는 추후 논의가 있어야할 것이다. 다만 독자적인 형태로 발전시키는 것보다 유사한 형태의 삼과 명주를 묶는 방법도 좋은 대안이 되리라 생각된다.

　　마지막으로 결성되지 얼마 되지 않은 보존단체의 노력이 무엇보다 중요하다. 호촌에서 유평리로 전승단체가 넘어가는 과정에서 주민들 사이의 갈등이 있었듯이 단체 구성원 간의 유대 강화에 노력을 기울여야 한다. 여러 가지 부족한 부분, 특히 구성원들 간의 역할 분담이 명확하게 이루어져야 할 것이다. 2015년 행사를 지켜본 과정에서 느꼈던 부분인데, 삼굿을 진행하는 기술과 노하우가 체계적으로 전승시키는 일에 모두들 관심을 가졌으면 한다. 그리고 삼굿 재현이 펼쳐지는 기간 동안 진행되는 부대행사의 경우에는 삼굿과 관련된 내용을 중심으로 찾아오는 체험자들에게 다양한 프로그램을 중심으로 진행되었으면 하는 개인적인 바람을 가지고 있다.

54　『강원도』, 뿌리깊은나무, 1983, 352~354쪽.

3 / 산촌 음식

1) 정선 지역 음식 문화의 형성과 특징

정선 지역은 표고 700m 이상이 전체 군 면적의 62.5%를 차지하고 있고 1000m 이상의 고지가 100여 개소에 이르는 산간 고랭지로 이루어져 밭이 전 논 경지의 90% 이상을 차지하고 있다. 따라서 예전에는 대부분의 주민들은 농사를 짓고 살아가기 때문에 결국 산골마을의 전형적인 식생활 형태에서 그다지 벗어나지 않는다. 영월·평창과 함께 정선은 예로부터 산다산읍山多山邑이라 하여 교통이 불편해 고립되다시피 한 생활 속에서 이러한 식생활 형태는 다른 지역보다 오래 지속되어 왔다.[1]

정선을 비롯한 강원도 산간 지역 음식문화는 우리가 흔히 볼 수 있는 쌀과 밀접하게 관련이 있다. 이 말은 결국 강원도 지역은 쌀이 부족한 탓에 여타 지역과 다른 음식문화가 형성되었을 가능성을 잘 보여준다. 이런 맥락을 토대로 이 지역 음식문화를 이해한다는 것과도 일맥상통한다. 쌀농사가 흔한 평야지역에서도 불과 삼십여 년 전에도 이팝에 고깃국의 최고의 손님대접 밥상으로 차려졌었다. 그러니 강원도 산간에서는 오죽했을까 1960년대 후반까지 밭에 벼를 심는 밭벼 경작이 이루

---

1 배선기·진용선, 『정선의 의식주』, 정선문화원, 2008, 37쪽.

어졌다. 그러나 밭에서 자란 벼는 논에서 경작하는 벼와 품종에도 식감도 모두 달랐다. 그마저도 가뭄이 들거나 비가 많이 내리면 하루아침에 농사를 망치기 일쑤였다. 대신 지천에 얻을 수 있는 산나물이 부족한 부분을 채웠다. 강원도 산간 지역의 자연환경은 다른 지역과 확연히 구분되는 땟거리 음식을 만드는 데 결정적인 영향을 미쳤다. 곤드레나물밥이 그렇다. 곡식이 부족하니 밥을 지을 때 곤드레를 섞어 빈자리를 채웠다. 딱주기 나물도 있다. 곤드레와 딱주기는 쌀을 섞지 않고 나물만 삶아 뭉쳐 먹어도 부황이 나지 않아 훌륭한 땟거리 재료가 되었다. 아마도 수많은 시행착오를 거쳐 이와 같은 재료의 특성을 파악할 수 있었을 것이다. 지역민들은 주어진 환경에서 얻을 수 있는 작물의 특성을 정확하게 파악하고 최대한으로 활용하고자 했다. 그들의 합리적 대처와 새로운 모색으로 쌀과 보리를 대신하는 강원도 산간 지역의 독창적인 땟거리 문화가 가능했다고 믿는다.[2]

이런 모습은 이번 조사 과정에서 쉽게 확인할 수 있었다. 대다수의 제보자들, 특히 어린 시절을 정선에서 보낸 노인들 대다수가 다음과 같은 비슷한 이야기를 하였다.

> (그리고 어머니 저는 궁금한 게 정선에 대표하는 음식은 뭐에요 어머니 나는 이게 궁금하더라구) 음식은 지금 곤드레 밥이거든요 곤드레 밥은 요즘에(그러니까) 그건 우리가 어려서 생활할 때 다 나물밥 먹고 살았어요(어머니 힘드시니까 여기 앉으세요, 괜히 내려오시면 괜히 또 불편하시니까) 아니 앉아도 되요(아 그러세요) 그런데 왜냐하면 쌀이 없잖아요, 옛날에는(그렇죠)쌀이 없으니 나물죽에다가 나물밥에다가 순 나물만 아주 나물도 시퍼런 나물에 쌀은 어쩌다 드문드문 하나씩 있는 게 먹으면 나는 그때 어려서 먹던 게 하도 싫어서 지금까지도 안 먹어요, 근데 그거를 나물 쌀은 드문드문 보이고 나물밥을 먹고 가면은 그전에 우리학교 댕길 때 보면 한 시간만 학교서 공부하고 나면 머

---

2   국립민속박물관, 『산간 지역의 땟거리』, 2014, 30쪽.

리가 아파서 칠판에 글씨가 안보여요(왜요?) 근데 내가 봐서 그거 빈혈이다 못 먹어서, 이 칠판이 보이질 않고 골이 아파서 공부를 못해(영양결핍 같은 거) 근데 그거 나물밥 그거 조금 먹고 간 거, 그래서 제가 생각할 때 아 그게 빈혈이었구나 그렇게 생각하는데(그러면 어머니 어릴 때는 곤드레 말고는 또 드셨던 건 뭐에요) 나물죽(뭘로 나물죽을 끓여요) 곤드레 나물죽 죽 밥[3]

쌀 등의 곡식이 부족한 탓에 주로 먹다보니 영양 결핍으로 머리가 아프거나 글씨가 안 보인다는 이야기에서 과거 정선 주민들의 삶을 엿볼 수가 있었다. 배고픔을 잊기 위해 먹을 수밖에 없었던 것들이 주변에서 쉽게 구할 수 있었던 것이지만 그걸로 모든 걸 해결할 수는 없었던 모양이다.

식생활은 지역 주민들의 외모에서부터 사고방식에 이르기까지 생활문화 전반에 걸쳐 상당한 영향을 끼쳐왔다. 30여 년 전까지만 해도 정선에서 쌀농사를 짓는 일부 지역을 제외하고는 산간 마을 사람들이 "평생 먹어야 쌀 두세 말을 못 먹고 죽는다."고 할 만큼 쌀은 귀했다. 쌀밥이라야 일 년에 한 두세 번 명절 때나 출산일, 제삿날에 먹는 게 고작이었다. 그나마 장에 가서 한 되 정도 사서 밥을 해 옥수수, 감자 등을 넣고 섞어 먹었고, 제사 때는 제수용으로 쓰는 데다 많은 가족들이 모이기 때문에 쌀밥 구경을 제대로 할 수 없을 정도였다.[4]

그렇다고 정선 지역에서 전혀 쌀과 보리가 재배되지 않은 것은 아니다. 일부 지역에서는 적지 않지만 이들 곡식이 산출되었다. 다만 풍족하지 않는 데에서 정선 지역의 음식문화가 형성된 것으로 보인다. 이런 양상은 다음의 글을 통해서도 엿볼 수 있다. 얼마 전 정선을 주 무대로 발간된 『산간 지역의 뗏거리』(국립민속박물관, 2014)에는 조사 과정에서 느낀 강원도 산간 지역의 음식문화를 다음과 같이 정리하였다.

---

3   전옥매 씨 구술 자료, 2015년 8월 20일.

4   배선기·진용선, 앞의 책, 37쪽.

강원도 산간지역에서 만들어 먹어 오던 음식을 만나러 다니면서 그들의 식문화를 이해하기 위해서는 지금 우리가 일상적으로 대하는 끼니는 잠시 잊어야 했다. 강원도 산간에서는 자연환경적인 영향으로 쌀밥을 주식으로 먹는 일이 드물었기 때문이다. 뿐만 아니라 그들이 주식으로 조리했던 재료 옥수수, 감자, 메밀 역시 우리가 현재 식재료로 활용하고 있는 것과는 다른 차원의 역할과 의미, 형태를 지니고 있기 때문이다. 가장 흔하게 먹었지만 겨울에 이겨내기 힘든 감자는 오랜 시간에 걸쳐 그 핵심적인 성분만 추출하여 다양한 먹거리를 만들 수 있는 새로운 모습으로 재탄생했다. 옥수수와 메밀은 털어낸 알곡이 밥을 짓는 식재료가 되어 쌀이라는 말이 붙는다. 강원도 산간 지역민들은 주어진 자원을 알뜰하게 활용하는 방법을 찾아냈다. 그렇게 행복한 한 끼를 때울 수 있는 꺼리를 얻을 수 있었다.[5]

자원이 부족한 현실을 극복하기 위해서는 또 다른 자원을 확보하는 일이 중요하다. 더불어 주어진 자원을 최대한 활용하여 끼니를 해결할 수 있는 방법을 강구할 수밖에 없을 것이다. 결국 정선 지역 음식문화는 이러한 흐름에서 이해하는 게 바람직하리라 생각된다. 그런 흔적은 여러 가지 음식문화에서 쉽게 찾을 수 있다. 실제로 주식인 쌀이 부족한 탓에 정선 지역 주민들은 쌀을 주식으로 삼을 수 없었다, 보리의 경우는 비교적 생산량이 많았지만 그 것만으로 일 년 동안을 버티기 어려웠다. 따라서 강원도 산간에서 많이 재배되는 옥수수와 감자, 그리고 산에서 재배되는 도토리 등을 주식으로 할 때가 더 많았다.

논밭농사를 짓지만 그리 썩 풍족한 곳도 아니었다. 각 읍면마다 약간의 차이가 있지만 예를 들어 임계면의 경우는 논이 많지만 대체로 주식은 감

---

5   국립민속박물관, 앞의 책, 168쪽.

자, 강냉이 콩 등 잡곡이었다. 그 다음으로 보리를 많이 경작했었다. 형편이 넉넉한 집은 보리 반, 쌀 반으로 먹고 그렇지 않은 집들은 감자와 강냉이로 끼니를 해결하곤 했다. 그러나 요즘에는 먹는 것으로 걱정하는 집들은 거의 없다. 예전 일제강점기에는 주요 농산물은 모두 공출당하고 대두박(콩기름을 짜고 남은 우거리)으로 끼니를 해결한 적도 있었고 그 이후에는 식량은 여전히 부족하였다. 봄에는 춘궁기라 더욱 힘들었는데 강냉이나 보리쌀 나물을 뜯어와 주로 죽을 쑤어 먹었고 연명을 했다. 산에 올라가 도토리를 주어다 삶아 먹기도 하고 콩을 가지고 밤하고 섞어 콩갱이도 해먹는다. 여름에는 옥수수를 삶아먹고 또 메옥수수로 올창묵도 해먹고 감자도 쪄 먹으면서 여름을 났다.[6]

그런 탓에 정선 지역 주민들은 적절한 시절에 산출되는 재료를 이용한 음식이 발달하였다. 발달하였다는 표현보다는 시절에 산출되는 재료를 최대한 이용하여 끼니를 해결했다는 게 올바른 듯하다. 여느 지역이나 시절 음식이 중요하지만 쌀과 보리가 부족한 현실에서 지천에서 볼 수 있는 것들을 가지고 끼니를 해결해야만 했던 정선 지역 주민들에게 있어 그러한 것들이 더더욱 가치가 있었다. 오늘날 정선을 비롯해 강원도 대표 음식으로 알려진 '콩등치기국수'나 '올챙이묵' 등은 옥수수가 수확되는 7~8월에 주민들이 즐겨 먹던 음식이었다. 참고로 정선 지역의 대표적인 시절 음식을 간략하게 소개하면 다음과 같다.

정선은 봄에는 산나물을 채취하여 주로 먹었고 여름에는 천렵, 가을에는 열매, 겨울에는 動石과 사냥을 하면서 여가를 선용했다. 동석이란 지렛대를 가지고 돌을 움직여 민물고기를 잡는 것을 이르는 말이다. 민물고기 어종은 텡수, 이면수, 꺽대기, 꽤리, 킹수, 돌박게, 소가리 메기, 빠가사리,

---

6   『정선군지』 상, 2004, 266쪽.

동자개, 반어, 어름치, 뺀대, 미꾸라지, 뚝쟁이, 뚜구리, 어름치, 피라미, 지름종아리, 뱀장어 등 대표적인 것만 해도 대략 30여 종이 넘는다. 정선이 얼마나 민물고기가 많은지 관내에 이런 우스개 말이 떠돈다. 정선군수와 강릉시장이 민물고기 이름 내기를 해서 정선 군수가 이겼다는 말이다. 사냥은 노루, 고라니, 토끼, 꿩, 산돼지 등을 주로 잡았다.[7]

쌀과 보리가 부족한 관계로 정선 지역의 음식문화는 주변에서 손쉽게 구할 수 있는 재료를 곡식 등과 함께 밥을 해서 먹는 게 특징이다. 대표적인 음식이 바로 '곤두레밥'인데 곤드레가 나오는 시기에 곤드레를 채취하여 쌀이나 콩과 섞어 밥을 지어 먹었다. 이런 현실에서 나온 또 다른 음식은 바로 '옥수수밥'이다. 쌀이나 보리가 많이 산출되는 지역에서는 옥수수밥, 특히 '옥수수쌀'이란 명칭을 흔히 들을 수 없지만, 정선 주민들에게 있어 옥수수쌀은 귀한 곡식 중에 하나였다. 옥수수쌀은 옥수수를 맷돌 등에 갈아 쌀 크기로 만들어 놓은 다음 감자와 함께 밥을 해서 먹기도 하고 그 자체만으로 밥을 해서 먹었다.

> (또 감자 같은 음식은?) 감자도 쪄서 먹고 죽쒀먹고(죽 또 그게 다에요 어머니? 옥수수는?) 옥수수도(쪄 죽쒀먹고) 삶아 먹고 밥해먹고(아 옥수수밥이 있구나, 어머니 그럼 옥수수밥은 어떻게 만들어요?) 옥수수밥은 옥수수는 굵잖아요, 그걸 맷돌에 갈아요. 갈아 가지고 요기 맷돌 있잖아요. 맷돌에다 갈아가지고 쌀을 만들어 가지고 감자하고 같이 밥해 먹으면 맛있어요(그러면 어떻게 비율을 어떻게 맞춥니까?) 그러니까 이제 감자는 끓이다가, 감자는 크니깐(아 감자는 크니까 삶아다가) 삶다가 옥수수쌀을 쎄가지고 감자하고 불을 미지근하게 넣어가지고 밥을 하거든요(그러면 그때 쌀을 언제 넣어요) 그런데 감자 끓이다가 거다가 이제(쌀 조금을 넣는?) 옥수수 쌀 넣고(아 옥수수 넣고 그게 다에요? 그러

---

7   위의 책, 266쪽.

면 쌀이 없네요) 쌀이 없을 때는, 쌀이 있으면 쌀하고 섞어서 넣고 쌀이 없을 때는 옥수수만 넣고, 그런데 이렇게[8]

먹을 게 많지 않고 우유가 없던 시절 옥수수로 만든 밥은 산모에게 많은 도움을 주었다. 변변한 음식을 먹지 않았는데도 옥수수쌀과 감자를 섞어 만든 밥을 먹으면 젖이 잘 나왔다고 한다. 만약 그런 음식이라도 없었으면 아이들의 발육 상태가 부진했을 것일 텐데 이러한 음식 덕분에 아이들이 잘 자랄 수 있었던 것이다.

그 당시에는 우리가 애기들이 우유가 없잖아요(그러니까 젖만 먹이니까) 젖만 먹이잖아요, 그러면은 감자밥 옥수수밥을 먹으면 애들이 밤에 자도 젖꼭지를 물고 젖꼭지가 젖이 꿀떡 꿀떡 넘어가요, 보리밥을 해놓으면 영양가가 없는지 젖이. 안 나와요, 그러면 밤새도록 애가 젖꼭지만 물고 안 나오는 거예요 하하하(젖꼭지만 물고 하하하)[9]

정선 지역 음식문화의 또 다른 특징은 산나물을 이용한 음식이 발달했다는 점이다. 쌀이나 보리 등이 부족하긴 하나 산에서 나는 다양한 산나물은 정선 지역 주민들에게 더없이 소중한 식재료였다. 워낙 다양한 산나물이 있어 모두 소개할 수는 없으나 참나물, 곤드레, 딱죽이, 곰취, 나물취, 누리대, 멍우, 더덕, 취나물, 도라지, 삽주, 드릅 등 없는 것이 없다.

그래서 정선 주민들은 산이 푸르러지는 5월에 접어들면 산나물의 계절이라고 할 정도로 남녀 구분 없이 산나물을 뜯는데 매달렸다. 산나물은 양식이 떨어진 농가에 가뭄에 담비처럼 보탬이 되었고 햇볕에 말려 다가올 겨울을 위해 저장되기도 했다. 정선 사람들에게 구황 음식을 꼽으라고 한다면 아마도 헤아릴 수 없이 많을

---

8   위의 책, 266쪽.

9   위의 책, 266쪽.

것이다. 그 가운데 흉년이 들수록 수확량이 많아진다고 하는 도토리는 보릿고개를 넘기는 구황식품으로 첫손으로 꼽아도 손색이 없는 음식 재료였다. 도토리와 함께 산나물은 더 없이 좋은 구황식품이었다. 특히 나물 꺾었을 때 흰색 액이 나는 것은 오래 못 먹어 살가죽이 부어오르는 부황증이 생기지 않는다고 해 춘궁기를 나는 좋은 먹을거리였다. 정선 아리랑 가사에 나오듯 봄을 무사히 넘기는데 '한치 뒷산에 곤드레 딱주기'가 좋은 이유는 바로 쌀을 넣지 않고 나물로만 죽을 끓여 먹어도 부황나지 않기 때문이었다. 이와 함께 다양한 산나물은 곤궁한 봄을 나는데 큰 도움이 되었다. 먹을 것이 풍부해진 요즈음엔 깊은 산에서 자라는 산나물이 건강에 좋을뿐더러 잃었던 미각을 되찾게 해준다고 해서 각광을 받고 있지만 정선의 노인들에게는 아직도 배고픈 시절을 연명하던 잊을 수 없는 식품으로 기억된다.[10]

이런 모습은 정선 지역에서 전승되고 있는 아리랑 사설에서도 엿볼 수 있다.

한치딱주기 두치곤드레 나즈미맛만 같으면
그것만 뜯어먹어도 봄맛살아나요 (골지리)

한치뒷동산 곤드레딱지가 나지미맘만 같으면
고것만 뜯어먹어도 봄살아 나네 (도전1리)

한치뒷동산 곤드레딱지가 나지메맛만 같으면
고것만 뜯어먹어도 봄은 한철 살아요 (도전2리)

산에 곤드레딱주기 나지미 맘만 같으면
고굿만 뜯어먹어도 봄살아 난다. (고양리)[11]

---

10 배선기, 진용선, 앞의 책, 67~68쪽.

11 강릉대학교 국어국문학과, 『제5차 학술답사 보고서—강원도 정선군 임계면, 북면 일대』, 1986, 134~135쪽.

2) 산촌 음식의 전승 현황과 실태

(1) 주요 재료

① 옥수수

벼과에 속하는 1년생 초본식물인 옥수수의 학명은 Zea mays L.이다. 옥수수는 볼리비아를 중심으로 한 남아메리카 북부의 안데스산맥의 저지대나 멕시코가 원산지인 것으로 추정되며 우리나라에는 중국으로부터 전래되었다. 따라서 그 이름도 중국음의 위수수[玉蜀黍]에서 유래하여 한자의 우리식 발음인 옥수수가 되었고, 다시 지방에 따라 옥시기·옥숙구·옥수시·옥쉬이 등으로 불리고 있다. 이 밖에 강냉이·강내이·강내미 등으로 불리기도 한다.[12] 그리고 감자와 더불어 강원도를 대표하는 곡물이다. 강원도의 기후가 옥수수를 재배하기에 적당하고 척박한 토양에서도 비교적 잘 자라는데다 건조시켜 오래 두고 먹을 수 있어 감자와 더불어 많이 심었던 작물이다.[13]

쌀과 보리가 부족한 시절 옥수수는 정선 주민들에게 더 없이 소중하였다. 말린 옥수수를 맷돌 등에 갈아 체로 걸러내 옥수수쌀을 만들어 다양한 음식과 섞어 먹었기 때문이다. 그래서 정선 사람들에게 옥수수는 쌀과 보리를 대신할 수 있었던 주식이었다. 옥수수 자체만으로 밥을 해서 먹을 수 있었으며 다른 것들과 함께 섞어 밥을 지을 수도 있었다.

> 올챙이국수 밖에 더해먹어? 쪄먹고 삶아먹고 쌀 해먹고, 우리 어렸을 때는 옥수수쌀이 전체 주식 이었어요(옥수수쌀이 뭐예요?) 옥수수를 말려놓으면 시골에는 경운기를 가지고 오는 분이 있어요, 이동식 방아를 만들어서 거기다가 통 옥수수가 들어가면 얘가 막 잘게 부서져요(아 그게 쌀이라고 그

---

12 『한국민족문화대백과사전』.

13 배선기·진용선, 앞의 책, 43쪽.

러는 구나) 시골에는 쌀이 다른 쌀이 별로 없잖아요 흰쌀을 비싸니까 못 사먹잖아요, 우리 어려서 그러니까 옥수수를 기계가 다 잘라줘요 짜르면 체를 치잖아요. 고운체 중간체 뭐 이렇게 해서 그 사람들이 쳐주면 아주 고운 거는 가루로 된 거는 떡 해먹고 범벅도 해먹고 옥수수 가지고 그렇게 해서 분리를 하고 가운데께 연하게 잘게 잔잔하게 나온 거 밥해먹기 좋게 나온 건 그거는 전문으로 밥해먹는 쌀 또 껍질 벗겨 논거는 옥수수 알 삶아 먹는 것(진짜 다양하게) 옥수수가 주식이었으니까 우리 어렸을 때 옥수수가 주식 이었으니까(옥수수쌀은 옥수수쌀로만 밥을 지어 먹는 거예요? 아무것도 안들어가요?) 네 그렇죠, 감자 넣고 강낭콩 주로 좀 많이 넣고요(무슨 맛이에요 이해가 상상이 안가니까 저는 고향이 남쪽이라서) 구수 하면서도 그 옥수수 향 그대로 살아있죠.[14]

쌀이 없던 시절만 하더라도 옥수수쌀은 일 년 동안 보관해 두면서 밥도 지어 먹고 다양한 음식으로 만들어 먹었다. 산간 지역에서 옥수수가 잘 재배되는 탓에 수확이 끝나면 말려둔 옥수수를 갈아서 쌀을 만드는 가정집을 흔히 볼 수 있었다. 마을에 이동식 방앗간이 들어오면서 옥수수를 가는 방식이 달라지긴 했으나 집집마다 한 해 동안 먹을 양식인 옥수수쌀을 준비하느라 분주했다고 한다. 이동식 방앗간이 자주 오는 게 아닌 탓에 한꺼번에 많은 양의 옥수수를 갈아 쌀로 만들어 뒤주 등에 보관하였다.

그러니까 가을되면 우리 어렸을 때 보면 경운기를 가지고 사람들 이동식 방아를 가지고 오는 사람들은(외지에서) 네네 외지에서 그렇게 집집마다 일 년 먹을 양식을 옥수수로 가지고 쌀을 다 몇 가마니씩 만들어서 옥수수 그 쌀 그 저장 뒤주라고 하는 거기다가 다 집어넣어 놓더라고 그거를

14   윤복례 씨 구술 자료, 2015년 9월 17일.

일 년 먹어야 되잖아요, 그 가을 이듬해 올 때 까지 먹어야 되니 그거 옥수수 쌀 사 먹는 게 아니니까 그리고 사 먹는 건 뭐 어쩌다가 흰쌀을 일 년에 뭐 진짜 한가마니 두가마니 사면 행사 많잖아요, 제사 때 손님오거나 뭐 그러면 이제 그게 손님상에 올라가는 쌀로만 쓰고 여기는 다 옥수수 쌀만.[15]

옥수수를 이용해 만들어 먹었던 음식에는 올창묵·강냉이밥·강냉이 범벅·강냉이 엿·강냉이 수제비·강냉이 부침개·강냉이 죽·강냉이 시루떡과 인절미 등이 있다.

② 감자

정선 지역에서의 감자는 먹을 게 많지 않던 시절 없어서는 안 될 소중한 식재료 중에 하나였다. 어르신들이 말씀하시기를 감자는 버릴게 없는 음식인데, "삶아도 먹고 썩혀도 먹고, 익혀도 먹는 음식"이라 한다. 실제로 조사 과정에서 만난 제보자는 어린 시절 다음과 같은 기억을 하고 있었다.

감자는, 우리 어머니 하시는 말씀, 감자는 버릴게 없다 삶아도 먹고 썩혀도 먹고 익혀도 먹고(썩혀서 어떻게 먹어요?) 감자 썩으면 가루로 해서 감자떡을 해먹고 만약에 겨울에 보관 잘못해서 얼었다 얼린 것도 그 나름대로의 먹는 방법이 있는데, 어렸을 때는 감자가 지금은 사람들이 감자가 굵어요, 기계적으로 뭐 인공적인 걸로 해서, 예전에는 감자가 요렇게 밤알만큼씩 했어요, 정말 조림감자 만한 게 엄청 많았어요, 겨울동안 이런 가마니로 여러 개 놔두면 추위에 걔네들 다 얼어버려요 학교 갔다 오면 봄 되면 봄눈 녹아지면 학교 갔다 오면 감자 까라 그래요 껍질 다 벗겨 놓으면[16]

---

15   위와 같음.

16   위와 같음.

예전엔 보관 시설이 발달되지 않아 수확한 감자를 광에 보관을 하면 겨울철이면 언 감자가 생긴다. 언 감자는 삶지 않아도 그대로 껍질을 벗겨낼 수가 있었다. 껍질을 벗겨낸 감자를 소쿠리 등에 널어 말려 놓았다가 자루에 넣는다. 그런 다음 자루를 밑에 놓고 위에 맷돌 짝을 올려놓으면 수분이 쭉 빠진다. 집에 밀가루가 있을 경우엔 밀가루와 섞어 반죽을 하고서 사카린을 뿌린다. 반죽을 해서 동그란 모양으로 만들어 쪄서 먹었는데, 아이들은 평상시에 군것질 대용으로 그걸 많이 먹었다고 한다.

　　얼은 거, 껍질이 그게 잘 벗겨져요 얼어놓으면, 껍질 다 벗겨놓으면 저렇게 다라에다 놓고 울려요 감자가 아린 맛이 많으니까 다 우러나요 그러면 그 감자 동글동글 한 거 이제 쓴맛 아린 맛 우려나면 그걸 건져서 자루 같은데 넣어서 놓고는 무거운 맷돌 짝을 이렇게 눌러 놓으면 얘가 수분이 싹 빠져요 그러면 그걸 간식으로 우리를 해주는 게 밀가루가 있으면 거기다 옛날에 사카린 많잖아요, 둘둘둘둘 묻혀가지고 엄마가 이렇게 쪄 주세요, 떡 대신 감자 찐 걸 얼려서 건조시켜서 찐 거 그거가 우리가 평상시에 먹는 군것질 간식 이었어요, 그래서 얼려서도 먹고 근데 다 못 먹을 때는 그렇게 수분을 빼가지고 엄마가 이렇게 발에 열어놓고 말리더라고 말렸다 그걸 또 방앗간에 빻아요, 디딜방아로 빻아서 가루로 다 체 내려요 그래서 그거 얼은 감자가루 해가지고 떡 해서 먹어요(감자떡이네 그게) 네 그것도 감자떡 얼려서 먹는 감자떡 썩혀서 먹는 감자떡 맛이 달라요(그러면 어머니 전분도 넣어야 될 거 아닙니까?) 그거 자체가 전분이에요 갈아서 전분하는 게 아니고 섞여서 전분하죠, 섞이면 위에 필요 없는 건 내려가 버리고 가라앉는 게 전분 감자가루 전분이 남잖아요, 그게 이제 가루로 먹는 거죠 그러니까 감자를 심어서 버리는 게 하나도 없다 썩어도 먹고 얼려도 먹고 그냥

도 먹고 감자요리가 많잖아요[17]

이러한 음식 이외에 감자로 만들 수 있는 것들은 많다. 감자국수를 비롯해 감장 붕생이(시루떡, 범벅)·감자밥·감자 송편·감자 부치기·감자옹심이·감자만두·오매두떡 등이 감자로 만든 대표적인 음식이다.

③ 메밀

메밀은 뫼山밀에서 유래하였다고 한다. 메밀의 방언인 모밀은 어원의 이중 모음에서 앞 모음만 발음한 것이다 또한 메밀을 한자로 대맥大麥이라고 적었는데, 목木에서 'ㄱ'을 탈락시켜 메밀이라고 불렀다는 견해도 있다. 지금도 강원도 일대에서는 메밀 또는 메물이라고 부른다.[18] 그리고 다섯 가지 색상을 지닌 희한한 식물이라고 하여 '오행식물'이라고도 칭한다. 꽃은 흰색, 줄기는 붉은색, 잎은 초록색, 뿌리는 노란색, 씨는 검은색이다. 그래서 오덕을 갖춘 식물이라 하여 '오방지영물五方之靈物'이 부르는 경우도 있다.[19]

메밀은 비교적 습하고 서늘한 기후 조건에서 잘 자라는 단기 생육성 작물이다. 파종 후 10~12주에 성숙하므로 무상 기간이 짧고 위도가 높은 지역에서도 재배가 가능하다. 생육기간 동안에 온도와 수분이 부족하거나 과다할 때에 메밀의 착립을 감소시키는 주요인이 되며 결과적으로 종실 수량을 감소시킨다. 그리고 수분기간 동안에는 상대습도가 50~60% 이하로 내려가지 않도록 해주어야 수정율이 높일 수 있다. 일장이 12~15시간 조건에서 재배되는 것이 이상적이다. 고온건조에서는 수분 흡수를 증가시키고 식물체의 수명을 단축시키며 수정, 착립이 잘되지 않으므로 메밀의 개화기간의 낮 기온이 17~19℃가 되도록 파종기를 조절해 주어야 한다.

---

17   위와 같음.

18   정현숙, 「강원도의 메밀음식」, 『향토사연구』 15, 향토사연구회, 2003, 141쪽.

19   위의 책, 144쪽.

발아에서 개화최성기까지 약 70mm의 강우량이 필요하고 만개기에서 성숙기까지 20mm가 더 요구된다. 잦은 비와 무더운 기상조건이 겹치게 되면 메밀의 착립 및 종실의 발육이 좋지 않다. 한발이 계속되거나 고온일 때는 관수를 해주는 것이 바람직하다.[20]

또한 메밀은 생명력이 강하기 때문에 화전뿐만 아니라 가뭄이 심할 해에는 논에도 심었다. 하지가 지나고 소서가 지나도 비가 오지 않아 모를 못 내면 논에 다른 것을 심어야 한다. 그럴 때 대개 메밀을 심었다. 가뭄이 심한 해에 메밀꽃이 산과 들을 뒤덮는 모습은 과거에는 강원도에서 흔하게 볼 수 있었던 모습이다.[21] 그리고 화학비료나 농약을 사용하지 않아도 되기에 오늘날에는 저공해, 무공해 작물로 주목받고 있다. 또한 다른 곡물에 비하여 아미노산, 칼륨과 마그네슘 함량이 높을 뿐만 아니라 특히 비타민 P라고 불리는 루틴이 함유되어 있어 건강식품으로 인기가 많은 작물이다.[22]

강원도에서 재배되는 메밀이 유독 각광을 받는 이유는 간단하다. 강원도가 지닌 지리적 환경과 관련이 있기 때문이다. 척박한 땅에서 오랫동안 살아온 강원도 주민들에게 메밀은 절대적인 작물이다. 산이 많은 강원도 지역에서 밭을 일구는 방법 중에 하나가 화전인데, 불을 지펴 일군 밭에서 재배할 수 있는 유일한 작물이 메밀이었다. 화전에 메밀을 심었던 이유는 메밀이 강한 생명력을 지니고 있기 때문이다. 산간 오지 화전 밭에 한 번 뿌려놓고 두세 달 지나서 수확하면 되기 때문에 일손이 부족한 농민들이 심기에 적합한 곡물이었다. 화전민들은 화전한 첫 해에는 메밀, 조 등을 심고 이듬해에는 옥수수·콩·감자 등을 심었다. 3~4년 농사를 지어 화전 땅이 척박해지면 다시 메밀을 심는 것이 강원도 농사법의 상식 중에 하나였다. 그러므로 화전이 많은 강원도 산에는 곳곳이 메밀밭이었다. 산허리는 온통 메

---

20   박철호, 「메밀의 식물학적 특징」, 『평창군 봉평면의 메밀문화』, 평창봉평전통민속보존회, 2014, 45쪽.

21   정현숙, 앞의 책, 143쪽.

22   위의 책, 144쪽.

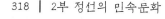

밀밭이어서 피기 시작한 꽃이 소금을 뿌린 듯이 흐뭇한 달빛에 숨이 막힐 지경이라는 이효석의 '메밀꽃 필 무렵'의 한 부분은 단순한 허구적인 묘사가 아니라 과거 강원도 일대에서 흔히 볼 수 있는 정경에 대한 사실적인 묘사이다.[23]

> (메밀이 흔한 음식은 아니었잖아요?) 그래도 산에 비탈이 많으니까 그거는 비료 안주고 영양제 별로 없어도 늦게 심고도 일찍 거두는 게 메밀이잖아요 그러니까 메밀을 많이 했더라구, 우리 어려서 보면 옥토에다가 메밀 심는 게 아니라 비탈에(화전 밭) 네 그런데다가 주로 메밀 해가지고 잘라다가.[24]

메밀은 감자나 옥수수에 비하여 더 다양한 음식의 재료로 활용할 수 있다는 이점을 지닌다. 메밀국수·메밀만두·메밀 묵·메밀 부치기·메밀 밥·메밀 떡·메밀전병 등 메밀은 일상음식, 명절음식, 잔치와 손님 대접 음식에 이르기까지 다양한음식의 재료로 활용될 수 있었다. 즉 메밀은 식량이 부족하던 시절, 일상음식에서 제사음식, 세시음식, 명절음식, 그리고 특별음식 등 폭넓게 이용된 것이다. 또한 메밀의 껍질은 베개 속으로 이용하고, 재는 비누 대용으로 사용하는 등 메밀은 음식뿐만 아니라 일상생활에서도 다양하게 이용되어 왔다.[25]

정선 지역에서 메밀을 재료로 만들어 먹었던 음식에는 막국수·콧등치기·분틀국수·메밀국죽·메밀전·메밀만두·채만두·메밀개떡·메밀 범벅·메밀전병·메밀묵·가시레·메밀느쟁이밥 등이 있다.

④ 나물
정선 지역에 전승되는 음식 가운데 눈여겨 볼 것이 바로 산에서 나는 나물을

---

23 위의 책, 143쪽.

24 윤복례 씨 구술 자료, 2015년 9월 17일.

25 정현숙, 앞의 책, 143~144쪽.

이용한 음식이다. 다른 강원도 지역에서 나는 나물과 비교할 때 크게 차이가 있는 것은 아니지만 물 좋고 공기 좋은 곳에서 재배되는 정선의 나물은 배고픈 시절 없어서는 안 될 소중한 식재료였다. 좋은 환경에서 자란 나물이 좋다는 사실은 누구나 알고 있을 것이다. 다만 정선 지역에서 만난 제보자들은 어린 시절 그런 사실을 눈으로 직접 확인할 수 있었다고 한다.

(그러면 정선에서 음식은 지금 어머니가 봐서는 곤드레 나물 나물이 인기 있는 것도 솔직히 얼마 안 돼지요?) 나물 중에도, 우리는 그전에 지금 화전밭을 일구다가 화전밭을 안하고 이제 모두다 산속에서 내려오니까(내려오시니까) 거기가 그냥 비잖아요(그렇죠) 거기다가 곤드레 도라지 더덕 다 거기다가 하는 거예요, 그러면 산속이기 때문에 산에 꺼나 똑같거든요, 옛날에는 재배하는 게 없었잖아요(그러니까 다 산에서 채취) 산에 가서 재배하면 나물을 뭐 곤드레, 나물취, 참나물 뭐 이런 여러 가지잖아요, 근데 그 당시 우리가 나물을 뜯어 와서 이렇게 삶아보면 곤드레나물은 삶고 나면 물이 아주 뿌 얘요, 아주저기 막 초두부 같이 어떨 때 많이 삶으면 그게 아마 영양가 인가봐요, 그리고 나물취고 이런 건 그런 게 없고, 근데 그 당시도 이야길 들어보면 나물만 먹다가 보면 막 부기가 난데요, 부기가 나고 그러는데 곤드레 나물을 먹으면 붑지는 않는데(아 그게 곤드레가 그렇게 좋다는 거) 영양가가 곤드레나물이 옛날부터 있다고 했는데 지금 보면 그 당시는 뭐 그런 걸 몰랐는데 삶아보면 물이 뿌얗게 그것이 영양가가 아니었나.[26]

곤드레와 함께 정선 지역에서 나는 나물 중에서 눈여겨봐야 하는 것이 바로 딱주기다. 이것은 4월과 5월에 채취하는 대표적인 산나물인데, 대궁이 자라면서 옆으로 잎이 다섯 장씩 자라며 맛이 부드러워 남녀노소가 즐겨 먹던 산나물이다. 연

26   전옥매 씨 구술 자료, 2015년 8월 20일.

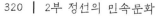

한 잎은 쌈을 싸먹으면 향긋하고 고소한 맛이 난다. 고추장에 찍어 먹기도 하는 딱주기의 뿌리는 도라지와 비슷하며 한방에서는 '사삼'이라고 해 약재로 사용한다.[27]

딱주기 이외에도 도라지·더덕·고사리·고비·곰취·나물취·미역취·떡취·참나무·두릅·누리대·팽풍나물·모시대·맹이나물·소루쟁이·고들빼기·살쿠리·달래·쑥도 정선에서 나는 대표적인 나물들이다.

⑤ 도토리

옥수수와 감자, 그리고 나물 등의 식재료와 함께 정선 지역 주민들의 주요 식재료 중에 하나가 바로 도토리이다. 가을철 수확한 도토리를 햇볕에 말린 다음 껍질을 벗겨내어 다양한 음식을 만들어 먹었다. 정선 주민들에게 있어 도토리는 옥수수쌀과 같은 쌀의 역할을 하였다. 말린 도토리를 방망이로 때리면 껍질이 벗겨지는데 그 자체가 쌀(밤쌀)이 된다. 밤쌀이라 부르는 이유는 잘 모르겠지만 어린 시절 어른들이 그렇게 불렀다고 한다.

(어머니 도토리는?) 이 도토리는요 시골에 우리 어렸을 때 주식이었어요 거의, 가을되면 도토리 주서 오라 그래, 주서다 노면 햇볕에 이래 노면 터요,

27   배선기·진용선, 앞의 책, 2008, 71쪽.

이걸 보고 우리 다 까라 그랬어요. 우리가, 이거 손으로 깔 때도 있고 방망이 가지고 들구 때리면 얘가 다 터져요 그러면 이게 이제 쌀이 되잖아 밤쌀, 이걸 가지고 밤쌀 이라 그래 밤쌀(밤쌀? 왜요) 이렇게 하면 도토리구요 속을 꺼내놓으면 쌀이에요 쌀(그걸 왜 밤쌀 이라고 그래요?) 그걸 쌀이라고 불러요 어르신들이[28]

밤쌀이 준비되면 가마솥에 넣어 푹 삶는다. 삶는 과정에서 끓인 물을 몇 차례 버렸다 다시 끓이기를 반복하면 도토리 자체의 쓴 맛이 점점 사라진다. 어느 정도 삶고 나면 도토리가 완전히 익게 된다. 그걸 그냥 먹어도 될 만큼 되는 것이다. 이 작업 주로 농사일이 다 끝나는 겨울철에 작업을 한다.

그걸 쌀이라고 불러요 어르신들이, 그럼 이거를 이걸 가마솥에 삶아요, 이게 떫은맛 쓴맛 텁텁한 맛이 엄청 많아요 이것을 가마솥에 큰 가마솥에 소죽 끓이는 가마솥에 넣고 물을 붓고 푹 삶으면 여기서 이렇게 갈색 물이 계속 우러나와요 그러믄 그물을 퍼서 버려요 버리고 새물을 너서 끓

28   윤복례 씨 구술 자료, 2015년 9월 17일.

여서 빼고 빼고 해서 한 열 번을 하나봐 그걸 가지고 밤을 꿨다 그래요 할머니들 말씀이 밤 꿨다 겨울에(찌는걸 아니 물을 가는 걸) 삶는 걸 네 떫은맛 쓴맛을 우려내는 걸 가지고 그냥 맨 물에 담아 놓으면 될 것을 이 어르신들은 이걸 빠짝 말리잖아요, 까놓으면 햇볕에 말려놓으면 이거 겨울에 해야, 가을에는 추수거 들이 많을 때는 손이 많이 가니까 안 해요, 한 겨울에 일 없을 때 군불 때면서 이제 삶아요. 물을 다 뽑아내서 삶아서 이제 밥이 맛이 있는 맛으로 변해요 이거를 이제 뜸을 폭 들여서 삶아 놓으면 이게 이제 우리가 밥 대신 먹는 양식.[29]

이렇게 준비한 도토리로 만들어 먹을 수 있는 음식에는 도토리묵을 비롯해 꿀밤과 도토리 떡이 있다.

⑥ 수수

또 다른 식재료 중에 하나는 수수이다. 수수는 고량高粱·촉서·고량·로속蘆粟이라고도 부른다. 높이 1.5~3m이다. 표면은 굳고 흰색의 납질물이 있으며 속이 차 있다. 줄기에는 10~13개의 마디가 있고 줄기 끝에 이삭이 달린다. 잎은 마주나고 길이 50~60cm, 너비 5cm 정도로 1줄기에 10개 정도 달린다. 처음에는 잎과 줄기가 녹색이나 차츰 붉은 갈색으로 변한다. 이삭의 모양은 품종에 따라 다르다. 몰려 있는 것, 퍼져 있는 것, 이삭이 곧게 선 것과 숙인 것 등이 있다. 작은 이삭은 불임화와 임실화稔實花로 1개의 꽃이 되어 있으며 수수알은 길이 2~3mm, 너비 2mm 정도이다. 흔히 밭에 심는다. 빛깔은 흰색·노란색·갈색·붉은 갈색 등 여러 가지가 있다. 배젖의 녹말 성질의 차이에 따라서 메수수와 찰수수가 있다. 척박한 땅이나 건조한 땅에서도 잘 자라며 조생종은 화곡류禾穀類 중에서 생육기간이 가장 짧아서 파종

---

29   위와 같음.

후 약 80일이면 수확할 수 있으므로 고랭지·개간지 등의 작물로 이용된다.[30]

　　수수를 이용한 음식에는 수수부꾸미·수수전병·수수만둣국·수수팥단지 등 여러 가지가 있지만 조사 과정에서 만난 제보자는 어린 시절에 '노치'라는 음식을 많이 해먹었다고 한다. 노치는 일종의 전을 말하는데 과거에는 솥뚜껑에다 얇게 전을 부쳐 먹던 음식이다. 쌀이 없으니 수수로 전을 부친 다음 떡국 등을 끓일 때 고명으로도 사용하였다.

　　그래도 수수쌀 가지고 엄마 취떡 해먹었다는 소리는 없어?(수수는 어머니 안 먹는 거야?) 수수는 노치만 한데요(그건 뭔 말이야 나는) 노치가 뭔지 알아요?(몰라 하하하) 솥뚜껑에다가 전 얇팍하게 부쳐 놓는 경상도나 내려가면 찹쌀을 가지고 전을 부치잖아요. 떡국을 보면 아래 지방은 찹쌀을 가지고 떡, 설 때 떡국을 먹잖아요(전?) 전을 썰어서 말려놨다가 떡쌀하고 같이 넣어서 끓이는데 여기는 쌀이 없으니까 수수쌀이 대치를 한 거예요, 수수쌀을 노치란 얘기는 넙적하게 꾸워다가 말려놨다가 떡국 할 때 만두 속에다가 썰어서 만둣국 끓일 때 조금씩 넣어서 같이 끓여먹었지 그게 음식에

30　「수수」, 두산백과사전 두피디아 (www.doopedia.co.kr).

배합에 들어가는 거였어, 구정에 설날 되면 흰쌀 떡국이 아니라 만두는 김치가 많으니까 만두를 몇 개 삶고 노치라는 거를 그걸 말려놨던걸 뜯어 넣어서 같이 끓여서(노치가 어머니 그러면 결국에 여기는 수수로 만든 거라는 거죠 고명 같은 거 하고 비슷한 건 아니잖아요?) 시장가면 수수부꾸미 만드는데 거기다가 고명을 넣잖아요 팥 고명을 넣는데 그 노치라는 얘기는 아무것도 안 넣고 넓적하게 해서 그냥 이렇게(그걸 노치라고 그러네요. 어머니 처음 알았네요.)**31**

노치를 만들기 위해서는 우선 수확한 수수를 곱게 빻는 일부터 시작한다. 그런 다음 뜨거운 물로 반죽을 한다. 그렇게 반죽을 하고 나서 치대야만 얇게 전을 만들 수 있다고 한다. 노치는 쫀득쫀득한 맛이 일품이다. 겨울철에 노치를 불에 구워먹으면 더 맛이 좋다. 어린 시절 간식으로 손색이 없을 정도였다.

노치(쌀을 빠가지고 물을 팔팔 끓여서 거다 요래 반죽을 해서 이래 치대야 돼) 그게 노치 만들 때, 아무튼 빻아야 된다는 거죠?(디딜방아로 빻아서 체로 쳐서 반죽은 뜨거운 물에다가 반죽을 한다) 팔팔 끓는 물에(팔팔 끓는 물에다가 아) 그렇게 반죽을 해가지고 치대야만 이게 떡이 형성이 된다(그거는 어머니 말씀하신 떡국 만들 때 먹는다는 거죠? 특이하네) 시골에는 군것질 할게 없잖아요 겨울에 이제 불 때서 화로에 불 담아 노면 좀 꿉꿉하잖아요 어른들이 그거 하나씩 갖다가 못태라 그러지 위에다 놓고 화로불에 다가 숯불이겠죠 지금 말하면 거기다가 불 구워먹으면 맛있어요(쫀득쫀득한 느낌이네요) 그리고 이게 구워지면 봉글봉글 부풀잖아요. 맛있어요(저는 이제 고향에서는 찹쌀 저는 아랫 쪽인데 찹쌀로 하면 어머니 지금 말씀하신) 여기는 수수 지역마다 나가는 음식 문화가 다르다는 거죠 여기는 논밭이 없잖아요 다 산간지역이잖아요 그러니까

31   윤복례 씨 구술 자료, 2015년 9월 17일.

그런 걸로 대체를 하는 거지.[32]

(2) 대표 음식

① 곤드레밥

4월 말에서 5월에 걸쳐 채취하는 산나물이다. 나물취와 모양이 비슷하나 잎이 둥그스레하며 표면에 윤기가 나는 점이 다르다. 나물을 무쳐서 먹거나 국을 끓이면 마치 미역국처럼 부드러워 다른 음식과 함께 즐겨먹던 음식이다.

(특이하네요, 그러면 어머니 옛날에는 나물이 지천에 널려있었어요?) 그랬죠, 맨날 뜯어다가(그러면 곤드레 같은 경우는 몇 월에 수확을 해요? 따요?) 봄이죠, 5월 6월이죠 엄마? 4월 6월이다 아니야 그럼 곤드레를 음력 6월 달까지 땄어요? 부침 끝날 때 까지 한 거 같아 부침, 지금은 재배를 많이 하잖아 재배를 해서 가을에도 요즘은 꺾어 내는데 우리 어려서는 자연산은 봄에 4월에 올라오면 한번 순을 꺾어서 요리를 해먹고 나면 걔가 음이 또 올라와요 그러면 그 음을 한번 또 꺾어가지고 한번 해먹으면(4월 그때 할 때 하고 이때 할 때 하고 요리가 다를 수 있겠네요? 4월 달에 해먹는 요리나 밥이나 그러면 어머니 곤드레 밥 말고는 뭐 먹은 게 없어요?) 곤드레 국에 곤드레 찌개(찌개?) 곤드레 찌개 맛있잖아 된장찌개(: 곤드레 찌개를 어머니 어떻게 끓여요?) 된장찌개야(아 된장 넣고 찌개를) 주재료가 다른 부유한 집들은 국거리 이러면 소고기 들어가고 무 들어가고 육개장 하듯이 하는데 시골은 그런 육류가 없잖아요 그러면 된장찌개가 주재료가 들어가는 게 곤드레나물이 들어가죠, 그렇게 해서 먹죠, 여기는 뭐 해초류도 없고 이러다 보니까 주로 그렇게 해서.[33]

---

32 위와 같음.

33 위와 같음.

수확한 곤드레를 물에 불렸다가 들기름에 볶은 뒤 쌀과 함께 지은 곤드레밥은 향과 맛이 뛰어난 것이 특징이다. 별미로 먹는 산채에 대한 관심이 높아지면서 나물밥에 대한 관심도 부쩍 커졌다. 춘궁기 구황식품으로 더 많이 알려진 곤드레가 식이섬유와 비타민, 칼슘, 단백질이 풍부하고 성인병 예방에 효과가 큰 것으로 확인되면서 곤드레나물밥은 근래 들어 웰빙 식품으로 각광받고 있으며 곤드레 밥집도 확산되고 있는 추세다. 곤드레로 만든 전과 된장찌개 등도 일품이다. 고등어 등 생선 조림을 할 때 무청 대신 넣기도 한다. 곤드레는 나물취와 생김새가 비슷하지만 잎에 윤기가 있고 줄기에 솜털이 있다. 정선의 산 곳곳에 폭넓게 자생하고 있다.[34]

② **콧등치기**

최근 정선 지역에서 널리 알려진 음식 중에 하나인 콧등치기는 메밀이 주요 재료이다. '꼴뚜국수', '메밀느름국'이라 불리는데 맷돌에 간 메밀가루 중에서 좋지 않은 것을 이용해서 만드는 음식이다.

(어머니 그러면 콧등치기는 뭐에요?) 콧등치기는 메밀을 가지고 가루로 해서 국수를 하잖아요(네) 그러면 아주 그걸 또 메밀을 다듬어서 껍질을 내고 이

34　배선기·진용선, 앞의 책, 70~71쪽.

제 이런 거 알맹이 나오고 껍질 나오고하면 그 하고나면 낫깨미라고(찌꺼기) 아 찌꺼기 그거는 빻아놓으면 맥이 없기 때문에 국수를 가늘게 할 수가 없어요(네 네 네) 그러면 그거를 해가지고 아주 이렇게 굵게 굵게 썰어가지고 해놓으면, 밥을 이렇게 먹다보면 뻐덕한 게 굵으니까 코를 탁 치니까, 그래서 콧등치기라고 만들었어. 그거는 만들어가지고 콧등치기라고 하는 거야.[35]

③ 가시래

가시래 혹은 가시레라 부르는 이 음식은 갓김치를 담그고 난 후 초겨울에 새파랗게 늦자란 갓을 뜯어와 끓는 물에 데쳐낸 후 갖은 양념을 해 메밀가루와 함께 반죽해 방망이로 도톰하게 밀어 네모지게 썬다. 끓는 물에 살짝 삶아 건져내어 들기름을 발라 먹던 음식이다.[36] 여타 자료에서 쉽게 확인할 수 없었는데 이번 조사 과정에서 가시래를 만드는 자세한 과정을 들을 수 있었다. 그 내용은 아래와 같다.

(가시래 라는 게 선생님 뭐에요?) 가시래란 메밀가지고 만든 건데 여기가 참 낙후된 지역이잖아 오죽하면 여기가 유배지입니까 여기가 그런데 메밀가지고 만드는 거예요 메밀 가지고 만드는 건데 메밀도 예전에 너무 배고픈 시절에 좋은 거는 고급스러운 거는 따른 걸로 팔던지 이렇게 하고 계속 맷돌질을 하다보면 껍질 안 좋은 거 새까만 게 나와 그거를 또 여기 강원도 정선하면 유명한 게 갓김치가 유명해요(산 갓김치 알고 있습니다) 갓김치가 정선에만 갓이 따로 있어(그래요?) 옛날에는 이거를 소금에 치대가지고 이런 나무통 있잖아 그것도 유래야, 이런 독에다 보다도 나무에다가 해서 막장화로 밟아가지고 그렇게 했다가 그걸 일 년 내내 먹는 거잖아 그 일 년

---

35 전옥매 씨 구술 자료, 2015년 8월 20일.
36 배선기·진용선, 앞의 책, 45쪽.

328 | 2부 정선의 민속문화

을 먹는 거잖아 그건 아주 염을 짜게 해서 염을 강하게 해서, 그걸 꺼내서 울궈 가지고 그걸 종종종 썰어요, 썰으면서 가시래 아까 메밀가루 그걸 같이 반죽을 하는 거야 같이 반죽을 하면서 홍두깨로 밀어 밀면 이렇게 두껍잖아 그럼 모양을 내기위해서 마름모 꼴로(아 그게 가시래구나) 그래서 그거를 이렇게 모양은 내요 마름모꼴로 어차피 썰 때 사선으로 썰다보면 그게 마름모꼴이 되잖아요. 그렇게 해서 그거 삶아서 기름을 넣죠 들깨(들깨기름) 소금하고 들깨 쳐서 그거를 이제 배고프니까 식사대용으로도 했고 아니면 밤에 뭐 야참으로도 먹고 이렇게 했는데 지금은 그게 너무 맛있는 거야. 그땐 그게 지겨웠을 거 아니야 그게.[37]

④ 올창묵

'올챙이국수'라는 이름으로 불리는 이 음식은 흔히들 옥수수를 재료로 만드는 것으로 알고 있다. 평창을 비롯해 강원도에서는 메밀을 재료로 올챙이국수를 만드는데, 이것이 바로 메밀올창묵이다. 정선에서는 음력 8월이면 옥수수 맷돌에 갈아 올챙이묵(올창묵)을 해먹는다. 뒷박 등 반듯한 통 바닥에 구멍을 숭숭 뚫은 함석 등을 붙이고 옥수수 죽을 끓여 부으면 묽은 반죽이 구멍을 통해 길쭉하게 내려오다가 찬물에 식어 국수처럼 된다.[38]

메밀 알곡을 갈아 채에 거르면 진액을 얻을 수 있다. 이를 솥에 붓고 저어가면서 뭉근히 끓이면 수분은 날아가고 점성이 생기면서 농도가 점점 짙어지게 된다. 즉 묵을 쑤는 것이다. 적당한 상태에 이르면 내용물을 퍼내서 구멍이 뚫린 틀에 부어 내리는데 이 때 아래에 큰 대야를 받쳐 놓고 찬물을 충분히 채워 둔다. 틀을 통과해서 나오는 모양은 끓인 진액의 농도에 따라 달라진다. 수분이 덜 증발해 묽은 경우는 분통에 붓는 즉시 바로 틀을 지나 아래로 떨어지기 때문에 길게 이어져서 나

37   권영원 씨 구술 자료, 2015년 8월 19일.

38   국립문화재연구소, 『강원도세시풍속』, 2001, 401쪽.

오지 못하고 똑똑 방울지듯이 물속으로 들어간다. 이를 건져 그릇에 담고 갓김치를 올리면 메밀올창묵이 완성된다.[39]

(그러면 어머니 또 어릴 때 드셨던 음식이 어떤 게 있습니까? 어머니 여기 정선에서만 드셨던 기억에) 어릴 때? 여기 늘 먹는 게 올창묵 우리는 여름 되면 그때 음식 중에 하나가(올창묵은 어떻게 만들어요? 내가 잘 몰라서) 올창묵은 하하하(올창묵은 어떻게 만들어요?) 강냉이를 빠숴가지고 맷돌에다가 갈아가지고 체로 걸러서 솥에 끓이면 돼(어떻게 간단하게 이야기를 해버리니까 하하하) 올창묵은 올창묵 재료는 찰옥수수가 아니고 메옥수수, 재료가 다릅니다 올창묵 재료가, 올창묵의 원재료는 메옥수수 찰 아닌 거 그런데 그 옥수수가 이게 농도가 있드라구요 너무 연하면 안 되고 너무 딱딱해도 안 되고 약간 익어서 인제 조금 아주 말리기 직전 아주 마른 건 아니죠 엄마? 아주 말라서 껍데기 노래진 건 안 되고요, 그냥 보통 만져서 좀 딱딱할 정도로 풋것을 풋옥수수를 갈아요. 지금은 시장에 가면 그런 옥수수들을 사다가 물에 담아가지고 불려가지고 하지만 그때 당시 저희들이 봤을 때 옥수수가 이렇게 만져서 딱딱하면 짤라가지고 와서 우리보고 따라 그래요 알 따라 그러면 그거를 또 맷돌에 갈으라고 그러죠 그래서 갈으면 그게 이제 곱게 갈아지면 체에다가 이제 주물러서 걸러요 그러면 밑에 고운 옥수수 물이 다 내려앉잖아요 그러면 그걸 가지고 솥에다 이제 끓이죠(아무것도 어머니 안 넣고) 안넣구요 그냥 일반 묵 하는 식으로요 옥수수 그게 일반 묵이죠 도토리묵 하듯이 메밀묵 하듯이 그래 끓여가지고 어느 정도 농도가 되면 틀을 만들어서 시골에는 시골에 그 틀을 다 만들었잖아요, 그래놓고 퍼부으면서 요렇게 눌리면 밑에서 뚝 떨어지고(그러면 어머니 밑에는 찬물) 찬물(그러면 바로 꺼내서 먹어야 돼요?) 네네 그러면 이제 그때는 저녁이다라고 준비하면

39   국립민속박물관, 『강원도 산간지역의 땟거리 옥수수, 감자, 메밀』, 2014.3, 122~124쪽.

거기에 배합 되는 게 김치 간장 된장 뽀글뽀글 끓인 거?(된장 뽀글뽀글은 머에
요 된장은 여기에 뭐가 들어갑니까?) 풋고추 여름이니까 풋고추나 마늘 파 넣고
뽀글뽀글 끓이면 뽁뽁하게 끓이면 취향 따라서 간장 타는 사람 장타는 사
람 여기는 주로 장을 많이

먹더라고.[40]

⑤ 메밀부치기(전병)

메밀가루를 물에 갠 다음 국자로 퍼서 기름을 두른 뜨거운 소댕에 원을 그리며
얇게 편다. 구멍 난 부분을 숟가락으로 메워가며 일정한 두께로 펴는 것이 좋다. 한
쪽 면이 익으면 뒤집어 반대쪽을 익힌다. 반죽 가장자라에 양념한 갓김치를 올려
김밥을 말 듯 한두 번 굴려주면 끝이다. 갓김치는 고춧가루, 들기름, 다진 마늘을
버무려 양념한다. 완성된 메밀전병은 통째로 베어 먹기도 하고, 적당한 길이로 잘라
서 먹기도 한다.[41]

(메밀은 국수 말고는 해 먹는 게 없었죠?) 메밀 부치기 잘 하잖아요(지금 이런 거처
럼) 주로 부치기 하면 지금은 밀가루로 손쉬워서 하지만 옛날에는 밀가루

---

40   윤복례 씨 구술 자료, 2015년 9월 17일.

41   국립민속박물관, 『강원도 산간지역의 땟거리 옥수수, 감자, 메밀』, 2014.3, 154쪽.

가 없잖아요 그러니까 주로 메밀 가지고 엄마 아빠 생일 엄마들 생일은 없어지고 아버지 생신 하면 메밀 삶아 맷돌에 다 갈아가지고 그거 주로 부치기 하면 시골은 이렇게 이집 저집 건너서 한 마을이잖아요 그러면 그 동네사람이 먹을 걸 다 구워야 되죠, 기름 냄새가 이렇게 나면 이 옆집 저집 마을이 기름내가 자욱하잖아요, 그러면 시골 사람은 열가구가 모여 산다 그러면 아 누구 집은 생일이 봄이다 누구 집은 어르신은 생일이 가을이다 이게 알잖아요. 그러면 우리 어렸을 때는 전을 부치기 시작하면 누구누구 집 다녀서 어른들 식사초대를 하라고 그러지 '가서 뭐라고 해요?' 그러면 가서 우리 집에 부치기 잡수러 부치기 아니죠. 여기는 적이죠 메밀적을 엄마가 부치면서 전을 부치면서 가서 전하라 그래 가서 '무슨 날 이냐?' 가서 얘기를 하면 '모르겠어요.' 어릴 때는 아빠 생일 이런 거 개념이 없으니까 '모르겠어요. 엄마가요 그냥 잡수러 오시라 그랬어요.' 가서 전 달사항만 하는 거죠 가서, 그러면 전을 부치면서 어른들은 모여오면 쓸어오면서 나가면서 먹으면서 그게 한 끼로 식사가 되잖아요. 그래서 메밀전을 적을 부치면 이만큼 하는 게 아니라 이만한 다라로 하나 몇 시간씩 구워야 되잖아 엄마들이(그러면 몇 장을) 아이구 수도 없이 하죠(그러면 거기다가 아무것도 안 넣어요? 메밀적만) 아 그렇죠 거기다가 배추 배추에다가 똑같이 하

는 근데 이제 솥뚜껑에다가 얄팍하게 들기름 넣고 하면 향이 그냥 온 동네가, 그러니까 행사가 되면 필히 들어가는 게 거기다가 국수 삶아서 생일에도 이제 메밀국수 해가지구 삶아서 꼭 해서 드리고 겨울에는 뭐 이런 거해도 동네사람들 다 모여와요 '우리 집에 밤꿨다' 그러면 먹으러 오라 그러면 와서 이제 해서 한 다라씩 퍼다 놓고 [42]

⑥ 도토리묵

도토리를 재료로 한 대표 음식에 도토리묵이 있다. 도토리를 수확하는 가을철에 만들어 먹었던 음식인데, 묵은 감자와 함께 먹기도 하였다.

요리는 묵도 해먹고 묵 해 먹는 거는 요리가 다르겠죠? 그런데 이걸 가지고 우리가 먹었다니까 이걸 폭 삶아놓으면 부스러져요 가루로 통에다 담아놓고 통째로 먹으면 불편하니까 푹푹푹 찌면 이게 다 부스러지잖아요. 삶아서, 그러면 여기다가 감자를 삶아서 감자를 찌어요. 감자를 찌면 얘를 거기다 묻혀서 먹으면 이게 영양 덩어리잖아요 어쩌면 이래서 우리가

42   윤복례 씨 구술 자료, 2015년 9월 17일.

잘 먹고 잘 살았는지 모르겠어요. 이거 영양 덩어리거든요 감자 삶으면 이걸 찌어서 감자고명을 묻혀서 도토리고명을 묻혀서 먹구요(어머니 주먹 이렇게 뭉쳐서 먹을 수가).네 그렇게 해서도 먹구요 숟갈로 퍼 먹구요 여기다가 어려서는 단 게 되게 좋았잖아 사카린 학교 갔다 오면 지금은 이런 스텐그릇 이지만 옛날엔 나무로 만든 구바기잖아. 근데 이만큼 퍼줘요 그러면 그걸 찌어가지고 놓으면 그걸 퍼 먹어요 드가며 나가며 퍼먹으면 이게 이제 위장을 가득 채워 주는 거죠 그래서 든든하게 먹구요. 그 다음에 이걸 가지고 묵 도토리는 묵 아주 A급 이죠 원액 이죠 이걸 가지고 갈아서 해서 묵 만들어 주셨고 도토리 쌀 만들어서 도토리에서 꿨는다 그래요 꼬아놓으면 이제 먹는 거 어려서는 두 가지(그러면 꼬아놨다가 그런 식으로 계속 해 먹을 수가 있는 거죠?).네 겨울에 몇 번을 해 주죠 그걸 해서 놓으면 얘는 잘 변하지를 않더라구요 겨울이니까 그랬나 봐요 지금 생각 하면, 그래서 이제 다 먹고 없으면 엄마가 어느 날 날 잡아서 또[43]

⑦ 수리취떡

수리취로 만든 떡이 바로 수리취떡이다. 대개 음력 5월 5일인 단옷날 해먹었다. 단오를 앞두고 미리 산에 가서 수리취를 뜯어와 삶아 떡을 만든다. 준비한 쌀과 버무리고 나서 시루에 놓고 찌면 떡이 된다. 자세한 내용은 다음과 같다.

(수리취떡 하고 어머니 드셨던 거 기억 좀 한번 이야기 좀 해 주세요. 수리취떡 방금 이야기한 거 5월 5일 날 먹고 어떻게 만드는 과정인지 아십니까?) 취를 어머니가 뜯어다가(산에서) 네 지금은 재배하지만 옛날엔 자연산이잖아요 자연산 뜯어다가 그거를 그 그냥 삶으면 잘 안 삶아지고 이러니까 나무를 때면 나무에서 내리는 재가 있어요, 불 때고 남은 그 재를 어떻게 해서 뭘 방법을 쓰시더라

---

43   위와 같음.

고 양잿물처럼 내려서(어머니 수리취떡은 어떻게 만들어요? 따님이 잘 몰라서) 아유 왜 몰라요 촌에서, 재를 내려가지고 거다 삶았어?, 지금은 거다 삶고 그전에는 막 잿물에다가 물을 떠버서, 그러니까 엄마 잿물을 내리는데 옛날엔 잿물이 없으니까 집에서 잿물을 받았잖아요, 그 잿물이 나무로 땐 재었죠? 그럼 그래서 뜨신 물을 체야다가 썰벼다 놓고(섞어서 배합을 해서) 물을 내놓지 그래 물을 내려서 그 물에다가 찌를 이기지(찌를 이긴다는 게 말은 뭐에요?) 삶는다 이긴다 우리는 이긴다고 하지, 거기다 삶아서 보드럽게 하니까 이긴다(그러면 어머니 5월 5일 날 먹으려면 언제 따 와야 돼요?) 단오 때 먹으려면 엄마 언제가 따왔어요?(며칠 전에 따와야 돼요?) 한 이삼일 전에 따(그러면 어머니 수리취를 그렇게 쪄 그러면 빻아야 돼요? 어떻게 밀가루랑 섞어야) 이긴다는 말을 하잖아(아 찐다니까) 그래가지고 이겨가지고 빨면 아주 보드리한게 되요 그래가지고 그럼 그걸 짜가지고(물을 내는 거네 어머니, 정확하게 나 이해가 안가) 자 나무 이파리가 이렇게 형성이 됐잖아요, 그냥 삶아 놓으면 얘는 형체가 그냥 있잖아요. 그런데 양잿물 이라는 걸 만들어서 거기다 삶으면 이게 아주 시금치 폭 삶아놓은듯한 그거를 그대로 떡을 하면 곱게 안 들어가니까 그걸 손으로 다 쭈물러요. 주물러서 얘를 아주 곱게 잘기잘기 잔잔하게 즙을 낸다고 그래서 물을 짜가지고 쌀하고 해서 하면 그게 원재료가 되는 거죠. 떡에(여기 뭐 특별히 들어가는 건 없죠? 그냥 수리취) 없죠 없죠, 취만 들어가죠(취떡을 어디다가 쪄요?) 시루, 시골엔 시루잖아요 쌀은 다만 집에서 불려가지고 디딜방아에 찧어서 찧어가지고 그걸 떡메에다가 치더라고, 암반에다가 놓고 치죠(그러면 어머니 찔 때는 얼마나 쪄요?) 엄마는 몇 분 걸려요?, 쌀이 그렇지모(좁쌀을 놓고 그렇게 찌면 몇 분이나 있다가 먹을 수가 있어요?) 양에 따라 다르잖아요, 떡이 짐이 쌀이 이래보면 익으면 그 위에다 취를 요래오래 앉쳐, 그래 가지고 김이 살짝 올라오면 그때 꺼내지, 쌀을 먼저 놓고 불을 때서 쌀이 익어지면 그 위에다가 취를 놔서 뜸을 들인다 그 말이에요 그리고 암반에 놓고 그때부터 떡메를 쳐가지고 떡 형태를 만든다(맛있겠네요)

그렇죠 그때는 쌀이 아니고 재료가 좁쌀이었다.[44]

⑧ 옥수수엿

정선에서는 옥수수를 가지고 엿을 만들어 먹었다. 어린 시절 옥수수엿은 아이들의 유일한 간식거리였다. 옥수수 가루와 엿기름을 섞어 끓이면 엿이 된다. 대개 음력 2월 경장을 담그기 전에 옥수수엿을 해 먹었는데, 엿을 만들고 나면 고추장을 만들 엿과 간식거리 엿을 구분해 두었다고 한다.

먹고 옥수수 말려 놨다가 저거 삶아서 맷돌에 갈아가지고 가마솥에 끓여서 옥수수엿 만들어 주시고 유일하게 과자가 옥수수엿(옥수수엿이요? 그러면 엿은 아까 말한 것처럼 엿기름이나 이런 거 넣고 갈아가지고 끓여서 쫄이는 거죠? 조청 만드시는 거처럼) 조청도 해놓고 엿도 만들고(옥수수엿은 어떤 맛이에요? 달아요?) 달죠 옥수수맛은 진짜 맛있죠. 아래지방은 쌀엿 강원도는 옥수수엿(그러면 이게 가래엿을 이렇게 뽑는 거예요?)아니에요 이렇게 퍼놓죠, 그러면 식으면 잘라서 쪼개서 조금씩 먹는 거구나. 노면 동네 사람들이 모여와서 먹죠 겨울에, 우리 오늘 뭐했다 그러면 엿했다. 그러면 엿꿨다 그러면 와서 또 엿이 굳어지면 와서(어머니 그러면 엿은 그냥만 먹고) 조청(다른 걸로는 찍어 먹는 거 아닙니까?) 조청은 찍어 먹구요, 근데 엄마가 봄 되면 꼭 엿을 한번 하더라구 2월 달에 장담을 때 물엿 넣잖아 지금은 물엿 사다 넣죠, 옛날에는 고추장 담을 때 집에서 옥수수엿을 만들어서 물엿을 만들어서 거기다가 고추장을 만들었어, 그래서 봄 되면 2월 정월 어 구정으로 1월 달이니까 신정 한 2월 달 쯤 되나 1월 달 에 다 추울 때 장을 담으니까 그때는 꼭 한번 씩 엿을 꿔요 엿 만들어요, 일부는 장에 널 꺼 일부는 우리 간식 줄 꺼 그러고는 떡 하면 찍어먹어야 되니까 조청 요렇게 되직하게 떡

44 위와 같음.

찍어먹을 조청은 조금 되직하게 해서 퍼 놓고 엿 할 거는 더 조려가지고 이런데 퍼 놓으면 우리가 깨 먹고 장에 넣을 거는 조금 더 말숙하게 이제 끓여서(말숙하다는 건 어머니 맑게) 좀 맑다 일반 조청보다는 좀 묽게 해서 만들어 놓고 그러니까 그렇게 한번 할 때 벌써 엄마들은 세 가지 일을 놓고 하는 거예요. 장담을 꺼 요리할 때 쓸 꺼 아이들 먹을 간식 사탕 대신 주는 엿 그런 거 이제 놓고 해서 겨울에 추울 때 한번 하고 봄 되면 한번 하고 그러니까 그렇게 숨겨 놓고 한꺼번에 다 안 주죠. 흔치 않으니까, 말 잘 안 들으면 조건부로 말 잘 들으면 엿 줄게 엿 줄게 그렇게 아이들을 키우는데 요리를 쓰죠, 엄마들은 그렇게 지혜를 많은 거 말 잘 들으면 엿 주지 말 안 들으면 엿 안 준다 지금은 사탕주지 초콜릿 주지 이러죠, 그때 어르신들은 엿 주지 엿 주지 근데 되게 재밌는 거 하나 있어요.[45]

3) 주요 전승 단체의 활동 및 실적

(1) 주요 전승 단체(정선향토음식연구회)의 활동

오늘날 정선 지역의 음식, 특히 산촌 음식에 대한 관심은 하늘을 찌를 정도이다. 정선 5일장을 찾아오는 사람들 대다수가 정선의 향토 음식을 맛보기 위해 온다고 해도 과언이 아닐 것이다. 10여 년 전만 하더라도 상상할 수 없는 일이 벌어진데에는 여러 가지 이유가 있을 수 있다. 시대의 변화에 따라 웰빙 음식에 대한 사람들의 관심이 높아진 탓도 있고, 다양한 매체를 통해 정선 지역의 음식이 널리 소개되었기 때문이다. 어찌 되었든 그런 관심 덕분에 정선 지역 주민들이 배고픈 시절에 즐겨먹었던 음식이 귀한 대접을 받기 시작하였다.

오랫동안 주목받지 못했던 정선의 토속 음식을 체계적으로 연구하고 현대인들

---

45 위와 같음.

의 입맛에 맞게 발전시켜온 단체들은 다양하다. 반드시 단체가 아니더라도 개별 전승자들에 의해 조금씩 다른 형태로 전승되고 있는 게 사실이다. 어떤 방식이 올바르며 본래의 모습이었는지는 단정할 수 없지만 나름대로 전통이라는 단어를 앞에 붙여 고유성을 당조하고 있다. 현 시점에서 중요한 것은 그러한 단체와 개인들의 현황을 파악하는 일이지만 이 역시 결코 쉽지 않은 작업이다. 왜냐하면 워낙 다양한 데다 원조 내지 전통성 있는 음식을 어떻게 평가해야 할 것인가를 고민해야 하기 때문이다. 정선 읍내를 비롯해 정선이 아닌 다른 지역에서도 정선의 향토음식이라는 명패를 내걸고 장사를 하고 있는 경우를 자주 볼 수 있다.

여러 단체 가운데 눈여겨볼 단체는 바로 '정선군 향토음식연구회(회장 권영원)'이다. 이 단체는 정선 지역에서 전해져오는 향토음식을 연구하고 이를 토대로 다양한 활동을 펼치고 있다. 연구회는 2005년에 출발하였는데, 연구회라는 명칭 이전에 생활개선회라는 이름으로 처음 활동하게 되었다고 한다.

> 정선은 농산물이 많기 때문에 산채 거의 그런 걸로 뭐(산채, 그런데 선생님들이 하는 거 정확하게 이름을 제가 잘 몰라가지고)향토 음식 이라는 건 옛날에 배고픈 시절에(그러니까 음식 보존회 에요?)아니에요 연구회에요(회장님이시고, 그걸 왜 누가 만드신 거예요? 처음 할 때)센터에서 만들었지(어디서요?)예술센터, 종합 예술센터(아 그게 언제 됐습니까? 그럼 역사가)이거는 옛날에 우리만 연계가 있었고 그 다음에 생활 개선회가 이제 먼저 사단법인 생활 개선회에서 저희들이 음식을 하다가 다시 산학협략 사업으로 향토음식회가 2005년에 발촉을 하게 뗏어요. 그래서 그때 이제 우리가 활성화가 되어서 지금까지 이어져오고 있는 건데, 공업기술 센터에서 그 옛날에 배고픈 시절에 먹던 걸 우리가 다시 한 번 발굴해서 잊혀져가던 음식들 이름이죠.[46]

---

46   권영원 씨 구술 자료, 2015년 8월 19일.

연구회는 처음 정선군 농업기술센터에 소속된 단체로 출발하였다. 농업기술센터에서는 농업을 비롯해 식생활과 관련된 다양한 활동을 펼치고 있는데, 정선군 향토음식연구회도 그 중 하나인 셈이다. 개별적인 활동을 펼치고 있으나 여러 가지 도움을 받고 있다고 보아도 무리가 없을 것이다. 향토음식연구회를 결성한 일부터 교육 장소 등을 제공받고 있다.

초창기 연구회 회원은 대략 40여 명이었다. 이번 조사에 응해준 권영원 선생과 유금순 선생은 초기 멤버이다. 당시 회원들은 전부 여성이었는데 이들은 모두 음식이 좋아 함께 뜻을 같이 한 사람들이었다. 회원이 되기 위해서는 특별히 자격 조건은 없었다.

> 연구회가 지금 12년째죠, 우리가(선생님이 그전부터 그러면 그전부터 참여하셨어요?)초창기 제가 초창기 멤버 창단 멤버죠 네 맞아요(두 분이? 창단 멤버는 원래 몇 분셨어요?) 처음에는 사십 명 저희는 많으면 음식하는 사람들이(그러면 이 당시에 초창기는 다 정선 쪽에서 활동하시는 음식가들? 식당? 어떻게) 아니죠 저희는 아니죠, 음식을 좋아해서 모인 사람들이지(그러면 다 여성분들?)지금은 남자도 있어요(그때는 여성?) 그때는 여성이었는데(자격 조건이나 이런 것도 있었어요?) 아니 그런 건 없었어요, 무슨 자격조건, 그런 거는 없고 우리가 그냥 음식하는 게 좋으니까.[47]

향토음식연구회의 초창기 활동은 주로 이름이 알려진 요리사를 모셔와 강의를 듣고 그것들을 만들어 보는 게 전부였다. 회원들 대부분이 음식 만드는 걸 좋아하다보니 자연스레 그런 활동이 중심이었다. 첫 번째로 모셔온 분은 한과에 조예가 깊은 분이었다. 서울에서 사는 분이 정선에 내려와 강의를 해주셨다. 당시 회원들 대부분이 한과를 한 번 배워보자는 의견이 지배적이어서 그렇게 하였다고 한다. 그

---

47   위와 같음.

과정에서 자연스레 정선에서 산출되는 임산물을 가지고 기능성 있는 한과를 만들어 보기 위한 다양한 시도를 하였다. 오가피와 황기를 이용한 한과가 대표적이었다.

> 그런 거는 없고 우리가 그냥 음식하는 게 좋으니까 이렇게 선생님 초빙해 가지고 배우고(누구? 그 당시에 누구를 초빙했어?) 아 옛날에는 음식 배우는 선생님들 지금은 돌아가셨어요(아 상관없습니다 그런 것도 그런 게 재밌는 거 같아요) 김점자 인가 나 왜이래 아 우리 한과 가르쳐 준 사람이 김 뭔데 (아 김무시게 있다고) 아 그분이 성균관대 나와 가지고 여기오시는 분들은 다 조예가 깊으신(제 이야기는 궁금한 게 그 선생님들이 여기에 있던 분들이었는지) 아니야 아니야 서울에서 기능보유자였었어요, 저희들이 한과를 배우고 싶어서 초대를 했는데 그분들이 한과를 배우는 거에는 국한되어 있었거든 전과라든지 그냥 그 밀가루에 매틀을 가지고 왔는데, 정선에서 나는 게 뭡니까 제가 아까 임산물이 많다고 그랬잖아요. 우리는 그거 접목해서 기능성으로 음식을 만들어보자 해서 기능성음식을 만들어서 오가피나 황기나 뭐 이런 걸 가지고 초창기에 약과 같은 거(초창기에는 주로 그러면 약과를 많이 하셨네?) 약과 강정 정과 순.[48]

연구회가 시작된 초기와 달리 시간이 흐르면서 서서히 잊혀져간 정선의 향토음식에도 지대한 관심을 갖고 다양한 형태로 연구 활동을 하였다. 여러 가지 문헌자료 뿐만 아니라 정선 지역에 거주하고 있는 어르신들을 만나 어린 시절에 즐겨 먹었던 음식 등을 조사하였다. 대부분 메모장을 들고 직접 구술 자료를 기록하는 방식이었다. 다양한 방법을 통해 수집한 자료를 함께 모여 분석을 하였다. 그런 자료들은 연구회가 지금까지 활동해 올 수 있는 밑거름인 셈이다. 최근에 연구회에서 발간한 『정선음식50선』은 그런 자료가 있었기에 가능하였다.

---

48 위와 같음.

(그러면 선생님 연구를 할 때 연구 자료는 어떻게 수집을 하고 연구를 하시는지) 저희는 처음에 이 자료를 모집하려고 시골을 막 돌아 다녔어요 어르신들을 찾으러(녹음기 들고?) 아니요 메모를 했죠(지금 저희랑 똑같네) 이렇게 메모하면서 찾아다니면서 무엇이 있고 아니면 옛날 또 책을 찾아보고 무슨 음식이 있을까 이런 거 보고(또 오셔서 스터디도 하시고) 그렇죠 하나하나 음식에 보면 스토리가 다 있어 음식에 보면 그렇죠 한이 깊은 음식도 있고 배고파서 먹었으니까 정선에 음식 하나하나가 맛으로 먹었던 음식은 하나도 없어 다 배고파서 살기위해서 먹었던 음식들 인거죠(끼니 때우기 위해서) 그렇죠. 옥수수 밥이라던지, 저는 아직 옥수수밥을 못 먹어봤어요 안주더라고 우리앞집에서 옥수수밥을, 맛있게 생겼는데 그래도 저희시집은 좀 살만한 집이라서 쌀밥을 먹고 살았었거든, 그런데 그거 한번 아직까지 옥수수밥을 못 먹었었는데 지금 그게 향수에 젖어서 또 그 맛을 다시 찾게 되는 그런 게 바로 향토음식, 그런 거 같아(그러면 그런 연구 자료가 좀 축적을 하십니까? 자료를) 그 자료를 제가 지금 못하고 있는 게 그 책자가 나오고 제가 이 가시래나 모든 연구 자료가 다 있었었는데 이게 뭔가 하고 다 집어내 버렸어요 저희들이 실은 이거하면서 음식 50선에다가 책을 저희가 카렌더까지 해서 세 번을 냈는데(오 그거 괜찮네 아이디어)제가 지금 그게 하나만 가지고 있고(지금 선생님 하시는 것처럼 그런 식으로 정선의 50선 이거 아이디어 진짜 좋은 거 같아요)[49]

현재 정선향토음식연구회에는 향토음식을 발굴하고 복원하는 일에서 벗어나 현대인들의 기호와 입맛에 맞는 음식을 개발하고 있다. 특히 연구회에서는 특히 곤드레와 오가피, 그리고 황기를 가지고 다양한 연구를 많이 하였다. 이들 재료로 정선 지역 주민들이 먹었던 음식 그대로를 만들어보기도 하지만 현대인들이 좋아할

---

49   위와 같음.

수 있는 형태로 계발하는 데 주안점을 두고 있다. 오가피로 밥도 지어 보고, 황기로 식혜를 만들어 본 사례 등이 여기에 해당된다.

그분도 그 선생님도 센터에 와가지고 곤드레 가루가 있고 황기가루가 있다는 걸 알아가지고 그걸 넣어서 자기가 해본거지 그러다보니까 그게 된 거야 곤드레 가루를 넣어서 하니 똑같은 500그람 500그람을 만약에 설탕을 넣어도 곤드레 가루가 들어감으로써 인해 단맛이 덜 하다는 거야 그걸 이 선생님도 자기가 그걸 터득을 했지(그러면 여기는 곤드레 말고는 관심 있는 음식이 뭡니까? 연구회에서는) 연구회 에서는 거의가 곤드레하고 황기하고 저기 뭐야 오가피(오가피는 뭐에요? 오가피로는 뭘 하냐고 음식은) 오가피로는 밥도 해보고 그 물가지고 밥도 해보고 떡도 해보고(그럼 아까 황기는?) 황기가루가지고 식혜도 만들어보고(식혜까지 만들어요?)네 식혜도 만들어보고(다양한 실험을 하는구나) 네 식혜도 그렇고 아까 얘기했던 약과도 만들어보고 황기가지고 그거 국수도 해보고(국수요? 아 밀가루랑 섞어서) 네 또 오가피 물가지고 국수도 해보고 황기가루 저기 뭐야 곤드레 가루 가지고 국수도 해보고(그러면 그런 건 다 실패를 하는 거) 아이 실패는 아니야 우리가 판매를 안했을 뿐이지 배우는 건 다배우지.[50]

그리고 향토음식을 널리 알리는 작업도 열심히 하고 있다. 홍보를 하는 과정에서의 주안점은 향토음식이 지닌 효능을 과학적으로 분석하여 좋다는 내용을 알리는 것이다. 최근에 널리 알려진 '곤드레밥'도 그러한 노력의 결과물이다. 과거 정선 지역 주민들이 즐겨먹었던 투박한 음식이 지금은 많은 이들이 즐겨먹는 대표 건강식으로 탈바꿈하였다.

---

50   유금순 씨 구술 자료, 2015년 8월 19일.

(근데 곤드레밥을 왜 그렇게 대중화 시키고 싶으셨어요? 여러 가지 음식 중에?) 아니 곤드레 라는 말이 무슨 뜻인지 모르죠?(모르죠) 곤드레가 커서 흔들려서 곤드레 만드레 해서 곤드레라는 유래가 있는데 원래 곤드레는 원래 학명이 고려 엉겅퀴야(엉겅퀴죠)똑같아 엉겅퀴랑 꽃이 피면 똑같아 옛날에는 배고픈 시절에 그걸 안 먹었다고 그러잖아 죽쒀먹었다고 구황식물이기 때문에 죽쒀먹었는데 그거 나물 같지 않으니까 나중에 안 먹었잖아, 어느 분인가 가 옛 것을 다시 찾아서 곤드레밥을 다시 시작하게 되었잖아요, 그래서 그게 조금씩 조금씩 하다보니까 이게 약효가 상당히 뛰어난 거야 이게 그리고 어떤 콩나물밥보다도 곤드레 밥으로 해놓으면 산채가 구수한 맛이 있고 거기다가 또 된장이나 고추장이나 이런 걸 접목을 시켜서 먹으면 맛있고, 정선이 어떻게 하다보니까 곤드레도 이름을 날리게 된 거야 그러면 저희가 향토음식에서 하는 일이 뭡니까 이걸 더 높이 알려보자 그래서 저희가 장아찌도 하게 됐고, 또 제가 또 곤드레에 더 관심을 갖게 된 이유가 단지 구황식물 동맥경화 이런데 만 좋다 이렇게 알고 있었는데 나중에 보니까 혈관을 참 깨끗하게 해주는 게 바로 곤드레 라는 성분이 들어있는(과학적인 성분까지 이제)[51]

이러한 노력들 덕분에 정선 지역의 향토음식은 정선이라는 지역을 넘어서 전국적인 음식으로 발돋움하게 되었다. 장단점이 있긴 하나 이러한 현상은 분명 의미가 있는 일이라 생각하고 있었다. 오늘날 정선 여러 지역에서 열리는 5일장을 둘러보면 외지에서 온 대다수의 사람들이 정선에서 나는 향토음식과 음식에 쓰이는 다양한 임산물을 구매해 가는 모습을 쉽게 확인할 수 있다.

향토음식연구회 회원은 예전에 비해 많이 축소되었다. 지금은 20여 명 정도가 회원으로 활동하고 있다. 한동안 남자 회원을 받지 않았지만 시대가 변하면서 부부

---

51   권영원 씨 구술 자료, 2015년 8월 19일.

가 함께 회원으로 가입하는 경우도 있다.

(선생님 그러면 회원이 몇 명이나 되세요? 지금은) 지금이 이십 삼명인가(사십 명에서
많이 줄었네요?) 실제 어느 단체 던지 간에 백 명이 되어도 실제로 움직이는
인원은 삼분의 일밖에 안되고 저희도 한 사십 명이 되는데 실제 움직임이
많을 때 에는 저희들이 스물 두 명 까지 와요, 스물다섯 명 그러면 거의
백 프로 참석 한다고 볼 수 가 있는 건데(실무적인 진짜 열심히 하는 사람들만 모
이시는 구나) 저희들은 지금 부부가 있고 부부가 네 쌍이나 되요.[52]

그렇다고 연구회의 성격이 바뀐 건 아니다. 초창기에도 주안점을 두었던 부분,
다시 말하자면 회원들끼리 모여 요리 연습을 꾸준히 하고 있다. 물론 알고 있는 노
하우를 새로 가입한 회원들에게 가르쳐 주기도 한다. 연구회를 이끌고 가는 사람
들도 예전과 같이 회장 1명, 부회장 1명, 총무 1명이다. 회원 중에서 배운 기술을
가지고 사업으로 발전시킨 사례도 있다. 회비는 일 년에 팔만 원정도인데, 활동을
통해 걷은 수익금과 함께 모아두었다가 음식과 관련된 곳으로 견학을 갈 때나 맛있
는 음식을 판매하는 곳을 가서 사용한다.

(그러면 지금 연구회에서는 제일 주안점이 무엇인가요?) 요리연습 하는 거(요리연습?)
요리 배워서 저희는 배워서 지금까지 사람들이 배워서 그냥 자기 생활 음
식으로만 했는데 지금 그게 아닌 배워서 나의 생업으로 연계될 수 있도
록, 저는 뭐 저 같은 경우도 지금 지원을 받아서 사업을 하고 있고(무슨 말
쓴인지 알겠습니다. 그러면 조직은 어떻게 되어있습니까 회장님)회장 부회장 총무 그
렇게(인원이 회장님 한분 부회장 둘?) 아니 부회장 많지 않으니까(부회장 하나 총
무 하나) 그렇죠 그렇죠(그러면 외부에서는 관여를 이사나 뭐 이런 건 없어요?)네 전

---

52   위와 같음.

혀 없어요(그냥 그 사람들끼리) 네 네(연회비도 있을 거 아닙니까?) 저희들 연회비 팔만 원(와 싸다) 싸지 만 원도 안 되는데(그러면 그 사람들한테 수익이나 그런 걸 돌려주는 건 아니고) 에이 그런 건 없어요(다 기금을 적립해 놓는 거예요?) 다 적립해놓고 우리가 이제 어디 놀러 견학을 가는데 우리는 놀러간다는 개념이 아닌 배우러 간다는 개념으로 받는, 어디 맛 집 찾아가지요.[53]

(2) 활동 실적

앞서 간략하게 소개하였듯이 향토음식연구회가 십 여 년 동안 정선 지역 향토음식에 미친 영향이 지대하다해도 과언이 아니다. 회장인 권영원 씨를 비롯해 부회장인 유금순 씨 등의 노력으로 다양한 활동을 펼치고 있다. 무엇보다 정선 지역의 향토음식을 널리 알리는 데 막중한 역할을 하였다.

음식연구회가 결성된 지 오래된 것은 아니지만 정선 지역 내에서의 활동뿐만 아니라 외부 단체들과의 긴밀하게 교류를 맺고 있다. 앞서 소개하였듯이 이 단체의 주요 활동은 지역에서 재배되는 산채 등을 이용하여 향토음식을 개발하는 일이다. 곤드레 뿐만 아니라 당귀, 곰취와 관련된 음식을 개발했는데, 현대인들의 기호에 맞게 퓨전음식까지 영역을 확대하고 있다. 그리고 중요한 사실은 본격적인 판매에 앞서 만든 음식을 발표하는 시간도 갖고 있다.

정선향토음식연구회(회장: 권영원)가 곰취 당귀 곤드레 등 지역 특산물을 이용한 향토음식 개발에 적극 나서고 있다. 정선향토음식연구회는 지난 달 30일 북평면 숙암리 단임자생초 마을에서 곤드레를 이용한 개인별 연구과제 발표회를 가졌다. 또 군농업기술센터 가공실에서 지역 산채를 이용한 기능성 국수제조 개발에 구슬땀을 흘렸다. 정선향토음식연구회는 그동안 곤드레송편 곤드레 주먹밥 곤드레 장아찌 퓨전곤드레밥 곤드레죽

---

53 위와 같음.

등 곤드레를 이용한 다양한 음식을 개발했다. 또 곰취 당귀 등 우리농산물을 이용한 국수요리 개발에 매진하고 있다. 정선향토음식연구회는 지역 농특산물을 재료로 전통 향토음식을 개발하자는 취지에서 창립돼 현재 20여명의 회원들이 활동하고 있다. 정선군농업기술센터 관계자는 "정선 향토음식연구회원들이 각종 연구모임 활동을 통해 정선을 대표하는 향토 먹거리를 속속 발굴 및 개발하고 있다"며 "군차원에서도 회원들이 개발한 향토음식이 상품화될 수 있도록 지원할 계획"이라고 말했다.[54]

　　이 단체는 정선 5일장에서 향토음식을 판매하는 일에도 관심을 기울였다. 정선의 주요 음식을 소개하기 위한 목적이 강했는데, 2005년부터는 지역특산물 및 정선 생약초를 이용한 건강음식을 개발하여 정선 장을 찾는 관광객들에게 선을 보였다.

　　정선향토음식연구회(회장: 권영원)가 정선 5일 장터에서 생약초 요리판매장을 운영한다. 생약초 요리판매장은 7일부터 오는 10월27일까지 5일장마다 운영할 계획이며 오가피약과 및 약초절임류 등 생약초 요리 10선이 첫 선을 보인다. 정선 5일장 생약초 요리판매장은 정선생약초를 이용한 건강 음식의 다양화와 관광 먹거리 개발로 5일장을 찾은 관광객에게 생약초 요리의 우수성을 홍보하는 기회가 될 것으로 보인다. 정선향토음식연구회 회원 30명은 매월 정기모임과 외부강사 초청요리 교육 및 요리전시회와 요리 체험장 운영 등 활발한 활동을 보이고 있다. 특히 지난 2005년부터 정선군의 신활력 사업과 관련, 지역특산물 및 정선생약초를 이용한 건강 음식 개발에 주력해오고 있다.[55]

54　『강원일보』, 2005년 6월 1일.
55　『강원일보』, 2006년 7월 7일.

또한 지역에서 열리는 각종 행사에 참여하여 향토음식을 알리고 있다. '곤드레 산나물축제'의 경우는 향토음식연구회가 주도적인 역할을 하고 있다.

(사)정선군 관광진흥협회가 주최하고 곤드레산나물축제위원회가 주관하는 이번 행사는 16일 오후 6시 정선공설운동장에서 개막공연에 이어 오는 19일까지 산나물 직거래장과 다양한 문화공연으로 진행된다. 축제 기간 지역 내 산나물농가 및 법인 50여 곳에서 싱싱한 산나물을 비롯한 농·특산물 직거래장터를 마련하며 관광객을 위한 추억의 먹거리 장터도 운영된다. 특히 정선향토음식연구회는 곤드레를 이용한 김치, 떡, 절편 등의 음식을 선보이며 투호놀이 등 가족단위 방문객이 즐길 수 있는 체험코너가 설치된다.[56]

정선 관내에서 다양한 활동을 펼친 덕분에 2012년에는 일본에 정선의 향토음식을 알릴 수 있는 기회를 얻었다. 정선군과 우호교류 협정을 체결한 '일본 타하라시'에 가서 2박 3일 일정으로 향토음식을 선보였다. 이 때 일본인들에게 알린 음식에는 황기배추 물김치·곤드레 갭떡·모둠절임이었는데 반응이 무척 좋았다고 한다.

강원 정선군은 지난 2012년 우호교류 협정 체결을 맺은 '일본 타하라시'에서 6~8일 2박3일 일정으로 정선군을 방문한다고 5일 밝혔다. 군에 따르면 토시나 아오키 농촌 카가야키 넷트 타하라시지부회장, 류분 시마즈 타하라시 교육장, 도시노리 고모다 아츠미반도 관광뷰로 참사 등 총 14명의 방문단이 각각 전통음식, 교육, 관광, 농업 분야에서 교류를 위해 방문하게 된다. 민간교류 방문단은 7일 정선 5일장, 정선아라리극 메나리 관람, 스카이워크 및 레이바이크 체험 등 정선군 주요 문화, 관광상품에 대

---

56 『강원도민일보』, 2014년 5월 13일.

한 체험 및 견학을 실시할 예정이다. 특히 이번 방문단은 타하라시 향토음식 연구, 보전 및 개발을 위해 봉사하고 있는 농촌 카가야키 넷트 회원 7명이 주축이 되었다. 군에서는 향토음식연구회에서 황기배추 물김치, 곤드레 갠떡, 모둠절임 3가지 등을 선보이고 직접 체험할 수 있는 기회를 제공할 예정이다. 한편 타하라시에서는 내년 초 정선군 향토음식 연구회원들을 초청해 타하라시의 전통음식을 선보일 예정이다. 양도시의 전통음식을 바탕으로 한 퓨전요리 개발 등을 통해 새로운 음식문화 창조에 큰 도움이 될 것으로 기대하고 있다.[57]

정선군향토음식연구회는 정선 관내에 있는 음식점을 대상으로 여러 가지 항목을 평가하여 대표 음식을 선정하는 일에도 참여하였다. 대표적인 프로젝트가 바로 '명품 곤드레 밥집 5개 선정'이다.

정선군은 최근 향토음식연구회를 비롯한 관련단체 등 각계 전문가로 구성된 명품음식점 선정위원회를 열고 맛과 위생, 서비스, 시설 등 객관적 표준 평가지표에 따라 현장실사를 벌여 모두 5개의 명품 곤드레 밥집을 선정했다. 이번에 선정된 명품 곤드레 밥집은 여량면 '돌과 이야기'를 비롯 고한읍 '배숲마을', 정선읍 '싸리골식당', 정선읍 '동박골식당', '임계면 펜션하우스식당' 등 모두 5개소다. 정선군은 명품 곤드레 밥집 선정을 알리는 지정서와 표지판을 각 해당 음식점에 지원하고, 전국 주요 관광지에 홍보를 지원하기로 했다. 또 지속적이고 철저히 사후 관리를 해 정선을 대표하는 청정 이미지의 명품 식당으로 육성해 나갈 방침이다.[58]

---

57 『newsis 강원』, 2014년 11월 5일.
58 『강원일보』, 2012년 3월 30일.

오랜 경험을 바탕으로 정선향토음식연구회는 요리경연대회에 출전하여 좋은 성과를 내었다. 다른 상들도 의미가 있지만 '2014 대한민국국제요리경연대회'에서 받은 금상은 가치가 있다. 이 단체에서는 곤지맛지팀을 꾸려 출전하여 곤드레를 주제로 다양한 음식을 만들어 선보였다. 이 때 만든 음식이 곤드레 김치, 떡, 차가 중심이었다.

> 강원 정선군 정선향토음식연구회인 곤지맛지팀이 25일 서울 양재동 aT센터에서 열린 2014 대한민국 국제요리경연대회에서 금상을 수상했다고 26일 밝혔다. 군에 따르면 곤지맛지팀은 정선향토음식연구회원들로 곤드레를 주제로 곤드레 김치, 떡, 차 등 다양한 곤드레 음식을 선보여 대회참가자 및 관람자들에게 큰 호응과 성과를 거뒀다. 이에 이날 출품된 40종의 출품작들은 새기술실증시험 연구사업으로 개발된 곤드레 겉절이 등 김치 10종 및 곤드레 김치를 이용한 떡과 음식으로 지난 3월부터 매주 정선군농업기술센터 조리실에서 지역 가공업체 및 식당, 농가에 전수교육을 실시했다. 농업기술센터 여진희 박사는 "이번 성과는 정선의 곤드레를 통해 강원의 음식문화 향상 및 외식산업발전에 기여함과 동시에 지역 농산물 소비촉진과 함께 농가수익창출이 기대된다."고 밝혔다.[59]

한편, 정선향토음식연구회는 지역 사회에서 사회봉사 활동도 펼치고 있다. 정선 관내에 계신 독거어르신을 찾아 곤드레 빵과 라면 등을 전달하여 따뜻한 온정을 나누고 있다.

> 정선향토음식연구회(회장 권영원)는 17일 강원 정선군 정선읍 등 독거어르신 20가구를 찾아 올해 산채교육과정을 통해 배운 곤드레빵과 라면 40

59　『아시아뉴스통신』, 2014년 5월 26일.

3. 산촌 음식 | 349

박스를 전달하는 등 따뜻한 온정을 나누고 있다.[60]

4) 전승 방안 및 계획

여느 지역이나 할 것 없이 시대가 변화하면서 전통 시대에 있었던 많은 문화들이 사라져가고 있는 게 작금의 현실이다. 다만 어떤 것들을 보존하고 어떤 방식대로 그러한 문화를 복원하고 전승시킬 것인가에 대한 문제는 개인의 힘으로 할 수 있는 게 아니라는 점에서 막막하기만 하다.

정선 지역 주민들이 향유했던 산촌 음식을 전승하기 위해서는 다양한 고민이 필요하리라 생각된다. 다만 그 고민에 앞서 오늘날의 시대적 변화를 직시할 필요가 있다. 시대가 변화하면서 다양한 변화가 있게 마련이지만 빠르게 변화하는 시대적 상황을 어떻게 받아들여야 하는가를 심각하게 논의했으면 한다. 산촌 음식의 경우는 우리가 일상생활에서 필요한 食문화와 관련되어 있다는 점에서 그러한 부분이 더없이 중요하리라 생각된다. 아래의 내용은 어쩌면 이런 고민에서 언급된 내용이 아닐까 싶다.

환경의 변화는 강원도 산간에만 불어 닥친 것이 아니다. 사회 모든 곳에서 환경의 변화가 일어나고 있으며, 변화의 속도는 점점 더 빨라지고 있다. 강원도 산간지역은 도시에서처럼 집을 밀어내고 초고층의 빌딩을 짓는 것은 아니지만 예상보다 훨씬 더 빠른 속도로 진행되고 있었다. 집에서 먹기 위해 심었던 작물은 그 역사를 마감하고 농협과의 계약재배를 통해 대량 생산된다. 그렇게 하지 않으면 종자도 구하기 힘들고 판로도 확보하기가 힘들다. 많은 것들이 획일화되어 가는 이러한 현실 역시 당장 먹고 사는

---

60   『강원도민일보』, 2014년 12월 18일.

일과 연계되어 있기에 함부로 이야기할 수 있는 것은 아니다. 하지만 이러한 변화가 과거 우리가 만들어 먹었던 먹거리를 앗아가 버렸다는 아쉬움은 지우기 힘들다.[61]

세월이 흐름에 따라 사람들의 입맛도 변하기 마련이다. 땟거리가 다른 옷을 입는 것은 어쩌면 자연스러운 현상일 것이다. 올챙이국수만 해도 다싯 물을 낼 멸치고 고명으로 올릴 김도 없던 시절에 만들어 먹던 방식 그대로 만들어 내놓으면 맛이 없다는 평이 돌아온다고 한다. 양념을 더하고 고명을 얹은 올챙이국수는 확실히 세련되고 화려해졌다.[62] 그렇다고 변화가 무조건 나쁘다거나 원형을 유지하는 것만이 바람직하다는 의미는 아니다. 다만 그들의 땟거리가 어떻게 만들어졌는지에 대한 이해 없이 단순히 묵이 올챙이를 연상케 한다거나 국수가 콧등을 친다는 등 대중의 환심을 사려는 목적의 재미 요소에만 초점을 맞추어 땟거리의 원형을 무시하고 자극적이고 하려한 옷을 덧입히는 것은 지양해야 할 부분이다. 원형을 잊은 변형은 그 뿌리를 흔들고 결국 문화의 단절을 초래할 위험이 있다.[63]

하지만 그 역시 쉽지 않은 일이다. 앞서 소개한 바대로 음식이라는 것이 우리의 생활과 밀접하게 연관된 탓이다. 또한 음식문화는 지역에서 재배되는 재료가 중요한 탓에 예전 그대로 정선의 향토음식을 전승시켜나가는 일이 쉽지 않기 때문이다. 정선에서 재배한 식재료를 토대로 만들어진 음식과 그렇지 않은 식재료를 사용한 음식을 똑같은 것을 보기 어려울 것이다. 이런 단편적인 고민만 있는 것은 아니다. 정선 지역에서 판매되고 있는 음식들 가운데 본래의 모습을 유지한 채 판매되는 경우를 쉽게 발견할 수도 없다. 같은 메뉴라고 해서 모두들 정선을 대표하는 향토음식으로 보기에는 기준이 명확하지 않다. 따라서 향토음식, 특히 정선 지역을 대

61   국립민속박물관, 『산간 지역의 땟거리』, 2014, 170쪽.

62   위의 책, 166쪽.

63   위의 책, 168쪽.

표하는 향토음식에 대한 기준이 정해져야 할 것이다. 그 작업은 쉽지 않다. 하지만 여러 사람들이 함께 모여 그러한 기준을 설정하고 그러한 기준을 토대로 정선의 향토음식으로 발전해 나간다면 분명 의미가 있을 것이다.

그런 점에서 정선 지역민들의 삶이 녹아 있는 음식으로 발전해 나갔으면 한다. 현대적인 트렌드를 따라 가는 방식도 중요하겠지만 본래의 모습을 최대한 간직한 음식을 보다 적극적으로 전승시킬 수 있는 방안을 모색해야 한다. 식당에서 누구나 만들 수 있는 음식도 아니고 외지인들의 입맛에 부합하는 음식이 아닌, 고유의 음식을 개발하고 전승시키는 일이 그것이다. 이번 조사 과정을 통해 그러한 가능성이 충분함을 느낄 수 있었다. 그런 관점에서 다음과 같은 내용을 한 번쯤 살펴봤으면 좋겠다.

정선에는 꼭 장날이 아니더라도 향토음식을 판매하는 식당과 노점이 수두룩하다. 메뉴는 대동소이하다. 시선과 입맛을 사로잡기 위해 가게 앞에 까만 소댕에 메밀부침개, 메밀전병 등을 부쳐내는 분위기도 비슷비슷하다. 올챙이묵 가득한 대야도 눈에 어렵지 않게 눈에 들어온다. 처음 보는 이들은 "이게 뭡니까" 그냥 지나치지 못하고 물어보게 되는 장면이다. 그런데 이 음식들은 왠지 강원도 산간 지역의 먹거리 원형과는 거리가 있어 보였다. 재료 자체도 지역의 순수성을 잃어버렸고 음식의 모양새도 너무 화려했다. 농가에서 뗏거리 음식을 재연할 때에도 "예전 그대로"를 강조하지 않으면 원형보다는 식당에서 파는 것과 비슷한 음식이 나오곤 했다. 그때 그 시절의 뗏거리는 이제 더 이상 일상의 먹거리가 아니기 때문이었다. 강원도 뗏거리를 건강식으로 즐기는 트렌드도 다시 생각해볼 필요가 있다. 어쩌면 그 이름만 빌려 건강식으로 포장하고 내용물은 본래의 것과 다른, 우리의 입맛에 익숙한 것을 강제하고 있지는 않나 하는 생각을 지우기 힘들다. 원형 그대로 조리한 음식을 내놓으면 맛이 없다고 하는 경우가 많다는 이야기도 들려왔다. 그렇게 돌아선 사람들이 다시 찾아올 리는 없다. 이분법적으로 쉽게 판단하지 않았으면 하는 바람이다. 이들 뗏거리 음식은 맛으로만 평가할 수 있는 대상이 아니다. 지역민들의 삶이 녹아들어 있는 우리의 소중한 민속이자 문화유산이다.[64]

대부분의 전통문화가 그러하듯 음식문화는 조상들의 지혜와 삶이 고스란히 반영되어 있다. 그리고 지역의 역사와 특성을 살펴볼 수 있다는 점에서 여러 가지 면에서 가치가 있는 소중한 자산이기도 하다. 정선 지역에서 전승되고 있는 향토음식이 그 중에 하나라고 생각한다. 인근 지역인 평창과 영월 등과의 비교 작업도 있어야 하겠지만 정선에서 나는 식재료를 이용한 향토음식은 다른 문화와는 다른 독특한 차별성을 지니고 있다. 그런 점에서 전승해야 할 소중한 문화인 셈이다.

그런데 근래에 곤드레 재배 지역 문제로 전승에 많은 어려움을 느끼고 있었다. 과거엔 정선 지역에서 나는 곤드레만 가지고 음식을 만들었는데, 다른 지역에서 재배되는 곤드레가 대거 정선에서 유통되고 있다고 한다. 정선의 곤드레 씨앗이 다른 지역으로 퍼져나갔고 그곳에서 재배된 곤드레가 정선 지역에서 판매되고 있는 실정이다.

그런데 나는 안타까운 거 내 것을 내가 지켜야 되는데 내 고장에서 이 씨앗을 다른 데로 반출 시켜버리니까 거기서 그냥 다 하니까 지금(열 받는 거죠) 그러니까 정선사람들이 머리가 그거 준 사람이 나는 머리 정신 상태가(줬다는 말은 무슨 뭐에요 선생님?) 씨앗을 다른 데로 보냈다니까 다른 고장으로(어디로?) 고흥이라 던 지 이런(전남 고흥으로?) 네 그런 데로 보내니까 내가 참 마음이(지금 다른 지방에서 곤드레가 올라와요 정선서 생산해서 정선서 나는 게 아니고)아니라는 거죠 밭이라는 게 한계가 있어서 그럴 수도, 그렇지 않아요(그래요? 많아요?)여기서 조금 더 공급해서 하면 되는데 그걸 못하고 씨앗 팔

---

64   위의 책, 178쪽.

아먹는데 혈안이 되가지고는(그러니까 많구나) 지금 그렇게 소문이 났어. 정선 사람들이 정선 곤드레 가지고만 판매를 하는 게 아니고 다른데서 들어온 거 가지고 판매한다고, 그러니까 그러면 정선의 브랜드는 없어지는 거야, 정선하면 곤드레 곤드레하면 정선 이렇게 했어야했는데 그래서 저희들은 그런 게 참 안타까운 거죠.[65]

　　그리고 보다 편리한 것만을 추구하는 시대에 접어들면서 향토음식 제작 기술은 조만간 전승이 단절될 게 분명하다. 시대의 변화에 따라 전통방식 대로 향토음식을 만들어 먹는 사람들의 수가 줄어들기에 자연스레 이러한 기술을 지닌 사람들 역시 그들의 기술을 누군가에게 전승시킬 수 없기 때문이다. 다행스럽게도 정선의 향토음식은 여러 단체들과 군의 노력으로 전승이 단절되지는 않았다. 그러한 노력이 앞으로도 헛되지 않기 위해서는 좀 더 체계적인 작업이 따라야 한다. 개별 음식을 만드는 기술에 대한 부분, 그리고 필요한 식재료의 확보에 대한 문제에 대해서도 관심이 필요하다. 향토음식연구회를 중심으로 전승과 개발, 그리고 보존활동이 있었으면 하는 게 개인적이 바람이다. 그 이유는 간단하다. 관에서 주도하기보다는 민간단체를 적극적으로 활용해야 보다 원활하게 전승될 수 있기 때문이다. 그리고 다른 지역에서는 볼 수 없는 정선의 향토음식을 무형문화재로 지정하는 작업도 고려해야 한다. 무형문화재 지정만이 능사가 아니지만 적어도 이러한 분위기가 조성된다면 보다 체계적으로 향토음식 제작기술을 많은 이들에게 전수할 수 있지 않을까 싶다. 정선군농업기술센터에서의 2014년도에 펼친 전수교육이 좋은 대안이 될 수 있을 것이다.

　　정선군농업기술센터(소장 김광기)는 3월 28일부터 5월 10일까지 매주 금요일과 토요일, 농업기술센터 조리실에서 지역특산물인 곤드레를 주재료

65　권영원 씨 구술 자료, 2015년 8월 19일.

로 개발한 곤드레 김치와 곤드레 김치요리의 전수교육을 실시한다고 밝혔다. 이번 교육은 2013년 새 기술 실증시험 연구 사업으로 개발된 곤드레 겉절이 등 김치 10종과 곤드레 김치를 이용한 떡과 음식으로 직접 실습을 통하여 가공업체 및 식당, 농가에 전수할 계획이다. 또한, 곤드레 김치 홍보를 위해 5월16일~19일까지 정선공설운동장에서 치러지는 제5회 정선 곤드레 산나물축제에 홍보부스를 운영하여 음식시연, 체험, 전시, 판매를 한다는 계획이다. 전수를 희망하는 주민은 농업기술센터 특수작목지도팀(033-560-2709)에 상담을 하면 가능하며 계획인원은 25명이다. 군은 1회성 행사에 그치지 않고 곤드레 김치 명품화를 위해 전수자들을 향토음식 연구회 회원에 가입을 유도하여 지속적인 지도·교육을 통하여 명품화에 박차를 가한다는 계획이다. 최유순 특수작목지도담당은 "봄철 정선에서 본격적으로 생산될 곤드레 김치 조리교육을 통하여 다양한 활용방법 홍보로 농산물 소비촉진과 함께 농가 수익창출이 기대된다"고 말했다.[66]

또 하나의 대안은 바로 시절음식이라는 점을 강조하여 정선 지역의 음식을 적극 홍보해야 한다. 냉장시설이 발달한 덕분에 곤드레 밥을 계절에 상관없이 먹는 것이지, 그런 시설이 부족한 시절에는 제철이 아니면 먹을 수 없었던 음식이었다. 조사 과정에서 들었던 대다수의 향토음식이 바로 제철에 정선 지역 주민들이 즐겨먹던 것이다. 곤드레 밥, 콘등치기국수, 감자전 등이 그러했다. 제철 음식의 중요성은 그지 설명을 하지 알아도 될 정도로 오늘날에는 이 부분이 중요한 트렌드가 되었다. 여러 가지 준비할 사항이 있긴 하겠지만 제철의 향토음식, 혹은 시절 향토음식을 표방해서 정선의 향토음식을 전승시켰으면 하는 게 개인적인 생각이다. 조사 과정에서 만난 한 제보자의 의견에서 이러한 아이디어를 떠올랐다.

---

66 『환경일보』, 2014년 4월 1일.

(그러면 어머니한테 하나 물어 볼게요 이런 문화들을 어머니 어떻게 전승을 해야 돼요?) 그러니까 저도 하고 있어요. 그래서, 근데 요새는 사람들이 관심 없어요 (문제가 이제 보니까 곤드레 같은 경우도 옛날에는 정선에서만 나는 걸로 했는데 다른 지역으로 다 가버려 가지고 이 곤드레가 이 곤드레인지) 그게요, 내가 보니까 곤드레도 비료주고 야생에서 밭에서 재배하는 거는 어릴 때 그 맛을 못 느껴 맛이 없어 그래서 저는 나물을 체취하려면 봄에 일찍 해서 내 먹을 꺼는 딱 저장해서 놔요 5월 달 6월 달 안에 해서 놓고 이렇게 늦게 올라오는 거는 물론 영양은 있겠지만 봄에는 겨울동안에 땅속에 웅크리고 있던 영양소들을 다 뿜어 올려주잖아요 그 향과 맛이 다르단 얘기지 늦게 체취하면 맛이 덜 하지(심각하더라고) 옛날에는 삶아서 건조해서 해야 되기 때문에 자기 시절에 안하면 놓쳐버리잖아 두 번 다시 이식한다는 얘기는 없잖아 그러니까 다 어른들이 제철에 뭔가를 다 하려면 엄청 바빴던 거예요 요즘 냉장고가 사람 다 바보로 만들어 우리도 쓰고 있지만 문제가 심각해 냉장고(오래전에 있는 것들은) 그래서 아 옛날 어른들이 살아온 방식이 좀 분주 하기는 했어도 우리 몸에 가장 좋은 먹거리였다라고 하는 거.[67]

이러한 방안과 함께 음식을 활용한 축제와 관광 등에도 신경을 써야 할 것이다. 이러한 노력이 없었던 것은 아니지만 지금까지 해오던 내용을 검토하여 보다 체계적이면서 전략적으로 기획하고 진행했으면 한다. 따라서 오늘날 펼쳐지고 있는 대표적인 음식축제인 〈정선토속음식축제〉를 간략하게 살펴보면 다음과 같다.

주최/주관: 정선군/북평면체육축제위원회 Tel. 033- 562-3721, 033-560-2675
행사소개

---

67   윤복례 씨 구술 자료, 2015년 9월 17일.

〈정선토속음식축제〉는 폐광 이후 쓰러져가는 지역경기를 살리기 위하여 북평면 주민들이 모여 준비한 축제이며, 옛날부터 전해져 오던 304가지의 토속음식을 발굴해 2012년부터 해마다 토속음식 축제를 열고 있다. 정선 토속음식 304가지 메뉴는 어려운 시기에 조상들이 즐겨 먹던 향토 음식들로 토속음식 하나하나에 삶의 애환이 서려있고, 깊은 맛과 조상들의 생활상도 엿볼 수 있다. 아울러 토속음식도 만들어 보고, 소 밭갈기와 소달구지 타기, 팔씨름대회 칼국수 빨리 먹기 대회 등 농경문화 체험도 할 수 있다.

행사기간: 2015.04.24 ~ 2015.04.26

위치: 강원도 정선군 북평면 북평양지말길 48(북평면)

행사장소: 정선 북평면 나전역 앞 일원

행사내용

- 토속음식 만들기

- 소 밭갈기 및 달구지타기

- 모내기체험 등 농경 무료체험

- 산촌생활문화전시 및 시연

- 산촌 놀이 경연

- 산촌 음식 경합

- 벚꽃 길 걷기

- 무료자전거 타기

정선향토음식축제가 지닌 매력은 충분하다. 그럼에도 불구하고 행사 내용을 보면 다른 지역과의 차별성이 부족함을 알 수 있다. 누구나 할 수 있을 뿐만 아니라 음식과 크게 관련이 없는 내용이 포함되어 있어 정선의 향토음식만을 주제로 한 축제로의 변화를 꾀했으면 한다.

이러한 축제와 더불어 정선군에서는 전략적으로 정선의 향토음식을 관광자원으로 육성한다는 방침을 세우고 전수관 건립과 같은 사업을 펼치고 있다. 정선의

장인을 발굴하는 작업도 이 사업의 일환으로 진행하고 있는 실정이다. 과거 정선 주민들이 즐겨 먹었던 향토음식이 산업으로 발전하고 있어, 여러 모로 미래가 밝을 것으로 보인다. 정부로부터 20억 원의 사업비를 받을 정도로 가치를 인정받았다. 이 사업과 관련된 자세한 내용은 아래와 같다.

국제슬로시티 지정을 추진 중인 정선 북평면 일원이 산골 토속음식과 술을 활용한 관광지로 거듭날 전망이다. 정선군에 따르면 지난해 농림축산식품부로부터 '정선토속음식 304 보전·체험프로젝트'가 창조지역사업으로 선정돼 20억 원의 사업비를 확보했다. 군은 올해 2억500만 원 예산을 들여 기본계획 용역을 비롯한 부지매입 등 행정절차를 이행한 후, 오는 2015년 말까지 사업을 완료할 예정이다. 정선토속음식 관광자원화 사업에는 향토음식의 보존과 체험이 가능한 토속음식 전수관 설립을 비롯한 음식명인 육성, 토속음식의 관광자원화 및 스토리텔링 등이 추진된다. 또 정선 토속음식을 고루 맛 볼 수 있는 '만 원의 밥상'등을 비롯해 5가지 토속음식과 술이 곁들여진 '정선술상', 당뇨·혈압 등 건강에 도움이 되는 '치유밥상' 등을 관광상품으로 개발하기로 했다. 특히 관광객들이 직접 토속음식을 만들고 체험할 수 있는 체험공간 조성과 정선 토속음식 맛을 보존하고 체계적으로 개발할 맛 장인 30명을 육성해 음식 관광 명소로서의 위상을 강화해 나갈 방침이다. 북평면의 경우 정선 산골에서만 맛 볼 수 있던 토속음식 304가지를 15개 마을이 자발적으로 참여해 토속음식 304가지를 선보이는 축제를 2년째 개최하며 관광객들에게 큰 호응을 얻어 온 만큼, 관광자원으로서의 충분한 가치를 인정받고 있다. 군 관계자는 "100% 정선산 농산물로 100% 전통방식에 의해 만들어진 토속음식은 1·2·3차 산업을 융·복합화 하는 만큼 실질적인 주민소득 증대로 이어질 수 있다"며 "전시·시식·체험·교육·판매 등 다양한 테마와 토속음식에 대한 스토리텔링을 통해 국내 최고의 음식문화 관광명소로 육성

해 나갈 것"이라고 말했다.[68]

그러기 위해서는 정선 지역에서 전승되고 있는 향토음식에 대해 과학적으로 분석해야 한다. 어떤 부분이 사람들에게 좋은지를 널리 알리고 그걸 토대로 보다 맛있고 정감 있는 음식을 판매하는 방식도 고려해야 할 사항이다. 좋은 효과를 널리 알리고 보다 많은 이들이 동참할 수 있는 기본적인 데이터가 될 수 있기 때문이다. 좋은 성분이 있음에도 잘 알지 못하고 먹는 사람들이 많다보니 웹을 통해 과학적으로 뛰어난 부분이 무엇이며 이것이 음식에 어떻게 반영되었는지를 알리면 더 좋은 의미로 확대되리라 생각된다. 이러한 성분에 대한 분석은 식재료의 가치를 높여줄 뿐만 아니라 다양한 부가가치를 올려주는 역할을 할 것이다.

결국 이러한 기본적인 부분들에 대한 관심이 있어야 정선의 향토 음식이 잘 전승되리라 생각된다. 더불어 부족한 부분, 무엇보다 기본적인 자료를 좀 더 조사하고, 이를 체계적으로 연구하여, 정선의 향토음식이 지닌 매력을 보다 학술적인 동시에 과학적으로 알려야 할 것이다. 자연스레 전통방식의 기술도 체계적으로 전승시킬 수 있는 방안도 함께 고려되었으면 한다.

---

68 『강원신문』, 2014년 1월 27일.

3부
집신의 연희와 신앙

1 / 낙동농악

1) 역사 및 배경

(1) 농악의 연혁

농악이 언제부터 시작되었는지에 대한 기록이 없어 정확하게 상고할 수 없다. 기존의 농악에 관한 유래는 흔히 『삼국지』 위지 동이전에 있는 부여의 영고迎鼓, 고구려의 동맹東盟, 동예의 무천舞天 등 우리나라 고대 제천행사에서 찾고 있다. 제천행사는 개인의 놀이를 넘어 집단 구성원이 함께 즐기는 축제이기에 다양한 형태의 놀이가 펼쳐졌을 것이다. 이러한 행사에서 펼쳐진 놀이 중에서 농악의 뿌리가 되는 것이 있었을 것임은 틀림없다. 하지만 고대 사회의 제의와 축제에서 행해진 것이 오늘날의 농악과 같다고 보는 것은 문제가 있다. 왜냐하면 무악이나 농악의 연행방식과 악기편성은 끊임없이 변화되어 왔다고 보기 때문이다. 『영조실록』정해조에 보이는 농악은 오늘날 농악과 같은 것이라 할 것이다.[1] 따라서 현재와 같은 형태의 농악이 형성된 것은 조선후기 이앙법이 널리 보급되면서 농업 생산력이 증대된 조선후기로 추정할 수 있다. 대규모의 집단 노동이 이루어지면서 노동의 신명을 돋울 필요에 의해 풍물을 앞세웠을 것이며, 이것이 노동 현장뿐만 아니라 각종 의식

---

1   민속학회, 『한국민속학의 이해』, 문학아카데미, 1994, 406쪽.

이나 놀이에 두루 사용되면서 오늘날과 같은 농악으로 발전했을 것이다.

최근 농악의 유래에 관한 학자들 간의 주장을 정리하면, 첫째, 농악은 파종과 추수를 축복하고 그해 농가의 평안을 비는 음악이었다는 점에서 풍농·안택 기원설이 있다. 둘째, 전시에 적을 막아내기 위하여 연주되었다는 군악설이 있다. 셋째, 절의 건립을 위하여 승려들이 악기를 연주하며 민가를 순방한 데서 비롯되었다는 불교관계설 등이 있다.[2] 넷째, 농악의 근원을 마을굿에서 비롯되었다는 것이다. 이것이 마당밟이·걸립굿·두레굿·판굿으로 분화되었으며, 농악의 발달과정에 불교연희와 군악의 영향을 받은 것으로 본다.[3]

오늘날 농악이라는 명칭은 흔히 도시인들에 의해서 불러지는 것으로, 농촌에서는 '매구, 풍물, 풍장, 두레, 걸궁, 걸립' 등으로 부른다. 농악은 농촌에서 집단노동이나 명절 때 흥을 돋우기 위해 쇠, 징, 장구, 북, 소고 등의 다섯 악기를 이용한 대중적인 공연 예술의 하나이다. 이것은 가장 오랜 전통을 가진 종교적 놀이요, 집단의식에서 싹튼 놀이양식으로서 농경생활이 시작되면서부터 발달한 문화의 한 양식인 것이다. 농악은 농경이 시작되면서부터 우리 선조들에게 있어 생활의 리듬을 만들어 가는 한 형태라 할 수 있다. 정초에는 지신밟기를 하고, 농사일로 바쁠 때에는 두레농악으로 힘을 돋우며, 백중날에는 다 같이 모여 한해 농사의 피로를 풀며 농악을 놀고, 팔월 추석에는 그 해의 풍년을 축복하며 마을마다 춤과 노래와 농악 놀이로 모두 함께 어우러졌던 것이다. 따라서 농악은 음악·무용·연극 등 총체적인 특성을 지니고 있는 연희라고 할 수 있다.

농악은 흥겨운 가락을 연주하면서 어떤 일정한 동작이 정해진 것이 아닌 가락에 맞춰 각기 자유로이 움직이는 자연발생적인 농촌의 춤, 음악으로 볼 때 예부터 전해오는 각 지방 특유의 농악을 시대에 따라 그 변화하는 실태를 그 시대에 기록함은 우리 문화의 문화 보존에 큰 역할이 되리라고 본다.

---

2 「농악」, 두산백과사전 두피디아(www.doopedia.co.kr).

3 민속학회, 앞의 책, 406쪽.

(2) 농악의 지역적 분포

농악은 마을을 단위로 하여 자생적으로 발생하고 전승하여 왔다. 따라서 그 지역의 지리적 특성과 생활환경 및 문화적 색채를 비롯한 인문 환경적 영향을 강하게 받기 때문에 지역마다 쇠가락이나 악기편성, 연행, 춤사위, 잡색놀이 등의 놀이에 있어 독특한 특색을 지니게 된다. 우리나라의 농악은 전승 과정에서 지역적 특성을 갖는다. 현재 농악은 지역별로 크게 경기농악(웃다리 농악), 강원농악, 영남농악, 호남농악으로 구분할 수 있다. 각 지역을 대표하는 농악이 중요무형문화재로 지정되어 전승하고 있다.

① 경기농악

경기농악은 경기도 전 지역은 물론 충청 북부, 강원도 서부 지역에 전승되고 있는 농악으로 웃다리 농악이라고도 부른다. 경기농악은 안성·화성·이천 등의 남부농악과 광주廣州·양주·김포·강화·고양 등의 북부농악으로 구분된다. 안성농악이 경기농악의 대표적인 농악으로 꼽히지만, 그 밖의 지역에서도 농악이 성행하고 있다. 예를 들어 고양시의 '진밭 두레패 농악', 광명의 '광명 농악놀이', 김포의 '통진 두레 풍물놀이', 남양주의 '금곡 풍물놀이', 동두천의 '이담 농악', 안산의 '동작리 두레놀이', 안성의 '안성 남사당 풍물놀이', 양평의 '양평 농악(웃다리 풍물)', 이천의 '이천 농악', 평택의 '평택 농악', 화성군의 '봉담 역말 농악' 등이 경기도 민속예술 경연대회에서 소개되었다.

경기농악의 특징을 살펴보면, 경기농악은 지역에 따라 편성과 가락·판제가 약간씩 다르기는 하나 놀이적 성격이 강한 농악으로써 판굿의 짜임과 형태, 다양한 무동놀이가 공통적으로 나타난다. 그리고 길군악 칠채와 마당 일채를 친다는 점에서 동일하다. 평택농악은 중요무형문화재로 지정되어 경기농악을 대표하고 있으며, 안성농악은 현재 안성남사당풍물놀이라는 이름으로 과거 웃다리 농악의 중심지로

서의 명성을 되찾고자 노력하고 있다.[4]

경기농악은 각 지방에 따라서 인적 구성이나 진법·장단 등이 조금씩 차이가 있으나, 대체로 농악대의 편성은 영기·농기·태평소·꽹과리·징·북·장구·소고·무동·새미·탈광대·양반으로 구성되어 있다.[5]

② 강원농악
ㄱ. 영동농악

영동농악은 강릉·삼척·고성·평창·동해 등 강릉문화권에 속한 지방에서 그 특색이 두드러지게 나타나고 있다. 영동농악은 마을굿으로 당굿은 별로 하지 않으며 지신밟기가 성행한다. 그런데 다른 지역에서는 볼 수 없는 달맞이굿을 비롯하여 횃불놀이(다리밟기)가 있으며, 이밖에 두레농악이라 할 수 있는 김매기 농악과 질먹기가 있고 단옷날 대관령 성황제의城隍祭儀 길놀이 농악이 있다. 또한 배굿으로 풍어제豊漁祭와 관련된 진대백이굿이 있는 것이 특색이다. 영동농악에서 특이한 것은 무동 이외의 잡색들이 없다는 것이며, 무동춤은 어른의 배역配役으로 주어지나 삼층 놀이의 무동타기는 대개 어린이가 담당하고 그 위에 열두발상모놀이를 하는 것이 특징이다.

가락은 일채, 이채, 삼채, 사채, 길놀이, 국거리 등이 주축을 이루고 있는데, 이 중에서 길놀이 가락은 근래에 와서 신식 길놀이(행진곡)로 창작한 것이 특징이다. 형식에 있어서 특징적인 것은 지신밟기를 할 때 행하는 사설(고사소리)이 다른 지방에 비해 길고 다양하다는 점이다. 또한 개인놀이로 장구돌리기라든지 상회가 잽이의 어깨 위로 올라가 상모놀이를 한다든지, 이 지방의 농악은 단체적인 놀이를 위주로 한다. 그런데 이러한 단체적인 놀이로 특이한 것은 무동들의 춤과 잽이들과 어린이가 하는 삼층 무동타기라 할 수 있다. 이밖에 일 년 동안 농경생활을 모의하는 연

---

4   이상신, 「지역화 교육과정을 위한 경기 농악 연구」, 『국악교육』 제16집, 한국국악교육학회, 1998, 143쪽.

5   「경기농악(京畿農樂)」, 『한겨레음악대사전』, 도서출판 보고사, 2012.

극적인 놀이인 농사풀이[農式]는 영동농악의 특색이라고 할 수 있다.[6]

강릉농악은 1961년부터 전국 민속경연대회에 여러 차례 출연하여 입상하면서 널리 알려져 1985년 중요무형문화재 제11호로 지정되었다. 강릉농악은 법고와 소고가 구별 지어지고 무동이 많이 편성되는 것이 다른 농악과 다르다. 법고·소고·무동의 춤이 판굿의 주를 이룬다. 쇠가락이 소박하고 매우 빨라서 전국에서 가장 빠른 농악으로 꼽히고 있으며, 대부분의 춤을 달리듯 추기 때문에 매우 씩씩하고 활기차 좋으나 느긋느긋한 진멋이 없다.[7]

ㄴ. 영서농악

영서농악 일반

영서지방의 농악은 철원, 횡성, 원주, 평창, 춘천, 춘성 등지에서 행해지고 있으며 경기농악과 거의 비슷하나 다양함이 부족한 편이다. 이처럼 영서농악을 설명할 때는 따로 구분하여 이야기하지 않고 '경기농악과 유사하다'고 표현하는 것이 일반적인 현상이다. 이러한 현상은 영서농악에 대한 조사가 제대로 이루어지지 않았기 때문인 것으로 보인다.[8]

영서농악은 들판보다는 주로 뜨락이나 넓은 집 마당, 행길 등에서 행해졌으며 소박하고 정적이며 여성적인 체취가 풍기는데 특히 여장남무의 무동놀이와 돌골이 받기 같은 것은 특징 있는 연희형태이다.[9]

---

6 유옥재, 「강원도 영동농악에 관한 조사 연구」, 『江原大學校附設體育科學硏究所論文集』 16, 江原大學校附設 體育科學硏究所, 1991, 61~62쪽.

7 「강릉농악(江陵農樂)」, 『한국민족문화대백과』, 한국학중앙연구원(terms.naver.com/entry.nhn?docId=565334&cid=46661&categoryId=46661).

8 이선형, 「원주 매지농악에 관한 연구」, 용인대학교 예술대학원 석사학위논문, 2005, 1~2쪽.

9 유옥재, 「강원도 영서농악에 관한 조사 연구」, 『江原大學校附設體育科學硏究所論文集』 14, 江原大學校附設 體育科學硏究所, 1989, 59쪽.

낙동농악의 특징

강원 농악은 태백산맥 동쪽의 영동농악과 서쪽의 영서농악으로 구분되고 있다. 강릉, 삼척, 고성 등지에서 발달한 영동농악은 지리적으로 험준한 산악에 둘러싸여 있어 향토적 특성을 간직한 형태로 전승·발전되어 왔다. 다른 지역에 비하여 속도가 빠른 가락이 많고, 외가락을 써서 맺고 푸는 변화가 없어 단조롭다. 당산굿·풍어굿 가락을 많이 치며 주로 농사풀이가 잘 연행된다.

경기지방을 중심으로 원주, 평창 등지에서 발달한 영서음악은 다른 문화권의 농악에 비해 징·북의 수가 적고 소고·법고의 구별이 없다. 전체적으로 느린 가락에서 빠른 가락까지 고르게 배열되어 있고, 잡다하게 여러 가지로 가락을 꾸며주지 않기 때문에 쇠가락의 가림새가 분명한 것이 특징이다.

영동권과 영서권 틈새에서 두 지역농악의 영향을 고루 받은 낙동농악은 악기, 편성, 가락, 판굿의 구성이 영동지방의 농악과 유사한 점은 있으나 멍석말이가 좌편돌이로 시작하여 우편돌이로 바뀌는 것은 다른 지방에서는 찾아볼 수 없는 특유의 향토적 특색이다. 쇠가락은 산악지역을 중심으로 발달하여 온바 힘차며 빠르고, 리듬은 빠르면서도 강하고 경쾌하여 옛날 형태를 그대로 유지하고 있다. 지금은 7~8종의 가락이 주로 사용되며 놀이 과정은 대체로 12과장이다. 이것은 마을마다 조금씩 다르고 장소와 시간에 따라 생략되기도 한다. 낙동농악은 특색 있는

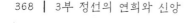

짜임새와 운율이 발전해왔으며 정선지역을 대표하는 농악으로 자리 잡고 있다.[10] 아래 사진은 1990년대 낙동농악의 모습이다.

③ 영남농악

청도·통영·삼천포·예천·진주·밀양 등지를 중심으로 발달한 것으로, 전체적으로 자진가락을 많이 사용한다. 영남농악은 북을 많이 사용하여 힘차고 박진감이 있다. 판제보다는 진풀이와 고사의례가 발달하였다.

놀이의 내용은 크게 지신地神밟기와 농악놀이로 구분된다. 농악놀이는 진터닦기·태극기 만들기(대원의 배열로 만든다)·'토土'자만들기·'수水'자만들기·'정丁'자만들기·씨뿌리기부터 묘뽑기·심그기 등 1년 농사일의 내용이 동작짓기·개인장기놀이·민요부르기·12발 행미(상모)돌리기의 순서로 진행된다.[11]

진주삼천포농악은 다른 지방의 농악에 비해 군악軍樂적인 요소가 많고 남성적인 농악이다. 진주삼천포농악의 편성은 쇠 3~4, 징 2~3, 장구 3~5, 북 2~5, 벅구 8 혹은 12명이 기본이다. 여기에 나발과 호적, 기수, 그리고 잡색 등이 편성된다. 치배의 복색은 흰 바지저고리에 삼색 띠가 기본이다. 가락은 다른 지방의 농악 가락에 비해 매우 빠르게 몰아치는 것이 특징이다. 그렇기 때문에 느린 음악에서만

---

10 낙동농악 전수관 안내판 및 「제17회 전국청소년민속예술제 강원 정선 낙동농악」 팸플릿 참조.

11 「영남농악」, 두산백과사전 두피디아(www.doopedia.co.kr).

연주할 수 있는 혼합박자의 가락이 드물고 대부분의 가락이 3소박 4박자로 되어 있다. 가락의 종류로는 얼림굿, 인사굿, 오방진(진풀이), 덧배기, 길군악, 연풍대, 영산다드래기(자부랑깽), 다드래기, 등맞이굿, 호호굿, 굿거리 등이 있다.[12] 법구들이 몸을 공중으로 날려 도는 자반뒤집기가 뛰어나다. 진주지역과 삼천포지역의 매구(풍물)의 판굿과 가락, 전승 계보가 조금씩 다르게 내려 왔으나 요즘에는 함께 하는 경우가 많다.

④ 호남농악

호남 지역의 농악이 평야와 산간 지역을 기준으로 차이가 있음을 인지하고, 호남우도와 호남좌도라는 역사적인 명칭을 빌려와 호남농악을 우도와 좌도로 구분하여 명명한 학자들의 식견으로 생성된 용어라고 볼 수 있다. 호남우도농악과 호남좌도농악에 대한 구분은 1967년에 발간된 보고서 『호남농악』에서 최초로 보인다.[13] 구체적으로 남원·진안·장수·무주·임실·전주·순창·운봉·곡성·구례는 호남좌도굿 지역으로, 김제·정읍·부안·고창·장성·광주는 호남우도굿 지역으로 구분하였다.[14]

ㄱ. 호남우도농악

호남우도농악은 전라도 서부지역의 농악으로, 전승지역은 이리, 군산, 옥구, 김제, 정읍, 부안, 고창, 장성, 영광, 광주, 광산, 해남, 무안, 진도 등의 지역이다. 주로 고깔을 쓰고 복색이 화려한 의상을 착용하였고, 느린 가락이 많으나 빠른 것도 곁들여 비교적 가락이 다양하고 개인연기에 치중한다. 다른 지역과는 달리 채상이 없는 장구 가락이 발달함에 따라서 큰북을 안치는 경향이 있고 판굿 외에 여타의 굿이 전래 보존되어 있으며 윗놀이를 치중하지 않고 밑놀이 굿가락이 다채롭고 멋이

---

12 「농악」, 『한국세시풍속사전—가을편』, 국립민속박물관, 2006, 104쪽.

13 시지은, 「호남 우도 농악 판굿의 구성 원리」, 경기대학교 일반대학원 박사학위논문, 2013, 7쪽.

14 위의 논문, 33쪽.

370 | 3부 정선의 연희와 신앙

있는 특색이 있다.[15] 우도농악은 근대 이후 판굿이 가장 발달한 지역이라는 평을 들을 만큼 판굿이 잘 짜여져 있다.

호남 우도 풍물굿은 농경이 발달한 평야지대의 굿으로서 전북은 김제의 만경평야를 중심으로 한 인접지역에서 성행하였다. 전남은 나주평야를 중심으로 한 영산강유역에서 발달하였다. 복색服色은 주로 흰 옷에 조끼를 입고, 일부 지방에서는 신라복新羅服을 입는 곳도 있다. 걸립꾼들의 옷은 빨간색 바탕의 마고자에 오색색동을 단 옷을 입는다. 따라서 좌도풍물에 비하여 복색이 화려하다고 할 수 있다.[16] 호남우도 농악에서 사용하는 장단은 내드름, 인사굿, 우질굿, 오채질굿, 좌질굿, 질굿, 양산도, 긴삼채, 빠른삼채, 긴매도지, 짧은매도지, 오방진, 긴오방진, 낸드래미호허굿, 호허굿, 자진호허굿 등이다.[17]

ㄴ. 호남좌도농악

호남좌도농악은 전라도의 동부 지역인 전북의 무주, 진안, 장수, 전주, 남원, 임실, 순창 등지와 전남의 화순, 보성, 구례, 곡성, 순천, 광양, 여천 등지가 중심이 되는 농악을 말한다. 꽹과리와 장구가 중요하며 일채에서 칠채까지의 채굿가락과 풍류굿, 잦은모리, 휘모리, 짝드름, 호허굿 등의 꽹과리가락이 있다. 우도농악에 비해 빠르고 거칠며 채굿가락과 영산·짝드름 등의 가락은 이 지역의 특색이다. 우도에 비해서 단체놀이에 치중하고 있으며 윗놀이가 발달되었다. 사용하는 장단은 휘모리, 길굿, 된삼채, 오채질굿, 빠른갠지갱, 일채, 이채, 삼채, 사채, 육채, 칠채, 호허굿, 되드래미호허굿, 중삼채, 자진호허굿, 맺이가락, 느린풍류, 반풍류, 참굿, 짝드름, 가진영산, 다드래기영산, 벙어리삼채, 벙어리반풍류, 수박치기일채, 수박치기

15 신봉주, 「전라우도농악 부포놀음 연구: 조상훈의 부포유형과 춤동작을 중심으로」, 원광대학교 교육대학원 석사학위논문, 2014, 7쪽.

16 박준형, 「호남 우도와 호남 남해도서지역 길굿장단에 관한 고찰」, 용인대학교 예술대학원 석사학위논문, 2005, 8쪽.

17 「풍물놀이(농악)—호남우도농악」, 『문화원형백과』, 문화콘텐츠닷컴(terms.naver.com).

이채, 인사굿 등이다.[18] 호남좌도농악은 경기·충청·경상도 농악의 특성과 같은 점이 많은 편으로 판굿 외의 여타의 굿은 거의 쇠멸 상태이다. 빠른 가락이 많고 동작이 역동적이라는 특징을 가지고 있으며 단체 연기에 치중한다.[19]

2) 전승 현황

낙동농악은 정선군 낙동리를 중심으로, 오늘날에도 고유의 전통적인 미를 잃지 않고 마을 단위로 향토색 짙은 농악을 유지하며 전승하고 있다. 태백산맥이 관통하는 중심부에 자리한 정선군은 영동과 영서의 분수령이 되는 지역으로, 농악의 경우도 영동농악(강릉농악)이나 경기도 웃다리 농악과 다른 특색을 지니며 전승하고 있다.

(1) 낙동농악의 전승

현재의 낙동농악은 유평리에 살던 김성진 씨가 강릉에서 농악을 배워가지고 와서 시작되었다고 한다. 김성진 씨가 어떤 연유로 해서 강릉에서 농악을 배워왔는지는 명확하지 않다.

18 「풍물놀이(농악)—호남좌도농악」,『문화원형백과』, 한국콘텐츠진흥원, 2003.

19 신봉주, 앞의 논문, 1쪽.

그전에 옛날에 저- 여 서낭굿을 하구, 우리가 어렸을 때 조만했을 때 그 서낭굿을 하구. 그- 인제 삼년만굿 하면서 농악을 한 게 기억이나요. 그래 뭐야 도가를 차리구 그 걸립을 치구. 뭐 그래가지구 제 제사를 올리구 그 랬는데.[20]

조만성 씨는 자신이 어렸을 때 농악을 보았다고 구술한다. 김성진 씨가 농악을 보급하기 이전에 "농악을 한 게 기억이."난다는 것이다. 이미 기존에 낙동리에서는 농악을 놀았다는 것이다. 예전부터 정선지역에 농악이 있었다고 하는 것은 『정선 총쇄록』을 통해서도 확인할 수 있다.

이러할 즈음에 상동上洞에서부터 갑자기 고각鼓角 소리가 크게 진동하여 나 역시 놀라고 해괴하여 여기고 있는데 유치영이 또 와서 말하기를

"참으로 난리가 났는가 봅니다."

하였다. 내가 말하기를

"그럴 리가 있느냐? 필시 무슨 사단이 있는 것이다."

하고, 급히 관노官奴로 하여금 나가서 탐문해오라고 하였더니 도로 들어와서 말하기를

"많은 백성들이 고각鼓角을 불어 전도前導하고, 또 격양가擊壤歌를 부르는데 한 가운데에는 높은 개盖를 세우고 늙고 젊은 고을 사람들이 도포를 입고 거의 수천 명이 둘러싸고 배종陪從하여 오고 있습니다."

하였다. 그러는 사이에 벌써 전도는 이미 문밖에 당도하였고 사령 하나가 뛰어 들어와서 삼문三門을 활짝 열어젖히고 도포를 입은 선비 하나가 두 손으로 유장儒狀을 받쳐 들고 들어오고 수십 인의 늙은 선비가 뒤를 따라 들어왔다. 또 한 부대는 봉두蓬頭의 4~5백 명인데 북과 취라吹囉와 징과

---

20 조만성 씨 구술 자료, 2015년 8월 18일.

생우笙芋 등 각기 잘하는 것으로 손에 가졌고, 나머지는 혹은 호미를 메고, 혹은 막대를 가지고, 혹은 수기手旗를 가지고, 혹은 짧은 대나무를 엇비슷이 들고, 혹은 나뭇가지를 상투에 메어 달고, 혹은 풀을 베어 엮어서 옷깃 위에 두르고, 혹은 풀로 얼굴을 뒤덮는 등 형형색색이어서 이루 다 형언形言할 수 없었다.

이윽고 마당 가운데로 들어오더니 각자 동서로 나뉘어져 혹은 노래를 부르고 혹은 춤을 추면서 얼마나 즐거운지를 몰라 하였다. 또 한 반열班列의 선비 수백 인이 있어 차례로 들어왔는데 그 중에는 주물상酒物床을 낱낱이 받쳐 들고 있었다. 그 뒤에 또 1백여 명의 선비가 있어 차례로 들어오는데 그 중에는 수를 놓은 일산日傘을 높이 받쳐 들고 들어왔고, 또 대소大小의 민인民人과 남녀노소가 모두 마당으로 들어왔다. 먼저 유장儒狀을 소반 위에 놓아 대청위로 올리고 다음에는 주찬酒饌 30여 상을 좌우로 나열해 놓고 늙은이들 수삼백 인이 세 겹 네 겹으로 뜰 앞에 둘러섰으며, 그 밖의 백성들도 빽빽하게 집을 에워싸니 집안이 갑자기 맑았다가 흐려진 듯 캄캄해졌다.

…(중략)…

앞의 무리들은 춤을 추듯 뛰고 뒤 부대는 천천히 수산繡傘을 받들고 나가서 서로 음식을 나누어 먹더니 다시 받들고 일어서서 북을 치고 나팔을 불며 징을 치고 생우를 불었다. 상·중·하동에서는 집집마다 나와서 부녀자들과 아이들에게까지 구경을 시키면서 한 바퀴를 돌고 다시 허리를 굽혀 관문을 들어섰다.[21]

『정선총쇄록』은 오횡묵吳宖默이 1887년 3월부터 1888년 8월까지 정선군수로 재직하는 동안 쓴 일기 형식의 글로, 내제內題는 '강원도정선군일록江原道旌善郡日

21   정선문화원 편,『국역 정선총쇄록』, 경인문화사, 2002, 143~146쪽.

錄'이다.

앞선 인용문은 정해년 6월 26일(임자)의 기록이다. "많은 백성들이 고각鼓角을 불어 전도前導하고, 또 격양가擊壤歌를 부르는데 한 가운데에는 높은 개盖를 세우고 늙고 젊은 고을 사람들이 도포를 입고 거의 수천 명이 둘러싸고 배종陪從"하였으며, 이들은 "북과 취라吹囉와 징과 생우笙芋 등 각기 잘하는 것으로 손에 가졌"다는 것이다. 오횡묵이 도임한 지 겨우 석 달 만에 향리의 동수들이 백발을 휘날리고 모두 관아의 마당으로 나와 북을 치고 나팔을 불고 징을 치고 피리를 부는 등 각기 장기長技를 자랑하고 안주와 채소를 소반에 가득 담아 골고루 오횡묵 앞에 바치고, 손에는 수산繡傘 하나를 바쳐 들고 허리를 경쇠 등처럼 구부리며, 군수로 부임해온 오횡묵의 덕을 칭송했다는 것이다. 오횡묵은 재임 당시 농악의 모습을 상세하게 서술하고 있다. 그리고 "상·중·하동에서는 집집마다 나와서 부녀자들과 아이들에게까지 구경을 시키면서 한 바퀴를 돌고 다시 허리를 굽혀 관문을 들어섰다."고 하여 정선 군민들에게 커다란 볼거리를 제공하였음을 알 수 있다.

군민들은 "명부明府께서 도임하신 이래로 마을에는 폭객暴客이 없어지고 마을의 문은 밤에도 닫지 않았으며 관청의 방울(억울함을 호소하기 위해 흔드는 방울)은 울리지 않고 길에 떨어진 돈도 줍지 않았으니 이는 소두召杜의 덕이 점차 젖어들어 순화시킨 것"[22]이라고 하면서 오횡묵이 군수로 부임해 온 다음부터 정선의 인심이 부덕해졌다고 한다. 이날 참석한 인원은 "2천 4백여 인이나 되며 이들이 모두 사전에 약속을 하고 그런 것이 아"니라고 한다. 이러한 농악놀이는 27일에도 이어진다. 27일 "묘시卯時 즈음에 북과 징을 치고 생황笙簧을 불며 수산繡傘을 받들고 한결같이 어제의 모양으로 나란히 앞으로 나와"서는 오횡묵에게 태평세월을 구가하는 '격양가'를 불러준다.

天地玄黃開闢後의 宇宙洪荒 널너고나 日月星辰발가시니 萬物長生조을시

---

22   위의 책, 216~217쪽.

고 草木禽獸萬物中의 人物其間最貴로다 天皇地皇人皇찍의 食木實ㅎ단말가 聖人이首出ㅎ수 敎民火食ㅎ엿구나 燧人氏불을닉고 無懷氏우물파셔 敎民火食ㅎ여시니 敎民稼穡아니헐가 軒轅氏들을것고 神農氏짜비지어 禾麻菽麥씨를쥬어 春耕秋穫農事지어 堯之日月舜之乾坤太平 聖世되엿구나 后稷의 敎訓바다 至誠으로 農事허세 萬古大聖虞舜氏도 歷山애밧츨갈고 漢丞相諸葛亮도 躬耕南陽허엿구나 여바라百姓드라 天下大本農事니라 檀君箕子我東方애八條敎로敎民ㅎ수 三綱五倫발가쓰니 農事가根本니라 我太祖開國後의 列 聖朝繼承ㅎ수 우리聖上登極後로 屢屢이年豐ㅎ여 南薰殿五玄琴을 南風詩로 和答ㅎ니 含哺鼓腹百姓드리 聖德을 몰나셔니 우리城主下車初의 첫公事가勸農이라 武陵桃源봄이드니 朝出暮耕ㅎ여보세 별을보고밥을먹고 달을씌고도라온다 汗適田中더운날애 忘勞ㅎ고지심밧세 느겨간다느겨간다 點心참이느겨간다 饁皮南畝點心ㅎ니 田畯至喜더욱조다 夕陽은지을넘고 장찬밧치머러쑤나 上坪下坪너른들애 一心바다勸農歌라 호미차고풀베지고 흥청거려소을몬다 五更밤中곤이든잠 勸農監官씌여쥬니 니農事지여닉면 勸農監官가져가나 나라奉公ㅎ연後애 父母奉養ㅎ여보세 五月農夫심쓰다가 八月農夫神仙이라 上下平田둘너보니 五穀빗치기름지다 얼시고나조흘시고 먹자아도비부르다 여바라農夫드라 뉘德인지네아는냐 反風滅火虎渡河도 뉘가그리불워ㅎ며 海不揚波種桃李도 이의셔지닐소냐 蜀郡애五袴調오 漁陽애兩歧歌라 밧밧치擊壤歌오 巨里巨里頌德碑라 一境百姓頌德ㅎ니 萬人傘이노파구나 바드소셔바드소셔 萬人傘을바드소셔 결노난다결노난다 엉덩춤이결노난다 술거르고쩍을쳐셔 太平宴을排設ㅎ세 지어자조을시고 萬人傘그늘속의 康衢煙月老少드라 擊壤歌로노라보세 이골빅판五百年에 送舊迎新우리원임뭇노라 옛늘근이이런구경ㅎ여는가 人心인지天心웃지이리즐거운가 여바라우리後生流芳百世ㅎ오라라[23]

---

23 위의 책(원본), 110~112쪽.

격양이란 원래 나무를 깎아 만든 양壞이라는 악기를 친다는 뜻과 땅[壞]을 친다는 뜻이 있다. 풍년이 들어 오곡이 풍성하고 민심이 후한 태평시대를 비유하는 말로 쓰이고 있다.[24] 여기서 격양은 땅 파는 농사꾼 민중의 생업이다. 이 격양가는 요임금 때 태평세상을 구가한 한 노인의 노래로 전해지지만 그 노래의 전승에 깊은 뜻이 깃들어 있다. 이 격양가에서는 밭갈이해서 먹으며 자력으로 살아가는 백성에게 제력帝力, 즉 제왕의 권력이 그 무슨 상관이 있느냐는 뜻에서 권력의 간섭과 압제가 없는 민의 자유사회를 희구했다고 볼 수 있다. 우리 한국 등 동아시아 문화권에서 반강권적인 이상향은 격양가에 잘 나타나 있다.[25]

오횡묵은 26일과 27일에 벌어진 일을 서술하는 고시 한 편을 지었다. 여기서는 한글 번역본만을 수록한다.

> 도원 태수는 일없이 한가하여,
>
> 오궤梧几에 기대고 서산을 보고 있는데.
>
> 영색 울리지 않고 새는 뜰에 내려,
>
> 선인서仙人書 펼치고 한 번을 읽었네.
>
> 성동은 그림자도 안보이고 유겸은 놀랐으나,
>
> 그래도 비스듬히 누워 게으름을 피웠는데.
>
> 갑자기 군중의 목소리 문밖에서 떠들고,
>
> 북 치고 피리 불며 메뚜기 떼처럼 들끓었네.
>
> 처음에는 예사로 여겼으나 점점 의심이 나서,
>
> 벌떡 일어나 오사모烏紗帽 정제하고 앉았노라니.
>
> 아관은 앞서고 야립은 뒤에 서서,
>
> 춤을 추며 일제히 달려 관아로 들어왔네.

---

24 「격양가」, 두산백과사전 두피디아(www.doopedia.co.kr)

25 신일철, 「최제우(崔濟愚)—인간 존엄성에 기초한 자유민권의 정신」, 『韓國史市民講座』 30, 일조각, 2002, 202쪽.

그 중에는 펄렁 펄렁 일산日傘하나 들었는데,

새로 지은 비단 오래기 따뜻한 봄기운 도네.

주렁 주렁 수술 발은 한낮에 나부끼고,

후리 후리한 긴 장대 반공에 솟았네.

일산 폭엔 연서聯書하여 치사 실었는데,

만인의 이름이 수사繡絲에 올랐네.

강구의 연월烟月에 격양곡이라,

발로는 우줄거리고 손으로는 춤을 추네.

사람마다 얼굴마다 지주(地主—관장을 말함) 칭송하고,

아양을 떨면서 서로 붙잡고 나더러 받으라 하네.

지적할 만한 공도 없고 칭할 만한 덕도 없이,

공연스레 선부仙府에서 녹봉만 축내고 있는데.

이것이 나에게 무슨 연관이 있느냐 하고,

두 번 세 번 사양해도 갔다가 다시 오네.

품 버리고 돈 버린 것 생각하고 우선 받아서,

대청 벽에 세워놓으니 동헌 매화와 가지런하네.

그래도 멈칫 멈칫 다시 마당으로 들어오더니,

녹용 대신 내어 올해에는 동방이 편하겠다나.

야인의 정성은 근포에 있는지라,

성수를 남산에서 빌고 싶다네.

정결한 재 올리려 갈래단에 올라가,

불등의 칠일 칠야 심향 밝힌다네.

저들은 모두 전간田間의 경착수인데,

어떻게 제력帝力으로 백성 평안함을 알았을까.

우리 임금님 큰 덕은 천지와도 같아서,

이제二帝 삼왕三王이 셋도 되고 넷도 된다네.

선들바람 불고 주먹같은 비 내리는 삼천리에,

굼틀대는 생물들은 모두가 왕화王化 입었다네.

이에 경건한 마음으로 노래 한 곡 지어서,

경하하는 미신微臣의 뜻 다름이 아니오니.

황하수黃河水 띠가 되고 태산이 숫돌 되도록,

천추千秋 만세萬歲 즐겨봄이 어떠할까요.[26]

    오횡묵은 부임한 지 얼마 되지 않아 "지적할 만한 공도 없고 칭할 만한 덕도 없이. 공연스레 선부仙府에서 녹봉만 축내고 있는데."라고 하여 쌓은 덕이 없음에도 불구하고, 백성들이 "북 치고 피리 불며 메뚜기 떼처럼" 모여 들어서 자신의 덕을 칭송하니 송구할 따름이라고 한다.

    농부들이 술 세 병과 안주 석 상을 가지고 들어와서 말하기를
    "소인들은 읍 3동의 농민들입니다. 산골 풍속은 매년 김매기가 끝난 날이면 농주農主가 으레 음식을 장만합니다. 저희들이 생각건대 금년 김매기가 일찍 끝난 것은 무엇보다도 안전案前께서 수고해주신 덕택이기에 감히 이렇게 올리오니 바라건대 수저를 들어보시옵소서."
    하였다. 그러할 즈음 또 몇 십 명의 농부들이 대우판(大隅板: 네모난 큰상) 석상을 들고 들어왔다. 보니 이것도 술과 떡이다. 이내 관청 마당에 줄지어 앉아 나우어 먹으려고 하니 총계가 1백 60~70인이나 되었다. 보기에 매우 진솔하고 좋은 광경이었다. 다 먹고 나서 일제히 고하기를
    "듣자하니 안전께서는 머지않아 본댁에 행차하신다고 하므로 3동이 이에 함께 진설하였습니다. 그리고 오늘은 갈래사에서 건성虔誠을 드리는 날이므로 감히 노래하고 즐기지 못하여 서운한 생각이 많습니다."

---

26   정선문화원 편, 앞의 책, 168~170쪽.

하였다. 내가 말하기를

"김매기가 일찍 끝난 것은 너희들이 부지런하였기 때문이고 음식을 푸짐하게 장만하였으니 너희들의 정성이 가상하다. 매양 한번 술잔을 나누어 너희들이 애쓴 노고를 위로해주려고 하였는데 지금은 되레 너희들에게 뒤지게 되었다. 호구戶口를 지닌 백성은 연호역烟戶役을 반절 감해주는 혜택이 있었으니 너희들 품팔이꾼들은 무엇으로 베풀겠느냐? 지금 30꾸러미의 동전을 3동의 농부들에게 내어줄 터이니 나누어서 한 자리 술값으로나 삼아."

하니, 이들이 환호하고 흡족하여 서로 어울려 춤을 추고 나갔다.[27]

　　인용문은 정해년 7월 2일 기록이다. 오횡묵이 농부들의 노고를 치하하고 "지금 30꾸러미의 동전을 3동의 농부들에게 내어줄 터이니 나누어서 한 자리 술값으로나 삼아"라 하면서 돈을 주니, "이들이 환호하고 흡족하여 서로 어울려 춤을 추고 나갔다."는 기록으로 보아 정선지역은 파종과 추수를 축복하고 그해 농가의 평안을 비는 농악놀이를 하였음을 알 수 있다.

　　농악은 1920년대 일제日帝의 문화말살정책文化抹殺政策으로 인하여 중단 되거나 아니면 10명~20명 정도의 소규모 집단이 다니며 겨우 농악과 인형극만으로 유지하면서 지켜지던 것이 그나마 광복 후에는 한때 완전 중단되는 수난을 겪기도 했다. 김성진 씨가 강릉에서 농악을 배워온 시기는 정선지역에서 농악이 중단된 시기에 해당하는 것이다.

　　(이: 낙동농악 역사가 어떻게 되는 거죠.) 여기 역사는 정선아리랑제가 생기구부터 그- 시작이 됐습니다, 낙동농악이. 그 유평에 있는 김성진 씨라구. 그 분이 강릉가가지구 농악을 배워가지구 시작했어요. 그 분이 계속적으로

27　위의 책, 174쪽.

하시다가, 에- 그 분이 돌아가셨어요. 돌아가시구 저-들은 그때 뭐 상모 저-, 정선 정선아리랑제 참여하는데 사람이 없다구 나오라구 해서, 나와서 상모를 이- 돌리 뒤에 따라 당겼죠. (이: 정선아리랑제가 제일 처음에 시작된 게.) 이게, 한- 40년 넘었죠. …(중략)… (이: 그럼 조선생님께서는 이분한테 직접 사사를 받아가지구.) 그러니까 우리는 인자 배울 궁리도 안하구 기냥 뒤에 따라만 다녔어요. 따라만 다니다가 그분이 돌아가시구 신왕선씨라구 있어요, 젊은 분이. (이: 신-왕선.) 신왕선. 그 분이 인자 나이가 젊어요. 우리보다 젊은데. 그 양반이 인자 이걸 했었어요. 뭐야 따라다니다가 듣구 배워가지구 그 냥반이 쭈욱하다가 그 냥반두 돌아가셨어요. (심: 어르신보다 나이가 젊으신데 돌아가셨어요.) 예 예.

(이: 김성진이란 분한데, 이분이 배워와가지구 신왕선이란 분이 또다시 배우구.) 예. (이: 그럼 선생님께서는 이분 밑에.) 그래서 그- 신왕선 씨가 돌아가시구, 사- 사람이 없잖아요. 없으니 그 몇 해 못나갔어요. 못나가구 그게 이제 이- 아리랑제 그 아리랑제- 농악이 나가야 된다구 해가지구. 아- 저를 자꾸 하라구 해가지구, 난 기억이 잘 안 나가지구. 억지루 해서 몇- 몇 해 나갔었어요. 예 예. (이: 지금도 계속하시는 거죠.) 예, 시방두 계속해요[28]

조만성 씨는 낙동농악이 다시 시작된 것이 '정선아리랑제'가 시작되기 이전이라고 한다. 정선아리랑제는 정선아리랑을 후대에까지 전승 보존하기 위해 1976년부터 매년 정기적인 문화행사로 개최되고 있다. 이것으로 미루어 보아 낙동농악이 새롭게 시작된 것은 1970년대 초반으로 보인다. 광복 이후에 낙동농악을 이끈 사람은 김성진 씨이다. 이후에 신왕선 씨가 "그 분이 인자 나이가 젊어요. 우리보다 젊은데. 그 양반이 인자 이걸 했었어요. 뭐야 따라다니다가 듣구 배워가지구 그 냥반이 쭈욱하였어요".

28   조만성 씨 구술 자료, 2015년 8월 18일.

김성진 씨가 돌아가시구 신왕선 씨가 하다가 신왕선 씨 돌아가시구, 이제 몇 해 못 나갔구. 못 나가구 있다가 그 날보구 자꾸 해보라구 그래 몇 해 나갔었죠. (이: 김성진씨가 돌아가신지 10년 됐고.) 10여 년 넘었겠는 돼요. (제보자가 김성진 씨 돌아가신 것을 계산하느라고 잠시 구술이 중단됨) (이: 신왕선이란 분이 7, 8년 정도 하구.) 예 예. 그 그-. …(중략)…

(이: 이게 계속 전승이 되겠죠.) 예. 그- 젊은 사람들이 배워가지구 하는 사람이 있어. (이: 그럼 계통이 김성진, 신왕선, 조만성 선생님 그리고 밑에 배우는 사람이) 배우는 사람이 있어요. 젊은. (이: 성함이 어떻게.) 애- 신명진이. 신명진. (이: 연세가 어떻게) 그 사람이 올해 한- 서른, 30정도.[29]

낙동농악은 신왕선 씨가 돌아가시고 나서는 2~3년 동안 전승이 제대로 이루어지지 않았다. 그러다가 주변 사람들의 권유로 조만성 씨가 자리를 이어받아 현재 낙동농악을 이끌고 있다. 낙동농악은 김성진→ 신왕선→ 조만성→ 신명진(?)의 계보로 계승 발전되고 있음을 알 수 있다. 조만성 씨에 의하면, 현재 낙동농악을 배우고 있는 신명진 씨는 신왕선 씨와는 같은 집안사람이라고 한다.

(2) 낙동농악대의 구성

농악대의 구성은 지역에 따라 다르나 기를 드는 기수, 악기를 연주하는 치배(재비, 잽이), 탈을 쓰고 여러 가지 배경으로 분장하여 흥을 돋우는 잡색으로 편성되는 경우가 많다. 낙동농악의 농악대 구성 역시 기수, 치배, 잡색 등으로 이루어졌으며, 30여 명 안팎의 구성원이 공연을 펼친다. 현재 주민들의 고령화로 인하여 인원구성에 애를 먹고 있는 실정이다. 각종 대회에 참가할 때는 본래 낙동농악의 구성대로 인원을 편성하기 어렵다고 한다.

---

29 위와 같음.

기수: 각종 깃발을 드는 역할로 주로 농기와 영기를 들지만 용龍을 그려 넣은 용
　　기龍旗를 편성하는 곳도 있다.

상쇠: 농악대의 연주자들 맨 앞에 서서 꽹과리를 치는 사람으로 전체 굿판을 이
　　끌어 나가는 중요한 역할이다. 오케스트라의 지휘자 정도로 보면 된다.

치배: 악기를 치거나 분장 등을 하여 농악대에서 연주를 하는 사람을 말하며
　　각 악기를 앞에 붙여서 말하기도 한다.(예 장구치배, 북치배 등)

상치배: 각 치배의 맨 앞에서 연주를 하는 사람으로서 농악대에서 해당 악기를
　　가장 잘 다루거나 보통 연륜이 있는 사람이 맡는다. 악기 이름을 붙여 상
　　쇠(꽹과리), 상장구 등으로 부르며 북이나 징은 수북, 수징이라고 한다. 상
　　징 같은 건 안 쓴다. 소고는 수벅구, 상벅구 등으로 부른다.

잡색: 악기를 다루지 않는 치배로서 대포수, 양반, 각시 등 다양한 분장을 하고
　　악기 치배와 사람들 사이에서 흥을 돋우는 역할을 한다. 잡색의 중요한
　　역할 중 하나는 농악대가 진을 짤 때 치배 간의 간격과 각 진을 짤 때마다
　　치배와 관객들을 이어줬다 분리했다 조절해 주는 것이다. 공연 도중 치배
　　의 채가 부러지면 예비 채를 건네주고 지친 치배들에게는 막걸리 등 먹고
　　마실 것을 제공해주기도 한다.

　낙동농악은 낙동1·3리 주민들로 구성되었으며, 낙동마을 주민은 물론 이웃마
을과의 화합의 장으로 연결하는 전통 민속놀이로써 기존의 농촌농악과는 다른 묘
미를 갖고 있다.

　　　여기에 농악이 발전하게 된 거는 여기가 낙동리인데 여기가 정선에서 약
　　　50리 밖에 있어. 여기서 볼 때는 정선이 북쪽이고 정선에서 볼 때는 여기
　　　가 남쪽이란 말이야. 그래서 여기를 남창이라고 여기 들이 3개가 있었는
　　　데, 꾐들, 샘들, 멧들 3개가 있었어 이 들에서 일하는 분들이 일만 하면
　　　피곤하고, 고달프고, 짜증나고 그러니깐 이 흥겨운 농악가락을 들고 일

하기도 편하고, 힘도 적게 들고 그래서 발전이 됐는데, 그래서 우리 마을의 농악을 농장농악이라고 그래 농사짓는 농악이라고 …(중략)… 맨 처음에 퇴비 증산, 갈꺾기 옛날에 퇴비를 꺾어서 땅에 묻어가지고, 땅힘을 돋아서 벼를 심고 농사를 직고 그랬거든. 그래서 맨 처음에 퇴비 증산을 하는 걸 보면 8무동 8복구가 이제 퇴비 증산을 하고, 못자리 만드는 거, 씨 뿌리는 거, 하는 게 쇠로 갱지지책책 갱지지책책 이러면서 아주 멋지게 한다고. 아주 신이 나게 그렇게 하고, 그것도 퇴비증산도 갈을 꺾어 가지고 오는데 꺾어서 가지고 오면 씨는데, 씨는것도 이렇게 하는데 아주 멋져요. 아주 하나의 볼거리가 대단하지. 멋있어. 그러는데 갈꺾기 퇴비증산이지 그 다음에는 모판만들기, 모씨심기, 모쪄내기, 모심기 그다음에 풀매기, 그 다음에 심기 그 다음에 모비기 그 다음에 낫가리 해서 말리기, 탈곡하기, 그 다음에 벼찌는 거, 벼터는 거, 그 다음에 천부당 만부당 한판 먹고 노는거[30]

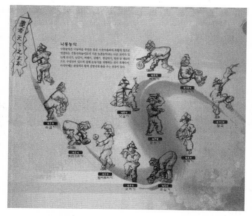

낙동농악 구성도

---

30   『정선군지』(상), 정선군, 2004, 498~499쪽.

예전에는 낙동리에서도 논농사를 많이 하였으나 지금은 과거처럼 농사를 짓는 가구가 많지 않다. 낙동농악을 "농장농악이라고" 부르고 있는데, 이것은 농사짓는 과정을 중심으로 구성되었기 때문이다.

낙동농악은 제1막 논갈이, 제2막 모판고르기, 제3막 볍씨뿌리기, 제4막 모찌기, 제5막 모심기, 제6막 논메기, 제7막 참먹기, 제8막 낫갈이, 제9막 벼베기, 제10막 볏짚메기, 제11막 탈곡의 11막으로 구성되어 있다. 낙동농악은 실제 논농사를 재현하는 것이 특색이며, 마지막에는 관람객과 함께 신명나게 춤을 추는 전통이 있다. 낙동농악은 농사풀이 농악으로 벼농사에 뿌리를 두고 있다. 벼농사 과정을 가락이 있는 율동으로 표현한 것이다. 낙동농악은 화려하지는 않지만 지역색이 짙은 독특한 전통 농악이라고 하겠다.

농악장단은 일채(천부당 만부당), 이채, 삼채, 사채, 오채, 십이채, 굿거리, 길놀이 가락 등이 있다.

(3) 낙동농악의 편성과 복색

낙동농악은 농기수, 호적수, 꽹과리 2, 징 2, 장고 2, 북 2, 법구 8, 무동 8, 양반, 포수, 세납 등으로 편성되어 있으며, 12발 상모는 상법구가 겸하기도 하고 따로 있기도 하다. 풍물에서 사물이 짝수로 편성된 것은 음과 양의 조화를 위한 것이며 소고, 법구, 무동도 음양의 조화를 위해 짝수로 편성하는 것도 특징이다. 낙동농악대 대열에는 대감과 각시가 표시되어 있는데, 최근의 낙동농악에서는 대감과 각시가 등장하지 않는다. 12발 상모의 경우도 예전에는 돌렸으나, 담당했던 사람이 군청직원으로 들어간 관계로 지금은 12발 상모를 돌리지 않는다고 한다.[31]

농기수: 한복에 청, 홍, 황색 띠를 양 어깨와 허리에 두르고 고깔을 쓴다.

호적수: 기수와 같다.

---

31   조만성 씨 구술 자료, 2015년 10월 12일.

상쇠(상공원): 한복에 남색 등지기를 걸치고 삼색 때를 두르고 상모달린 벙거지를 쓴다.

부쇠: 한복에 삼색 띠를 두르고 상모달린 벙거지를 쓴다.

삼쇠: 부쇠와 같다.

징수: 한복에 삼색 띠를 두르고 고깔이나 상모 달지 않은 벙거지를 쓴다. 상모를 달지 않았기 때문에 벙거지를 쓸 경우에도 상모놀음을 하지 않는다.

장고수: 징수와 같다.

북수: 징수와 같다.

법고수(상법고~끝법고): 붉은 치마 노랑저고리(또는 푸른 저고리)에 남색 쾌자를 걸치고 색띠를 두르고 고깔을 쓴다.

양반: 긴 담뱃대를 지니고 정자관에 도포를 입는다.

포수: 그냥 자연복에 주무룩을 멘다.

무동: 치마저고리 위에 파란, 노랑, 빨강색 띠를 가슴에 열십자로 두르고, 허리에 멘다.

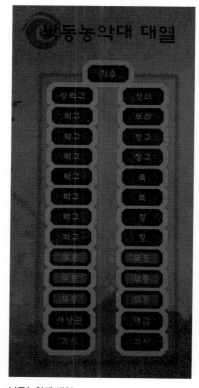

낙동농악대 대열

낙동농악 복색

3) 주요 전승활동 실적

낙동농악은 매년 정선아리랑제가 개최될 때 남면을 대표하여 읍면별로 농악경연에 참가하였다.

남면 대표로 나가면 남면농악대라고 나가는데 아무튼 우리가 나가면 일등이야. 낙동농악대인데 대표로 나갈 때는 남면 농악대로 나가지. 그렇지 지금도 뭐 남면 이제 면민의 날 이럴 때는 우리를 초청을 하지. 인원이 다 안 될 때는 악대들만 또 무동만 가는 경우도 있고, 무동이랑 악대가 갈 때도 있고, …(중략)… 원래 9개 읍면에서 만들었는데 임계 농악도 있고 그랬는데 우리가 전통적인 거라서 우리같이 못 만들거든. 그래서 지신밟기나 놋다리밟기나 하면 한가지니깐 하면 재미가 없거든. 근데 여기는 농사짓는 걸 싹 다 하니깐 아기자기하고. 다양하고 하니깐 좋은 거지 얼마나 멋있어 그러니깐 항시 일등이지.[32]

기수 엄수복	
상쇠 조만성	부쇠 신명진
장구 경완식	장구 우천수
북 경인태	북 고무진
징 유봉근	징 한상봉
상벅구 김정숙	벅구 신승하
벅구 최용찬	벅구 권옥본
벅구 정기순	벅구 윤영권
벅구 이상봉	
무등 김화자	무등 김명선
무등 박옥자	무등 신경자
무등 신옥녀	무등 최월성
무등 최현주	무등 신정희
대기인원 : 신관선, 경규한, 임종미, 이상봉, 이복녀, 최인숙	

낙동농악대 배열도
(2015년도 정선아리랑제 참가 기준)

---

32 정선군, 앞의 책, 499~500쪽.

조만성 씨에 의하면, 예전에 김성진 씨가 낙동농악을 이끌 때에는 정선에서 개최되는 대회에 참가하면 무조건 일등을 하였다고 한다. 그래서 우승기를 남면에 갖다놓았다는 것이다. 낙동농악이 우승을 독차지하자, 농악경연은 사리지고 농악시연으로 변경되었다. 요즘엔 농악시연도 하지 않고, 정선아리랑제에서 입장할 때만 농악을 친다고 한다.

앞선 표의 낙동농악대 배열도는 2015년 제40회 정선아리랑제에 참가한 인원을 기준으로 한 것이다. 조만성 씨에 의하면, 이번에 정선아리랑제에 참가하기 위해서 전수관에서 30명이 한 달 동안 연습하고 입장식(길놀이)에 참가했다. 물론 생업관계로 모든 사람들이 전부 참석한 것은 아니며, 15~6명만이 공연 준비를 했다. 이장이 고생고생해서 인원을 채웠다.[33] 이번에 낙동농악이 정선아리랑제에 참가할 때 도움을 준 사람이 전통민속음악원장인 황영기 씨이다. 황영기 씨는 정선고등학교가 제17회 전국청소년민속예술제에 낙동농악을 갖고 출연할 당시에 낙동농악의 상쇠였던 신왕선 씨를 만나서 낙동농악에 대해 자문을 구했다고 한다. 그런 인연으로 해서 이번에 낙동농악이 정선아리랑제에 참가할 때 농악을 지도하였다고 한다.[34] 황영기 씨는 낙동농악의 전승보존을 위해 지속적으로 관심을 기울이고 있으며, 낙동농악의 원형을 찾기 위해 낙동리 주민들과 함께 노력하고 있다.

현재 낙동농악은 남면사무소와 정선문화원의 적극적인 지원을 받으며 전승활동을 이어가고 있다.

> 정선군 남면사무소에서는 오는 5월부터 7월까지 3개월간 『낙동농악 교실』을 운영한다고 밝혔다.
> 낙동농악은 정선지역의 역사성과 전통성을 가장 잘 표현하는 무형자산으로 정선군의 농악을 대표하여 각종 전국단위 대회에 출전해 왔다

---

33 조만성 씨 구술 자료, 2015년 10월 12일.
34 황영기 씨 구술 자료, 2015년 10월 13일.

유영수 남면장은 점점 사라져가는 전통문화유산이 안타까워 지역의 대표 농악교실을 운영하게 됐다며, 낙동농악을 발전시켜 후손들에게 전수할 수 있는 계기를 마련하겠다고 말했다.

고주화 정선아리랑남면추진위원장도 그동안 지역주민 스스로도 우리의 역사와 전통계승의 노력을 소홀히 한 점이 있었지만, 낙동농악 교실 교양 강좌 운영으로 지역의 대표 문화가 살아나는 계기가 됐으면 좋겠다고 전했다.

남면 복지회관은 현재 진행 중인 통기타(화, 목)와 색소폰(수) 강의에 이어 복지회관 운영활성화와 수요자중심의 공공서비스 제공의 일환으로 이번에 『낙동농악 교실』을 신규 개설하게 됐다며, 운영시간은 매주 월요일 저녁 7시부터 2시간동안 운영한다.

남면사무소에서는 앞으로도 주민들의 의견을 적극 수렴하여, 다양한 신규 교양강좌 프로그램을 개설하는 등 수요자중심의 공공서비스를 제공하겠다고 밝혔다.

교양강좌 참여를 희망하는 분은 오는 4월 24일 10시까지 남면사무소로 방문신청하면 된다.[35]

남면사무소 복지회관 교양강좌는 농촌지역 주민들에게 여가활용 기회를 부여하고 폐광지역 정주여건을 높이기 위해 지난 2012년부터 운영되고 있다. 매년 주민들의 호응도가 점점 커지면서 특히 올해는 『낙동농악 교실』을 신규로 개설하였다. 낙동농악 교실의 운영시간은 매주 월요일 저녁 7시부터 2시간동안 운영한다. 남면사무소에서는 앞으로도 주민들의 의견을 적극 수렴하여, 다양한 신규 교양강좌 프로그램을 개설하는 등 수요자 중심의 공공서비스를 제공하겠다고 밝혔다.

---

35 「정선군 남면복지회관, 낙동농악 교실 교양강좌 운영」, 『국제뉴스』, 2015년 4월 22일.

강원 정선군 남면사무소(면장 유영수)는 오는 14일부터 12월 말까지 통기타 교실(화, 목) 및 색소폰교실(월, 수) 2 과목(정원 각15명) 등 하반기 복지회관 교양강좌를 운영한다.

남면사무소 복지회관 교양강좌는 농촌지역 주민들에게 여가활용 기회를 부여하고 폐광지역 정주여건을 높이기 위해 지난 2012년부터 운영하고 있다.

올해 상반기 신설돼 주 1회 운영하는 색소폰 교실은 지역주민들의 호응이 좋아 하반기에는 주 2회로 확대·운영된다.

또한, 상반기에 개설되어 큰 인기를 누렸던 낙동농악 교실은 정선문화원에서 낙동농악 전승보전 사업을 추진함에 따라 낙동농악회관(낙동3리)에서 별도로 진행된다.

유영수 남면장은 "취미생활로 시작한 통기타와 색소폰 수강생들이 그동안 갈고닦은 실력으로 경로잔치 위문공연을 하는 등 봉사활동에도 나서는 등 매우 유익한 복지 프로그램"이라며 "앞으로도 다양한 프로그램 개발을 통한 주민들의 참여 확대를 위해 노력하겠다"고 말했다.

교양강좌 참여를 희망하는 주민들은 오는 10일까지 남면사무소(☎560-2656)로 방문 신청하면 된다.[36]

2015년 상반기에 개설한 '낙동농악 교실'을 정선문화원에서 낙동농악전승보전사업을 추진함에 따라 낙동농악회관(낙동3리)에서 별도로 진행하게 되었다는 것이다. 정선문화원에서 기획한 낙동농악보전전승사업에 따르면, 전통문화가 사라져가는 시점에 오랜 기간 향토적 색깔을 간직한 농사 농악인 정선 낙동농악은 영동지역 농악과 유사한 점은 있으나 멍석말이 등 그 형태나 내용이 타 지방에서는 찾아볼 수 없는 재미있고 독특한 농악이라는 점과 급변하는 현대사회에서 정선지역 토속

---

36 「정선 남면사무소, 복지회관 교양강좌 운영」, 『참뉴스』, 2015년 9월 4일.

낙동농악에 대한 보존 전승의 대책이 없다면 그 명맥 또한 유지하기 어려울 것으로 보여 지역 전통문화의 중요성을 인식시키고 낙동농악이 지속적으로 살아 숨 쉴 수 있도록 하는데 당위성을 두고 있다. 남면 낙동리와 남면 주민들 30~40명을 대상으로 사업을 전개한다는 방침이다.[37]

4) 공개행사 참여 및 입상 실적

(1) 행사 참여 실적

그동안 낙동농악은 정선아리랑제와 면민의 날, 그리고 전국적인 민속경연대회에 여러 차례 참가하였다.

> 중고생으로 모여 결성한 농악대가 전국 예술제에서 입상, 지역의 전통문화를 계승하고 보존하는 데 앞장서고 있다.
>
> 강원 정선중고등학교(교장 탁창식, 사진)는 중고생들이 함께 농악대를 구성, 강원 정선의 문화와 전통이 녹아있는 농악을 계승하고 있다.
>
> 정선중고가 운영하는 농악대는 지난달 5일 전남 여수에서 개최된 전국 청소년 민속예술제에 참가해 3위에 입상하는 쾌거를 이뤘다.
>
> 지난해에 이어 강원도 대표로 경연에 참가한 농악대의 입상 결과는 '낙동농악' 이라는 작품을 통해 강원 지역의 전통문화를 사랑하고 보존하려는 지역사회의 관심과 함께 농악부 학생들의 땀과 노력의 결과물로 평가받고 있다.
>
> 정선중학교 김경선 교사는 "중고생이 함께 연합해 농악대를 구성, 강원의 문화가 깃든 낙동농악 작품을 연습하며 전통에 대해 다시 한 번 생각해보

37　「정선낙동농악 보존 전승 사업 계획서」.

는 계기가 되고 있다"고 전했다.

중고생 40여명이 농악을 발전, 보전하는 데 앞장서는 정선중고 농악대는 오랫동안 꾸준히 농악을 계승, 이어오면서 지역사회 유명인사에 오르고 있다.

한편 정선고등학교는 전교생에 정선아리랑을 가르치는 것으로 눈길을 끌고 있다. 지역의 무형문화유산을 학생들에게 전수하기 위해 올해 음악교과 집중이수제 수업에 정선아리랑학과를 개설한 것.

이에 따라 정선고는 전 학년을 대상으로 인증제를 시행하는 등 정선아리랑 교육을 통해 학생들에게 지역문화에 대한 자긍심과 애착심을 키워주는 데 앞장서고 있다.

강원도 무형문화재 제1호로 지정된 정선아리랑은 1천 200수가 넘는 가사로 이뤄져있다. 정선군은 정선아리랑을 새로운 성장동력인 문화관광 콘텐츠로 개발하는 등 문화거점도시 조성을 위해 정선아리랑 특구 지정을 지난 2006년부터 추진하고 있다.[38]

신문기사는 2011년 제18회 전남 여수에서 개최된 전국 청소년 민속예술제에 참가한 정선중고등학생들로 구성된 40여 명의 농악대가 '낙동농악'이라는 작품으로 3등에 입상하였다는 내용이다. 정선중학교 농악대는 2004년 9월 3일에 창단식을 갖고 본격적으로 출범하였다. 창단 당시 전통농악대 단원은 60여 명의 학생들로 이뤄졌으며 지난 3월부터 무형문화재 기능보유자(이종현 김은영 이두환 최선자)들의 지도를 받아 맹연습을 해왔다. 정선중 농악대는 남면 낙동마을의 전통 농악을 계승해 현재 지신밟기 성황굿 농사짓기 등을 능숙하게 연주하고 있다는 것이다.[39]

2011년 전국 청소년 민속예술제는 개막식과 함께 '벅수제'가 펼쳐졌으며, 지난

---

38 「강원 전통을 지키는 중고생의 '낙동농악'」, 『주간교육신문』, 2011년 11월 11일.
39 「정선중 농악대 창단」, 『강원일보』, 2004년 9월 4일.

해 대상팀인 충남 천안 병천고교의 '천안 거북놀이'가 시연되었다. 그리고 대구광역시 조일공고팀이 마련한 '가루뱅이 농악' 마당 등 모두 15개 시·도팀의 경연이 펼쳐졌다. 경북 구미의 오상고가 무을진굿으로 영예의 금상인 교육과학기술부장관상을 수상했다. 이번 제52회 한국민속예술축제 및 제18회 전국청소년민속예술제는 우리 고유의 민속예술을 발굴하고 우리문화의 뿌리와 자긍심을 찾아 이를 후대에 길이 보전하고자 마련된 전통 민속분야의 최고 권위를 자랑하는 행사로 각 시도 대표팀의 열띤 경연과 시연을 통해 민속예술의 진수를 선보이는 자리로 전국의 민속예술인과 전 국민의 축제의 장으로 자리매김하였다.[40]

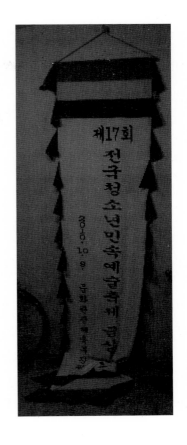

2010년 제17회 전국청소년민속예술제에 정선고등학교 학생들이 강원도 정선을 대표하는 낙동농악을 갖고 참가하였다. 전국대회에 참가한 것은 아름다운 전통의 소리가 멀어져 가는 안타까운 시절에 우리 선조들의 지혜와 풍속을 계승하고 발전시키고자 하는 의도에서 비롯된 것이다. 전국청소년예술제에 참가하기 전에 낙동마을 어르신들의 고증을 거쳤다. 당시의 강원 정선 낙동농악의 구성은 다음과 같다.[41]

입장굿(시작굿): 모임채 가락으로 전 대원이 모여 4채가락에 맞추어 호흡

---

40 「경북 농악단 대통령상 수상, 전국 평정」, 『매일신보』, 2011년 10월 10일.

41 「제17회 전국청소년민속예술제 강원 정선 낙동농악」 팸플릿.

1. 낙동농악

1. 낙동농악 | 393

을 맞춘다.

12채질꼬내기: 낙동농악에만 있는 특별한 가락으로 굿거리와 비슷하나 가락과 맛이 전혀 다르다.

인사굿: 원형으로 둘러서서 관객에게 먼저 인사하고 특이하게 대원 간에 도 인사를 나눈다.

4채멍석말이: 민 멍석말이라고도 하는데 빠른 4채가락으로만 멍석말이 를 한다.

서낭굿: 서낭신을 모시고 서낭굿가락을 치면서 마을의 안녕과 무병장수, 풍년농사 등을 기원한다.

3채멍석말이: 3채, 5채, 2채의 가락을 화려하게 사용하며 법구잽이의 삼 삼일사 채상놀이는 다른 지방에는 없는 특수한 채상놀이로서 낙 동농악에만 전해지고 있다.

잽이놀이: 큰 원안에 작은 원을 만들어 소고, 법구, 무동, 풍물 순으로 잽 이 기량을 선보인다.

농사놀이: 원래는 가래질, 풀설기, 논갈기, 씨부리기, 모찌기, 모심기, 낫 갈기, 김매기, 벼베기, 타작하기, 볏가마나르기, 낫가리가리기의 12장면이 있으나 대표적인 몇 가지만 선보인다.

황덕굿: 농사를 마치고 마을 주민이 한데 모여 황덕불을 피워놓고 동고리

제17회 전국청소년민속예술제

를 받으며 풍년을 자축한다.

12발상모놀이: 닥지를 12발로 길게 이어 붙인 상모를 쓰고 개구리 마당
뛰기, 사사, 양사, 일사 등의 기량을 선보인다.

12채멍석말이: 4채로 멍석을 말고 나서 12채 가락을 치면서 흥겹게 춤을
춘다. 하늘에 감사하고 풍년의 기쁨을 한껏 누리는 것으로 이
또한 낙동농악에만 있는 특색 있는 장면이다.

마침굿: 모든 굿을 마치고 관객과 잽이들이 서로 인사를 나누고 퇴장한다.

제17회 대회는 2010년 10월 8일~9일까지 충청남도 공주시 곰나루국민관광단지에서 개최되었다. 이 대회에서 강원 정선 낙동농악은 대상을 수상하였다. 낙동농악이 강원도를 대표하는 농악으로 자리매김하는데 정선중고등학교 농악부가 일조하였던 것이다.

전국청소년민속예술제는 처음에 전국청소년민속예술경연대회라는 이름으로 1994년에 중·고등학교 학생들의 민속예술에 대한 지속적인 관심과 전승, 보급을 위해 춘천에서 제1회 대회가 개최되었다. 이후 매년 전국민속예술경연대회 본 행사와 병행하여 개최되었다. 그러다가 1999년 제40회부터 전국민속예술경연대회를 한국민속예술축제로, 전국청소년민속예술경연대회를 전국청소년민속예술제로 명칭을 변경하였다. 출연종목은 농악, 민속놀이, 민요, 민속무용, 민속극의 5종이다.

문화재청, 국립무형유산원, 강릉시가 후원하는 '제5회 강원도 쇠 명인 한마당' 행사가 오는 13일(일) 오전 10시 강릉문화예술관 소공연장에서 열린다.

중요무형문화재 제11-4호 강릉농악보존회에서는 지난 2009년부터 강원도 18개 시·군 마을 골골마다 자리한 쇠 가락의 명인을 찾아 그 명맥을 이어 전통문화를 보존하고 의미를 되새기는 강원도 쇠 명인 한마당을 개최하고 있다.

이번 행사는 그 다섯 번째로 춘천금정농악의 강갑수 상쇠, 삼척도경농악의 김부갑 상쇠, 정선낙동농악의 홍동주 상쇠, 홍천좌운농악의 안효봉 선생, 강릉송림농악의 이홍구 상쇠, 강릉두산농악의 손호의 선생이 참석해 각 지역의 쇠가락과 정통 공연을 펼칠 예정이다.

이와 더불어 정선아리랑 팀의 축하공연과 강릉단오제 무격부의 초청공연 등 다채로운 행사가 펼쳐진다.[42]

강원도 쇠 명인 한마당 행사는 강릉농악보존회가 2009년부터 도내 18개 시·군 마을마다 자리한 쇠가락의 명인을 찾아 그 명맥을 이어 전통문화를 보존하고 의미를 되새기기 위해 매년 개최하는 행사이다. 강원도 18개 시군에 흩어져 명맥을 잃어가고 있는 농악가락을 계승하는 장을 마련하였다는 점에서 호평을 받았다고 한다.

세계에서 가장 오래된 소리로 강원도무형문화제 제1호로 지정된 정선아리랑을 마음껏 부르며 감상하는 정선아리랑제가 강원도 정선의 공설운동장과 조양강변 전산옥주막, 아라리촌 등에서 열린다. 정선아리랑제는 두메산골에서 척박하게 살아가는 사람들의 애환을 공연으로 풀어낸 것이 특징. 일명 아라리로 불리는 정선아리랑은 고려 충신들이 조선 초에 불사이군不事二君을 다짐하며 고난의 심정을 한시로 읊은 것이 유래가 됐다. 이후 일제 강점기 시절을 거치면서 아우라지 떼꾼들의 한 많은 사연과 어우러져 민족의 애환을 대표하는 소리로 인정받고 있다. 정선아리랑 경창대회를 비롯해 정선아리랑극 '어머이', 주모 전산옥 선발대회 등이 볼거리.

조양강변 민속마당에서는 뗏목 체험, 초가지붕 이엉 엮기, 삼베 길쌈, 줄

---

42 「제5회 '강원도 쇠 명인 한마당'축제 개최」, 『어니스트뉴스』, 2013년 10월 11일.

씨름 등 다채로운 민속놀이도 재현된다. 여기에 가장행렬 및 길놀이, 낙동농악, 풍년추수놀이, 농사풀이, 토방 집짓기, 짱치기놀이 등 다양한 프로그램이 마련돼 있다. 아라리난장에서는 헌책과 골동품을 구입하고 정선의 농특산물과 음식도 맛볼 수 있다.[43]

정선아리랑제는 정선아리랑의 전승과 보존을 주된 목적으로 하여 만들어졌으며 매년 10월 초에 사흘간 열린다. 정선아리랑의 원래 이름은 아라리이며, 강원도 전역과 그 인근 지역에서 전승된 민요이다. 이 노래는 꼴베기, 나물뜯기, 밭매기, 삼삼기, 모심기, 논매기 때 부르던 일노래이다. 주로 산간 지역에서 부르던 여럿이 어울려 노는 노래판에서 즐기던 놀이노래로, 산간 지역이 많은 정선도 그 중의 하나였다. 이러한 연고로 정선군은 1970년에 아라리를 가지고 전국민속예술경연대회에 나가서 문화공보부장관상을 탔다. 이어서 1971년에 아라리가 강원도 무형문화재 제1호로 지정되었고, 노래 명칭도 정선아리랑으로 등록하게 되었다. 정선아리랑은 아라리의 대표적 이름이 되었고, 정선 역시 아라리의 대표적인 전승지로 자리잡게 되었다. 정선아리랑제는 지역의 전승 문화를 가치 있게 인식하고, 그것을 적극적으로 가꾸어 활성화시킨 사례라는 점에서 의미를 부여할 수 있다.[44]

주요 행사로 칠현제례, 뗏목아라리 재연, 주막아라리한마당, 정선아리랑 시연, 정선아리랑 난타공연, 정선아리랑 춤 시연, 정선아리랑 창극, 정선아리랑 경창대회, 정선아리랑 심포지엄, 정선아리랑 체험의 장, 백이산 신령굿, 정선아리랑 노랫말 짓기 등이 열린다. 그 외에 가장행렬 및 길놀이, 낙동농악 시연, 풍년추수놀이 시연, 농사풀이 시연, 토방 집짓기 시연, 길쌈놀이(삼베짜기), 삼구팔학 및 민속용품 제작시연, 민속놀이 체험의 장, 짱치기놀이 시연, 지주시공 및 연탄찍기 등이 펼쳐

43 「추석연휴 가볼만한 지역 축제」, 『국민일보』, 2012년 9월 26일.

44 「정선아리랑제」, 『한국세시풍속사전』, 국립민속박물관, 2006, 153~154쪽.

진다.[45]

　올해로 40주년을 맞은 정선아리랑제는 2015년 10월 9일부터 12일까지 '2015 대한민국 아리랑 대축제'로 정선군 정선읍 아라리 공원 일원에서 펼쳐진다. 주요프로그램으로는 정선아리랑 캘리그라피 공모전, 마임, 플래시몹, 민속굿 한마당, 씨름대회, '뗏목아라리' 등 12개 부문에 52개 행사와 134개 체험 종목이 마련된다. 특히 올해엔 신규 프로그램으로 '명석아리랑'을 신설해 축제장을 찾은 지역민과 관광객들이 정선아리랑을 듣고 직접 참여할 수 있는 공간도 마련하였다.

　　정선군 다음달 1일 '정선아리랑열차 개통 100일 기념행사' 열려

　　강원 정선군은 국내 여객열차 가운데 처음으로 지역 명칭을 사용해 지난 1월 22일부터 영업을 시작한 정선아리랑열차가 다음달 1일, 개통 100일 기념행사를 개최한다고 26일 밝혔다.

　　군에 따르면 이날 기념행사는 정선역에서 정선군 캐릭터인 와와군과 친구들의 퍼포먼스를 시작으로 정선의 대표 관광상품인 정선아리랑시장 상인들로 구성된 풍물패의 사물놀이로 흥을 돋우며 최초 방문자에게는 꽃다발과 지역특산품을 선물하는 깜짝 이벤트도 준비돼 있다.

　　또 반짝 장터가 열리고 있는 선평역에서도 지역주민들이 낙동농악으로 관광객을 즐겁게 맞이한다.

　　이에 정선군 관문 역사인 예미역에서는 시간단위 대여가 가능한 카셰어링 유카서비스를 개시해 정선아리랑열차를 탑승하고 온 관광객이 예미역에서 저렴한 비용으로 자동차를 렌트해 자유스럽게 정선여행을 할 수 있는 길이 열렸다.

　　이와 관련 정선레일바이크에서는 정선아리랑열차 개통 100일에 맞추어 오후 7시까지 레일바이크를 연장 운행함으로써 더 많은 관광객이 레일바

45　「정선아리랑제」, 두산백과사전 두피디아(www.doopedia.co.kr).

이크를 즐길 수 있게 됐다.

한편 김수복 문화관광과장은 "정선아리랑열차 개통으로 지역 상권이 살아나고 있어 앞으로 관내 역사 주변과 상가에 새로운 볼거리와 즐길거리를 제공해 철도관광 활성화에 더욱 노력하겠다"고 말했다.[46]

2015년 5월 1일 정선아리랑열차 개통 100일 기념행사에서 반짝 장터가 열리고 있는 선평역에서 낙동농악이 관광객들을 즐겁게 맞이하고 있다는 것이다.

이젠 남면에 가 가지고 면민의 날에 열심히 놀고 심심하면 내려오다 장난삼아 부자집이다 그러면 한번 놀아주고 꼭 생긴대로 논다고 앙칼맞게 생긴 사람한테 가면 안 나오고, 좀 덕이 있게 생긴 사람한테 가면 돈이 좀 나오고 그렇지. 농악대가 도깨비방망이 맞아요. 조금만 두들기면 돈이 나오니깐 사람이 기분이 좋으니깐 막 쓰잖아.[47]

면민의 날 행사가 끝나고 돌아오는 길에 부잣집에 들려 걸립을 하였다는 것이다. 정선군 남면에서는 매년 4월 중순에 면민의 날 행사를 개최한다. 이 행사는 면민의 한마당축제이며 15개 리를 무릉도원팀, 거칠현팀, 팔봉산팀, 두위봉팀으로 나누어 배구, 족구, 줄다리기, 씨름을 비롯한 각종 체육행사 및 향토음식 품평회, 삼내약수 마시기, 제기차기, 정선아리랑시연, 및 주민노래자랑을 통해 면민들이 서로 얼굴 맞대고 정을 나누면서 함께 살고 있음을 확인하는 자리이다.[48]

---

46 「정선군 다음달 1일 '정선아리랑열차 개통 100일 기념행사' 열려」, 『아시아뉴스통신』, 2015.04.26.

47 『정선군지』 (상), 정선군, 2004, 501쪽.

48 정선군 남면사무소(nm.jeongseon.go.kr).

(2) 관련분야 입상 및 참가 실적

낙동농악의 역대 수상 및 대회 참가 내역을 간략하게 정리하면 다음과 같다.

1986~2015년   정선아리랑제 참가공연(11회 우승) 22회

1990   지역문화행사 공연

      - 면민의 날, 정월대보름 공연, 칠현제례 등

1997년   낙동농악대 구성 및 강원민속예술경연대회 참가

2010년   제2회 강원도 쇠 명인 한마당 명인상 수상

2010년   제16회 전국학생풍물경연대회 대상 수상

2010년   제17회 전국청소년민속예술제 금상 수상

      -금상(문화체육관광부장관): 정선중고 농악부 참가

2011년   제18회 전국청소년민속예술제 동상 수상

      -동상(국립민속박물관장): 정선중고 농악부 참가

2011년   제52회 한국민속예술축제 참가(여수거북공원)

2013년   제5회 강원도 쇠 명인 한마당 참가

5) 전승의지 및 전승 계획

낙동농악을 전승보전하기 위해서 지역주민들과 남면 사무소에서 많은 노력을 경주하고 있다.

정선아리랑제때 나가야 되는데 인원이 없으니까. 그때 그때모이니까, 그 자, 아무래두 농악을 누가 배워 도야 된다구 그래서 그 사람들이 배우게 됐구. 그리구 작년하구 올해 상반기 이제 남면에서 면장님이 이- 정선 낙 동농악을 아무리 살려야 된다, 해서. 남면 이제 복지관에서 인제 그- 인자

할 수 있는 분을 인제 뭐야. 인제 모여가지구, 저녁으로다 한- 두 시간씩 거기서 연습을 하구 이랬습니다. 작년에 하구 올해두 상반기에 하구, 하반기에두 할 계획이라구 그랬습니다, 계획을 세운다구.[49]

정선군 남면에서는 낙동농악을 정선지역의 역사성과 전통성을 가장 잘 표현하는 무형자산으로 정선군의 농악을 대표하는 것으로 인식하고, 복지회관에서 낙동농악 교실을 운영하고 있다. 2015년 상반기에 등록인원은 15명이었다. 낙동리 주민들뿐만 아니라 남면의 인근 마을에 사시는 분들도 참가하였다고 한다. 처음에는 금요일에 하였으나, 주말하고 이어지는 관계로 월요일로 옮겨서 3개월 동안 진행하였다. 2015년 하반기에도 낙동농악 교실을 운영하려고 했으나, 정선문화원에서 별도로 낙동농악전승보전사업을 벌이는 관계로 교양강좌로는 개설하지 않을 방침이라고 한다. 유영수 남면면장은 점점 사라져가는 전통문화유산이 안타까워 지역의 대표 농악교실을 운영하게 됐다며, 낙동농악을 발전시켜 후손들에게 전수할 수 있는 계기를 마련하겠다고 하였다. 고주화 정선아리랑남면추진위원장 역시 낙동농악 교실 교양강좌 운영으로 지역의 대표 문화가 살아나는 계기가 됐으면 좋겠다는 견해를 밝혔다.

> (이: 지금 농악과 관련된 장비나 시설 그런 것들은 다 가지구 계신거죠.) 예. 거- 뭐. 꽹과리, 징, 뭐 그거는 다 가지구 있습니다. 그래서 뭐 면에서, 그- 저, 저 건너에 역전을. 그- 인저 안쓰구 있으니까 그걸 수리를 해가지구 그걸 농악전수관으로 만들어서, 거기 농악복하구 농악기구 악기 일체를 거기 다 되어있어요. (심: 전수관이 있어요.) 예 예. (이: 그걸 가서 볼 수가 있나요.) 저- 낙동농악 책임자가 이장이 삼척으로 일을 다녀요. 그래가 문을 채우기 때문에. (심: 전수관 위치가 정확하게 어떻게 되죠.) 저 건너 역전인데. (이: 역전이름이 어

---

49   조만성 씨 구술 자료, 2015년 8월 18일.

떻게 돼요.) 선평역. (이: 원래 선평역인데 이제 기차가 안다니니까.) 예. 기차가 다녔
는데 안 쓰니까. 그걸 수리를 해가지구, 거길 전수관을 만든 거죠.[50]

낙동농악전수관으로 활용되고 있는 선평역사 모습

낙동농악에서는 이제 기차가 다니지 않는 선평역을 수리하여 농악전수관으로
활용하고 있다. 현재는 "농악복하구 농악기구 악기"만 보관하고 있는데, 농한기가
되면 이곳에서 저녁에 모여서 자체적으로 농악활동을 할 계획이라고 한다.

요즘에는 정선아리랑제 할 때, 마을에 사는 주민들 30여 명이 모여서 농악패를
구성하여 일주일정도 연습을 하고 참가한다. 젊은 사람들이 없어서 인원 구성에
애를 먹는다고 한다.

낙동농악이 남면이 아닌 정선군을 대표하는 농악이 되기 위해서는 군민과 함
께 하는 낙동농악이 되기 위해 많은 노력을 기울여야 할 것으로 보인다. 낙동농악
교실이 남면 복지회관에서 운영하는 강좌에 국한되지 말아야 하며, 정선군민을 위
한 일반 강습을 진행하여 군민들에게 건전한 여가생활 제공과 함께 지역 문화재
인 낙동농악을 알리는데 앞장서야 한다. 이를 위해 연령대별로 특성화된 교육프로
그램을 개발할 필요가 있다. 그리고 지역의 노인 복지 시설이나 어린이집, 유치원과
MOU를 체결하여 정기적인 봉사활동으로 재능기부를 하는 것도 고려해 볼만하다.

---

50   위와 같음 .

시대적 흐름에 맞춰 전통과 현대가 조화할 수 있는 방향으로 낙동농악을 발전시킬 필요가 있다. 난타와 농악이 만나는 것도 그 중의 하나이다. 개미들마을의 난타와 낙동농악이 합쳐진 공연이 이미 정선아리랑제에서 선보인 바 있다. 이에 국한하지 말고, 유치부와 초중고 학생들과의 협연도 생각해 볼 필요가 있다. 물론 전통문화재의 보존이라는 측면에서 정체성의 문제가 대두될 수도 있으나, 과거의 방식대로는 더 이상 존속하기 힘든 것이 현실이다. 낙동농악의 창조적 계승이라는 측면에서 전통을 보존하면서도 현대와 대화할 수 있는 방법을 모색해야 할 것이다.

낙동농악 단원은 물론 전수받을 받고자 하는 시민 및 학생들이 쾌적한 환경에서 연습에만 매진할 수 있는 전수관 시설을 개선할 필요가 있다. 현재 전수관은 난방시설이 되어 있지 않는 관계로 겨울에는 연습하기 어려운 환경이다. 난방시설이 확충되어야 한다. 그리고 선평역사가 낙동농악 전수관임을 알려줄 수 있는 표지판이 필요하다.

농악전수관 내부에 있는 농악마을 선평역 게시판

낙동농악 스스로 자생력을 확보하지 못한 현 상황에서는 지역사회의 지속적인 관심이 필요하다. 그리고 낙동농악을 살리기 위한 지역주민들의 노력 또한 필요하다. 다행인 것은 이러한 노력들이 현재 진행되고 있다는 것이다.

6) 시설 및 장비 현황

현재 낙동농악과 관련된 장비는 모두 농악전수관에 보관되어 있다.

농기農旗는 농악대들이 들고 다니는 큰 기로, 한 마을을 대표하고 상징한다. 지역에 따라 농상기·대기大旗·덕석기·용龍당기·용기龍旗·서낭기·두레기 등으로 불리기도 한다. 농기는 기능으로 보아서 동제에서 신대[神竿]나 신기神旗와 같은 기능을 지녔던 것으로 보이나 지금은 민간신앙으로의 기능이 퇴색되었다.[51] 풍년을 빌기 위하여 동제를 지내거나 두레 때 마을의 상징으로 농기를 세워두며, 이웃마을과 화합 또는 싸울 때에도 농기를 내세운다.

조선 후기의 농기는 화려하게 치장을 하고 가능한 크게 만드는 경향이 강했다. 농기가 마을을 대표하고 상징하는 기로서 각 마을의 위세를 드러내는 것이기 때문이었다. 그러나 일제강점기를 거치면서 농기는 오늘날 우리가 흔히 볼 수 있는 모습, 즉 폭이 좁고 길이가 긴 장방형 기폭에다 '農者天下之大本(농자천하

낙동농기와 조만성 씨

---

51   한국민속사전 편찬위원회, 『한국민속대사전』 1, 민족문화사, 1991, 305쪽.

지대본)'이라는 글씨를 써 넣은 형태가 일반화되기 시작하였다.[52] 낙동농악의 농기도 일반적인 형태를 띠고 있다. 2015년에 낙동농악이라고 쓴 기를 하나 장만하였다.

꽹과리의 원이름은 매기·매구이며, 그 소리가 꽹꽹하기 때문에 꽹매기라고도 한다. 『동국여지승람東國輿地勝覽』에서는 매귀枚鬼라고 했고, 궁중에서는 소금小金이라고도 불렀다. 지금은 주로 농악에 편성되고 있으나 이전에는 종묘제례악인 정대업定大業에도 사용되었다. 꽹과리는 왼손으로 들고 오른손에 단단한 재질의 채를 들고 치는데 이때 왼편 손가락을 이용하여 소리를 막기도 하고 울림을 조절하여 다양한 음색을 내기도 한다. 꽹과리는 그 역할에 따라 "상쇠 꽹과리", "부쇠꽹과리", "종쇠꽹과리"로 구분할 수 있다. 이렇게 구분하는 것은 꽹과리가 지휘악기이기 때문이다. "상쇠꽹과리"는 부쇠꽹과리보다 약간 크면서 소리가 아주 맑아야 한다. "부쇠꽹과리"는 "상쇠꽹과리"보다 작으면서 소리는 같고 음색은 달라야 한다. "종쇠꽹과리"는 일명 "귀먹는 꽹과리"라고 하는데 울림소리가 된소리를 내는 꽹과리여야 한다.[53] 현재 낙동농악에서 보관하고 있는 사용가능한 꽹과리의 숫자는 4개이다. 본래 꽹과리는 2명씩 했다. 그런데 요즘은 인원이 차면 3명도 하고 2015년에 행한 삼굿축제 같은 경우에는 3명 내지 4명이 하기도 하였다고 한다.

장구는 한자어로 장고杖鼓라고도 하며, 허리 부분이 가늘다 하여 일명 "세요고"라 부르기도 한다. 『악학궤범』에는 『문헌통고』를 인용하여 이렇게 설명되어 있다. "갈고, 장구, 요고는 한나라와 위나라에서 사용되었다. 요고의 통은 큰 것은 질그릇으로, 작은

52 「농기(農旗)」, 『한국민속신앙사전—마을신앙 편』, 국립민속박물관, 2009(www.nfm.go.kr).

53 이상진, 『한국농악개론』, 민속원, 2002, 56쪽.

것은 나무로 만든다. 머리는 모두 넓고 허리는 가늘다. 오른쪽은 채로 치고 왼쪽은 손으로 친다. 후세에는 이것을 장구라고 하였다."[54] 농악에 사용되는 장구는 바가지 장구·채바구장구(채바퀴장구)·옹기장구 그리고 괴나무·은행나무·오동나무·소나무 등을 파서 통을 만들어 쓰는 나무장구와 양철장구·합석장구가 있다. 요즘에는 튼튼할 뿐만 아니라 가볍고 소리도 잘 나는 소나무장구를 많이 사용한다. 소나무 장구는 습기를 잘 안 타서 가죽의 신축이 없으므로 비오는 날이나 눈 오는 날에 관계없이 소리가 잘 난다고 한다.[55] 오른손은 대쪽으로 만든 가는 채를 가지고 그 채편을 치며 왼손으로는 손바닥으로 북편을 친다. 채편은 열채라고 하는 가느다란 대나무 채로 치며 높고 날카로운 소리를 내고, 북

편은 궁채라고 하는 무게가 있고 굵은 공이가 달린 대나무 채로 치는데 북소리와 비슷한 소리를 낸다. 이러한 농악장구 이외에 반주장구와 설장구가 있다. 반주장구는 좌정장구이고 설장구는 춤장구이기 때문에 통의 길이가 짧고 가볍다고 한다.[56] 현재 낙동농악에서 보관하고 있는 사용가능한 장구의 숫자는 4개이다.

북은 옛날에는 통나무를 잘라 안을 파서 사용했으나 지금은 길쭉한 나무판을 모아 북통을 만들고 양면을 가죽으로 씌워서 사용한다. 우리나라에서는 주로 소나 개의 가죽을 썼다. 우리나라의 북은 대략 20여 종이 있는데, 그 중 가장 흔히 쓰는 북은 삼현육각三絃六角 연주에 쓰이는 좌고, 행진음악에 쓰이는 용고, 북춤에 쓰이는 교방고, 불교의식에 쓰이는 법고法鼓, 사당패나 선소리꾼이 소리하며 치는 소고小鼓,

54 「장구[杖鼓]」, 『국악기정보』, 국립국악원, 2010(terms.naver.com).

55 한국민속사전 편찬위원회, 『한국민속대사전』 2, 민족문화사, 1991, 1194쪽.

56 이상진, 앞의 책, 58~59쪽.

판소리 장단에 쓰는 소리북(고장북), 농악에 쓰이
는 매구북(농악북), 농부들이 일하며 치는 못방
고 등이 있다.[57] 구조가 간단하기 때문에 역사도
오래되고 세계 모든 지방에서 그 발생을 볼 수
있다. 현재 낙동농악에서 보관하고 있는 사용가
능한 북의 숫자는 4개이다.

　징은 대개 놋쇠판으로 만든 대야나 둥근 쟁
반 모양의 악기로, 농악, 무속음악, 불교음악, 군
악 등에 두루 사용되는 금속 타악기이다. 징은
군대에서 북과 함께 사용되었는데, 북이 앞으로
나아가라는 신호인 반면에 징은 뒤로 물러나라
는 신호로 사용되었다고 한다.

　농악용 징은 지름이 평균적으로 37~38cm
내외이며, 궁중음악용 징은 조금 넓고, 무속용
은 조금 좁다. 한자로는 "정鉦"이라고도 쓴다. 고
려시대부터 조선시대까지 군악에서 연주될 때는 "금金, 금고金鼓, 금정金鉦"이라고
불렸다. 『악학궤범』에서는 정대업의 연주와 독제纛祭 때의 춤에 사용되는 징을 "대
금大金"이라고 하였다. 절에서는 "금고金鼓, 태징太鉦"이라고 하며, 무속에서는 "대
양, 대영, 울징" 등으로 불린다.[58] 왼손에 들거나 틀에 매달아 채로 치는데, 채 끝에
헝겊을 감아서 주로 장단의 강박에 친다. 소리는 웅장하면서 부드러우며 긴 여운이
남는다. 현재 낙동농악에서 보관하고 있는 사용가능한 징의 숫자는 5개이다.

　법구는 일명 매구북·소구·소고라고도 불리는, 운두가 낮고 얇은 가죽으로 메운
북이다. 자루가 있는 것과 지방에 따라 끈을 꿰어 메도록 되어 있는 것도 있다. 악

57　「북」, 『한국민족문화대백과』, 한국학중앙연구원(terms.naver.com).
58　「징[鉦]」, 『국악기정보』, 국립국악원, 2010(terms.naver.com).

기가 가벼우므로 자유롭게 휘두르며 가는 채로 치는데, 두드리는 소리보다는 그것을 가지고 몸짓하는 손잡음으로 쓰인다.[59] 영동농악에서는 크기에 따라 벅구와 소고를 구분하고 있으나 기타 지방에서는 따로 구분하지 않는다고 한다.[60] 소고는 양면을 가죽으로 메우고 나무 채로 쳐서 소리를 내는 한국의 전통적인 타악기로, 대개 손잡이가 달린 지름 20cm정도의 작은 북을 말한다. 현재 낙동농악에서 보관하고 있는 사용가능한 법구의 숫자는 20개이다. 옛날에 쓰든 것 8개, 새로 한 것 8개, 2015년 정선아리랑제에 참가하면서 장만한 것 4개이다. 법구가 많은 것은 농악편성이 8법구이기 때문이다.

7) 보유자에 대한 전수활동 기여도

(1) 조만성

성별 및 나이

남, 1940년생

입거 시기

할아버지 대부터 살았으니까 3대에 걸쳐 대략 100년 이상 이곳에서 살았다고 함.

주소

강원도 정선군 남면 낙동1리 56-6

연락처

010-5066-0398

입문 시기

어렸을 적에는 서낭굿 하는 것을 따라다녔으며, 농악에 입문한 시기는 대략

---

59 「소고(小鼓)」, 『한겨레음악대사전』, 도서출판 보고사, 2012(terms.naver.com).

60 「소고(小鼓)」, 전라북도 국악기이미지(terms.naver.com).

35~6세 전후라고 함.

입문 계기

낙동농악을 이끌던 신왕선 씨가 돌아가신 후, 몇 년 동안 농악을 이끌 사람이 없자 주변 사람들의 권유로 낙동농악의 상쇠가 되었다고 함.

전수 활동 내역 및 전수 기간

낙동농악이 시작된 것은 유평리에 살던 김성진 씨가 강릉에서 농악을 배워오면서부터라고 한다. 김성진 씨가 살아계실 때는 정선군에서 열리는 농악경연대회에서 항상 일등을 했으며, 평창군에서 열린 강원도내 민속경연대회에서 상도 받았다고 한다. 김성진 씨가 주축이 되어 농악대를 구성할 때가 낙동농악의 전성기라고 할 수 있다. 이때 조만성 씨는 상모를 돌리며 뒤에서 따라다녔다고 한다. 김성진 씨가 돌아가시고 난 다음에 낙동농악을 이끌었던 사람은 신왕선 씨였다. 신왕선 씨를 중심으로 농악대를 구성하여 정선아리랑제와 면민의 날 등의 행사에 참가하였다. 신왕선 씨가 돌아가시자 낙동농악은 잠시 침체기를 맞이한다. 농악대를 맡을 사람이 없어서 정선아리랑제에 몇 년 동안 참가하지 못했다. 낙동농악을 살려야 한다는 여론이 형성되어 현재 조만성 씨가 농악대를 이끌어 가고 있다. 2015년 상반기부터 낙동농악의 전승보전을 위해 남면 복지회관에서 '낙동농악 교실'을 개설하여 운영하였다. 남면 10개리에서 2~3명씩 모여서 월요일 7시부터 2시간 씩 낙동농악을 배웠다. 하반기에는 낙동농악보존전승사업의 일환으로 낙동농악 전수관에서 별도로 진행하기로 하였다. 낙동농악의 상쇠인 조만성 씨는 지금도 가락을 잊어버리지 않기 위해서 낙동농악 가락보를 보면서 꾸준히 연습에 전념하고 있다.

2 / 상여소리와 회다지소리

1) 역사 및 배경

우리나라 장례의식葬禮儀式 중 망자를 상여에 태우고 장지로 가서 매장을 하고 봉분을 만들면서 소리를 하는 문화가 있다. 이러한 소리는 상여를 메고 장지까지 가는 상여소리와 장지에 도착하여 망자를 땅에 묻고 땅을 다지며 하는 회다지소리로 나눌 수 있다.

장례의식에서 집단으로 불러진 상여소리와 회다지소리에 대한 구체적인 문헌적 기록은 남아 있는 것이 없으며, 일반적인 향토민요와 마찬가지로 사람과 사람 사이에서 구전으로 전해져 왔다. 상여소리와 회다지소리의 가사는 인생무상을 한탄하면서 동시에 극락왕생을 기원하는 내용으로 되어 있다. 상여를 메고 무덤을 다지면서 부르기 때문에 일종의 노동요라고도 할 수 있지만, 망자亡者의 안장安葬을 기원하고 유족의 슬픔을 위로하는 것이 더욱 중요한 기능이므로 의식요로 분류되는 것이다.

상여소리는 우리나라에서 전통 장례의식葬禮儀式을 치를 때 상여를 메고 부르는 장례의식요葬禮儀式謠로, '향두가·행두가·상도가·상여가·상여 메김노래·요령잡이소리'라고도 부른다. 상여소리에 대한 명칭이 지방마다 다름을 알 수 있다. 회다지소리는 발로 봉분封墳을 다지면서 하는 노래로, 무덤을 만들 때는 흙에 회를 섞

어서 다졌으므로 회답아소리라고도 한다. 터를 다질 때 부르는 성조가인 지경소리와는 다르다.[1] 묘 다질 때 부르는 소리의 명칭 중 전국적으로 가장 많이 불리는 것은 '달구소리'와 '회다지소리'이다. 강원도, 경기도, 충북 등 중부 지역에서는 흙을 더 단단하게 하기 위한 목적으로 흙에 회를 섞기 때문에 '회다지소리'를, 남부 지역에서는 달구질을 할 때 하는 소리라는 의미에서 '달구소리'를 더 많이 쓴다.[2]

회다지소리는 봉분을 만들 때 부르는 노래로, 매장을 중시하는 우리 고유의 장례 풍습에서만 찾아볼 수 있는 의식요이다. 따라서 수장이나 풍장, 화장과 같은 장례형식에서는 볼 수 없다. 이것은 무덤을 사후의 가옥으로 인식하여 죽은 사람을 평안히 모시고자 하는, 매장 문화의 핵심을 이루는 가장 한국적인 의식이 담긴 노래라고 할 수 있다.

장례의식요는 장례라는 특수한 국면에 부합하는 노래로, 예로부터 마을 의례와 관련된 선소리꾼 집단이 전승해온 소리유산이다. 의식요는 노동요와 달리 비일상의 특수한 유형이다. 사람들은 일하거나 놀거나 의례를 치르면서 거의 모든 경우에 그에 맞는 노래를 적절히 불러왔는데 그 목적에 따라 넘나듦이 있다. 장례의식요를 부르는 선소리꾼은 작사나 작곡도 없고 게다가 악보도 없이 윗세대로부터 아랫세대로 자연스럽게 구전하는 전승자다. 선소리꾼의 구비의식요에는 꾸밈없는 민중의 정서와 민족공동체 고유의 음악성, 그리고 옛 시절의 시대 현상이 내재되어 있다. 그렇기 때문에 장례의식요는 지역공동체의 문화적 원형을 이해할 때 가장 중요한 자료가 된다.[3]

상여소리와 회다지소리는 장례의식에서 매우 큰 비중을 차지하는 요소로 전국에 분포되어 각 지방마다 소리의 특성과 사설을 가지고 있다.

1   한국민속사전 편찬위원회, 『한국민속대사전』, 민족문화사, 1991, 142~143쪽.

2   「회다지소리」, 『한국민속문학사전(민요 편)』, 국립민속박물관(www.nfm.go.kr).

3   이창식, 「횡성회다지소리의 전승과 활용」, 『남도민속연구』 28집, 남도민속학회, 2014, 304쪽.

(심: 회다지소리 많이 하셨어요?) 뭘 해. (심: 안 하셨어요?) 뭐− 뭐− 안한 지가 벌써 몇 년 됐지. 공원묘지 생기구, 공원묘지 생기구 못하게 하잖아. …(중략)… 공원묘지는 회다지를 못하게 해. 왜냐면 포크레인으로 팍팍 눌러버리니까. (이: 회다지를 못하게 된 게 묘지를−.) 그렇지. 그리구 거의 차루 가고. 상여를 안 쓰거든. 상여를 안 쓰니까 상여소리를 할 일이 없다.[4]

예전의 매장의 풍습에서 사회구조의 변동과 그에 따른 생활환경과 양식의 변화 그리고 의례의 간소화 정책 등의 과정에서 화장火葬을 선호하고 장례식장에서 장례를 치르고 공동묘지에 모시는 과정에서 상여소리와 회다지소리도 사라져 가고 있는 것이 오늘의 현실이다.

상여소리와 회다지소리는 그 시대와 지역의 정서가 그대로 녹아 있으며 죽음에 대한 가치관을 엿볼 수 있다는 점에서 무형문화재無形文化財로 지정된 상여소리뿐만 아니라 지금 현재 각 지방마다 전승이 활발하지 못하여 사라져가고 있는 소리 또한 연구기록을 위해 지금이라도 남겨 보전할 필요가 있다.[5]

우리나라에서 전승하고 있는 상여소리와 회다지소리를 개괄하면 다음과 같다.[6]

(1) 경기도의 상여소리와 회다지소리

경기의 상여소리는 빈 상여소리라 하여 출상하기 전날에 대떨이를 한다. 대떨이는 빈 상여로 '조적'이라고 하는데 출상을 잘 부탁하는 의미에서 상여꾼들에게 푸짐하게 한턱내는 것을 말한다. 상여소리는 긴소리와 자진소리로 나누어지며 회다지소리는 긴달구소리, 자진달구소리, 회심곡, 초한가, 꽃방아타령, 상사소리, 몸돌려소

---

4   오태열 씨 구술 자료, 2015년 8월 18일.

5   강병한, 「경남 상여소리 연구—영산 상여소리와 달구소리를 중심으로」, 동국대학교 불교문화대학원 석사학위논문, 2013, 2~3쪽.

6   이고은, 「임실지역 장례풍습에서 보이는 회다지놀이의 춤사위화 방안」, 우석대학교 교육대학원석사학위논문, 2002, 6~12쪽 요약정리.

리 등 그 종류가 매우 다양하며, 장단은 타령장단이 주가 되며 일의 순서에 긴소리는 늦타령장단이 쓰이고 자진소리는 자진타령장단이 쓰인다. 타령장단은 경쾌하고 씩씩한 느낌을 준다.

양주상여와 회다지소리의 선율은 대부분 경조(경기민요조)로 되어 있다. 느린 소리의 경우는 서도지역 수심가처럼 심금을 울리는 슬픈 느낌을 주기도 한다. 장례절차는 우선 비단이나 종이에 글씨를 써 깃발로 만든다. 이것을 만장이라고 하며, 만장을 선두로 상사의 혼을 일컫는 방상, 망자의 이름을 새긴 명정, 공포와 그 뒤에 혼백을 모신 상여 순으로 상주와 주인, 일꾼, 이웃들이 따른다. 선소리꾼이 요령을 흔들며 장단을 맞추면 그 뒤를 상두꾼들이 받아넘긴다. 이렇게 상여가 움직여 장지에 당도하면 하관하고 회다지소리를 부른다. 회다지소리에는 긴달구소리, 꽃방아타령, 어러러소리 3종이 있는데 흙을 밟기 시작하면 긴달구소리로 시작하여 어러러소리로 달구질을 마치며 봉분을 완성하고 퇴장한다.

경기도의 장례의식요는 여러 가지 잡다한 소리를 끼워 넣어 소리를 특출하게 갈고 다듬어 부르는 특징이 있다. 이렇게 경기도의 장례의식요가 다양한 소리로 구성된 것은 논농사 소리를 섞어서 부르기 때문이다. 구리시 장례의식요는 논매기 할 때 부르는 농업노동요 〈방아타령〉, 〈상사소리〉, 〈나무꾼소리〉, 〈새쫓는소리〉가 풍부하게 첨가되어 경기도 장례의식요의 특징을 잘 살리면서 전승이 이루어지고 있다.[7]

(2) 충청도의 상여소리와 회다지소리

충청도도 경기도와 마찬가지로 호상놀이를 한다. 부여 용정리에는 독특한 상여소리가 전승되고 있는데, 이 상여소리를 중심으로 놀이적 요소가 가미된 것이 '호상놀이'이다.

부여 용정리 상여소리는 진소리, 짝수소리, 두마디소리, 자진소리 등 다양한 소리로 구성되어 있다. 이중 진소리는 가장 느린 소리로 선소리꾼이 사설을 하면 대

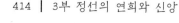

7   박현숙, 「구리 지역 민요의 전승 양상과 기능적 특징」, 『민속연구』 30집, 안동대학교 민속학연구소, 2015, 96~97쪽.

메꾼이 후렴을 받는 교창형식으로 대개 동네 밖을 나가기 전까지 부르며 또한 상여가 멈추거나 출발할 때도 부른다. 짝수소리는 동네를 벗어 나와서 부르는 보통빠르기의 소리로 용정리 상여소리 가운데 가장 특징적인 소리이다.

짝수소리는 부여와 공주 일부지방에서만 찾아볼 수 있는 소리로 용정리 상여소리는 백제문화권을 대표하는 특징적인 상여소리라 하겠다. 이러한 소리를 바탕으로 한 상여 흐르기는 삶과 죽음의 극단적인 상황을 동일시하여 해학적으로 진행함으로써 충청도의 특성인 낙천적인 내세관을 보여주고 있다.

(3) 경상도의 상여소리와 회다지소리

경상도의 상여소리는 이승을 떠나는 사자의 입장에서 이별의 슬픔과 회한, 산 사람들에 대한 당부를 엮어 나가는데 그 사설과 선율이 구슬퍼서 비장감을 자아낸다.

소리의 특징을 살펴보면, 상여 나가기 전에 하는 '상여 어르는 소리', 상여를 메고 갈 때 하는 '상여소리', 언덕을 올라갈 때나 좁은 다리를 건널 때 하는 '잦은 상여소리'의 세 가지로 구성되어 있다.

경상도는 호상일 경우 출산 전날 밤에 상두꾼들이 집밖의 공터나 아니면 상주집 마당에서 북을 치고 상여소리를 한다. 상여소리가 끝나면 제청에서는 상주의 슬픔을 달래기 위해 곡을 하는 체하면서 욕이나 농담을 하여 상주를 당황하게 하며 웃긴다. 밀양지방에서는 휘껭이춤이라 하여 망나니가 방상시가면을 쓰고 상여 앞과 주변을 왔다 갔다 하면서 잡귀나 잡신이 시신을 해치지 못하도록 하는 춤을 춘다.

(4) 강원도의 상여소리와 회다지소리

강원도는 초상이 나면 상여에 시신을 싣고 집을 떠날 때에 '발인소리'를 부르며 상여가 장지로 갈 때 '유대꾼소리'라고 하는 '행군소리'를 한다. 하관을 하고 흙을 다질 때에는 회다지소리를 부르는데 처음에는 긴 달구질 소리를 나중에는 짧은 달

구질소리를 부른다.

발인소리는 상여꾼들이 상여를 메고 앞머리를 세 번 기울여 절을 하며 자유리 듬으로 부른다. 입타령과 흘러내리는 씻김새를 경토리라 한다.

행군소리는 상여가 길로 나서면 느린 4박자의 중중모리 장단으로 씩씩하고 처량한 느낌의 메나리토리로 되어 있다. 소리는 선소리를 메기는 사람이 밖에 있고, 안에 있는 사람들은 그 소리에 맞추어 "에헤라 달회야" 하는 후렴을 받는다.

회다지소리는 달구질 소리라고도 하는데 수심가토리로 부르며 그 소리를 받는 달구꾼들은 여느 때처럼 메나리토리로 받으니 메기는 소리와 받는 소리가 달라진다.

(5) 전라도의 상여소리와 진도 다시래기

전라도의 상여소리는 맨 앞의 긴 소리를 '오장소리'라 하여 상여를 메고 서서 출발하기 전에 부르며, '관암보살'과 '나무아미타불' 소리는 평지를 천천히 가면서, '어리가리'와 '어하넘차' 소리는 보통걸음으로 가면서, '너화널' 소리는 좁은 다리를 건너면서 하는 소리다. 그리고 마지막에 '관암보살' 소리를 한번 한다.

이러한 전라도 지방의 상여소리는 망자와 친구나 상두꾼들이 출상연습도 겸하여 상여소리를 한다. 상여소리는 죽은 이의 말을 담고 있어서 한층 슬픔이 고조된다. 이와는 대조적으로 북을 치면서 판소리나 춤을 곁들여 상주나 가족들을 위로하는 수도 있다.

또한 상여소리가 끝나면 제청에서 계꾼들이 모여 재담과 병신춤을 추어 상주를 웃기는 연희를 하게 되었는데, 그것이 진도의 다시래기이다. 다른 지역의 상여소리와는 달리 진도 다시래기는 단골세습무계인 전문예능인들에 의한 놀이라는 점이 특이하다. 특히 놀이로서의 전문성과 가치를 보여준다. 중요무형문화재 제81호로 지정되어 있다.

상여소리와 회다지소리는 고인의 영혼에 대한 위로와 생전의 큰 업적을 찬양하고, 그 덕망을 높이 평가함으로써 유족·후손에게 조상 숭배의 종교적·신앙적 사상을 갖게 하는 동시에 슬픔에만 젖을 것이 아니라 고인의 유덕과 위업을 본받아 새로

운 결의와 희망 아래 새로운 삶을 이룩하게 하는 차원 높은 기능을 가지고 있다. 상여소리는 향도香徒와 상객喪客들에게 피로와 힘겨움을 잊게 하여 장례 의식을 더욱 능률적으로 거행할 수 있게 하는 힘을 준다. 이러한 상여 의식을 통해 상가는 물론, 마을사람 전체가 상호부조, 협동단결, 우애와 효의 정신과 사상을 고취·배양하는 사회적 기능도 가지고 있다.[8]

2) 전승 현황

장례의식葬禮儀式은 고대로부터 시작되어 오늘날에 이르기까지 무궁한 역사를 간직하고 있다. 고대 원시시대부터 사람들은 죽음에 대한두려움과 내세에 대한 갈망으로 장례의식葬禮儀式의 문화가 생겨나 시대의 흐름에 따라 지역·종교·정치적 영향으로 변모해왔다.

오늘날 장례의식葬禮儀式의 사회 문화적 의미를 보면 우리의 생활 역사 속에서 상장의례를 통해 죽음이 개인이나 사회에 끼치는 영향에 대한 의미를 찾는 것으로, 상장의례는 고대로부터 오늘날에 이르기까지 민족의 생사관生死觀과 조령관祖靈觀을 나타낸다. 동시에 상장의례는 오랜 세월 내려온 습관으로 시대時代·민족民族·지역地域·문화文化에 따라 그 방법이 다양하며 거기에는 복잡한 문화요소가 습합되어 그 시대 사람들의 정신생활과 사회상을 살피는데 있어 귀중한 자료가 된다.

상여소리를 가창하는 이유는 먼저 여러 사람이 한명의 메기는 선소리꾼에 의해 상여를 메고 운반할 때 통일되고 단합된 힘을 보이면서 노동의 고충을 덜고, 함께 동참하면서 망자의 슬픔을 애도하는 의도를 담고 있다. 회다지소리 역시 마찬가지로 한명의 선소리꾼에 의해 실제 작업에 투입된 여러 사람들이 제창하면서 역시 행동을 통일하여 일의 능률을 올리고 노동의 고충도 덜면서 역시 망자나 유가족들의

---

8   김성배, 『향두가·성조가』, 정음사, 1979, 253쪽.

위로를 동시에 행하는 역할을 하게 된다.[9]

(1) 상여소리

　　상여소리는 장례 때 시신을 상여에 싣고 장지까지 운반하면서 부르는 노래로서
상여를 메고 가는 향도군 혹은 상두꾼으로 불리는 상여꾼에 의해 노래된다. 메기
는 소리를 하는 사람은 앞에서 요령을 흔들면서 선창하고 상여를 멘 사람들은 받
는 소리를 합창으로 한다. 강원도 정선군에 전해 오는 '상여소리'는 곡소리·말맥임
소리·발인축·운상 소리·회다지소리 등으로 구성된다. 정선군에서 전승되고 있는 상
여소리를 개괄하면 다음과 같다.

　　정선지방에서는 장례일에 시신을 모셨던 방의 네 귀퉁이에 널을 디리밀었다 당
기면서 외치는 널액막음 소리가 찾아지질 않는다.[10] 널액막음 소리는 시신을 모신
널을 마당으로 내오면서 방의 네 모퉁이에 널을 밀었다 당겼다 하면서 외치는 소리
로, 전남 담양군, 충남 논산시, 대전시 등 다른 지역에서는 널을 3회씩 밀면서 '복!
복! 복!'하고 외치기도 한다.

① 곡哭소리

　　이소라가 조사한 김남기 씨에 의하면 상주와 복인의 소리가 달라야 한다고 한
다. 예전의 상주들은 "애고"를 정선아라리 하듯이 꺾어하였다. 맏사위나 맏장손처
럼 굴건제복한 복인들은 "어이"를 길게 뽑는다. 깜둥복인은 '어이'하며 덜 꺾고 밋
밋하게 운다.[11]

　　　　　　상주: 애고 애고 애고- / 애고- 애고 애고 / 애고 애고

9　　이현수, 「정선장례요의 전승현장 연구—사설과 선율을 중심으로」, 『한국민요학』 35집, 한국민요학회,
　　　2012, 224~225쪽.

10　　『정선민요론』, 정선문화원, 2005, 39쪽.

11　　위의 책, 82~83쪽.

복인: 어이 어이 어이 / 어이- 어-이 어이/ 어이 어이

깜둥 복인: 어이 어이 어이 어이 / 어이 어이 어이[12]

② 말멕임소리

장례전일 밤10시경 중석제를 지내면서 한편에선 마당 한복판에 불을 지펴놓고 계원들이 쭉 둘러서서 말멕이를 한다. 처음에 선소리꾼이 요령을 흔들며 "나무여- 미리미리타불"을 어깨동무하고 전진·후진하며 부르고 이어서 "나무할미타불"은 손에 손을 잡고 팔을 흔들면서 시계방향으로 소리하곤 한다.[13]

남면 무릉2리 능전에서는 장례전일 일몰 전에 저녁 제사를 지내며, 밤 10시경 중석제 지낼 때 말멕인다. 장례 당일 아침제사 때는 별도의 축을 읽는다. 말멕일 때 마당 한복판에 불을 지펴놓고 쭉 둘러서서 어깨동무하고 노래한다. 선소리꾼은 요령을 흔들며 멕인다. 한편으로는 중석제사 지내고 상여 메는 사람들이 말멕인다.

말멕임은 강원도의 특징적인 장례전일 풍속이다. 말멕임에서는 초초, 이초, 삼초를 아뢰는데 초초는 장례 전날 저녁먹고 나서, 이초는 자정 무렵에, 삼초는 이튿날 아침 상여에 시신을 싣고 나서 아룀이 일반적이다. 삼초에서 아뢰는 소리는 차이가 없다. 정선군 신동읍 예미리에서는 처음에 "나무여 오오, 미리미리타불"을 부르며 계원들이 어깨동무하고 앞으로 나갔다 뒤로 물러났다한다. 이어서 "나무할미타불"을 소리할 때는 손에 손을 잡고 흔들면서 시계방향으로 돌며 부른다.[14]

"나무여-"는 남면 능전마을의 경우 주된 행상소리인데, 말멕일 때도 부른다. 대틀에 큰 주머니를 묶어 달아놓고 봉초 담배 등을 받아 앞구잽이가 넣어둔다. 돈은 주로 회다지 할 때 꽂아둔다.[15]

---

12   위의 책, 369~370쪽.

13   위의 책, 40쪽.

14   이소라, 『강원지방의 상부(喪夫) 소리』, 문화재청, 2004, 5~6쪽.

15   정선문화원, 앞의 책, 388쪽.

나 여기 윗동네 유천2리 강 건너 살았는데. 상여 앞에, 혼백을 모시고 가는 요요라구 있어요. 고때-, 요요라는 거는, 혼백을 모신 요요라는 것을 메구 가는 거는 애들이며. 한- 열댓 살 그때지. 한- 열두 살, 열다섯 살. 초등학교 4학년 5학년 때. (이: 요때 다니시며 귀동냥하신 거군요.) 그러면은 그때는 상두꾼이라구, 다 짜여져 있었는데. 요요 메는 애들도 어른들하구 똑같은 대우를 해줬어. (이: 한 사람 몫을 받았군요.) 그렇지. (이: 그 당시엔 어느 정도?) 에-이, 돈받구 그런 것 없구. 식사라든가 옛날에는 담배. (예 예.) 담배가 귀할 때, 파랑새 이런 거 나올 때, 그-어른들 두 갑 주면 아-들도 두 갑 주구 그랬는데. (심: 애들은 담배주면 뭐해요?) 어른들 갖다드리는 거지.[16]

상여소리와 회다지소리에 관해 알려주는 오태열 씨

앞구잽이가 받은 담배는 운구가 끝나면 거기에 참여한 사람들이 모두 공평하게 나눠가졌다. 이번에 조사한 오태열 씨는 초등학교 4~5학년 때 혼백을 모신 요요를 했는데, "요요 메는 애들도 어른들하구 똑같은 대우를 해줬다"고 하면서, 받은 담배는 어른들께 갖다드렸다고 한다. 그리고 상여를 메는 상여꾼들은 다른 사람들보

---

16   오태열 씨 구술 자료, 2015년 8월 18일.

다 좀 더 대우가 좋았다고 하였다.

말멕임은 강원도 지역에서도 철원군·화천군·홍천군 및 춘천과 같이 경기도와 인접한 영서 내륙의 시군에서는 잘 나타나지 않는다. 강원도 영동인 강릉이나 고성군·양양군과 같은 해안 쪽 지방에서 보다 왕성한 편이다.[17]

③ 발인축

발인축은 장례일에 고인을 모신 운구가 집을 떠남을 고하는 것으로, 제관이 읊는 축이다. 가사는 통민요적으로 "영이기가靈輀旣駕 왕즉유택往卽幽宅 재진견례載陳遣禮 영결종천永訣終天"이라고 한다. 정선군에서는 두 종류의 발인축이 채록되어 있다.

영이-기가 / 왕-즉유택 / 재진-견례 / 영결종천

영이기-가 / 왕즉유택 / 재진견례 / 진형사항 / 재진견례 / 영결-종천[18]

④ 하직소리 및 운상소리

하직소리는 발인제를 전후하여 상여를 메거나 든 상태에서 제자리에서 가볍게 요동하며 부르는 노래이다. 지방에 따라서는 길 끄는 소리, 어르는 소리, 허노소리 라고도 한다. 관을 방에서 바깥으로 모셔내어 빈터나 길 같은 넓은 공간에다 옮겨 상여 위에 안치하고 그 앞에다 제상을 차린다. 그 앞에서 가족과 친지들이 망자와 고별제로 지내는 것이 발인제이다. 발인제를 지내고 나면 모였던 가족 친지들과 하직인사를 하고 떠난다.[19] 하직소리의 개념 속에는 '상여를 어른다' '어르는 소리' '길 끄는 소리'라 하여 상여를 어르고 길을 끌어준다는 뜻이 내포되어 있다. 상여를 어

---

17   이소라, 앞의 책, 6~7쪽.

18   정선문화원, 앞의 책, 378~379쪽.

19   류종목, 『한국 민요의 현상과 본질』, 민속원, 1998, 98쪽.

른다는 것은 망자의 영혼을 달래어 기쁘게 함으로써 저승으로 고이 보내어 드리겠다는 의도가 들어 있다. 또 '길 끄는 소리'라는 것도 마찬가지로, 행상의 길을 인도한다는 표면적 의미와 함께 저승으로 천도하겠다는 축원적 의도가 내재되어 있는 것으로 해석된다.[20] 하직소리는 선소리꾼이 죽음의 허망함을 상주를 대신하여 읊조리는 것으로, 사자가 상주나 친지, 그리고 가족들에게 당부하는 것을 대신 노래하는 것이다.[21] 강원도의 하직소리는 입말형, 타불형, 사두형, 기타 등이 있다.[22]

발인행렬이 장지로 나가는 출상시 상여꾼들은 계속하여 소리를 한다. 운상소리는 상여를 메고 가며 부르는 소리를 말한다. 정선지역에서는 12명의 상두꾼이 상여를 메고 가는 것이 일반적이며, 잘 살고 형제가 많은 괜찮은 집에서는 결줄 행상이라 하여 24명이 상여를 매었다. 상여가 지나가는 길은 평지도 있고 좁은 길도 있으며, 언덕을 오르내리거나 다리를 건너는 경우에도 상여소리는 구슬프게 울려 퍼진다. 운상할 때 일반적으로 부르는 노래는 회심곡 계통의 단조로운 것으로 판단하기 쉽다. 하지만 가창방식이 선후창으로 되어 있고 선창자가 즉흥적·임의적으로 가사를 지어 부를 수 있다. 소리의 유형을 전승 형태와 소재, 주제를 중심으로 분류하면, '① 고정전승형, ② 혼합형, ③ 즉흥창작형' 등으로 나눌 수 있다. 고정전승형이라고 해서 기록문학처럼 일자일구의 틀림도 없이 정확하게 전승되는 것을 말하는 것은 아니다. 전승되어 오는 가운데 와전과 오류로 인해 어느 정도 변개가 일어났지만 전체적인 형은 비교적 튼튼히 고정되고 내용이나 소재가 유사하여 동일한 부류에 속하는 것을 말한다. 고정전승형은 다시 '회심곡형, 풍수지리가형, 이별가형, 유택·허무가형, 호서형呼壻型'으로 세분할 수 있다.[23]

혼합형은 5가지의 고정전승형 유형 중 어느 한 유형과 다른 유형 한둘이 각각 전편 혹은 일부분이 혼합되는 경우이다. 이런 유형은 선창자가 고정전승형의 노래

20 　 위의 책, 103쪽.

21 　 신찬균, 『韓國의 輓歌』, 삼성출판사, 1990, 39쪽

22 　 이소라, 앞의 책, 26쪽.

23 　 류종목, 앞의 책, 83~84쪽.

를 전부 기억하지 못하는 경우와 필요에 따라 재편성하는 경우에 일어난다. 혼합형은 주로 '회심곡형+풍수지리가형', '회심곡형+유택·허무가형', '회심곡형+유택·허무가형+호서형', '회심곡형+이별가형', '풍수지리가형+유택·허무가형' 등이 많다. 즉흥창작형은 상황에 따라 즉흥적으로 창작된 노래를 말한다. 그러나 즉흥적이라 하여 창자의 순수한 창작만 있는 것은 아니다. 고정전승형의 일부가 인용되기도 하고 시조와 같은 기록문학의 일부가 인용되기도 한다.[24]

> 이 보믄은 상여가 갈 때 하는 소리는 다 다 다른 쪽에서는 다르게 하는 사람도 있더라구요. 경기도나 충청도 쪽에서는. (이: 예 예.) 여기서는 메구 갈 때는 회심곡을 해요. (이: 예.) 그 다음에 그-, 회다지 할 때는 이 옥설가 라고 있어요.[25]

> 이제 이렇게 평지에 이렇게 갈 때는, 상여소리가 이제 회심곡-을 주로 인제 에 많이 하죠.[26]

제보자인 오태열 씨와 홍동주 씨에 의하면, 자신들은 상여를 운반할 때 회심곡을 불렀다고 한다. 이현수가 조사한 바에 의하면, 상여운반소리인 경우 조사대상자 9명 모두가 〈회심곡〉의 내용을 발췌해서 사설로 활용하는 것으로 나타났다고 한다. 소리꾼의 능력에 따라 〈회심곡〉사설을 많이 암기해서 현장에서 자연스럽게 사설을 활용하는 경우도 있고, 일부 전문성을 띤 소리꾼은 여기에 더하여 즉흥적으로 현장 상황에 맞는 사설을 자작하여 붙이는 상황도 빈번하게 나타남으로써 상여소리의 현장성을 더 절묘하게 표현하기도 한다는 것이다.[27] 정선지방에서는 고정전

---

24 위의 책, 91쪽.
25 오태열 씨 구술 자료, 2015년 8월 18일.
26 홍동주 씨 구술 자료, 2015년 8월 19일.
27 이현수, 앞의 논문, 249쪽.

승형 중에서 회심곡 계열을 운상소리로 사용한 것으로 보인다.

나-무여-어 어-허-   미리미리타-불-

천지 천-지- 이-히 분난-후에-   나-무여-어 어-허
상남아 상- 응 일어-났니-   나-무여-어 어-허
이세상에-에-에 나온 사람-   나-무여-어 어-허
뉘덕-으로- 오오 생겼는가-   나-무여-어 어-허
하나님전- 어-언 명을 받아-   나-무여-어 어-허
아버님전- 어-언 뼈를 빌고-   나-무여-어 어-허
어머님전- 어-언 살을 빌고-   나-무여-어 어-허
칠성님전- 어-언 명을 빌고-   나-무여-어 어-허
제석님전- 어-언 덕을 빌고-   나-무여-어 어-허
서가여래- 예-예 공덕으로-   나-무여-어 어-허
이내일신- 이-인 탄생하니-   나-무여-어 어-허
부모은공- 못다갚고-   오- 나무여- 어-허.[28]

회다지 소리를 들려주는 홍동주 씨

28   홍동주 씨 구술 자료, 2015년 8월 19일.

인용문은 상여가 평지를 갈 때 부르는 소리라고 하면서 홍동주 씨가 들려준 노래가사이다. 회심곡형은 가사체 회심곡의 유사한 형태를 띤 것으로, 불교적 노래라 하겠다. 회심곡들은 모두가 석가여래의 공덕을 힘입어 이승에서 선악 간에 살다가 죽은 후에는 저승에 가서 심판을 받는데 인과응보의 법대로 선인은 극락세계로 가며 악인은 지옥으로 떨어짐을 경계하고 착실히 마음을 닦으라고 권면하는 노래이다.[29] 이러한 회심곡은 '허두-탄생-성장-노쇠-득병-치병-사자 내습-신세한탄-임종-사자 압송-저승-죄인국문-권선' 등으로 하나의 구조를 가지고 이승에서부터 저승까지의 일생일대의 대파노라마가 펼쳐진다.[30]

너-후- 너-후 너후 넘차 너-후- 너-후- 너-후- 너후 넘차 너-후

명사십리- 해당화-야 꽃진다구 서러마라-   너-후 너-후 너후 넘차 너-후

명년삼월 춘삼월에   너-후 너-후 너후 넘차 너-후

너는다시 피련마는   너-후 너-후 너후 넘차 너-후

불쌍하다 우리인생   너-후 너-후 너후 넘차 너-후

이제가이면 언제오나   너-후 너-후 너후 넘차 너-후[31]

인용문은 홍동주 씨가 대개 오르막을 올라갈 때 부르는 소리라고 하면서 불러준 노래가사이다. 오르막을 올라갈 때는 소리가 평지에서보다 두 배 이상은 빨라진다. 부르는 가사의 내용은 비슷하지만, 소리 자체가 조금씩 빠르기도 하고 느리기도 하다. 그래서 정선지역의 경우, 화암면과 남면이 비슷하며 여량면과 정선읍이 조금 다르다고 한다.[32]

강원도의 평지운상소리는 크게 두 마디 넘차류와 어이나가리류 및 한마디 넘차

---

29   신찬균, 앞의 책, 140쪽.

30   류종목, 앞의 책, 84쪽.

31   홍동주 씨 구술 자료, 2015년 8월 19일.

32   위와 같음.

류 등이 있다. 강릉시에서는 두 마디 넘차류와 어이나가리류가 공존하되 후자가 보다 우세하다. 반면에 정선군을 비롯한 고성군·양양군·동해시 등에서는 두 마디 넘차류가 대종을 차지한다.[33] 강원도의 두 마디 넘차류는 다시 너기넘차형과 어이넘차형이 있는데, 정선군에서는 "너 호 너 호, 너화 넘차 너 호"의 두 마디 계통의 넘기넘차형이 지배적이다. 마을에 따라서는 멕받형식으로 부르지 않고 복창하는 형식을 취한다. 북평면 숙암리, 신동읍 운치리·고성2리·예미리, 고한읍, 여량면 구절리, 임계면 구미정 등에서는 "너허 넘차 너 호"의 한마디 넘차류를 평지운상이나 오르막을 올라갈 때 부르기도 한다.[34]

(2) 회다지소리

상여가 출발하기 전에 장지에서는 당일 광중壙中을 파고 묘지를 만든다. 회다지소리는 광중에다 흙이나 회를 채우고 그것을 다지면서 부르는 노래로, 토목노동요이자 장례의식요이다. 지방에 따라서는 '달구질소리, 달기호, 달구노래, 달구 소리, 달호' 등으로도 부른다. 대개 강원, 경기, 충북 등 중부권에서는 회다지소리와 달구소리를 혼용하여 사용하고, 남부지방에서는 달구소리라 하는 곳이 많은 편이다.

> 장-례 절차가- 벌써 그러되니. 그리구 이글 안다져도- 안다져도- 포크레인으로 쿡쿡 눌러 벌이니까. 옛날에는 다 다지지 않으면 산소를 이렇게 써놓으면 비가 많이 오면 푹- 꺼져버렸어. 허물어지던가 푹 꺼져버렸단 말야.[35]

정선을 비롯한 중부지방에 회다지소리가 많이 남아 있는 것은 남부지방에 비

33 이소라, 앞의 책, 26쪽.

34 정선문화원, 앞의 책, 86쪽.

35 오태열 씨 구술 자료, 2015년 8월 18일.

해 기후적 변화가 심한 지리적 환경 때문으로 보인다. 하관을 마치고 관 주변의 흙을 단단히 밟아주지 않으면 "비가 많이 오면 푹- 꺼져버렸어. 허물어지던가 푹 꺼져" 묘가 무너지기 때문에 여러 사람들이 줄을 지어 늘어서서 노래에 발을 맞춰가며 땅을 다져주어야 했던 것이다.

회다지는 노동 상황에 따라 광중壙中에 들어가서 다지는 마을이 있는가 하면 밖에서 다지는 마을이 있고, 횟대를 쥐고 밟는 경우가 있는가 하면 횟대 없이 그냥 발로 밟는 경우가 있다. 그리고 노동 형태에 따라서도 묘를 다지면서 옆 사람과 등을 서로 맞대는 곳도 있고, 그러한 행동 없이 다지기만 하는 곳도 있다. 강원도 정선지방에서는 회다지를 할 때 횟꾼들이 광에 들어가서 각자 횟대를 쥐고 다지는 것이 일반적인 형태인 것으로 보인다.

> 그래 다졌단 말야. 근데 이 다지는 방법이 다 틀려요. 영월하구 여기하구 두 틀리구, 횡성하구 틀리구. 단양을 한번 구경을 가봤는데, 그- 뭐 장사 보러갔다가, 이래 한번 하는 거 봤는데. 하기는 잘 하는데 그- 다 틀려. 여기 사람들은 이렇게 관이 들어가 있으면, 이렇게 서로 보고 돌아서서 하는데, 영월 사람들은 또 등을 지구 해. (이: 응-.) (심: 등을 지구 어떻게 해요?) 등을 지구 밟아. 거기를. (제보자가 손으로 탁자를 치면서 밟는 시늉을 함) (심: 아-.) 여기 사람들은 회다지 그- 그 나무가 (제보자가 손으로 나무 크기를 가리킴) 소나무가 굵기가 빠짝 말랐는데, 밑이 팽팽하게 톱으로 해가지구, 그걸 이리 다지거든. (심: 예 예.) 영월사람들은 그렇게 하긴 하는데, 돌아서서 밟아. 영월은 이게 이제 관이 들어갔으면은. 그것두 닫는 사람들도 소리하는 사람까지 해가지구 홀수로 해야 돼. 다진 사람이 여섯 명이면 회다지 소리하는 사람 한 명 하면 일곱 명이잖아. (이: 예.) 그 다음에 여덟 명이 들어가면 회다지 소리하는 사람 아홉 명. 이것두 일삼오칠구로 해야 돼. (이: 일삼오칠구요?) 헤- 헤. (이: 정선의 특징이 어떻게 회다지 할 때?) 여기는 전부 다 일삼오칠구 그런 식으로 하구. (이: 다질 때 이- 그.) 거기 그래 해. (이: 다질 때 서로 보구 하는

건가요?) 보고 하지. 보고 둘러싸서. 정선은 그렇게 해. 영월을 돌라서서 하더라구. 영월에 누님이 계서가지구. 단양두 거의 영월하구 비슷하더라구. 그니까 거리상으루다가 문화권이-. (이: 예.) 그렇게 형성된 것 같애.[36]

오태열 씨는 자신의 경험에 빗대어 지역마다 회다지를 하는 모습에 차이가 있음을 피력하고 있다. 한 예로, 정선지방에서는 서로 얼굴을 맞댄 상태에서 회다지를 하는데 비해, 영월지방에서는 등을 지구한다는 것이다. 그리고 회다지를 할 때는 "다진 사람이 여섯 명이면 회다지 소리하는 사람 한 명 하면 일곱 명", 그리고 "그 다음에 여덟 명이 들어가면 회다지 소리하는 사람 아홉 명" 하는 식으로 인원이 항상 홀수로 해야 한다는 것이다. 회다지를 할 때는 소나무의 밑을 평평하게 만들어서 사용하였음을 알 수 있다.

선-천지- 후천지-는   오-호- 덜구-여
억만세계- 무궁이라   오-호- 덜구-여
산지조종- 곤륜산이요   오-호- 덜구-여
수지조종- 황하수라   오-호- 덜구-여
산지조종- 곤륜산이요   오-호- 덜구-여
수지조종- 황하수라   오-호- 덜구-여
곤륜산- 일지맥에   오-호- 덜구-여
조선이- 생겼으니   오-호- 덜구-여
백두산이- 주산이요   오-호- 덜구-여
한라산이- 안산이라   오-호- 덜구-여[37]

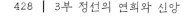

---

36   위와 같음.

37   홍동주 씨 구술 자료, 2015년 8월 19일.

홍동주 씨는 회다지소리는 느린 소리와 종종회라고 좀 빠른 소리가 있다고 하면서 느린 소리를 먼저 불러주었다. 오태열 씨는 "회다지는 처음에 이제- 한- 몇 분간 몇 분간 한- 삼사 분 간격으로는 느르 느르 느리게 하다가 고다음에 쪼곰 신명이 나면 이제 조금 빨라"[38]진다고 하였다. 정선지방에서는 한 채에 두벌치를 다지되 첫 치는 느린회, 두벌치는 종종회를 다진다. 느린회의 받음구는 "오호 달구요", "오호 덜구여", 호호 덜구야" 등이다.[39] 느린회는 비고정 장단곡이 많은 편이며 메김구가 2음보일 때 제1음보의 뒤를 '미리미리타불'곡의 경우처럼 굴곡 지으며 장인하는 예들이 있다.[40]

그 다음은 종종회라구 해서 조끔 빠르게,

오-호- 달회 오-호 달회

이산소터 잡을적에　오-호- 달회 오-호 달회

누구누구 잡았던가　오-호- 달회 오-호 달회

도-선이 박상하구　오-호- 달회 오-호 달회

무학이가 잡을적에　오-호- 달회 오-호 달회

지남철을 손에들고　오-호- 달회 오-호 달회

윤도판을 앞에놓고　오-호- 달회 오-호 달회

좌향놓고 안배놓제　오-호- 달회 오-호 달회

임자계축 간인간묘　오-호- 달회 오-호 달회

을진손사 병오정미　오-호- 달회 오-호 달회

곤신정유 신술건해　오-호- 달회 오-호 달회

38　오태열 씨 구술 자료, 2015년 8월 18일.

39　정선문화원, 앞의 책, 88쪽.

40　위의 책, 40쪽.

득수득파 었떠튼가　오-호- 달회 오-호 달회

사대국법 법을켜니　오-호- 달회 오-호 달회

대-괄을 득법이요　오-호- 달회 오-호 달회

우손포태 역수하니　오-호- 달회 오-호 달회

부귀공명 수득이라　오-호- 달회 오-호 달회

좌청룡 되였스니　오-호- 달회 오-호 달회

자손번승 할것이요　오-호- 달회 오-호 달회

우백호 되였스니　오-호- 달회 오-호 달회

외손번승 할것이라　오-호- 달회 오-호 달회

앞에주춤 노적봉은　오-호- 달회 오-호 달회

거부장사 날것이요　오-호- 달회 오-호 달회

뒤에주춤 문필봉은　오-호- 달회 오-호 달회

문장재사 날것이요　오-호- 달회 오-호 달회

이게 종종회는 이런 식으루 이제. (심: 뒤에두 가사가 더 있기는 한데.) 네. 가사는 인제 상황에 따라서 길게두 짧게두 하구. 그르구 인제 곡을 인제 그 한 채 한 채 이게 그- 쌍으루는 안 닫구. 일채 닫거나 삼채 아니면 오채 칠채 이렇게 홀수로 닫게 되죠, 인제. 그 인제 대개 인제 그, 흉사에는 다 짝수로 안 하구 모든지 홀수루 이렇게.[41]

　　회다지소리는 천지창조로부터 시작하여 산과 강을 열거하고 이곳이 길지임을 밝힌 다음 그 정기를 이어 받은 자손이 발복하게 해달라는 축원의 내용으로 되어 있다. 일반적으로 풍수에서 주거인 양택보다 묘지인 음택에 관심이 집중된 것은 길지에 묘를 쓰면 생기를 받은 조상 덕분에 자손이 발복할 것이라고 믿기 때문이다.

41　홍동주 씨 구술 자료, 2015년 8월 19일.

선소리꾼은 가족 친지들의 뜻을 조상에게 전달하여 그의 음덕을 빌어 발복하겠다는 공리적인 기능을 수행하는 중재자로서의 기능을 갖는다.[42]

강원도 지방의 회다지의 받음구를 보면, 달회(달헤)〉달호〉덜구〉달구(달구질)〉달고형의 순서로 선호되고 있고 달우·덜고·단호형도 있다.[43] 종종회는 대개 '메'와 '받'이 각각 3분박4박 1마디씩이다.[44] 회다지의 후렴구는 다양한 노동요의 후렴을 그대로 보여주고 있는데 2음보격이 주종을 이룬다.

> 그 다음에 그-, 회다지 할 때는 이 옥설가라고 있어요. (이: 예 예.) 옥설가라고. 어느 양반이 지었는지도 모르는데. (이: 예.) 그러니 이 옥설가가 내용이 보면은 그- 회다지 하는데 그- 비슷하다구.[45]

> 가사 내용은 대개 그 옥설가에 다 있는 내용인데. 내가 막 중간에 앞뒤에 이렇게 했기 때문에. 그거는 인제 거의 보면은 옥설가를 처음서부터 끝까지 이렇게 하는 거는- 자기 구간마다. 자기가 하구 싶은 곳을 하는 거지.[46]

이번 조사에서 만난 오태열 씨와 홍동주 씨는 회다지 할 때는 옥설가를 한다고 하였다. 하지만 이현수가 조사한 바에 따르면, 정신지역에서 회다지소리를 할 때 모두가 옥설가를 활용하는 것은 아니었다. 다만, 정선지역의 덜구소리를 하는 소리꾼들은 〈회심곡〉의 내용 보다는 〈옥설가〉의 내용에 더 많이 비중을 두고 활용하였으며, 즉석에서 가져다 붙이는 형태도 많이 취하는 것으로 볼 수 있다고 한다.[47]

---

42 류종목, 앞의 책, 117쪽.

43 이소라, 앞의 책, 32쪽.

44 정선문화원, 앞의 책, 40쪽.

45 오태열 씨 구술 자료, 2015년 8월 18일.

46 홍동주 씨 구술 자료, 2015년 8월 19일.

47 이현수, 앞의 논문, 241쪽.

'옥설가'는 장례의식요에서 흔히 구성
되는 '회심곡'처럼 음반이나 방송을 통해
유통된 일이 없으며, 상업적 목적으로 출
판된 경우는 『부모보은록』에 정리되어 있
는 '옥설가'가 있다.[48] 이 책은 현재도 시골
장터에서 구입할 수 있으며, 영인본 형태로
되어 있다. 조사자가 오태열 씨로부터 받은
『부모보은록』은 세로쓰기로 되어 있으며,
인쇄 상태가 썩 좋은 편이 아니다.

회다지소리에서 옥설가를 수용할 때는
명당발복의 사설을 가장 적극적으로 활용
한다. 이처럼 명당발복 단락이 많이 활용

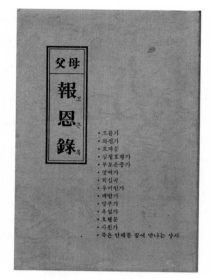

오태열 씨에게서 받은 부모보은록

되는 것은 명기明氣란 아무 곳에나 존재하는 것이 아니기 때문이다. 산과 물과 방위
가 조화롭게 어우러져야 명당이 된다. 그렇기 때문에 작은 방위의 차이에 따라서도
길흉화복의 대상이 달라질 수 있다. 이렇듯 명단이 흔한 것이 아니기에, 유명한 지
관을 동원하여 좋은 자리를 찾으려고 한다. 하지만 흔치 않은 명당에 모든 망자들
을 모실 수는 없다. 이에 선소리꾼은 명당발복 단락을 통해 후손들이 잘되기를 축
원하는 것이다. 명당발복의 구성은 슬픔에 잠긴 유족들에게 꿈과 희망을 주고자
하는 선소리꾼의 배려라고 하겠다.[49]

장례도 삼일장 오일장 그러잖아. 그러니 회다지도 한 번하고 (심: 예.) 두 번
하면 한 번을 더해 돼. (심: 아 그래요.) 회다지도 일삼오칠구로 한다구. 이사
육팔장으로는 안해. (심: 이렇게 긴 것을 한번 다하구선 두 번 할 때도?) 아니, 다

48   이영식, 「장례요의 〈옥설가〉 수용양상에 관한 연구」, 『韓國民俗學』 43집, 한국민속학회, 2006, 356쪽.
49   위의 논문, 379쪽.

안 하지. 뭐 요만침하다가 쉬야지. (심: 쉬었다가 다시 하는 거예요.) 그렇지. 뭐 하는 사람 마음이지. 뭐 처음부터 또 다시 하든가, 중간에 알면은 이어서 하든가 뭐 그렇지. (심: 하다가 끊어졌다가 다시 할래면은 두 번이니까 한번을 더해야 한다는 말씀인거죠.) 응. 처음 두 번째 가서 시작할 때두 여 막바로 "전라도 지리산" 그렇게 안 하고, 처음 시작할 때두 "오-호 달회야" 그러고 또 소리 하는 사람이 그러면 받는 사람들이 그 또 받아요. 고수레라는 것이 중국 뭐 어디서 나왔다구 하는데. 뭐, 식사하러 산에 일하러 갔다가 뭐 "고수 레" (이, 심: 예-에.) 그런 그런 식으로. 이제 첫마디를 하면은 다지는 사람들 이 "고수레" 그런다고. 그러구 그 다음에 또 시작하는 거지. 하면은 시작 하고 어느 대목에 가서 자기가 힘들면 끝내면 저거 하구 그러지.[50]

회다지소리를 가창할 때는 처음부터 끝까지 다 하지 않으며, 선소리꾼의 능력에 따라 달라진다는 것이다. 그리고 소리가 끝나고 다시 시작할 때도 "뭐 하는 사람 마음이지. 뭐 처음부터 또 다시 하든가, 중간에 알면은 이어서 하든가" 하여 선소리 꾼에 따라 가창방식에 차이가 있을 수 있다는 것이다. 회다지소리를 하는데 있어 일정하게 정해진 형식은 없는 것으로 보인다.

문상을 가서-도 선소리해야 되고. 거- 그래. (심: 상여소리는 혼자서 하는 건가 요. 아니면 다른 분들두 할 수 있구 그런 건가요.) 대개 상여- 운구는 이제 그 소리 꾼이 이제- 누가 이렇게 지명이 되며는 그 사람이 운구하고. 회는 그 사 람이 먼저 닫구 나면은 그 자리에 소리꾼이 와 있으면 전부다 인제 돌아 가면서 인제 하게 되지.[51]

---

50   오태열 씨 구술 자료, 2015년 8월 18일.
51   홍동주 씨 구술 자료, 2015년 8월 19일.

회다지소리는 혼자만 하는 것이 아니라는 것이다. 상주가 지명한 사람이 먼저 소리를 하지만 "그 자리에 소리꾼이 와 있으면 전부다 인제 돌아가면서 인제 하게 되"는 것이다. 회다지를 할 때는 여러 명의 소리꾼들의 참여가 가능했던 것이다. 오태열 씨와 홍동주 씨의 경우도 상주로부터 의뢰를 받지 않았음에도 불구하고 문상을 갔다가 여러 번 회다지소리를 하였다고 한다.

> 그 인저- 복인 상주들이 이제 그- 많고 호상일 경우는 이제 뭐 칠채두 닫구 그러죠. 그러지 않으면 이제 삼채 오채하는데, 주로 오채를 많이 했어요. (심: 그러면 그- 한 채 하는데 대략 시간은 얼마 정도 걸리세요?) 한채하는데- 하는데 글쎄 시간은 그게. (심: 한 5분 10분 걸리나요.) 한 십분 정도는 걸릴 거예요. (심: 다섯 채 하면은? 한 채 하구 바루 다음채로 가는 게 아니라 쉬었다 가시구 하시는 건가요.) 아니. 한 채를 닫구나면은 그 다음에는 흙을 그만큼 복토를 하고난 다음에 또 한 채 닫구. 또 흙을 복토하구 한 채 닫구 이렇게. (심: 5채 정도 다질려면 1시간이 훨씬 넘네요?) 한 시간이 넘죠. 그래 회다지를 다 닫구나면은 그다음에는 봉분을 완성을 이제 하는데. (심: 예.) 회다지를 하면 일이 거의 끝나는 거죠.[52]

회다지소리는 홀수를 기준으로 하며, 5채를 기본으로 하였다. 이것은 오태열 씨의 경우도 마찬가지였다. 호상이거나 상주 복인이 많은 경우에는 7채까지도 한다. 1채를 닫는데 대략 10분 정도 소요되며 5채를 모두 끝마치면 1시간을 넘긴다. 이렇게 회다지소리를 홀수로 하는 것은 한국인의 길수관념에 기인한 것이다. 수에 있어서 홀수는 기수, 즉 양수이며 짝수는 우수 곧 음수이다. 양은 '하늘·위·해' 등과 같이 남성적인 것을 뜻하고, 음은 '땅·아래·달'과 같은 여성을 의미한다. 우리 민족은 예로부터 음수보다는 양수를 '길수' 곧 상서로운 숫자로 여겼다. 따라서 수의 선

52　위와 같음.

택에 있어서도 특수한 경우를 제외하고는 홀수를 사용한다. 민속에서는 이러한 양수 선호가 확고하게 정착되어 생활의 일부로 이어져 내려오고 있다. 특히 운이나 신령한 힘이 작용한다고 생각하는 경우는 숫자 선택에 많은 신경을 써서 모든 불길한 기운을 떨쳐버리고자 하였던 것이다.[53]

"팔도강산 좋은 명기를 역역히 끌어다가" 그러니까 장사를 지낼 때 이광중에 모시스니 천하대지가 아니냐 이거야. "천하대지 예안니야" (심: 여기 엄청 긴네요.) 한두 장 될껄. (이: 이걸 다하시는 거예요.) 에이. 장사지낼 때는 다는 안 하지. 조금하다 보면은 이제 또 끝내, 끝낼 때 여기는 어떻게 하냐면은 사람들이 덥고 힘들고 끝내야 되잖아. 회다지 회다지 끝날 때는 이제 그- 소리하는 사람이 뭘 이제 자기 마음대로 뭐- 막 지어서하다가 "오조-밭에 새가 들었다." 그러면 '후여-"하면서 끝나는 거야. 심: 오조밭에.) 조. 올- 일찍되는 조-. 수석 서석. (심: 수수요.) 수수 말고 서석이라고 있잖아. 조. 조-. (심: 조. 조.) "오조밭에 새들었다." 새가 조 먹으러 들었으면 쫓아야 할 거 아냐. "워-어" 하면서 끝내는 거야.[54]

매듭을 지을 때는 "저-건너 점첨지야 오-호- 달회 오-호 달회, 이-건너 임첨지야 오-호- 달회 오-호 달회, 오조밭에 새들었네" "후-여."하면서 이렇게.[55]

정선지역에서 회다지소리는 오조밭에 새들었다고 하면 "후여"하고 끝을 맺는다. 이렇게 끝맺는 것은 경기도의 한강 이북의 특색이다. 우야소리는 일명 새날리

53 구미래,『한국인의 상징세계』, 교보문고, 2004. 32~34쪽.
54 오태열 씨 구술 자료, 2015년 8월 18일.
55 홍동주 씨 구술 자료, 2015년 8월 19일.

는 소리로 논매기 끝에나 회다지 끝에 가창되며 그 문화의 중심은 경기도 중에서도 한강 이북지역이다.[56] 강원도에서는 철원군 일대와 춘천·영월·홍천·인제·화천군·정선군 일부지역 등 영서지방에 전해진다.[57]

(3) 다른 지역 상여의식 소리의 사설 구성과 내용에 대한 차이점[58]

경기도 양주의 상여의식 소리는 '상여소리'와 '회다지소리'로 되어 있으며, 다섯 악곡으로 진행된다. '상여소리'는 긴소리, 오호소리, 자진소리이며, '회다지소리'는 긴소리, 자진소리로 이루어져 있다. 사설의 내용을 살펴보면 불교적인 내용은 거의 나타나지 않으며, 창작형식으로 이루어졌다고 보여진다.

전라도 진도의 상여의식 소리는 '상여소리'와 '달구질소리'로 되어 있으며, 진행과정은 아홉 가지의 악곡으로 진행된다. '상여소리'는 진염불, 중염불, 에소리, 제화소리, 하적소리, 자진염불, 천근소리, 가난님, 달구질소리 등으로 되어 있다. 사설의 내용을 살펴보면 다른 지역보다 불교적 색채가 가장 강하게 나타난다. 이는 악곡의 제목에서도 나타나는 것을 볼 수 있다.

충청도 공주의 상여의식 소리는 '상여소리', '봉축소리', '성분가래질소리', '달공소리'로 되어 있으며, 열네 가지의 악곡으로 진행 된다. '상여소리'에는 발인, 하직인사, 진소리, 짝소리, 자진소리, 에양얼싸, 겹소리이며, '성분가래질소리'에는 진소리, 자진소리이다. '달공소리'에는 기부르는소리, 진달공, 자진달공, 안장소리이며 '봉축소리'는 발인이나 노제 시 축문을 읽을 때 하는 소리이다.

공주의 상여의식 소리는 다른 지역에 비해 악곡의 구성과 기능이 가장 세분화되어 있는 것이 특징이다. 사설의 내용은 회심곡의 가사가 주를 이루고 있다.

경남 고성의 상여의식 소리는 다른 지역과 달리 '상여소리'로만 구성 되었으며,

---

56   이소라, 앞의 책, 32쪽.

57   정선문화원, 앞의 책, 40쪽.

58   강병한, 앞의 논문, 46~47쪽 요약정리.

상여어르는소리, 상여소리, 잦은상여소리 등의 3가지의 악곡으로 진행된다. 사설의 내용을 보면 회심곡 가사가 나오기는 하나 대부분 창작형으로 나타난다.

3) 주요 전승활동 실적

　우리나라의 경우, 죽음을 부정적으로 인식하는 경향이 강하다. 죽음을 나의 것으로 인정하지 않고 언제까지나 남의 것으로 인식하려고 한다. 최길성은 1982년 제주도 가파도에서 무녀를 조사할 때, 당시 90세에 가까운 무녀에게 죽음에 대해 질문하였다가 이 말을 들은 그녀의 손자로부터 자기 할머니에게 죽음에 대한 말을 꺼내는 것을 싫어하면서 항의를 받은 기억이 있다고 한다. 무녀는 직업상 죽음에 대한 것을 말하거나 의례를 실행하는 사람이다. 이러한 전문가에게 있어서도 죽음에 대한 말이 금기될 정도로 우리들의 죽음에 대한 태도는 아주 부정적이다.[59] 따라서 죽음과 관련된 상여소리와 회다지소리를 일상생활에서 듣는 것은 극히 드물 수밖에 없다.

> 　그러니 그 상여를 가지구 메구 가서 다질 때, 옛날에 장비가 없을 때는 사람이 다져야 되니까. 다지지 않으면 그 꺼지니까 그래서 다지기 위해서 이 옥설가란-. (제보자가 책을 펼쳐 보임) 여기 보면은 이게 이게 그 아주 팔도강산 대한민국의 팔도강산을 아주 저거 하기 위해서 내가 한 번 읽어줄까요. (이: 예, 그래주십시오.) (심: 한번 가락을 한 번?) 그런데 그-, 여기서 가락을 하면 또 누가 들으면 욕할 텐데. (이: 그럼 문을 닫고 할까요.) 에헤[웃음] 그래도-, 그 그 다질 때는 회다지기 때문에[60]

59　최길성, 『한국의 조상숭배』, 예전사, 1986, 37쪽.

60　오태열 씨 구술 자료, 2015년 8월 18일.

조사자들이 묶고 있는 숙소를 방문한 오태열 씨는 상여소리를 들려달라는 요청에 "그런데 그-, 여기서 가락을 하면 또 누가 들으면 욕할 텐데."라고 하였다. 죽음과 관련된 소리이기에 아무런 관련이 없는 사람이 들으면 기분이 상할 수도 있다는 것이다. 우리의 정서상 일상생활에서는 상여소리와 회다지소리가 전승에 제약을 받을 수밖에 없는 것이다.

> 우리 그- 작은 아버지가 아주 참 잘하셨는데. 나이 많아 돌아가신 지가 20년 가까이 됐는데. 그 양반들 시절에는 삼십 리 바깥에서도 불렀어. 미리. 와서 소리해달라구. 그러면, 그땐 차도 없이 걸어갈 때, 간다구. (심: 그게 대략 몇 년 전인가요, 한 사오십 년 전인가요?) 아이구, 한 사오십 년 전이지. 근데 이제는 회다지해도 공원묘지 안 가도, 차로 와가지구 자기들이 모셔도 회다지 별로 안 하고 그냥. 대충 쪼금 하는 사람들 그냥 하구. 해달라구 하는 그런 사람두 없어.[61]

여전히 비일상적인 상황에서는 상여소리와 회다지소리를 부른다. 하지만 오늘날 과학문명이 발달하고 사회가 산업화·도시화되면서 장례를 집이 아닌 장례식장에 치루고 영구차가 상여를 대신하면서 상여소리와 회다지소리를 하는 경우가 예전보다 많이 줄어들었다는 것이다. 정보통신의 발달은 우리 사회 전반에 걸쳐 많은 변화를 가져왔다. 예전에는 객사하는 것을 끔찍이 싫어했으나, 오늘날에는 임종이 임박하면 병원으로 모시고 거기서 돌아가시면 장례식장으로 옮겨 장례를 치른다. 더욱이 풍수지리에 의한 명당 길지에 조상의 묘를 쓰고 나아가서 발복發福의 이상을 실현하고자 하는 노력도 찾아보기 어렵게 되었다. 이처럼 장례 절차의 간소화와 희박해져가는 뿌리의식으로 인해 이제는 과거와 같은 단장斷腸의 애절한 노래 소리를 더 이상 들을 수 없게끔 변해가고 있다.

---

61   오태열 씨 구술 자료, 2015년 8월 18일.

그리구 옛날에는 그- 집에서 장례를 치루구 좀 잘사는 집, 좀 괜찮은 집들은 보통 오일장 칠일장 할 때는 그- 자기네들끼리 상포계 모임을 해가지구. 동네서 나이 비슷한 분들이, 나이 지긋한 부모 계신 분들이 상포계를 한다구. (심: 상포계요?) 상조- 게- 뭐 그런 식이지. 이제 뭐- 뭐야. 열다섯 명이 이렇게 비슷한 분들이, 부모 있는 분들이 모여가지구. 한 달에 뭐- 옛날에는 돈으로 안하고 쌀로 하구 그랬어. (이: 예.) 쌀 한 말씩 내놓기로 하구, 뭐-. (심: 상포계- 돈이 아니고 쌀 내놓으실 때면 굉장히 오래 전이네요?) 그 한- 오십 년 전이지. 사오십 년. 한- 삼십 년 전에도 있었어. (심: 삼십 년 전까지도 있었어요?) 응. (심: 지금은 없구요?) 지금은 계하기는 하지만, 요짐엔 없어졌어. 돈만주면 상조 들지두 않앴는데 다 와서 다해주는데 뭐. 돈만 주면 되는데. (심: 상포계에서 거기 소리하시는 분이 계셨어요?) 그럼. (심: 계에 소리하시는 분이 계시는 거예요?) 그럼. (심: 그 분도 계 회원이었던 거예요?) 회원이지. (심: 그럼 나이 비슷한 나이 또래예요?) 그럼. (심: 그럼 그때는 소리를 하셨던 분들이 적지 않으셨나 보네요.) 거의 한 동네에 하나씩은 다- 있다구 봐야지, 그때는.[62]

정선군 북평면 남평2리 상여집

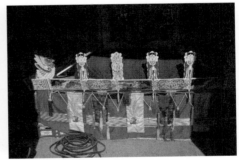

남평2리 상여 모습

62   위와 같음.

정선주민들의 생활경제를 이끌어 온 것 가운데 하나를 꼽으라고 한다면 계契를 들 수 있다. 계는 어느 지역, 어떤 계층에도 있었던 것으로 친목과 상부상조를 위해 여러 사람이 모여 이룬 협동조직이다. 계는 그 계원의 신분, 지위 또는 거주지·나이·목적 등에 따라 여러 종류로 구분할 수 있다. 상두꾼들이 친목과 권익을 위해 만든 상두계喪頭契는 지역마다 조직되었다. 상두계는 상여계喪輿契, 상포계喪布契라고도 하며, 마을과 상여의 규모에 따라 다르지만 대개 20~30가구 안팎으로 이루어진다. 이 계는 상여의 운반 및 무덤터 다지기, 묘쓰기 등 장례에 관계되는 일을 두레 형식을 모방하여 조직한 것이다. 운구와 산역에 따른 많은 인력이 필요하지만 상두계에 참여하고 있는 계원들이 모든 일을 맡아서 해주었기 때문에 별도의 품을 살 필요가 없었다. 농촌사회에서 자연적으로 조직될 수 있는 형태 중 하나였다.[63]

> 여기가 이쟈 보통 옛날 사람들은 여기를 윗동네, 여기서 요- 요 장꺼리 요- 요, 요기서부터 상동이라고 그랬구. (심: 상동요? 예.) 응. 위에라구 조 아래쪽은 하동이라고 그랬어. 그래 이 윗동네두 하나 있었구, 아랫동네두 하나 있었구. 저 건너동네두 하나 있구, 저 골짝 동네두 하나 있구. 거- 다 할 수 있는 사람들이 옛날에 다 있었지.[64]

이런 상포계를 구성할 때, 구성원 중에는 상여소리를 할 수 있는 사람들이 참여했다는 것이다. 예전에는 소리를 할 수 있는 사람들이 "거의 한 동네에 하나씩은 다- 있다구 봐야지, 그때는." 할 정도로 많았다는 것이다. 그러나 현재는 소리를 할 수 있는 사람들이 대부분 돌아가셨다고 한다. 홍동주 씨에게 회다지소리를 할 줄 아는 사람이 있느냐고 묻자, 증산의 최병철과 이홍의라는 분이 소리를 한다고 하였다. 이홍의 씨는 80이 넘어서 소리를 못한다고 하면서, 예전에는 소리를 많이 한 분

63 『정선군지』(상), 정선군, 2004, 136~137쪽.
64 오태열 씨 구술 자료, 2015년 8월 18일.

이라고 소개하였다. 현재는 상여소리나 회다지소리를 할 수 있는 사람이 그렇게 많지 않다는 것이다.

> 젊은 사람들이 다 안할라구. 그래서, 이 목소리가 좋구 그런 친구들, 후배들한테 책을- 몇 권 사다줘 봤는데, 교회 다닌다고 안하고, 뭐 한다구 안하구. 안하다라구. (이: 지금 이게 뭐야 회다지 전승이 완전히 거의-.) 거의 끊어졌지.[65]

오태열 씨는 상여소리와 회다지소리의 전수를 위해 시장에서 『부모보은록』을 몇 권 구입해서 젊은이들과 후배들에게 주면서 익히기를 권했으나 "교회 다닌다고 안하"거나 이런저런 구실을 붙여 배우지를 않았다고 한다. 장례 절차가 예전과 같지 않기 때문에 장례를 치르며 부르는 소리는 점차 전승이 끊어질 것으로 보인다.

> (이: 회다지소리 가지구 여기서 어르신께 배우는 사람이 있나요.) 원래 나는 저- 집이 남면이에요. 남면에-서 그- 인자 거의 내가 많이 했지. 하다가 나중에 인자 어- 나한테 배워가지구 가는 사람이 강덕 이강덕이라구 있었는데. 지금 다른 데로 가구 없어서, 거기 하는 사람이 벨루 많지 않더라구. …(중략)… (이: 아까 말씀하셨듯이, 이강덕이라는 분에게는 직접해주신 거잖아요.) 내가 이제, 하는 거 보구. 걔두 또 따라서 하기두 하구. 인자, 내가 인자 또 회나 이런 거 한 채 하면, 그 다음에 니가 해라 이래 교대루 이렇게 하구. (이: 나름 가르쳐주신 거죠.) 내가 인제 산소, 묫자리두 보구 이러니까. 이제 그런 흉사 일에는 항상 내가 가 있구 그래서.[66]

---

65   위와 같음.

66   홍동주 씨 구술 자료, 2015년 8월 19일.

홍동주 씨는 2000년도부터 12~13년 동안 남면에서 살던 이강덕이라는 사람에게 회다지소리를 가르쳤다. 이강덕 씨는 현재 60세쯤 되었을 것이라고 한다. 홍동주 씨는 제자인 이강덕 씨를 데리고 다니면서 "내가 이제, 하는 거 보구. 개두 또 따라서 하기두 하구. 인자, 내가 인자 또 회나 이런 거 한 채 하면, 그 다음에 니가 해라 이래 교대루 이렇게 하구." 여러 가지로 가르쳤다. 그런데 이강덕 씨가 다른 지역으로 이사를 가는 바람에 지금은 더 이상 소리를 가르치지 못하게 되었다. 지금은 장례를 지낼 때 상여를 거의 쓰지 않기 때문에 상여소리와 회다지소리를 배우려고 하는 사람이 없다는 것이다.

> 가면은 부탁을 하지 뭐. 그러면 가서 해주구 그랬지. 여기 뭐. (이: 문상 갔을 때, 거기서 그 어르신이 가시면.) 산에, 오늘두 누가 산에서 장사지낸다 이러구 가면은. 하는 사람들이 좀 있단 말야. 더러 있으며, 한번 해달라구 하면 이제, 자랑이 아니라 이 동네에서는 내가 제일 잘 하지. 잘하는데, 다 못해 지금.[67]

> (이: 선생님께서 남면에 사셔가지구 여기 2000년에 오신거구. 거기서 남면에서 태어나구 자라구 다 하시구.) 거기- 그, 지역은 거의 전부 내가 다-했지. (이: 흉사가 생기며 다-.) 뭐. 그쪽은 이제 그- 거의 다 이제 상여를 운구를 전부다 하구 이제 그래서.[68]

이번 조사에서 만난 오태열 씨와 홍동주 씨는 회다지소리에 경험이 많은 분들이었다. 오태열 씨와 홍동주 씨는 모두 상여소리에 대한 애착과 열정이 매우 컸다. 다만 이를 표현하는 방법에 차이를 보였다. 두 사람 모두 실제 장례에서 선소리꾼

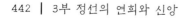

67　오태열 씨 구술 자료. 2015년 8월 18일.
68　홍동주 씨 구술 자료, 2015년 8월 19일.

을 도맡아 장례요를 전반적으로 진행한 경험이 많았다. 다만 오태열 씨의 경우 가사를 기억하지 못한다고 하면서 책을 보고 구술하였다. 하지만 이에 비해 홍동주 씨는 비교적 가사를 잘 기억하고 있는 편이었다. 이것은 홍동주 씨가 아직도 현역에서 활동하고 있는 것과 무관하지 않은 듯하다. 홍동주 씨는 정선국립예술단 수석단원이자 정선아리랑전수관 전수조교로 근무하고 있다.

4) 주요 선소리꾼 현황(소개)

전통사회에서는 장례의식요를 가창할 기회가 지금보다는 많았다. 가창 기회가 많을수록 사람들의 기억 속에 남아 자생력을 갖추며 전승할 수 있었다. 하지만 현대인의 편의주의와 합리주의에 편승하여 굴건제복의 간소화, 장례 기간의 단축, 대소상의 생략, 3일 탈상 등 장례 절차에 변화가 생기면서 장례의식요에 대한 수요가 점점 줄어들고 있다. 그래도 상여를 운구하는 장례 방식이 남아 있는 곳에서는 상여소리를 부르고, 회다지소리를 하는 곳이 남아 있다. 정선지역에서 상여소리와 회다지소리를 한 소리꾼들을 정리하면 다음과 같다.

(1) 오태열(남, 1948년생)

정선군 여량면 서동로 2960에 거주한다. 증조부 때부터 정선에서 살았으며, 손자까지 하면 6대가 이곳에서 살고 있다. 오태열은 여량면의 대표적인 소리꾼으로, 상여소리와 회다지소리를 정식으로 배운 적은 없다. 어려서 동네에서 장례식을 치를 때 따라다니면서 어른들이 하는 것을 듣고 조금씩 배웠다. 회다지소리와 같은 장례의식요에 관심을 갖게 된 것은 초등학교 4, 5학년 때 혼백을 모시는 요여를 멘 것이 계기가 된 것으로 보인다. 오태열 씨는 "우리 경우, 나 같은 경우는 가만 가만 뒤에 따라다니면서 상여 따라다니면서 배우고, 어른들 하는 거 보구 배우고. 거 시장에 나가구 책있으면 책두 사가지구 오구 했는데."라고 하여 우리 소리에 대한 개

인적 관심이 많았으며 시장에서 책을 구입해서 보고 여기저기서 상여소리 자료를 찾고 스스로 배웠던 것이다. 15살 때, 친구들과 퇴비를 만들기 위해 산에 올라갔다가 장난삼아 상여소리를 했다가, 그런 소리를 하면 동네에 초상이 난다고 하면서 어른들께 혼났다고 한다. 오태열 씨는 "가면은 부탁을 하지 뭐. 그러면 가서 해주구 그랬지. 여기 뭐. (이: 문상 갔을 때, 거기서 그 어르신이 가시면.) 산에, 오늘두 누가 산에서 장사지낸다 이러구 가면은. 하는 사람들이 좀 있단 말야. 더러 있으며, 한번 해달라구 하면 이제, 자랑이 아니라 이 동네에서는 내가 제일 잘 하지. 잘하는데"라고 하면서 자부심이 대단하였다. 오태열 씨는 서른 몇 살부터 친구 아버지가 돌아가시면 가서 소리를 하였다고 한다. 최근엔 소리를 안 해본 지가 4년 정도 되었다고 한다. 하지만 지금도 집에서 『부모보은록』에 수록된 〈회심곡〉, 〈옥설가〉, 〈오륜가〉, 〈효자문〉 등을 보면서 틈틈이 소리를 연습을 한다고 하였다.

(2) 홍동주(남, 1949년생)

여량면 정선아라리 전수회관에서 거주하고 있다. 홍동주 씨는 초등학교 때 우연히 상여소리를 들었는데 굉장히 마음에 와 닿았다고 한다. 초등학교 6학년 때 교실에서 어깨너머로 배운 상여소리를 했다가 담임선생님한테 혼쭐이 났다. 하지만 그 후로도 마을에서 초상이 나면 상여 뒤를 따라가며 소리를 듣고 배웠다. 누구한데 직접 배운 것은 아니며 본인이 좋아서 "거의 그- 산소리가 좋아서 내가- 책을 사다 놓구 이제 이- 외우구 이렇게 해서 시작했다"고 한다. 이런 홍동주 씨가 처음으로 소리를 한 것은 그의 나이 16세 때였다. 마을에서 초상이 났는데 산에서 그 회다지를 하는데 도저히 참을 수가 없었다. 그래서 동네 어른들께 "내가 한번 하겠다구. 하면 안되겠냐구."하니까 한번 해 보라고해서 난생 처음 소리를 했는데, "아- 소리꾼이 새로 생겼다구. 그 다음부터는 마을에 초상만 있으면 날보구 이제 소리를 하라구. 그때부터 계속 소리를 해 왔다." 집에서도 자신이 소리를 하는 것에 대해 반대를 하지 않았으며, 다만 소리를 연습 겸 집에서두 이렇게 평소에 자꾸 하며는 그것은 사람 죽은데 가서 하는 소리라고 하면서 못하게 하였다. 그래서 집에서보

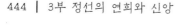

다 산에서 연습하는 경우가 많았다. 16살 어린 나이에도 상여소리를 할 수 있었던 것은 자신이 살던 증산의 척산마을의 경우는 20~30호 내외가 있었는데, 당시에는 길흉사 간에 일이 생기면 마을 전체가 다 가서 일을 해줬기 때문에 가능했던 것이다. 지금까지 대충 어림잡아서 어느 정도 회다지소리를 했느냐는 질문에, 부지기수라 알 수 없다고 하면서 "남면 전체를 내가 그- 행사 때에는 거의 내가 소리를 몇 십 년을 했으니까 뭐. 그때만 해두."라고 하면서 셀 수 없을 정도로 많이 했다고 한다. 이렇게 회다지소리에 많은 관심을 가졌던 홍동주 씨는 현재 정선아리랑의 소리꾼이 되었다.

(3) 이광덕(남, 43세)

정선군 남면 문곡1리 거주에 거주한다. 정선군 남면지역에 초상이 나면 혼자 맡아서 할 정도로 초성이 좋고 소리의 문서가 많은 토종 소리꾼이며, 다른 소리꾼에 비해 젊은 편이다. 어린 시절부터 가정형편이 어려워 학교도 제대로 다니지 못했다. 소리가 좋아 이 고을 저 고을 다니면서 동네어른들로부터 어깨 너머로 소리를 터득했다. 상여소리 뿐만 아니라 정선아라리도 잘 부른다고 한다.[69]

(4) 전금택(남)

한때 초성이 좋아 지역에서 자주 초청받아 다니는 소문난 상여소리꾼이었으나, 조사 당시에는 집안에 우환이 많아 가능하면 상여소리는 하지 않고 정선아라리만 부르고 있었다.[70]

(5) 장태환(남)

정선군 북면 여량4리 이장으로서 이 지역에 초상이 나면 언제나 초성이 좋아

69   이현수, 앞의 논문, 228쪽.
70   위의 논문, 229쪽.

자주 등장하는 대표적 소리꾼이라고 한다.[71]

(6) 함태순(남, 51세)

정선군 북면 여량리에 거주한다. 이 지역 사람이다. 그는 상여소리를 어디서 배웠냐고 물었더니 "옛날부터 으른들 하는 것 보고 하죠 뭐, 요새 하는 사람이 없잖아요 그래서 할 수 없어 좀 하죠 뭐" 라고 하였다.[72]

(7) 윤금중(남, 75세)

정선읍 신월2리에 있는 월명사 주지스님으로, 이 동네 토박이다. 민간신앙에 대해 누구보다도 관심이 많은 분으로, 지역에 초상이 나면 가끔 상여소리를 맡아서 하였다.[73]

(8) 정정식(남, 59세)

정선읍 북실리에 거주한다. 상여소리는 언제부터 배워 하게 되셨나요? "한 스무 살 먹어서 이우제 노인네들이 하는 걸 보고 그 책을 좀 빌려달라고 하니까 니 얼른가 배워봐라 되겠다. 흉내를 자꼬 내니까 그 책을 빌려주기에 그 책을 빌려가 한해 겨울 이빠이 연습을 해봤죠. 그러니 이빠이 연습을 해가지고 산에 나무하러 가면서 혼자 흥얼흥얼 연습을 하고 그러다가 혼자서는 잘 하겠는데 막상 이 사람들이 많은 곳에서 할라고 하니 이제 맥히고, 근데 이제 한번 두 번 해나니까 맥히는 데도 없고 쑥스런데도 없고 내 실력대로 술술 나오데요 그래서 했죠." 실전에는 언제부터 시작하셨나요? "한 스무 살부터 했어요. 맨 처음에는 그러니 회다지 할 때만 어른들이 숨이 차니 니 한번 해봐라 좀 빼먹어도 괜찮다" 그 이후 본격적인 상여소리

71   위의 논문, 230쪽.

72   위의 논문, 231쪽.

73   위의 논문, 232쪽.

꾼으로 역할을 하게 되었다는 것이다.[74]

(9) 강성율

토박이 소리꾼이 아니다. 오랜 시간동안 정선장례식장 버스기사로 근무하면서 여러 장례현장 소리꾼들의 소리를 들어보니 본인도 문서만 알면 할 수 있겠다는 생각으로 혼자 중얼거리면서 연습을 해둔 것이 오늘처럼 이렇게 소리를 하게 되었다고 한다. 처음에는 조사에도 아주 소극적으로 응하고 자신을 제대로 노출시키지 않으려다 서서히 신상을 털어놓았다. 성함이 어떻게 되세요? "이름도 없고 성도 없어" 이 동네 사세요? "아! 정선" 성함이 어떻게 되세요? " 내가요? 강자 성자 율자"라고 짧게 답한다.[75]

(10) 김종권(남, 70세)

북면 봉정리 본동에 거주한다. "김종권이에요, 올해 70, 여기 본동이에요" 상여소리는 언제부터 하셨나요? "아이 내가 뭘 할 줄 안다 해요, 나온 참 뭘 아는 게 있어야 하지, 써갖고 읽으라면 몰라도, 갑작스러워서, 사전 연락을 좀 받았으면 몰라도, 나온 별짓을 다하네, 참나온 재기" 한번 미리 해보시라고 하니까 "게따 하죠 난 할 줄 몰라, 나온 참, 뭐 좀 써가 주면 하줘" 이렇게 소리를 하는 것을 몹시 부끄러워하면서 시작한다. 〈회심곡〉의 범위 내에서 소리를 구사하였는데, 〈회심곡〉의 내용이 뒤죽박죽 나오거나 '너호 너호 너기넘자 너호'가 자주 등장하는 것을 보아서는 알고 있는 사설이 풍부하지 않음이 여실히 드러나고 있다.

『강원지방의 상부喪夫 소리』에 수록된 정선지방의 소리꾼을 정리하면 다음과 같다.[76] 신동읍 예미3리의 전동욱(1913년생)·조병화(1933년생), 신동읍 운치리의 최선

---

74   위의 논문, 223쪽.

75   위의 논문, 233쪽.

76   이소라, 앞의 책, 41~42쪽

옥(1914년생), 남면 유평2리(한치)의 김현수(1923년생), 동면 석곡1리의 최종경(1919년생), 동면 석곡2리의 최주영(1944년생), 물온1리의 김억조(1936년생), 북평면 북평5리의 김두경(1921년생), 북평면 숙암리의 최상호(1922년생. 평창읍 출생으로 15세에 숙암리로 이주하였다가 1957년경에 북평5리 1반으로 이주함), 송이헌(1930년생), 사북읍 직전리의 나영선(1914년생), 정선읍 애산리의 최봉출(1919년생), 정선읍 굴암리의 박용순(1916년생. 굴암리에서 출생하여 20세기경에 봉양7리로 이주함) 등이다. 이상에서 나열한 분의 경우, 출생연도를 감안하면 상당수가 돌아가셨을 것으로 생각된다.

5) 공개 행사 참여 및 관련분야 입상실적

하나의 생명체는 그 생명체가 살아 갈 수 있는 환경이 조성되었을 때 비로소 가장 활기 있는 생명력을 지닐 수 있다. 문화 현상도 마찬가지이다. 모심기소리는 여럿이서 손으로 모를 심는 모심기 현장에서 부를 때 모심기소리로서의 생명력과 전승력을 지닌다. 즉 생동감 넘치는 연행 현장 속에 있을 때 비로소 민요는 민요다운 참모습을 지닐 수 있다. 이처럼 자연스럽고 전통적인 분위기, 실제의 기능에 부합한 시간과 장소를 자생적 시공이라 한다. 이에 비해 제보자로 하여금 소리를 부르도록 작위적으로 마련한 시간과 공간을 작위적 시공이라 한다. 오늘날 우리가 접할 수 있는 민요는 거의 대부분이 작위적 시공을 통해서야 들을 수 있다. 산업의 변화, 문화의 변동 등에 의해 민요가 성장할 수 있는 배경을 잃어버렸기 때문이다.[77]

(이: 공식적으로 어디 참여하시거나 한 적은 없으신 거죠? 공식적으로 나가기 뭐한 거죠?)

없어요. 없어. 옛날에 여 한- 이십 년 됐나. 이십 년, 가까이 되는가. 정선 아리랑제 몇 횐지 기억이 안 나는데, 아리랑제 할 때, 각 면에서 뭐- 민속

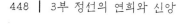

77   류종목, 앞의 책, 61~62쪽.

행사를 하는데. (심: 이십여 년 전에요?) 응. 여기서 상여놀이를 꾸려가지구 가져갔었어. 갔는데. (심: 강원 강원도 각 지역에 민속놀이?) 아니, 정선아리랑제, 아리랑제때. 그니까 정선군 각 읍면에서 이제 민속놀이를 꾸며가지구 갔는데, 여량 여- 그땐 여량이 북면됐어, 여량면이 아니구. (이: 그럴 때 여기서.) 그 상여놀이를 했는데, 날 보고 소리를 해달라구 그러더라구. 나는 그때 동네 뭐- 나이 젊으니까. 고때 마흔- 이십 년 되겠다. 마흔- 마흔 몇 살인데 뭐. 그래 한번 했어. 해가지구 등수는 일등 했는데, 다른 읍면에서 온 사람들이 항의를 막해가주구. 뭐- 씨- 좋은 일에 뭐- 사람 죽은 거 했다구. 그때만 해두 벌써 그렇게 생각을-, 문화라구 생각 안하구. (이: 예 예.) 그래가지구 일등을 했는데, 그 앞에 타고 앉아서 방울 흔들면서 소리를 했는데, 내가 일등을 했는데. 관동대 뭐 사학과 교순가 뭐. 뭘 채점하러 왔다가. (이: 네.) 한 번 묻더라구. 몇 살이냐고. 그때 내가 마흔 몇 살이었댔어. 그랬더니 한번 연락한다더니 연락없더라구. 이건 어느 항상 어떤 입에서 입으로 전승이 되고, 취미가 있어야 하는 것이지. 이걸- 한다구 해가주구 뭐- 아리랑전수관이런데 모여가지구 아-들 봐놓구 해야, 아들 요새 안 먹혀요. 우리 어른들이 이러 이렇게 이런걸 이렇게 하면서 살아왔다 하는 거는 알려줄 수는 있어두 요새 아아-들. (심: 그때 일등이셨는데 어디서 막 상여소리 갖고 해서 일등이라고 반발해서 취소가 됐어요?) 아니, 취소는 안 됐어. 안 됐는데, 항의를 해가지구 그 다음에는 안 했지. 다른 놀이를 갖고 하는데 그래 상여놀이는 이걸로 끝났지.

오태열 씨는 40대 때에 상여놀이를 꾸려가지고 여량면 대표로 정선아리랑제에 참가한 적이 있다고 하였다. 대략 1980년대 말에서 1990년대 초쯤으로 보인다. 이때 자신이 소리를 맡았으며, 당시 상여놀이가 다른 읍면의 놀이를 제치고 일등을 했다는 것이다. 그런데 다른 읍면에서 온 사람들이 "다른 읍면에서 온 사람들이 항의를 막해가주구. 뭐- 씨- 좋은 일에 뭐- 사람 죽은 거 했다구." 항의를 하였다는

것이다. 그래서 상여놀이로는 더 이상 정선아리랑제에 참가할 수 없었다고 한다. 그 당시에 상금으로 40만 원을 받았는데, 돼지 잡아먹고 놀았다고 한다. 오태열 씨는 당시에는 상여놀이를 "문화라구 생각 안 하고."라면서 진한 아쉬움을 표하였다. 강원도 횡성에서 상례의식 중 상여의 운구에서 안장에 이르는 과정 속의 회다지소리에 초점을 맞추고 전통적인 장의의식을 소박하고도 사실적으로 재현하여 전국민속예술경연대회에서 대통령상을 수상한 것과 대조를 이룬다.[78] 2010년 제35회 정선 아리랑제에 여량면에서는 상여놀이를 갖고 참가하였다.

상여놀이는 출상 전날 밤 빈 상여를 메고 벌이는 놀이로, 지역에 따라 다시래기·대돋음·대드름·댓도리 등으로 부르기도 한다. 강원도에서는 '대도듬, 손모듬'이라고 한다.

상여놀이는 출상 전날 밤 빈 상여를 메고 선소리꾼과 상여 멜 상여꾼들이 모여서 발을 맞추어보거나 상주를 위로하는 의식이다. 대표적인 상여놀이로는 중요무형문화재 81호로 지정된 진도 다시래기와 강원도 무형문화재 제4호로 지정된 횡성 회다지소리가 있다. 횡성회다지소리의 작품 구성은 상여의 행진과 하관 후의 회다지소리로 양분된다.

6) 전승의지 및 전승 계획

상여소리와 회다지소리의 전승과 전파는 피륙의 날줄과 씨줄처럼 서로 상호 작용하는 가운데 이루어진다. 과거에는 상여소리와 회다지소리는 자생적 시공간에서 구비적 수단에 의해 이루어져 왔다. 자족적으로, 능동적으로, 생활의 필요에 의해 부르기 때문에 자연스럽게 전파되고 전승되었다. 남이 부르는 소리를 반복해서 듣고 그것을 머릿속에 기억해 두었다가 필요할 때에 다시 부름으로써 전파와 전승이

---

78   김선풍, 「橫城회다지 研究」, 『嶺東文化』 2집, 關東大學校嶺東文化研究所, 1986, 20쪽.

이루어지는 것이다. 구비로 전승되고 전파되기 때문에 자연스럽게 변이가 나타난다. 하지만 오늘날에는 구비적 학습 수단에 전적으로 의존하지 않는다. 문자로 기록된 가사를 보고 반복해서 외움으로써 유행가를 익히듯이 상여소리와 회다지소리를 익히는 경우가 많다. 소리의 길이가 길면 길수록 이러한 방법은 더욱 애용된다. 문자에 의한 전파와 전승으로 인해 상여소리와 회다지소리의 구비문학적인 특성은 그만큼 상실하게 된다.[79]

> (이: 따루 저기 뭐야, 이걸 회다지소리를 전승시키겠다 그런 의지 같은 거는 없으세요?) 그래 지굼에는 상여를 운영을 안 하기 때문에, 그게 전승이 안 되죠. (심: 꼭 그렇드라두, 상여가 안 나가드라두 소리를 계속 인제. 예를 들면은 보존시켜야겠다는 선생님의 의지가 만약에 있으시면.) 그래서, 그- 이게 앞으로는 인제 이런 문화두 이제 사장되니까. 없어질 우려가 있구 이래서. 몇 년 전에, 한 2,3년 된 것 같은데. 문화원에 그- 녹음을 해서 그- 기록을 남겨놨죠.[80]

오늘날 상여소리와 회다지소리는 새로운 형태로 전승되고 전파되고 있다. 개인과 개인 간의 전승은 힘들다고 생각한 각 지역의 민요연구회나 문화원 등이 주도적으로 나서서 소리를 녹음하여 자료를 축적하고 있다. 이러한 과정 속에서 상여소리와 회다지소리의 본래 모습은 여러 가지로 굴절 변형되고 있다. 주고받기식이나 메기고받기식으로 부르던 소리가 독창으로 부르게 된 것이다. 이제 컴퓨터에서 키워드만 입력하면 전국 방방곡곡에서 행해지는 상여소리와 회다지소리를 듣고 배울 수 있다. 인터넷이 발달하면서 향토적 범위를 벗어나 전국적 단위로 전파되면서 그 범위를 확장시키고 있는 것이다.

---

79   류종목, 앞의 책, 65~67쪽.
80   홍동주 씨 구술 자료, 2015년 8월 19일.

(심: 지금이라두 상여소리를 배우겠다는 사람이 있으면 전수해줄 의지는 있으신 거죠.)

그리 그- 생각은 이쪽에 상여소리나 이런 것두 다른 지역하구는 다르기 때문에. 그래서 그 인원만 확보가 되면은 강원민속예술제 그런데도 한번- 나가보구 싶구. 그런 의향을 가지구 있죠.[81]

홍동주 씨의 경우, 상여소리와 회다지소리를 배우겠다는 사람이 나서면 기꺼이 가르쳐줄 의향이 있다고 한다. 그리고 여건만 된다면 상여소리를 갖고 민속예술제에 나가고 싶다는 의향을 내비치기도 하였다. 홍동주 씨가 상여소리를 보존하겠다고 하더라도 개인의 노력만으로는 부족한 것이 현실이다.

상여소리는 어느 지방에서나 전통장례에서는 없어서는 안 될 중요한 요소이지만, 장례문화의 변화로 인해 자리매김이 어려울 뿐만 아니라 상여소리 자체가 아무 곳에서나 함부로 부를 수 없다. 정선지역에서는 정선아라리에 비해 쓰임새도 적고 비인기종목이라 전승을 위한 제도적인 뒷받침이 필요한 시점이다.[82]

횡성 회다지소리의 성공적인 유네스코 세계무형 유산 등재를 위해서는 회다지소리 전승자 등 인력 관리 및 양성의 체계화가 선행돼야 한다는 지적이다. 횡성군은 지역 문화유산에 대한 역사적 고증과 보존, 계승 발전으로 군민 자긍심을 높이고 횡성을 2018 평창동계올림픽의 문화거점 도시로 육성시키기 위해 강원도 무형문화제 4호인 '횡성 회다지소리'의 유네스코 세계무형유산 등재를 추진 중이며 이와 관련된 제반 절차를 진행 중이다. 그러나 지역 문화계 등에서는 회다지소리 전승자 양성과 관리, 20여 년간 멈춰서 있는 전승보전회 구성원 및 체계 문제가 해결되지 않을 경우 세계무형유산 등재는 물론 자체 보전 발전도 어렵다는 우려의 목소리를 제기

---

81   홍동주 씨 구술 자료, 2015년 8월 19일.

82   이현수, 앞의 논문, 251쪽.

하고 있다.

유일한 기능보유자인 양중하 씨가 80대의 고령에 10여 년간 노환 등으로 전혀 활동을 하지 못하고 있는 데다 전수 교육 조교와 전수 장학생 등 뒤를 이를 전승자가 부족하다는 것.

이 같은 문제가 제기되자 횡성군은 지난 달 횡성의 유일한 기능보유자인 양중하 씨를 '명예 기능보유자'로 추대하고 양씨의 아들이자 현재 전수 교육 조교로 20여 년간 활동하고 있는 양재학 씨를 기능보유자로 지정하는 안을 확정, 이를 강원도에 신청했다.

또 지난해 2명의 전수교육조교를 확충한데 이어 올해 전수 장학생을 6명으로 늘려 운영하는 안을 신청하는 등 인력 확충에 나서고 있다.

하지만 이도 기능보유자가 4명이 넘는 정선 아리랑 등과 비교해 전승자수가 부족하고 전승보전회 구성원도 대부분 60대 이상 고령인 데다 전수관 등 기반시설도 노후돼 있어 총체적인 체계 개선이 필요하다는 지적이다. 여기에 회다지소리에 장례문화를 접목할 수 있도록 장례문화 집대성에 관한 연구도 시급하다는 분석이다.

횡성군 관계자는 "횡성 회다지소리에 대한 우수성은 이미 입증된 만큼 이를 보존 계승할 인력 양성 등 시스템 보완과 발전 방향을 지속 모색해 나갈 계획"이라고 말했다.[83]

위에서 언급한 횡성회다지소리는 정선 아리랑, 삼척 줄다리기, 강릉 농악에 이어 1984년 도 무형문화재로 지정됐으며 횡성회다지소리 전승보존회(회장 홍성익)에 의해 그 명맥을 이어오고 있다. 그런데 80대 고령인 기능보유자의 뒤를 이를 전수 교육 조교와 전수 장학생 등이 덧없이 부족하다는 것이다. 문화재로 지정했다고 해서 저절로 전승이 이루어지는 것이 아님을 알 수 있다. 제도적인 뒷받침이 이루어짐

---

83 「"횡성 회다지소리 전승자 체계화 해야"」, 『강원도민일보』, 2014년 2월 6일.

과 동시에 군관민이 지속적인 관심을 기울여야 하며 이를 전승하고자 하는 노력이 수반되어야 한다.

상여소리나 회다지소리와 관련된 소리문화유산에 대한 새로운 인식변화와 대응전략이 필요한 시점이다. 일생의례(관혼상제, 통과의례, 평생의례)의 박람회 등을 통해 지역축제에도 활용하고 웰다잉형 관광자원으로 개발하여 정선의 문화적 이미지, 브랜드로 키울 정책적 방향이 필요하다. 이에 대한 학술적 작업도 반드시 지속적으로 이루어져야 한다. 지자체 차원에서 상여소리와 회다지소리를 보존 전승하고자 하는 장단기의 대책을 강구할 필요가 있다고 하겠다.

3 / 무속신앙

1) 무속의 개념[1]

(1) 무속의 정의

무속이란 글자 그대로 무당을 주축으로 민간에서 전승되는 종교습속을 말한다. 그러나 이 말이 언제부터 쓰였는가는 확실치 않다. 다만 문헌상으로는 이능화가 엮은 『조선무속고朝鮮巫俗考』에서 이 용어가 쓰였다는 사실이 확인된다. 어느 민족이고 그 구성원에 의해 신봉되는 신앙체계는 각각 그 고유의 명칭이 붙여지게 마련이다.

이를테면 불교·기독교·이슬람교 등이 그러한 예이다. 이들 종교는 모두 그 계통의 창시자 내지는 지도자로서 민중의 절대적 지지를 받았던 인물을 주 대상으로 신봉하고 있다. 그러나 우리의 고유한 토속신앙이라 할 수 있는 무속은 그러한 대상이 없고, 자연 내지는 우리 역사상의 훌륭한 인물을 그때그때 형편에 맞게 자신의 신봉대상으로 삼고 있다.

이처럼 무속의 신앙대상은 유일신이 아닌 여러 신을 추앙함으로써 다양한 신의 체계를 이루고 있기 때문에 여타 종교의 부류에 넣는 것을 주저하게 한다. 그러나

---

1   민속학회, 『한국민속학의 이해』, 문학아카데미, 1994, 128~129쪽.

무속은 현대적 차원에서 인위적 손길이 미치지 못해 원시종교의 형태를 벗어나지 못했을 뿐, 종교로서의 제 요소를 구비하고 있다는 사실도 간과해서는 안 된다. 민간신앙의 특징은 바로 이 종교로서의 체계나 조직이 없다는 데에 기인한다. 따라서 어떠한 체재에도 구애됨이 없이 문화사회의 도처에 존재하게 된다. 때문에 잡다한 민간신앙을 따로 분류한다는 것은 쉬운 일이 아니다.

이들의 성격은 대체로 주술적이고, 현세 이익성이 있으며, 소집단적이고, 비조직적이라는 것이다. 바로 이러한 민간신앙의 중심을 이루는 것이 무속이다. 무속은 한국의 종교사상·역사·문화·음악·연극 등의 학문 연구에 매우 중요한 자료가 된다. 이 무속신앙의 주체자는 무당이다. 무당 없는 무속은 생각할 수가 없다. 따라서 무속은 이러한 무당을 중심으로 하여 민간층에 이어져 내려오는 종교적 현상임을 다시 확인하게 된다.

(2) 무당

『설문設文』에 의하면, 남자무당은 격覡이오, 여자무당은 무巫라고 했다. 이로보아 무는 여자로부터 비롯되었음을 알 수 있다. 물론 무의 의미에 대해선 아직도 용어개념이 확실치 않아 그 성격과 명칭상의 차이가 있다.

『삼국사기』에는 무巫·사무師巫·신무神巫·차차웅次次雄·자충慈忠이 보이고, 『고려사』엔 여무女巫·무녀巫女·무巫·무격巫覡·무장巫匠·선관仙官이, 『조선왕조실록』엔 국무國巫·무巫·무녀巫女·낭중郎中·현수絃首·화랑花郎 등이 보인다. 이처럼 다양한 명칭을 지니고 지속되어온 한국무당의 형태는 지역에 따라 다소의 차이를 보이는데, 남부지역은 혈통을 따라 대대로 무당의 사제권이 계승되는 세습무가 지배적인 데 비해, 중·북부지역은 신神의 영력靈力에 의해 무당이 되는 강신무가 지배적이다. 또 한국무당은 그 다양성에 걸맞게 지역별로 명칭상의 차이를 보인다. 여무의 칭호가 지방에 따라 무녀·무당·무신·법사·당골·보살 등으로 불리며, 남무는 박수·재인·점쟁이·화랑·광대·신장·심방 등으로 불리는 것이 그러한 예이다. 이는 그만큼 예속적이 아닌 자유분방한 우리 무속의 전형을 드러낸다 할 것이다.

무당이 되기 위해서는 대체로 다음과 같은 조건이 필요하다. 첫째, 신의 영력을 체득하는 신병체험을 해야 한다. 둘째, 이 체험을 통해 얻은 영력으로 종교적 제의를 주관할 수 있어야 한다. 셋째, 무당은 자기 신을 모시는 신당이 있어야 한다. 물론 이외에도 여러 가지를 적용시킬 수 있으나 이 정도의 기본은 지니고 있어야 한다는 것이다.

2) 전승 현황과 특징

강릉 단오제를 비롯하여 삼척 등 해안지방의 별신제가 지금까지 활발하게 전승되는 영동지방에 비해 영서지방인 정선지역에서는 무속신앙이 활발하게 이루어지지 않았다. 민간신앙으로는 동제洞祭나 산신제山神祭 등이 있었으나 이는 마을사람들이 주관하여 지내는 제사였고, 무당이 주관하는 제사는 없었다.

> (심: 원장님 여기 칠현제례 말고 옛날부터 동제 말고 무당이 쭉 굿을 하면서 이어져 온 게 있나요?) 정선에는 없고, 정선에는 무당이 옛날에도 없어, 강릉에서 와가지고 푸닥거리 해, 남의 집에 뭐하면 나쁘면 와서 쨍쨍쨍쨍 거리고 여 자체에선 무당이 없었어.[2]

> (서: 어머니 저 궁금한 게 하나가요. 옛날에 여량리나 정선에요. 집안에 어머니 성주굿이나 고사를 지낼 때 무당들이 왔어요?) 무당들이 오는 집도 있고, 그냥 조용하게 일 년에 뭐 정월달이든가 뭐 이렇게 해서 시루떡해서 이렇게 고사를 지내는 식구들끼리 지내는 집도 있고, 돈이 많고 좀 여유가 있는 집들은. (서: 그러니까 여유가 있는 집들은 무당 불러서) 막 무당 불러서 뭐 굿도 하고. (서: 어머

2   배선기 씨 구술 자료, 2015년 8월 19일.

니 그거 보신 적 있으세요?) 더러 뭐 본 기억이 별로 없어요. (서: 없죠? 그렇게 그런 경우가 많이 흔치는 않았나 봐요?) 흔치 않고 우쩨다. (서: 우쩨다가 한번씩?) 어쩌다가 그 집에 귀신이 있다던가, 귀신이 이렇게 위해 놓는 집이 있잖아요, 고씨들이라고. 그 옛날에 고씨들은 난양귀신이라고 집안에 모셔놓고 했어요. (서: 고씨가 여기 여량에도 고씨가 있었나요?) 그전에는 있어도 뭐. 별로 없지 않아도 더러 있었어요. 그런데 그건 옛날에 어쩌다가 있었고, 나는 그런 거 보지는 못하고. (서: 그러면 이 동네는 무당이 없었네요?) 무당이 있었지요. (서: 있었어요? 언제요? 어머니?) 그전에 어릴 적에 점하고. (서: 그런 무당이 있었구나. 어머니 이 동네에도 점을 보거나 이렇게 치병이 어디 아프면 치료를 해주는, 어머니 그런 무당이 있었구나. 특이하시네. 그러니까 정선은 무당이 별로 없다고 사람들이 알려져 있는데 보니까 어머니말씀) 그래도 우쩨다 있었어요.[3]

(심: 혹시 여기 정선지회에 세습무도 계세요?) 세습무는……. 세습무가 없어요. (심: 예전에도 혹시 보신 적 없으시구요?) 예. (심: 이 근방에는 세습무는 안계신거예요?) 예. 세습무는 없어요. 강릉 쪽에는 가면 세습무가 많지.[4]

제보자들과의 인터뷰내용을 종합해 보면, 과거 정선지역에는 무당이 거의 없었다. 거의 없었다는 것은 정선지역에 상주하던 무당이 거의 없었다는 의미라 볼 수 있다. 이는 정선지역에 무당이 주관하는 제사가 없었고, 세습무가 발달한 지역이 아닌 데에 원인이 있는 것으로 보인다. 그래서 과거 정선지역에서는 개인적으로 굿을 할 일이 있으면 강릉을 비롯한 영동지방의 무당을 불러다 굿을 했는데, 그러한 경우도 흔히 볼 수 있는 것은 아니었다. 그렇다면 현재의 정선지역은 어떨까?

---

3   전옥매 씨 구술 자료, 2015년 8월 19일.

4   이만수 씨 구술 자료, 2015년 8월 19일.

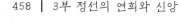

(심: 그럼 여기 정선지회에 소속되신 무속인 분들은 몇 분이나 계세요?) 몇 명 안 돼요. 다 돌아가시고, 이사 가고, 이래가지고 지금 내가 데리고 있는 분이 한 10 명 정도 되네요.[5]

현재 정선지역에는 1993년에 무속인 소속 단체인 한국민속예술연구원 보존회의 정선지회가 설립되어 운영되고 있다. 지회의 회장은 초대부터 현재까지 이만수 씨가 맡고 있으며, 이만수 씨를 비롯하여 10여명의 회원으로 구성되어 있다.

(심: 굿은 얼마나 자주하세요? 대략적으로 한 달에 몇 번 정도 굿을 하세요?) 여기는 시골이다보니까 그래 많지 않고. 우리가 많이 팔려나가죠, 다른 지역으로. 저 아주 뭐 서울로. (심: 서울도 가세요?) 아이 뭐 안가는 데가 없어요. 전국적으로 댕겨요. (심: 전국적으로요?) 네. 제주도도 가고, 전라도 여수고, 뭐 안가는 데가 없어요. (심: 그럼 한 달에 전국적으로 몇 회 정도 하세요?) 한 열 개정도는 나가죠. (심: 그럼 1년에 한 100회 정도는 하시네요?) 그렇죠.[6]

과거와 마찬가지로 현재의 정선지역도 굿 등을 비롯한 무속활동에 대한 수요는 적다. 이는 정선이 시골지역이라 인구수가 많지 않은 것에 기인한 것으로 보인다. 그래서 정선지회 소속 무속인들은 주로 타 지역으로 나가서 무속활동을 한다. 타 지역으로 나가면 주로 굿을 하는데, 서울을 비롯하여 제주도, 전라도 등 전국을 무대로 다니며 활발하게 무속활동을 하고 있다. 이만수 씨의 경우, 1년에 약 100회 가량의 굿을 하러 다닌다고 한다.

(심: 굿은 그러면 혼자 하세요?) 아니죠, 한 4인조는 돼야죠. 적어도 4인조는 돼

---

5   위와 같음.
6   위와 같음.

야 해요. (심: 네 분 다 무속인 이신 거예요?) 그렇죠. (심: 아 전부다 무속인?) 네. (심: 그럼 여기 정선지회 분들하고 같이하신 거예요?) 그렇죠. 내 회원들만 데리고 이제 여기선 하고. (심: 그러면 예를 들어 어르신한테 굿이 들어오면, 어르신이 부르시잖아요? 열분 중에요?) 네. (심: 그러면 다른 분한테 들어오면 그분도 또 세 분을 본인이 부르시겠네요?) 예예. (심: 그러면 서로 돈독하게 관계를 잘 가지셔야겠네요?) 예, 그럼요. (심: 서로 불러주고 부르고 하려면요?) 그럼 형제지, 완전히 형제에요.[7]

무속활동 중 굿의 경우, 혼자서는 할 수가 없고 최소 4인조는 되어야 할 수 있다, 그래서 정선지회 소속 무속인들은 각자 굿을 할 일이 생기면, 지회 회원들끼리 서로서로 불러주며 굿을 하고 있다. 그래서 현재 정선지회 소속 무속인들은 서로 형제자매와 같을 정도로 돈독한 관계로 지내고 있다.

내용을 종합해보면 과거로부터 지금까지 정선지역은 무속인을 중심으로 한 무속신앙이 발달하지 않은 지역이라 할 수 있다. 하지만 1993년 한국민속예술연구원 보존회의 정선지회가 설립된 이후, 이만수 씨의 노력으로 정선지회 소속의 무속인들이, 비록 정선지역은 아니지만 전국을 무대로 활발하게 무속활동을 해나가고 있다.

3) 주요 무속인 현황

(1) 이만수
성별 및 나이
남, 62세(1954년생).
고향

---

7   위와 같음.

강원도 정선군 여량면 유천리.

거주지

강원도 정선군 정선읍 녹송로 57-7.

입문계기 및 시기

이만수 씨는 강신무이고, 1991년에 무속인으로 입문하였다. 1993년 한국민속
예술연구원 보존회에 가입하여 정선지회 지회장직을 맡아 현재까지 정선지회를 이
끌고 있다. 이만수 씨가 무속인으로 입문하게 된 계기는 다음과 같다.

> (심: 원래는 뭘 하셨어요? 무속인이 되시기 전에요?) 광산을 했습니다. 탄광을. (심:
> 직접 운영을 하셨어요? 탄광을요?) 그렇게 내가 광산을 20년을 했어요. 근데 농
> 사도 안 되고, 광산도 만근을 할라 하면은 다쳐가지고 병원을 가고. (심: 사
> 람들이요?) 내가 다치죠. 타박으로 다쳐가지고 병원에 가고. (심: 탄광에서 직
> 접 일도 하셨던 거예요?) 아이 그럼요. (심: 운영도 하고, 소속된 광부가 아니라 직접 운
> 영도 하시면서 일도 같이 하셨던 거예요?) 예예. (심: 탄광은 그럼 대략 언제쯤 하셨어
> 요? 그때 연세가 어떻게 되셨어요? 탄광하실 때?) 그때는 몇 살 안됐죠. 내가 17살
> 때부터 내가 광산물을 먹었으니까. (심: 그때부터 광부생활 하셨던 거예요?) 예
> 예. 쭉 광부생활 하다가 90년도까지 했나 내가? (심: 89년에서 91년 사이 그 정
> 도쯤에?) 그렇게 했는데.[8]

이만수 씨는 원래 광부였다. 17세부터 시작하여 1990년 즈음까지 20여 년간
광부생활을 했고, 탄광을 직접 운영하기도 했었다. 하지만 광부생활을 하며 자주
다쳤고, 그로인해 가계는 어려웠다.

> 제 딸이 맹장수술을 했습니다, 그 당시에. 그래서 제가 강릉으로 데리고

---

8   위와 같음.

가 맹장수술을 했는데, 그 다음날 집사람이 거기를 왔길래, 내가 애를 맡겨놓고 올라왔죠. 올라오는데, 오다보니까 무속 하는 분들이 깃발이 있어가, 거길 들어가서 좀 물어보고 가자. 하도 안 되니까. (심: 아 수술을 강릉에서 하셨어요?) 네. 옛날 제일병원에서 했어요. 그래 들어가서 딱 보고 왔는데, 그 분이 일주일 후인가 열흘 후인가 여 여량을 온 거예요.[9]

1991년, 딸이 맹장수술을 하게 되어 강릉의 한 병원에 입원을 했고, 부인과 번갈아가며 딸을 간호했다. 하루는 부인과 교대하여 딸을 맡겨놓고 나오는 길에 강릉에서 무당집이 보이기에, '하는 일이 너무 안 풀리니 좀 물어보고 가자'는 심정으로 그 집에 들어가서 점을 봤다.

그래 들어가서 딱 보고 왔는데, 그 분이 일주일 후인가 열흘 후인가 여 여량을 온 거예요. 그때 나는 어머니 생일이라서 나는 거기가고. 집 사람은 아프다고 해서 그럼 보건소가서 주사를 한 대 맞고 오셔 하고는 갔는데, 버스를 타고 딱 내리니까 여량에서, 배낭을 지고 승복을 입은 분이 여잔데, 그 분이 묻더라는 게 "여기 지산 쪽으로 가려면 어느 쪽으로 가느냐?" 그래서 "우리를 따라서 버스를 타고 우리도 들어갈 거니까, 이 버스를 타고 들어가면 된다." 그러니까는 그 분이 우리 집사람을 자꾸 보더라는 거예요. 근데 그쪽에 가면 성은 고 씨인데. 아주머니가 고 씨인데. 그 분을 내가 점을 봐주고 나서 간 뒤로부터 내가 아주 아퍼 죽을 지경이 돼서 이 분을 지금 찾아 나섰다는 거예요. (심: 그런데 그분이?) 우리 집사람이래요.[10]

무당집에 가서 점을 보고 열흘 쯤 지난 후에 점을 봐줬던 무당이 강릉에서 정선

---

9   위와 같음.
10   위와 같음.

까지 직접 찾아왔다. 이만수 씨가 점을 보고 간 후부터 그 무당이 너무 아파서 못 견딜 지경이 되어 찾아온 것이다. 그런데 특이한 건 직접 무당을 만나 점을 본 사람은 이만수 씨였는데, 그 무당이 너무 아파서 찾아 나선 사람은 이만수 씨의 부인이었던 것이다. 아무튼 우연인지 필연인지 강릉의 무당은 여량의 한 버스정류장에서 본인이 찾던 이만수 씨의 부인을 직접 만나게 되었다.

> 그래가지고, 그분이 말씀하시기를, "산에를 좀 들어가서 기도를 좀 해보자." 이렇게 됐는데, 우리는 그때 진짜 뭐 때까리 없을 정도니까. (심: 때까리요?) 그러니까 강원도말로 해먹을 쌀이 없다 이거죠. 그래서 동네에서 꿔다 먹은 게 대두로 닷 말을 꿔먹고 나니까, 누가 이제 꿔주지도 않는 거예요. 닷 말이면 40kg. 그래 꿔먹고 나니 다른 게 안 꿔주는 거예요. 그래서 참 그렇게 고생을 하다가, 그 분에게 한 얘기가 "우리가 이거 단돈 이천 원도 가서 동네에서 돈을 못 꾼다. 실정이 이러니까 산을 어떻게 가느냐?" 하니까 그분이 고마운 말씀하시기를 "내가 그럼 한 이십만 원을 대가지고 산에가 기도를 해봐가지고 신이 있으면 떼든지 모시고 오든지 그거는 그 후에 차후에 얘기니까 산에를 가서 함 기도를 한번 해보자."해서 가기로 됐어요.[11]

만나서 무당은 이만수 씨의 부인에게 "산에 같이 들어가서 기도를 좀 해보자."고 하였다. 하지만 당시 산에 같이 갈 여비조차도 마땅치 않을 만큼 가계 형편이 어려웠기에 이만수 씨의 부인은 거절했다. 그러자 무당은 본인이 여비를 전부 댈 테니 같이 가자고 했고, 그에 이만수 씨의 부인은 승낙했다.

> 임계에서 만나기로 했어요. 버스터미널에서 만나기로 했는데, 그분들 택

---

11   위와 같음.

시타고 거기로 왔어요. 그런데 보니 그 양반 선생이라는 분이 여량에서 사시던 분인데, 이양반이 보살인데, 그 양반 제자란 말이요. 우리 집사람 점해준 사람이. 그래가지고 그래서 딱 보니까 그분이 그래. "아이고, 내가 굿을 하라고 할 적에 안하더니 결국은 내손에 걸치는구만." 이렇게 얘기를 한 거예요. (심: 아 원래 아셨던, 그러면 예전에 여량면에서 본 적이 있었던 분이세요?) 그렇죠, 그분은. 그 선생이. (심: 예, 그 스승님이요) 예예. 그 분은 여량에서 알던 분이고. (심: 그분이 옛날에 그러면 옛날에 그분도 신을 받아라 말씀하셨던 적이 있으세요?) 그 양반은 그런 소릴 안했죠. 그냥 굿을 한번 해봐라 라고만 얘기했죠.[12]

무당과 만나기로 약속 한 날 이만수 씨 내외는 약속장소인 임계면 버스터미널에 먼저 도착하여 기다리고 있었다. 기다리던 무당이 약속장소에 도착했는데, 무당 혼자 온 것이 아니라 무당의 스승과 함께 왔다. 그런데 그 무당의 스승이라는 사람이 이만수 씨와 구면이었다. 무당의 스승은 정선군 여량면에서 살던 무당으로, 과거 이만수 씨를 보고 굿을 하라고 권유한 적이 있었던 사람인 것이다. 그래서 그 스승은 이만수 씨를 보자마자 "내가 굿을 하라고 할 적에 안하더니 결국은 내 손에 걸치는구만."이라고 얘기했다. 아무튼 그렇게 하여 이만수 씨 내외와 무당 그리고 무당의 스승, 이렇게 네 사람은 함께 산으로 갔다.

그래서 이틀저녁을 자고 왔는데, 그 일로부터 우리는 그냥 굿도 안하고 내림굿을 안 하고 그냥 솟은 거예요. (심: 솟았다구요?) 즉, 말하면은 무속이 여느께는 내림굿을 해야 되잖아요? 강신무가. 그런데 저희들은 그런 걸 안하고 그냥 자는 잠에 이게 된 거죠. 무속인이. (심: 그냥 자연스럽게요? 내림굿도 안 받으시구요?) 네. (심: 그러면 사모님도?) 예, 우리 집사람이 이제 그 받은

12   위와 같음.

거죠. 제가 저는 또 자는 잠에 그러다보니까는 먹을 것도 없고, 그래서 자
는 잠에 근심을 하고 자다가 제 입에서는 이 축원문이라는 게 있어요, 우
리가 즉 말하면 앉아서 비는 거, 그거는 제 입에서 그냥 스스로 그냥 나온
거. (심: 그냥 주무시다가 축원문이 그냥 외워지신 거예요?) 예, 그 길로 이어진 거죠
지금. '무불통심'한 거죠. 강원도 말로 그렇게 표현해요.[13]

산에 가서 내림굿은 받지 않고 기도만 이틀을 하고 집으로 왔다. 그러던 어느
날 이만수 씨와 그 부인은 아직 내림굿도 받지 않은 상태에서 그냥 자다가 신 내림
을 받았다. 강신무는 내림굿을 통해 신 내림을 받아서 무속인이 되는 것인데, 이만
수 씨와 그 부인은 내림굿도 하지 않은 상태에서 그냥 자다가 신 내림을 받은 것이
다. 그것도 두 내외가 다 그렇게 신 내림을 받아 강신무가 된 것이다. 그 후, 이만수
씨는 그해 바로 현 거주지로 이주하여 무속인으로서의 본격적인 활동을 시작했고
현재에 이르고 있다.

모시는 신
여타 무속인들이 그러하듯 이만수 씨도 여러 신을 모시고 있다.

(심: 그러면 선생님이 모시는 신은 어떤 신을 모시세요?) 천지신명 일월성관님, 북두
칠성님, 용왕님, 도사할아버지, 글문할아버지, 대신할머니, 그 할머니가
점을 보니까. 그리고 이제 장군님 모시고 장군, 신장. 장군이 있어야 그 집
액운을 쳐서 내주거든요. 신장이 있어야 악귀 잡귀들 꺼트려가지고 풀어
서 먹여서 보내고. (심: 신장이 삼국지로 치면 관우 같은 그런 장군님이신 거죠?) 예,
이제 백마장군이 있고. 성황님도 모시고 뭐 다 모시죠. (심: 이 모시는 신님들
이 각각의 역할을 가지고 계신거예요?) 그렇죠. (심: 천지신명 일월성관님은 어떤 역할을

---

13   위와 같음.

하세요?) 천지신명은 하늘서 오시는 거잖아요? 그러면 그 이상 더 센 분이 없지. (심: 그렇죠. 그럼 굿할 때 오시나요?) 네. (아, 점보 실 때는 대신할머니가 하시고, 나머지는 다 굿할 때 모시는 신들이세요?) 예.[14]

이만수 씨가 모시는 신들은 천지신명 일월성관님, 북두칠성님, 용왕님, 도사할아버지, 글문할아버지, 대신할머니, 장군님(신장), 성황님 등이고, 그 신들은 각각의 역할을 갖고 있다. 예를 들어 대신할머니는 점을 쳐주는 신이고, 천지신명 일월성관님은 하늘에서 오시는 신이기 때문에 가장 센 신이다. 그리고 장군님은 굿을 할 때 액을 쫓아주는 신이다. 점을 볼 때 오시는 대신할머니를 제외하고는 전부 굿을 할 때 모시는 신이다.

기타 개인 활동

앞서 기술했던 정선지역 무속인들의 전국적 활동 외의 기타 개인 활동으로는 치성과 산기도가 있다.

> (심: 평상시에 치성 드리실 때요, 치성 어떻게 드리세요?) 우리가 조상님들한테 제사 지내는 그런 방식이죠. 그래놓고 이제 축원을 앉아서 하고 빌고 그러죠. (심: 신당이 따로 저 안에 신당이 있으신가요?) 예예. (심: 거기서 치성 드리시는 거예요?) 예. 여기서도 하고 또 굿당에 굿하는 데가 따로 있어요. (심: 굿하는 데가 따로 있으세요?) 네. 여량에 굿당이 따로 있어요. (심: 아, 그러면 어르신이 단독으로 쓰시는 굿당이 있으신 거세요? 어디에 있으세요?) 거 유천1리 싸리골이라는데, 거기 그러니까 유천1리 산213-1.[15]

---

14 위와 같음.

15 위와 같음.

치성은 조상에게 제사지내는 방식으로 제상을 차려놓고, 앞에 앉아서 축원을 빈다. 치성은 본인의 집에 차려놓은 신당에서 드리기도 하고, 여량 면에 있는 본인 소유의 굿당에 가서 드리기도 한다.

(심: 그리고 혹시 가끔 제가 알기로 무속인 분들이 산에 한번 씩 들어갔다 나오시잖아요?) 그렇지 기도. (심: 그러면 선생님도 기도하러 들어가세요?) 그렇죠, 들어가죠. (심: 정기적으로 다니는 거세요?) 시간 날 때마다 가는 거죠. (심: 시간 날 때라는 거는 좀 한가해지면?) 예. 내가 일이 안 잡히고 이럴 때 이제 들어가요. (심: 대략 한 달에 한두 번 정도 들어가시나요?) 뭐 바쁠 때는 한두 번도 못 들어갈 때도 있고. (심: 그럼 1년에 한 몇 회 정도? 대략적으로요?) 년 뭐 한 여섯, 일곱 번. (심: 그럼 가시면 무슨 기도하세요?) 산신에 가서 기도하죠. 산신님 있는데. (심: 산신님한테 기도하는 거예요?) 예. 산신님하고 용신님하고 두 군데 주로 많이. 그 뭐 기도가면 물 좋은 데로 가야 되니까 그건. 물은 용신이잖아. 그럼 산신하고 용신밖에 더 있어? 산에 가봐야. (심: 아, 그럼 늘 가시는 장소에 가세요?) 우리는 늘 같은 장소에 가죠. (심: 선생님은 어디로 가세요?) 난 본산이 거기니까 사원 산이니까. 그리고 굿당이 또 사원산 줄기 입구에 있으니까. (심: 아, 그럼 굿 당도 있고, 그 산 올라가셔가지고 기도하시는 거세요?) 예. 그 골로 쭉 들어가가지고 서는, 산에 들어가서. (심: 그럼 산에 가셔서 기도하시는 내용은 어떤 내용이세요? 그 때마다 다르신가요?) 그렇죠. 조금씩 틀리죠. (심: 그럼 저를 위해서 기도를 하나요? 아님 산신님을 위해서 기도하나요?) 그 원리는 나를 위해서 하는 거죠. (심: 나를 위해서요? 잘 봐주십사?) 그렇죠. "산신할아버지 이 제자가 아무 것도 모르니까 할아버지가 좀 알려주십쇼." 하고서는 가가지고서 이제 고하는 거지. 뭐 자식들 잘되게 해달라고 하고 소원을 우리 비는 거죠. 가정 우환 않고.

(심: 그렇죠. 왜냐면 선생님이 남을 위해서는 빌어주는데 본인을 위해서 빌지 못하니까 산 신한테 직접 가서 비시는 거시죠?) 그렇죠. (심: 그럼 이것도 일종의 굿이네요?) 그렇 죠. 뭐 앉아서 빈다는 것뿐이지. 굿 종류하고 똑같은 거예요. 원리는. (심:

나를 위한 굿이네요?) 네.[16]

산기도는 이만수 씨 본인을 위한 기도이다. 이만수 씨는 남을 위해 기도하는 것이 업인 무속인이지만, 때로는 본인을 위한 기도도 필요하다. 그래서 시간이 날 때마다 산으로 들어가서 본인을 위해 기도하는데, 대략 1년에 6~7회 정도 산에 가서 기도를 드린다. 무속인들은 각자 본인이 기도하러 다니는 장소가 있는데, 이만수 씨는 본인의 굿당이 위치하고 있는 상원산에 가서 기도를 한다. 기도는 산신과 용신에게 드리고, 기도의 내용은 본인과 본인의 가정을 위한 기도가 주를 이룬다.

(심: 아, 그럼 그냥 맨손으로 가세요? 아님 뭐라도 가지고 가세요?) 쌀 가져가고, 초는 가져가도 불은 못 키잖아요, 산불 때문에. 그러니까 가져가도 초는 불은 안 키죠. 그리고 이제 쌀 가지고 고양지어가지고 올려놓고. (심: 쌀을 뭐에다 올려요?) 그 생우라고 있어요. 거기다가 고양을 짓는 거예요, 밥을. (심: 고양이라고 하세요? 그 밥을요?) 예. 고양을 해가지고 솥 째로 올려놓고, 이제 술 붓고, 삼색과일 올리고. (심: 삼색과일은 어떤 거를?) 사과, 배, 뭐 참외나 뭐 이런 걸. (심: 계절마다 다르겠네요? 어쨌든 삼색으로요?) 그렇죠. 그리고 밤, 대추. (심: 많이 올리시네요?) 많이 가져갈 필요가 없어요. (심: 밥은 어떻게 해가세요? 고양밥을?) 그러니까 여 집에서 가스렌지 일회용있잖아요? (심: 부르스타?) 예. 그거 놓고 하죠. (심: 아, 부르스타 가져가서 거기서 직접 밥을 하시는 거예요?) 예. (심: 그럼 혹시 쌀은 햅쌀이라든지 이런 걸로 가져가시나요? 아니면은 그냥 아무 쌀이나?) 그런데 쓰지 않았던 거 새로 사가지고, 쓰지 않았던 것만 가져가면 되니까. 우리가 먹던 쌀은 안 되니까. (심: 술은 어떤 술을?) 술은 소주를 가져가지. 술은 소주만 가져가고. (그리고서 이제 비시는 거세요?) 예.[17]

---

16   위와 같음.

17   위와 같음.

산으로 갈 때 빈손으로 가진 않고, 간단한 제물을 챙겨가서 진설해 놓고 기도한다. 가져가는 제물은 쌀, 초, 삼색과일, 밤, 대추, 소주이다. 제물의 진설은 다음과 같다. 먼저 쌀은 햅쌀, 묵은쌀 관계없이 먹던 쌀만 아니면 되기에 새로 사가지고 간다. 쌀과 함께 휴대용 가스렌지와 밥솥, 그리고 생우를 준비하여, 산에서 직접 밥을 지어 솥 째로 생우 위에 올려 진설한다. 그리고 초는 산불의 위험 때문에 불은 켜지 않고 세워만 놓는다. 삼색과일은 계절에 따라 세 가지 색의 과일을, 술은 소주를 진설한다.

4) 행사 참여 실적

(1) 칠현굿 七賢—

칠현굿은 정선아리랑제[18]의 주요행사 중 하나로 1976년 제1회 행사 때부터 시작되었다. 칠현굿의 시작은 거칠현설居七賢—에서부터 비롯된다. 거칠현설은 정선아리랑의 근원설화 중 일반화된 설로 정선지역민들에겐 거의 정설로 통한다. 이성계가 조선을 건국하자 고려 유신들 중 72명이 불사이군不事二君 즉, 충직한 신하는 결코 두 임금을 모실 수 없다며 충절을 맹세하고 숨어든 곳이 개성의 '두문동'이었고, 여기서 이성계의 회유가 집요해지자 다시 이를 피해 일부가 흩어져 숨어든 곳이 강원도 정선 땅이었다. 이때 온 이들이 7인이었고, 그래서 이들이 머문 곳을 후세에 '거칠현동'이라고 부르게 되었다. 이들은 매일 아침 관복을 옛 궁궐 쪽에 걸어 놓고, 중국의 백이숙제의 고사故事처럼 서운산瑞雲山의 고사리와 산나물을 캐 먹으며 세상을 등지고 살았다. 그리고 이웃 여주의 목은 이색이나 원주의 원천석과 같은 이들과 회한을 나누며 자신들의 처지를 한시로 지어 부른 것이 인근에 풀이되

---

18 정선아리랑제는 강원도 정선군에서 해마다 10월 초에 열리는 전통문화축제이다. 일명 아라리라고도 하는 정선아리랑의 전승 보존과 지역발전 및 군민화합을 도모하고 한국적인 민속을 계승·발전시키기 위해 1976년부터 열리고 있다. 아리랑을 주제로 한 국내 유일의 축제로, 정선아리랑제위원회가 주관한다.「정선아리랑제」, 두산백과사전 두피디아, 2015.10.16, (www.doopedia.co.kr).

어 전해져 정선아리랑이 되었다는 것이다.[19] 당시 '거칠현동'으로 은거한 고려 유신 7인을 정선 칠현七賢이라 부르는데, 그 7인은 전오륜全五倫, 신안申晏, 김충한金沖漢, 고천우高天祐, 이수생李遂生, 변귀수邊貴壽, 김위金瑋이다. 그리고 '거칠현동'은 현재 강원도 정선군 남면 낙동리에 위치하고 있다. 아무튼 이 칠현을 통해 정선아리랑이 시작됐다고 하여, 그들을 기리고 위령하는 의미에서 정선아리랑제때 칠현굿을 하게 된 것이다.

칠현굿은 정선아리랑제의 개막과 함께 시작하여 폐막 때까지 3박4일간 밤낮없이 쉬지 않고 진행된다. 굿을 시작하기에 앞서 먼저 정선 제2교 인근 뜬 성황에서 성황님을 모셔서 행사장에 모셔다 놓는다. 그리고 칠현제례가 행해지는 거칠현사당으로 가서 칠현제례를 마친 후 칠현의 혼을 모시고 행사장으로 온다. 이렇게 성황님과 칠현의 혼을 모두 행사장으로 모시고 온 다음 본격적인 굿이 시작된다. 굿은 '부정거리—성황굿—산신굿—가목굿—칠성굿—용왕굿—성주굿—조상굿—대감굿—장군굿—작두굿—말명굿—꽃놀이굿—뱃놀이굿—해원굿—거리풀이'의 순서로 진행된다.

이만수 씨는 1993년 제18회 정선아리랑제 때부터 현재까지 한국민속예술연구원 보존회 정선지회 회원들을 이끌고 칠현굿을 도맡아 하고 있다.

(심: 93년부터 아리랑제에서 칠현제를 맡아서 하시는 거세요?) 예. 내가 할 일이 너무 많아요. 나는 한 달 전 서부터 이걸 준비를 해야 돼요. 행사를 할라면은.
(심: 그러면 그 칠현제를 같이 하시는 분들이 계신가요? 다른 무속인 분들이요?) 그렇죠.
(심: 그럼 몇 분이나 되세요?) 인원수는 한 15에서 17명 정도 되죠. (심: 그러면 15명에서 17명 정도 되는 무속인 분들이 다 정선분이 아니신 건가요?) 정선분도 있고, 외지에서 몇 분 불러가지고. (심: 아, 외지에서 몇 분 모셔요?) 우리 회원이 얼마 없어가지고 딴 데 사람을 내가 좀 불러요. 그 사람들 고향은 정선인데, 이

19　「거칠현 관련설」, 문화콘텐츠닷컴, 2015.10.16(www.culturecontent.com).

제 나가서 살고 있으니까, 또 여기 행사를 하는 것도 룰도 잘 알고 그러니까는 저희들이 일하기에는 서로가 손발이 맞으니까는 힘이 덜 들죠.[20]

칠현굿은 3박 4일간 쉬지 않고 하기 때문에 굿을 위해선 여러 명의 무속인이 필요한데, 대략 15~17명의 무속인들이 돌아가며 굿을 한다. 하지만 정선지회 소속 무속인들은 이만수 씨를 포함하여 11명 남짓이기에 외지에서 무속인들을 불러온다. 외지에서 불러 오는 무속인들은 정선 출신으로 칠현굿을 잘 알고 있는 사람들이다. 이들은 이만수 씨가 직접 섭외한다. 칠현굿을 하는데 필요한 무속인들의 섭외 외에도 칠현굿 전반에 관련된 모든 사항들을 이만수 씨가 직접 도맡아 주관하고 있다.

이만수 씨가 칠현굿을 도맡아 하기 시작한 계기는 다음과 같다.

> (심: 칠현제 하실 때 어르신이 요즘말로 리더이신 거죠?) 그렇죠. (심: 리더역할을 쭉 계속 입문하시고 부터 맡아오셨네요?) 예예. (심: 그 전에도 칠현제는 하고 있었죠?) 그렇죠. 내 하기 전에 했는데, 하던 분이 이 문화원에 연락이 안 돼가지고, 그 어떻게 누가 소개를 해가지고 내한테 연락이 왔더라구요. "아 이거 큰일 났다. 이 사람이 연락이 안 된다."는 거예요. 그래가지고 당장 오늘부터 하라는 거예요, 날보고.[21]

칠현굿은 제1회 정선아리랑제 때부터 했기 때문에 이만수 씨 이전에도 원래 도맡아서 하던 무속인이 있었다. 그런데 제18회 정선아리랑제를 앞두고 그 무속인이 갑자기 연락두절 돼버렸다. 그래서 정선아리랑제 주최 측은 서둘러 다른 무속인을 수소문했고, 이만수 씨에게 연락을 하게 됐다. 그리고 이만수 씨가 수락하여 지금

---

20 이만수 씨 구술 자료, 2015년 8월 19일.

21 위와 같음.

까지 칠현굿을 도맡아 해오고 있는 것이다.

5) 전승의지 및 전승계획

무속인들은 제자를 둔다. 제자로 삼는 대상은 본인에게 직접 내림굿을 받고 무속인이 된 사람이다. 앞서 이만수 씨가 무속인으로 입문할 때, 이만수 씨에게 함께 산에 들어가서 기도하자고 했던 무당도 산에 들어갈 때 본인의 스승과 동행했었다고 기술한 바가 있다. 이만수 씨 또한 현재 1명의 제자를 두고 있다.

> (심: 선생님 혹시 제자도 있으세요?) 제자 있어요. (심: 제자를 어떻게 두시는 거세요? 제자를 두는 경우가?) 강신무를 만드는 거죠. (심: 선생님이 직접 내림굿을 해서 강신무를 만드신다는 거죠?) 예. (심: 그렇게 해서 강신무가 되시면 그 다음엔 어떻게 되는 거예요?) 그 다음엔 이제 자기 법당을 차려놓고, 이제 할아버지를 모셔 놓고는 앉아서 손님 받는 거예요. 점을 보는 거야. (심: 그렇게 한 다음에 뭐 그 다음에도 또 교육을 시켜주고 그런 거는 없으시구요?) 왜요? 많죠. 다 가르쳐야 돼. (심: 기본적으로 법당을 하고 갖춰지는 것까지는 전부다 코칭을 해주시는 거죠?) 그렇죠. 그거 다 해주고, 또 이 축원문도 가르쳐 줘야 되고. (심: 그러니까 전반적으로 혼자 자립을 할 수 있을 때까지는 봐주시는 거죠?) 그렇죠. 이 굿도 가르쳐야 되고. (심: 데리고 다니셔야겠네요? 처음에 그러면?) 그렇죠. (심: 그렇다고 해서 그분들을 다 제자로 두시진 않고, 내림굿 해주시고 해드린 분은 어느 정도 자리 잡을 때까지는 좀 봐주시나요? 전부다요?) 아, 그럼요. (심: 그런데 이제 잘 따르고 그렇게 하신 분은 제자로 둬서 같이 활동을 하시고?) 예예. (심: 그럼 뭐 제자도 의뢰가 들어오면 스승님 모시기도 하고, 스승님은 당연히 스승님이니까 제자를 챙기시고?) 그렇죠.[22]

---

22   위와 같음.

무속인들은 보통 본인이 직접 내림굿을 해준 사람이 무속인으로서 자립할 수 있을 때까지 도와준다. 강신무의 경우, 예고 없이 무속인이 되기 때문에 내림굿을 막 받고나면 아무 것도 모르는 상태이다. 그래서 본인에게 내림굿을 받은 사람이 무속인으로서 어느 정도 자리를 잡을 수 있을 때까지 도와준다. 그러다가 본인을 잘 따르는 경우에 제자로 삼는다. 왜냐하면 보통 굿을 할 때 최소 4인조 이상의 무속인으로 구성되어야 하는데, 본인을 잘 따르는 제자가 있으면 아무래도 굿을 하기에 수월하기 때문이다. 제자의 경우에도 본인에게 굿 의뢰가 들어왔을 때, 스승을 모시고 와서 함께 하는 것이 아무래도 편할 것이다. 그렇기에 이만수 씨를 비롯한 정선지회 소속의 무속인들은 각자 본인들의 사제관계를 이어가며 정선지역에서 무속신앙을 전승해 나가고 있다.

마지막으로 무속신앙의 전승의지와 전승계획에 대한 이만수 씨의 구술내용을 기술하며 본고를 마치고자 한다.

> (심: 이 무속 신앙이라는 거를요, 무속인들을 통해서 이루어지는 무속신앙이 보존되고 전승돼야 한다고 생각하는 이유가 혹시 있으신가요?) 그 이유는 없구요. 왜 그러냐면 내가 그 고통을 겪었던 거 생각을 하면은, 그 고통 겪는 양반은 어차피 제자가 될 사람이잖아요? 그래서 어차피 될 사람은 돼야 되니까, 강제로 그걸 억압으로 해가지고서는, 자기 해 먹을라고 하는 사람들이 있거든요. 사실. (심: 그렇죠) 예. 그러면 안 된다는 이거지 나는. 그런 게 없어야 된다. 그런 건 없어야 되고 자연적으로 꼭 풀려야 할 사람은 전승이 돼야 되지 않나. (심: 자연적으로?) 예. 무불통심이 되는 사람은. 그럼 방법이 없잖아요. 그러면은 전승이 돼야 되지 않겠냐. 뭐 다른 이유는 없고. 사실 뭐 그걸 하고 싶어 하는 사람은 없어요, 사실은. (심: 자연적으로 무불통심되시는 분은 전승이 돼야하지 않겠는가라고 생각을 하시는 거죠?) 예. 그래야죠.[23]

---

23 위와 같음.

| 참고문헌 |

1부 정선이 낳은 장인들

1. 청석장

강영복, 「충청북도 보은지방 옥천누층군 지역의 돌너와집」, 『문화역사지리』 제19권 2호, 한국문화역사지리학회, 2007.

김광언, 『우리문화가 온 길』, 민속원, 1998.

정선문화원, 『국역 정선총쇄록』, 경인문화사, 2002.

홍대한, 「高麗時代 靑石製 多層石塔 考察 Ⅰ」, 『문화사학』 제32권, 한국문화사학회, 2009.

위키백과(ko.wikipedia.org)

두산백과사전 두피디아(www.doopedia.co.kr)

정선군 관광문화포털 정선여행(www.ariaritour.com)

배선기 씨 구술 자료, 2015년 08월 19일.

안우삼 씨 구술 자료, 2015년 08월 19일.

2. 맷돌장

『강원일보』

『뉴스1』

『더팩트』

『문화관광저널』

『서울신문』

『정선군지』(상), 정선군, 2004.

『정선군향토사연구소집 仿買』, 정선문화원 부설 정선군향토사연구소, 2013.

『한국의 발견 강원도』, 뿌리깊은나무, 1992.

강문정, 「맷돌의 이미지에 내재된 관념도자 표현연구」경희대학교 대학원 석사학위논문, 2002.

김광언, 「맷돌 만들기」, 『생활용구』 제1권 제1호, 민속원, 1999.

김광언, 「물맷돌(水磑) 考」, 『고문화』 39집, 한국대학박물관협회, 1991.

김광언, 『우리문화가 온 길』, 민속원, 1998.

박호석 외, 『한국의 농기구』, 어문각, 2001.

임동권, 「40. 남매의 혼인」, 『한국의 민담』, 서문당, 1996.

한국민속사전 편찬위원회, 『한국민속대사전 1』, 민족문화사, 1991.

한애란, 「고려시대 동북아시아의 말차(末茶) 문화에 관한 비교 연구」, 성균관대 생활과학
　　　　대학원 석사학위논문, 2008.

부흥석재(www.hyangmaek.co.kr)

여량면사무소(bm.jeongseon.go.kr)

정선군청(jsagri.go.kr)

철원군청(www.cwg.go.kr)

e뮤지엄(www.emuseum.go.kr)

위연석 씨 구술 자료, 2015년 8월 18일.

장일주 씨 구술 자료, 2015년 8월 18일.

전옥매 씨 구술 자료, 2015년 8월 19일.

3. 도선장(導船匠)

『강원일보』

두산백과사전 두피디아(www.doopedia.co.kr)

김재근, 『배의 역사』, 서울대학교 공과대학 조선공학과 동창회, 1980.

강릉대학교 국어국문학과, 『제5차 학술답사 보고서-강원도 정선군 임계면, 북면 일대-』,
　　　　1986.

배선기, 「남한강 따라 천리길- 떼 타고 서울구경-」, 『정선문화』 4호, 2001.

이중환 저, 이익성 역, 『택리지』, 을유문화사, 1993.

이창식, 「영월의 축제와 활성화 방안」, 동강뗏목 민속학술 심포지엄, 2000. 7. 3.

인제문화원, 『인제 뗏목(증보판)』, 인제문화원, 2002.

최원희, 「정선의 나루(津) 운영에 대한 연구」, 『정선문화』 2013 제16, 2013.

4. 짚·풀 공예

『강원도민일보』

『강원일보』

두산백과사전 두피디아(www.doopedia.co.kr)

『한국민족문화대백과사전』

국립문화재연구소, 『짚·풀공예, 한국민속종합조사보고서』 28, 국립문화재연구, 1998.

김정식, 「지공예 기법을 이용한 공예품 개발에 관한 연구」, 상명대학교 대학원 공예학과 섬유공예전공, 2001.

문중문서, 청주정씨 약포종택(자료 출저 : 역사정보시스템)

서종원, 「유물소개-닭둥우리」, 『민속소식』, 국립민속박물관, 2005.1.

이수철, 『공예의 이해』, 애경, 2002.

정혜경, 「전통공예를 응용한 한지 수업 연구-고등학교 미술 수업을 중심으로-」, 중앙대학교 교육대학원 교육학과 미술교육전공, 2006.

정선문화원, 『국역 정선총쇄록』, 경인문화사, 2002.

e뮤지엄(www.emuseum.go.kr)

국립중앙박물관(www.museum.go.kr)

2부 정선의 민속문화

1. 자연다리

『강원도민일보』

『국제뉴스』

『뉴스메이커』

『뉴스타운』

『뉴시스』

『매일신문』

『부산일보』

『오마이뉴스』

『연합뉴스』

『전라일보』

『전북도민일보』

『전북일보』

『참뉴스』

『환경일보』

『문화원형백과 한국의 전통다리』, 문화콘텐츠닷컴(www.culturecontent.com).

『서울지명사전』, 서울특별시사편찬위원회, 2009(culture.seoul.go.kr).

『정선군지(상·하)』, 정선군, 2004.

『정선의 문화자원』, 정선문화원, 2011.

『한국민속문학사전-설화2』, 국립민속박물관, 2012.

『한국민족문화대백과』, 한국학중앙연구원(www.aks.ac.kr).

『한국세시풍속사전』, 국립민속박물관, 2005.

김부식 저, 김종권 역, 『삼국사기』, 개정판; 서울, 명문당, 1993.

김상욱, 「전주천 섶다리의 주민의식 및 이용성취도 평가-중요도-성취도분석을 중심으로-」, 『한국전통조경학회지』 29-3, 한국전통조경학회, 2011.

김상욱·김길중, 「적극적 주민참여를 통한 전통문화시설 복원 성공요인 분석 -전주천 섶다리 놓기 사업을 중심으로」, 『한국전통조경학회지』 28-1, 한국전통조경학회, 2010.

김정언·천득염, 「홍예교 성능저하 원인에 따른 보수방안 고찰-선암사 승선교·송광사 극락교를 중심으로-」, 『건축역사연구』 제23권 1호, 한국건축역사학회, 2014.

반영환, 「韓國의 옛다리」, 『대한토목학회지』, 25-4, 대한토목학회, 1977.

서덕웅, 「굴암리의 향토사」, 『도원문화』, 8호, 정선문화원, 2005.

서덕웅, 「정선읍 굴암리 민속조사」, 『정선문화』 17호, 정선문화원, 2014, 60쪽.

손영식, 『한국 성곽의 연구』, 문화공보부 문화재관리국, 1987.

유연태 외, 『대한민국 여행사전』, 터치아트, 2009.

이규태, 『한국인의 민속 문화』, ㈜신원문화사, 2000.

이영수, 『한국설화연구』, 한국학술정보㈜, 2008.

임동권, 『한국의 민담』, 서문당, 1996.

정명섭, 「우리나라 홍예의 기능별 구조형식에 관한 연구」, 명지대학교 대학원 석사학위논문, 1993.

진용선, 「정선군 지명조사」, 『정선문화』 17호, 정선문화원, 2014.

최덕원, 『한국구비문학대계 6-6』, 한국정신문화연구원, 1985.

최진연, 『옛 다리, 내 마음속의 풍경』, 한길사, 2004

최원희, 「정선의 나루(津) 운영에 대한 연구」, 『정선문화』 16호, 정선문화원, 2013.

한영희, 「韓國 옛다리의 陶磁 造形化 硏究 : 象徵性과 幾何學的 形態를 中心으로」, 이화여자대학교 대학원 석사학위논문, 1992.

洪錦洙, 「箭串場의 景觀變化」, 『문화 역사 지리』, 한국문화역사지리학회, 2006.

홍석모, 『조선세시기』, 이석호 옮김, 동문선, 1991.

두산백과사전 두피디아(www.doopedia.co.kr).

예산군청(www.yesan.go.kr)

정선군청(www.jeongseon.go.kr)

주천면사무소(jcm.yw.go.kr)

한국관광공사(korean.visitkorea.or.kr)

배선기 씨 구술 자료, 2015년 8월 19일, 8월 20일(전화인터뷰).

위연석 씨 구술 자료, 2015년 8월 18일.

장만기 씨 구술 자료, 2015년 8월 17일.

정옥분 씨 구술 자료, 2015년 8월 19일.

조만성 씨 구술 자료, 2015년 8월 18일.

2. 삼굿

『三國志』魏書 30 東夷傳,
『고려도경』
『고려사절요』
『세종실록』
『문종실록』
『국역비변사등록』
『동아일보』
『경향신문』
『강원도민일보』
정선군지편찬위원회, 『정선군지』, 1978
뿌리깊은나무, 『강원도』, 1983
강릉대학교 국어국문학과, 『제5차 학술답사 보고서-강원도 정선군 임계면, 북면 일대-』,
     1986
권두규, 「안동포의 역사」, 『안동사학』 6, 안동사학회, 2001.
이한길, 「정선군의 삼굿 재연과정 고찰」, 『도원문화』 9호, 2006
박광열·손호성, 「삼가마 유적의 연구와 조사방법론」, 『야외고고학』 4호, 야외고고학회,
     2008.
이한길, 『삼척의 삼베문화』, 민속원, 2010.

3. 산촌 음식

『강원도민일보』
『강원신문』
『강원일보』
『환경일보』
『newsis 강원』
『한국민족문화대백과사전』
강릉대학교 국어국문학과, 『제5차 학술답사 보고서-강원도 정선군 임계면, 북면 일대-』,
     1986.
정현숙, 「강원도의 메밀음식」, 『향토사연구』 15, 향토사연구회, 2003.
정선군지편찬위원회, 『정선군지』상, 2004.
배선기, 진용선, 『정선의 의식주』, 정선문화원, 2008.

3부 정선의 연희와 신앙

1. 낙동농악

『정선타임뉴스』

『참뉴스』

『주간교육신문』

『강원일보』

『매일신보』

『국민일보』

『아시아뉴스통신』

『국악기정보』, 국립국악원, 2010

『문화원형백과』, 문화콘텐츠닷컴.

『정선군지』(상), 정선군, 2004.

『한겨레음악대사전』, 도서출판 보고사, 2012.

『한국민속신앙사전: 마을신앙 편』, 국립민속박물관, 2009.

『한국민족문화대백과』, 한국학중앙연구원(www.aks.ac.kr).

『한국세시풍속사전-가을편·겨울편』, 국립민속박물관, 2006.

「제17회 전국청소년민속예술제 강원 정선 낙동농악」 팸플릿

「낙동농악」안내판

「정선낙동농악 보존전승 사업」 계획서

민속학회, 『한국민속학의 이해』, 문학아카데미, 1994,

박준형, 「호남 우도와 호남 남해도서지역 길굿장단에 관한 고찰」, 용인대학교 예술대학
　　　원 석사학위논문, 2005.

시지은, 「호남 우도 농악 판굿의 구성 원리」, 경기대학교 일반대학원 박사학위논문,
　　　2013.

신봉주, 「전라우도농악 부포놀음 연구 : 조상훈의 부포유형과 춤동작을 중심으로」, 원광
　　　대학교 교육대학원 석사학위논문, 2014.

신일철, 「최제우(崔濟愚)-인간 존엄성에 기초한 자유민권의 정신-」, 『韓國史市民講座』30,
　　　일조각, 2002.

유옥재, 「강원도 영동농악에 관한 조사 연구」, 『江原大學校附設體育科學硏究所論文集』
　　　16, 江原大學校附設 體育科學硏究所, 1991.

유옥재, 「강원도 영서농악에 관한 조사 연구」, 『江原大學校附設體育科學硏究所論文集』
　　　14, 江原大學校附設 體育科學硏究所, 1989.

이상신, 「지역화 교육과정을 위한 경기 농악 연구」, 『국악교육』 제16집, 한국국악교육학
　　　회, 1998.

이상진, 『한국농악개론』, 민속원, 2002.

이선형, 「원주 매지농악에 관한 연구」, 용인대학교 예술대학원 석사학위논문, 2005.

정선문화원 편, 『국역 정선총쇄록』, 정선문화원, 2002.
한국민속사전 편찬위원회, 『한국민속대사전⑴·⑵』, 민족문화사, 1991.
강릉시청(www.gangneung.go.kr)
두산백과사전 두피디아(www.doopedia.co.kr)
문화재청(www.cha.go.kr)
사천시청(www.sacheon.go.kr)
정선군 남면사무소(nm.jeongseon.go.kr)
전라북도 국악기이미지(terms.naver.com/entry.nhn?docId=2082555&cid=50828&cat egory-Id=50828)

조만성 씨 구술 자료, 2015년 8월 18일, 10월 12일.
황영기 씨 구술 자료, 2015년 10월 13일.

2. 상여소리와 회다지소리

『강원도민일보』
『한국민속문학사전(민요 편)』, 국립민속박물관(www.nfm.go.kr)
『정선군지』(상), 정선군, 2004.
『정선민요론』, 정선문화원, 2005.
강병한, 「경남 상여소리 연구-영산 상여소리와 달구소리를 중심으로-」, 동국대학교 불교문화대학원 석사학위논문, 2013,
구미래, 『한국인의 상상세계』, 교보문고, 2004.
김선풍, 「橫城회다지 硏究」, 『嶺東文化』 2집, 關東大學校嶺東文化硏究所, 1986.
김성배, 『향두가·성조가』, 정음사, 1979.
류종목, 『한국 민요의 현상과 본질』, 민속원, 1998.
박현숙, 「구리 지역 민요의 전승 양상과 기능적 특징」, 『민속연구』 30집, 안동대학교 민속학연구소, 2015.
신찬균, 『韓國의 輓歌』, 삼성출판사, 1990.
이고은, 「임실지역 장례풍습에서 보이는 회다지놀이의 춤사위화 방안」, 우석대학교 교육대학원석사학위논문, 2002.
이소라, 『강원지방의 상부(喪夫) 소리』, 문화재청, 2004.
이영식, 「장례요의 〈옥설가〉 수용양상에 관한 연구」, 『韓國民俗學』 43집, 한국민속학회, 2006.
이창식, 「횡성회다지소리의 전승과 활용」, 『남도민속연구』28집, 남도민속학회, 2014.
이현수, 「정선장례요의 전승현장 연구-사설과 선율을 중심으로」, 『한국민요학』35집, 한국민요학회, 2012.
최길성, 『한국의 조상숭배』, 예전사, 1986.
한국민속사전 편찬위원회, 『한국민속대사전』, 민족문화사, 1991.

오태열 씨 구술 자료, 2015년 8월 18일.
홍동주 씨 구술 자료, 2015년 8월 19일.

3. 무속신앙

민속학회, 『한국민속학의 이해』, 문학아카데미, 1994.

문화콘텐츠닷컴(www.culturecontent.com)
두산백과사전 두피디아(www.doopedia.co.kr)

배선기 씨 구술 자료, 2015년 08월 19일.
이만수 씨 구술 자료, 2015년 08월 19일.
전옥매 씨 구술 자료, 2015년 08월 19일.

정선문화원 연구총서 01
정선의 무형문화유산

1판 1쇄 펴낸날 2016년 2월 25일

기획 정선문화원
지은이 김경남, 서종원, 이영수, 심민기, 최원희

펴낸이 서채윤
펴낸곳 채륜
책만듦이 오세진
책꾸밈이 이한희

등록 2007년 6월 25일(제2009-11호)
주소 서울시 광진구 천호대로 798 현대 그린빌 201호
대표전화 02-465-4650
팩스 02-6080-0707
E-mail book@chaeryun.com
Homepage www.chaeryun.com

© 정선문화원, 2016
© 채륜, 2016, published in Korea

책값은 뒤표지에 있습니다.
ISBN 979-11-86096-23-9 93380

※ 잘못된 책은 바꾸어 드립니다.
※ 저작권자와 출판사의 허락 없이 책의 전부 또는 일부 내용을 사용할 수 없습니다.
※ 저작권자와 합의하여 인지를 붙이지 않습니다.

이 도서의 국립중앙도서관 출판예정도서목록(CIP)은 서지정보유통지원시스템 홈페이지
(http://seoji.nl.go.kr)와 국가자료공동목록시스템(http://www.nl.go.kr/kolisnet)에서
이용하실 수 있습니다. (CIP제어번호 : CIP2016001860)